宋人軼事彙編

三

周勛初　主編

葛渭君　周子來　王華寶　編

上海古籍出版社

国家出版基金项目
NATIONAL PUBLICATION FOUNDATION

宋人軼事彙編卷十四

歐陽修

1　歐陽文忠公父名觀，文多避之，如「《碧落碑》在絳州龍興宮」之類。《揮麈録》卷三。

2　龍衮著《江南野録》云，歐陽觀義行頗愧，先出其婦，有子登科，詣之，待之庶人。觀乃文忠父，文忠自識其父墓，初無出婦之玷。衮與文忠爲鄉曲，豈非平時有宿憾與？夫祈望不至云爾。不可不爲之辯。出王明清《揮麈後録》按歐陽公《瀧岡阡表》，以熙寧二年立，而云既葬之六十年，逆數之，葬時公才四歲耳。《表》中雖不見出婦事，然以《志》考之，觀年五十九卒官，而鄭夫人年方二十九，必非元配。蓋觀已出婦，其子固難言之。歐陽公撰《族譜》云觀二子，昞當是其前婦之子，所謂卒賴以葬者也。文忠後任昞之子嗣立，爲廬陵尉，見《焚黄祭文》中。又文忠《貶滁州謝上表》云：「同母之親，惟有一妹。」足見昞爲前母之子無疑。仲言雖欲爲歐陽公諱之，其意甚美，然非事實。《舊聞證誤》卷二。

3　永叔夢爲鸛鴿飛在樹上，意甚快悦，聞榆莢香特異。永叔嘗自言上有一兄，未晬而卒，母哭之慟，夢神人別以一子授之，白毫滿身。母既娠，白毫無數，永叔生，毛漸退落。《孔氏談苑》卷三。《邵氏聞見後録》卷三十。

4 歐公父爲綿州司户參軍，公生於司户之官舍。後人於官舍蓋六一堂，蜀中文士多賦詩。《曲洧舊聞》卷三。

5 歐陽修少孤，其叔父教之學，既貴，乞以一官回贈，以報其德。詔從之，乃自員外郎贈郎中。後世以爲美談。《燕翼詒謀録》卷四。

6 公少時，從里閭借書讀，或抄之，抄之未畢，而已成誦矣。《宋名臣言行録》後集卷二引《行狀》。

7 歐陽文忠公嘗語：「少時有僧相我：『耳白於面，名滿天下；脣不著齒，無事得謗。』其言頗驗。」耳白於面，則衆所共見，脣不著齒，余亦不敢問公，不知其何如也。《東坡志林》卷三。《後山談叢》卷二。

8 歐陽文忠公應舉時，常游京師浴室院，有一僧熟視公，公因問之曰：「吾師能相人乎？」僧曰：「然。足下貴人也。然有二事：耳白於面，當名滿天下；脣不掩齒，一生常遭人謗罵。」其後公以文章名世，而屢爲言者中以陰事。《明道雜志》。

9 歐陽文忠公年十七，隨州取解，以落官韻而不收。天聖已後，文章多尚四六，是時隨州試《左氏失之誣論》，文忠論之，條列左氏之誣甚悉，其句有「石言于宋，宋降于莘。外蛇鬭而内蛇傷，新鬼大而故鬼小」。雖被黜落，而奇警之句，大傳于時。《東軒筆録》卷十二。

10 晏元獻以前兩府作御史中丞，知貢舉，出《司空掌輿地之圖賦》。既而舉人上請者，皆不契元獻之意。最後，一目眊瘦弱少年獨至簾前，上請云：「據賦題，出《周禮・司空》，鄭康成注云：『如今之司空，掌輿地圖也。若周司空，不止掌輿地之圖而已。』若如鄭説，『今司空掌輿地之圖也』，漢司空也。不知做周司空與漢司空也？」元獻微應曰：「今一場中，惟賢一人識題，正謂漢司空也。」蓋意欲舉人自理會得寓意于此。少年舉人，乃歐陽公也，是榜爲省元。《默記》卷中。《茶香室叢鈔》卷七。

11 王君辰牓，是時，歐公爲省元。有李郎中，忘其名，是年，赴試南宫。將迫省試，忽患疫，氣昏憒。同試相迫，勉扶疾以入。既而疾作，凭案上困睡，殆不知人。已過午，忽有人腋下觸之。李驚覺，乃鄰座也。問所以不下筆之由，李具言其病。其人曰：「科場難得，已至此，切勉强。」再三言之。李試下筆，頗能運思。鄰座者乃見李能屬文，甚喜，因盡説賦中所當用事，及將己卷子拽過鋪在李案子上，云：「某乃國學解元歐陽修，請公拆拽回互盡用之，不妨。」李見開懷若此，頓覺成篇，至於詩亦然。是日程試，半是歐卷，半是歐詩。李大感激，遂覺病去。論策二場亦復如此。牓出，歐公作魁，李亦上列，遂俱中第云。後李於家廟之旁畫歐公像，事之等父母，以獲禄位者皆公力也。李嘗與先祖同官，引先祖至影堂觀之。先祖、先公每言此，以爲世之場屋虚誕，以相忌嫉者之戒云。《默記》卷中。《茶香室叢鈔》卷七。

12 見王拱辰 1。

13 見錢惟演 8。

14 見錢惟演 9。

15 見錢惟演 10。

16 見錢惟演 11。

17 見錢惟演 12。

18 歐陽永叔登第，授西洛留守推官，是時梅聖俞爲洛陽簿，二人乃相得之友也。一日，相約游嵩山，永叔遇佳處乃吟咏。遇晚，永叔望西峯巨崖之巔，有丹書四字，云「神清之洞」。永叔乃引手指示聖俞曰：「公見此四字乎？」聖俞從公所指而視之，無所見，永叔乃不言。洎乞身告老，高卧潁水，因思向四字，乃爲詩曰：「四字丹書萬仞崖，神清之洞鎖樓臺。煙霞極目無人到，猿鶴今應待我來。」吟詩後數日，公薨。《青瑣高議》前集卷八。《詩話總龜》前集卷四十七。《石林避暑録話》卷一。《紺珠集》卷十一。《堯山堂外紀》卷四十八。

19 歐陽永叔、張堯夫汝士、尹師魯洙、楊子聰、梅聖俞堯臣、張太素、王幾道，爲洛中七交。《小學紺珠》卷六。

20 歐文忠任河南推官，親一妓。時先文僖罷政，爲西京留守，梅聖俞、謝希深、尹師魯同在幕下，惜歐有才無行，共白于公，屢微諷而不之恤。一日宴於後園，客集，而歐與妓俱不至。移時方來，在坐相視以目，公責妓云：「末至何也？」妓云：「中暑往涼堂睡著，覺失金釵，猶未見。」公曰：「若得歐推官一詞，當爲償汝。」歐即席云：「柳外輕雷池上雨，雨聲滴碎荷聲。小樓西角斷虹明。闌干倚遍，待得月華生。　燕子飛來棲畫棟，玉鈎垂下簾旌。涼波不動簟紋平。水精雙枕，傍有墮釵横。」坐皆稱善，遂命妓滿酌賞歐，而令公庫償釵，戒歐當少戢。不惟不恤，翻以爲怨，後修《五代史·十國世家》，痛毁吴越。又於《歸田録》中説文僖數事，皆非美談。《錢氏私志》。《堯山堂外紀》卷四十七。《堅瓠丙集》卷二。《宋稗類鈔》卷四。

21 選人不得乘馬入宫門。天聖中，選人爲館職，始歐陽永叔、黄鑑輩，皆自左掖門下馬入館，當時謂之「步行學士」。《夢溪筆談》卷一。

22 見范仲淹31。

23 軾嘗聞之于公云：「予昔以西京留守推官爲館閣校勘，時同年丁寶臣元珍適來京師，夢與予同舟，泝江入一廟中，拜謁堂下。予班元珍下，元珍固辭，予不可。方拜時，神像爲起，鞠躬堂上，且使人邀予上，耳語久之。元珍私念，神亦如世俗，待館閣乃爾異禮耶？既出門，見一馬隻耳。覺而語予，固莫識也。不數日，元珍除峽州判官。已而余亦貶夷陵令，日與元珍處，不復記前夢矣。一日，與元珍泝峽謁黄牛廟，入門惘然，皆夢中所見。予爲縣令，固班元珍下，而門外鐫石爲馬，缺一耳，相視大驚。乃留詩廟中，有『石馬繫祠門』之句，蓋私志其事也。」《蘇軾文集》卷六十八。《苕溪漁隱叢話》後集卷二十三。《孔氏談苑》卷二。《冷齋夜話》卷二。《續墨客揮犀》卷四。

24 寶元元年，朱正基駕部知峽州，即江陵内翰之子。一夕，夢一吏白云：「城隍神遣某督修夷陵縣廨宇，願速葺，不宜後。」時朱不甚爲意，連三夕夢之，方少異焉。因語同僚，亦盡異之，然亦未加葺。明日，報至，歐陽永叔謫授夷陵，報吏云：「已及荆門。」朱感其夢，待之特異。將入境，率僚屬遠郊迓之。歐公臨邑，亦以遷謫自處，益事謙謹，每禀白，皆斂板於庭。州將常伺之，俟入門，先抱笏降於階，至滿任，不改前容。歐公親語其事於其孫集賢初平學士焉。《玉壺清話》卷三。《宋朝事實類苑》卷四十五。

25〔歐陽文忠〕公曰：「……吾昔貶官夷陵，彼非人境也。方壯年未厭學，欲求《史》、《漢》一觀，公私無有也。無以遣日，因取架閣陳年公案，反覆觀之。見其枉直乖錯，不可勝數。以無爲有，以枉爲直，違法徇情，滅親害義，無所不有。且以夷陵荒遠偏小，尚如此，天下固可知矣。當時仰天誓心，自爾遇事，不敢忽也。」《能改齋漫録》卷十三。《容齋隨筆》卷四。

26 歐陽公《論琴帖》：爲夷陵令時，得琴一張于河南劉矶，蓋常琴。後作舍人，又得一琴，乃張粤琴也。後作學士，又得一琴，則雷琴也。官愈昌，琴愈貴，而意愈不樂。在夷陵，青山緑水，日在目前，無復俗累，琴雖不佳，意則自釋。及作舍人、學士，日奔走于塵土中，聲利擾擾，無復清思。琴雖佳，意則昏雜，何由有樂？迺知在人不在器也。若有心自釋，無絃可也。《貴耳集》卷下。

27 歐陽文忠公自館下謫夷陵令，移光化軍乾德縣，知軍者虞部員外郎張詢。詢，河北經生也，不能知文忠公，而待以常禮。後二年，詢移知清德軍，而文忠自龍圖學士爲河北都轉運使，詢乃部屬，初迎見文忠於郊外，詢雖負恐惕，猶斂板操北音曰：「龍圖久别安樂，諸事且望掩惡揚善。」文忠知其朴野，亦笑之而已。《東軒筆録》卷十。

28 大臣有少時雖修謹，然亦性通脱，有數小詞傳于世，可見矣。慶曆中，簽書滑州節度判官，行縣至韋城，飲于縣令家，復以邑倡自隨。逮曉，畏人知，以金釵贈倡，期緘口，亦終不能祕也。嘉祐中，大臣爲館職，奉使契丹，歸語同舍吴奎曰：「世言雨逢甲子則連陰，信有之。昨夜，契丹至長垣，往來無不沾濕。」長文戲曰：「『長垣逢甲子』，可對『韋縣贈庚申』也。」大臣終無悔恨。《臨漢隱居詩話》。

29 見章得象15。

30 歐公撰石曼卿墓表，蘇子美書，邵餗篆額。山東詩僧秘演力幹，屢督歐俾速撰，文方成，演以庚二兩置食於相藍南食殿罏訖，白歐公寫名之日爲具，召館閣諸公觀子美書。書畢，演大喜曰：「吾死足矣。」飲散，歐、蘇囑演曰：「鐫訖，且未得打。」竟以詞翰之妙，演不能卻。歐公忽定力院見之，問寺僧曰：「何得？」僧曰：「半千買得。」歐怒，回詬演曰：「吾之文反與庸人半千鬻之，何無識之甚！」演滑稽特精，徐語公曰：「學士已多他三百八十三矣。」歐愈怒曰：「是何？」演曰：「公豈不記作省元時，庸人競摹新賦，叫於通衢，復更名呼云『兩文來買歐陽省元賦』，今一碑五百，價已多矣。」歐因解頤。徐又語歐曰：「吾友曼卿不幸蚤世，固欲得君之文張其名，與日星相磨，而又窮民售之，頗濟其乏，豈非利乎！」公但笑而無説。《湘山野録》卷下。

31 見晏殊22。

32 見晏殊23。

33 歐陽文忠素與晏公無它，但自即席賦雪詩後，稍稍相失。晏一日指韓愈畫像語坐客曰：「此貌大類歐陽修，安知修非愈之後也。吾重修文章，不重它爲人。」歐陽亦每謂人曰：「晏公小詞最佳，詩次之，文又次於詩，其爲人又次於文也。」豈文人相輕而然耶？《永樂大典》卷一八二二二引《東軒筆録》。

34 見范仲淹55。

35 歐陽公爲河北都運使，時程文簡知大名府。歐公性急自大，而文簡亦狷介不容物。宰相意令二人憤争，因從而罪之。公悟其旨。初至大名，文簡迎于郊，因問歐公所以外補之由。公歎曰：「吾儕要會得，此正唐宰相用李紳、韓愈，令不臺參故例耳。吾二人豈可墮其計中耶？」文簡亦大歎，二人遂益交歡相好。宰相聞之，不久有孤甥之獄。《默記》卷下。

36 歐公下士，近世無比。作河北轉運使，過滑州，訪劉羲叟於陋巷中。羲叟時爲布衣，未有知者。公任翰林學士，嘗有空頭門狀數十紙隨身，或見賢士大夫稱道人物，必問其所居，書填門狀，先往見之。果如所言，則便以延譽，未嘗以位貌驕人也。《曲洧舊聞》卷三。《何氏語林》卷三。《昨非庵日纂》二集卷六。

37 歐陽文忠公修自言，初移滑州，到任，會宋子京曰：「有某大官，頗愛子文，俾我求之。」文忠遂授以近著十篇。又月餘，子京告曰：「某大官得子文讀而不甚愛，曰：『何爲文格之退也？』」文忠笑而不答。既而文忠爲知制誥，人或傳有某大官極稱一丘良孫之文章，文忠使人訪之，乃前日所投十篇，良孫盜爲己文以贄。而稱美之者，即昔日子京所示之某大官也。文忠不欲斥其名，但大笑而已。未幾，文忠出爲河北都轉運使，見邸報，丘良孫以獻文字，召試拜官，心頗疑之，及得所獻，乃令狐挺平日所著之《兵論》也，文忠益歎駭。異時爲侍從，因爲仁宗道其事，仁宗駭怒，欲奪良孫官，文忠曰：「此乃朝廷已行之命，當日失於審詳，若追奪之，則所失又多也。」仁宗以爲然，但發笑者久之。《宋朝事實類苑》卷七十引《倦游録》。

38 見蘇舜欽8。

39 歐陽文忠慶曆中爲諫官……大忤權貴，遂除修起居注、知制誥。韓、富既罷，未幾，以龍圖閣直學士爲河北都運，令計議河事邊事。其實宰相欲以事中之也。二相賈昌朝、陳執中。會令內侍供奉官王昭明同往相度河事，公言：「今命侍從出使，故事無內侍同行之理，而臣實恥之。」朝廷從之。公在河北，職事甚振，無可中傷。會公甥張氏，妹婿龜正之女，非歐生也，幼孤，鞠育于家，嫁姪晟。晟自虔州司户罷，以替名僕陳諫同行，而張與諫通。事發，鞫于開封府右軍巡院。張懼罪，且圖自解免，其語皆引公未嫁時事，詞多醜異。軍巡判官、著作佐郎孫揆止劾張與諫通事，不復支蔓。宰相聞之怒，再命太常博士、三司户部判官蘇安世勘之，遂盡用張前後語成案。俄又差王昭明者監勘，蓋以公前事，欲令釋恨也。昭明至獄，見安世所劾案牘，視之駭曰：「昭明在官家左右，無三日不説歐陽修。今省判所勘，乃迎合宰相意，加以大惡，異日昭明喫劍不得。」安世聞之大懼，竟不敢易揆所勘，但劾歐公用張氏資買田産立户事奏之。宰相大怒。公既降知制誥、知滁州，而安世坐牒三司取録問吏人不聞奏，降殿中丞、泰州監税，昭明降壽春監税。《默記》卷下。參見王昭明1。

40 歐公甥女適夫張氏。夫死，攜孤女歸父家，嫁公族子晟。晟之官，至宿州，赴郡宴，歸而失其舟，至京師捕得之。開封府勘，乃梢人與晟妾通，妻知而欲笞之，反爲妾所誘，並與梢人通。府尹承當路風旨，令張氏引公以自解。獄奏，仁宗大駭，遣中使王昭明監勘，而張氏反異，公遂得明白。猶坐以張氏奩具買田，作歐陽户名，出知滁州。《行營雜録》。

41 歐後爲人言其盜甥，表云：「喪厥夫而無託，攜孤女以來歸。張氏此時，年方七歲。」内翰伯見而笑云：「七歲，正是學簸錢時也。」歐詞云：「江南柳，葉小未成陰。人爲絲輕那忍折，鶯憐枝嫩不勝吟。留取待春深。十四五，閒抱琵琶尋。堂上簸錢堂下走，恁時相見已留心。何況到如今。」歐知貢舉時，落第舉人作《醉蓬萊》詞以譏之，詞極醜詆。《錢氏私志》。

42 見趙槩3。

43 見王禹偁35。

44　歐陽文忠公謫守滁陽，築醒心、醉翁亭於琅琊幽谷，且命幕客謝某者，雜植花卉其間。謝以狀問名品，公即書紙尾云：「淺深紅白宜相間，先後仍須次第栽。我欲四時攜酒去，莫教一日不花開。」其清放如此。《西清詩話》卷下。《侯鯖録》卷一。《堯山堂外紀》卷四十八。《堅瓠辛集》卷四。《宋詩紀事》卷十二。

45　歐陽文忠公始自河北都轉運謫守滁州，於琅邪山間作亭，名曰「醉翁」，自爲之記。其後王詔守滁，請東坡大書此記而刻之，流布世間。……政和中，唐少宰恪守滁，亦作亭山間，名曰「同醉」，自作記，且大書之，立石亭上，意以配前人云。《卻掃編》卷下。

46　《醉翁亭記》初成，天下莫不傳誦，家至户到，當時爲之紙貴。宋子京得其本，讀之數過，曰：「只目爲醉翁亭賦，有何不可？」《曲洧舊聞》卷三。

47　〔《醉翁亭記》〕成，刻石，遠近爭傳，疲於模打。山僧云：寺庫有氈，打碑用盡，至取僧堂卧氈給用。凡商賈來供施，亦多求其本，所過關征，以贈監官，可以免税。《方輿勝覽》卷四十七引《滁陽郡志》。

48　見蘇軾100。

49　歐文忠在滁州，通判杜彬善彈琵琶。公每飲酒必使彬爲之，往往酒行遂無算，故有詩云：「坐中醉客誰最賢，杜彬琵琶皮作弦。」此詩既出，彬頗病之，祈公改去姓名，而人已傳，卒不得諱。《石林避暑録話》卷二。《宋稗類鈔》卷七。參見杜彬1。

50　歐陽文忠好推挽後學。王向少時爲三班奉職，幹當滁州一鎮，時文忠守滁州。有書生爲學子不行束脩，自往詣之，學子閉門不接，書生訟於向，向判其牒曰：「禮聞來學，不聞往教。先生既已自屈，弟子寧不少高？盍二物以收威，豈兩辭而造獄。」書生不直向判，徑持牒以見歐公。公一閲，大稱其才，遂爲之延譽獎進，成就美名，卒爲聞人。《夢溪筆談》卷十五。《墨客揮犀》卷三。

51 歐陽公頃謫滁州，一同年忘其人將赴閬倅，因訪之，即席爲一曲歌以送，曰：「記得金鑾同唱第，春風上國繁華。而今薄宦老天涯。十年歧路，孤負曲江花。聞説閬山通閬苑，樓高不見君家。孤城寒日等閑斜。離愁無盡，紅樹遠連霞。」其飄逸清遠，皆白之品流也。公不幸，晚爲憸人構淫艶數曲射之，以成其毁。予皇祐中，都下已聞此闋歌於人口者二十年矣。嗟哉！不能爲之力辨。公尤不喜浮圖，文瑩頃持蘇子美書薦謁之，迨還吴，蒙詩見送，有「孤閑竺乾格，平淡少陵才」，及有「林間著書就，應寄日邊來」之句，人皆怪之。《湘山野録》卷上。《宋朝事實類苑》卷三十五。

52 歐陽文忠公慶曆末，宿采石。舟人甫睡，潮至月黑，公方就寢，微聞呼聲曰：「去未？」舟尾有答者曰：「有參政船宿此，不可擅去，齋料幸爲攜至。」五鼓，岸上朧朧馳驟聲，舟尾者呼曰：「齋料幸見還。」有且行且答者曰：「道場不清浄，無所得。」公異之。後游金山，與長老瑞新語，新曰：「某夜建水陸，有施主攜室至，忽乳一子，俄覺腥風滅燭，大衆恐。」使人問其時，公宿采石之夜。其後蔡州求退之鋭者，亦其前知然耶？時公自參知政事除蔡州。《冷齋夜話》卷一。《閒窗括異志》。《樂善録》卷三。《宋稗類鈔》卷一。

53 歐陽文忠公在揚州，作平山堂，壯麗爲淮南第一。上據蜀岡，下臨江南數百里，真、潤、金陵三州隱隱若可見。公每暑時輒凌晨攜客往游，遣人走邵伯取荷花千餘朵，以畫盆分插百許盆，與客相間。遇酒行，即遣妓取一花傳客，以次摘其葉，盡處則飲酒，往往侵夜載月而歸。余紹聖初始登第，嘗以六、七月之間館于此堂者幾月。屬歲大暑，環堂左右，老木參天，後有竹千餘竿，大如椽，不復見日色，蘇子瞻詩所謂「稚節可專車」是也。寺有一僧，年八十餘，及見公，猶能道公時事甚詳。《石林避暑録話》卷一。《何氏語林》卷二十五。《宋稗類鈔》卷四。《詞林紀事》卷四。

54 歐陽公在揚州，暑月會客，取荷花千朶插盆中，圍繞坐席。又命坐客傳花，人摘一葉，盡處飲以酒。故《答吕通判》詩云：「千頃芙蕖蓋水平，揚州太守舊多情。畫盆圍處花光合，紅袖傳來酒令行。」《韻語陽秋》卷十六。《堯山堂外紀》卷四十八。

55 歐陽文忠公知滁州日，作亭琅玡山，自號醉翁，因以名亭。後守揚州，於僧寺建平山堂，甚得觀覽之勝。堂下手植柳數株。後數年，公在翰林，金華劉原父守維揚，公出家樂飲餞，親作《朝中措》詞。議者謂非劉之才，不能當公之詞，可謂雙美矣。詞曰：「平山欄檻倚晴空。山色有無中。手種堂前楊柳，别來幾度春風。　文章太守，揮毫萬字，一飲千鍾。行樂直須年少，樽前看取衰翁。」《傅幹注坡詞》卷一。

56 歐陽永叔送劉貢父守維揚，作長短句云：「平山欄檻倚晴空，山色有無中。」平山堂望江左諸山甚近。或以謂永叔短視，故云「山色有無中」。東坡笑之，因賦《快哉亭》道其事云：「長記平山堂上，攲枕江南煙雨，杳杳没孤鴻，認取醉翁語，山色有無中。」蓋山色有無中，非煙雨不能然也。《藝苑雌黄》。《苕溪漁隱叢話》後集卷二十三。《詩人玉屑》卷二十。《堯山堂外紀》卷四十八。《堅瓠辛集》卷四。

57 揚州蜀岡上大明寺平山堂前，歐陽文忠公手植柳一株，謂之「歐公柳」，公詞所謂「手種堂前楊柳，别來幾度春風」者。薛嗣昌作守，相對亦種一株，自傍曰「薛公柳」，人莫不嗤之。嗣昌既去，爲人伐之。

不度德有如此者。《墨莊漫録》卷二。

58 大明寺前有平山堂，歐陽公守揚州時所創。負堂而望，江南諸山歷歷在檐楹間，與堂平，故名。公政暇輒往游，嘯詠竟日而返。及殁後，有右司郎中麋師旦，慶元十一月游堂中，宛如疇昔所經，獨歎惜壁間字畫、堂前楊柳之不存耳。翌日渡江，適其兄倅京口，即移柳數十本，屬揚帥趙子固爲補植，且寄詩云：「壁上龍蛇飛去久，堂前楊柳補來新。一生企慕歐陽子，重到平山省後身。」是夕舟行，兄弟對語，至戊夜方寢。晨起，師旦逝矣。《湧幢小品》卷二十四。

59 歐陽永叔侍郎説，頃年知南譙日，忽夢授潁州。又夢公僕輩具帳，明日與幕中會計什物於廳下，夢中問主者何用，對曰：「此晏相公物，令交割與新知州。」明日與幕中會，因説此夢，必當移潁州。未幾，移揚州，又數年，果差知潁州。《宋朝事實類苑》卷四十六。

60 歐公居潁上，申公呂晦叔作太守，聚星堂燕集，賦詩分韻：公得「松」字，申公得「雪」字，劉原父得「風」字，魏廣得「春」字，焦千之得「石」字，王回得「酒」字，徐無逸得「寒」字。又賦室中物：公得鸚鵡螺杯，申公得癭木壺，劉原父得張越琴，魏廣得澄心堂紙，焦千之得金星研，王回得方竹杖，徐無逸得月硯屏風。又賦席間果：公得橄欖，申公得紅蕉子，劉原父得温柑，魏廣得鳳棲，焦千之得金橘，王回得荔枝，徐無逸得楊梅。又賦壁間畫像：公得杜甫，申公得李文饒，劉原父得韓退之，魏廣得謝安石，焦千之得諸葛孔明，王回得李白，徐無逸得魏鄭公。詩編成一集，流行於世。當時四方能文之士及館閣諸公，皆以不與此會爲恨。《風月堂詩話》卷上。《宋詩紀事》卷十四。

61　見呂公著6。

62　歐公閒居汝陰時，一妓甚穎，公歌詞盡記之。筵上戲約，他年當來作守。後數年，公自維揚果移汝陰，其人已不復見矣。視事之明日，飲同官湖上，種黄楊樹子，有詩留纈芳亭云：「柳絮已將春去遠，海棠應恨我來遲。」後三十年東坡作守，見詩笑曰：「杜牧之緑葉成陰之句耶！」《侯鯖録》卷一。《宋稗類鈔》卷四。

63　歐陽公知應天府三日，謁廟史白有五郎廟甚靈，請致禮，不然且爲祟，公頷之。一日，食夾子，輒失之，明日夾子在土偶手中。遂命扃其廟，以留守印封之，戒曰：「予去此，則可開。」然亦無他異。《泊宅編》十卷本卷六。

64　歐公與尹師魯、蘇子美俱出杜祁公之門。歐公雖貴，猶不替門生之禮，和祁公詩云：「公齋每偷暇，師席屢攻堅。善誨常無倦，餘談亦可編。」又云：「昔日青衫遇知己，今日白首再升堂。」蓋未嘗一日忘祁公也。《韻語陽秋》卷十八。《讀書鏡》卷六。

65　見杜衍21。

66　歐陽公自南京留守奉母喪歸葬於瀧岡，將興役，忽陰雨彌月。公念襄事愆期，日夕憂懼。里之父甲，往告公曰：「鄉有沙山之神，乃吾郡太守也，廟祀于此，里人遇水旱，禱之必應。盍以告焉？」公乃爲文，齋潔而謁于神曰：「修扶護母喪，歸祔先域，大事有日，陰雲屢興。今即事矣，幸神寬之，假三日之不雨，則終始之賜，報德何窮！」翌日，天宇開霽，始克舉事。公後在政府，一夕，忽夢如坐官府，門外列旗幟甚衆，視其名號，皆曰「沙山」。公因感悟前事，遂以神之嘉惠其民者聞於朝。《獨醒雜志》卷五。

67 歐陽公之父崇公與母韓國太夫人，皆葬於沙溪瀧岡。胥、楊兩夫人之喪，亦歸祔葬。公辭政日，屢乞豫章，欲歸省墳墓，竟不得請。里中父老至今相傳云：公葬太夫人時，嘗指其山之中曰：「此處他日當葬老夫。」後葬於新鄭，非公意也。《獨醒雜志》卷三。

68 公葬母鄭夫人於瀧岡，蓋終公之身，未嘗兩至也。後竟薨於潁，子孫遂爲潁人。洪景盧謂歐陽氏以一代貴達，而墳墓乃隔爲他壤，且公無一語及于松楸，爲之太息。瀧岡有西陽宫，宫之道士，歲時展省，如其子孫。《聽雨紀談》。《容齋續筆》卷十六。

69 見范仲淹102。

70 見范仲淹103。

71 見范仲淹104。

72 見范仲淹105。

73 見范仲淹106。

74 王荆公初未識歐文忠公，曾子固力薦之，公願得游其門，而荆公終不肯自通。至和中爲群牧判官，文忠還朝，始見知，遂有「翰林風月三千首，吏部文章二百年」之句。然荆公猶以爲非知己也，故酬之曰：「它日儻能窺孟子，此身安敢望韓公。」自期以孟子，而處公以韓愈，公亦不以爲歉。及在政府，薦可爲宰相者三人同一劄子，呂司空晦叔、司馬温公與荆公也。呂申公本嫉公爲范文正黨，滁州之謫實有力；温公議濮廟，不同，力排公而佐呂獻可；荊公又以經術自任而不從公。然公于晦叔則忘其嫌隙，于温公則忘其議論，于荊公則忘其學術，不如是，安能真見三公之爲宰相耶？世不高公能薦人，而服其能知人。《石林避暑録話》卷二。

75 中書待制公（朱）翌新仲，嘗言：「後學讀書未博，觀人文字不可輕詆。且如歐陽公與王荊公詩云：『翰林風月三千首，吏部文章二百年。』荊公答云：『他日若能窺孟子，終身安敢望韓公。』歐公笑曰：『介甫錯認某意，所用事乃謝朓爲吏部尚書，沈約與之書，云二百年來無此作也。若韓文公迨今何止二百年耶！』前後名公詩話，至今博洽之士莫不以歐公之言爲信，而荊公之詩爲誤。不知荊公所用之事，乃見孫樵《上韓退之吏部書》『二百年來無此文也』，歐公知其一而不知其二。故介甫嘗曰：『歐公坐讀書未博耳。』雖然，荊公亦有强辯處。嘗有詩云：『黄昏風雨滿園林，殘菊飄零滿地金。』歐公見而戲之，曰：『秋英不比春花落，傳語詩人仔細吟。』荊公聞之，曰：『永叔獨不見《楚詞》「夕餐秋菊之落英」耶？』」《西塘集耆舊續聞》卷一。

76 公在翰林，仁宗一日乘閒見御閣春帖子，讀而愛之，問左右，曰：「歐陽修之辭也。」乃悉取宮中諸帖閱之，見其篇篇有意，歎曰：「舉筆不忘規諫，真侍從之臣也。」《宋名臣言行録》後集卷二。

77 歐公與王禹玉、范忠文同在禁林。故事，進春帖子，自皇后、貴妃以下諸閣皆有。是時，温成薨未久，詞臣闕而不進。仁宗語近侍：「詞臣觀望，温成獨無有。」色甚不懌。諸公聞之惶駭，禹玉、忠文倉卒作不成。公徐云：「某有一首，但寫進本時偶忘之耳。」乃取小紅箋自録其詩云：「忽聞海上有仙山，煙鎖樓臺日月間。花下玉容長不老，只應春色勝人間。」既進，上大喜。禹玉拊公背，曰：「君文章真是含香丸子也。」《曲洧舊聞》卷七。參見王珪5。

78 歐陽文忠在翰林日，嘗與同院出游，有奔馬斃犬於前。文忠顧曰：「君試言其事。」同院曰：「有犬卧於通衢，逸馬蹄而殺之。」文忠曰：「使子修史，萬卷未已也。」内翰曰：「以爲何如？」文忠曰：「逸馬殺犬於道。」《幕府燕閒録》。案：此當爲穆修、張景事。參見穆修5。

79 歐陽文忠公在兩禁，因赴李都尉家會，至五鼓，傳呼呵殿而歸。至内前，禁中訝趨朝之早，呼歐公官，使人密覘之，知赴李氏集方歸。明日，出知同州。執政留之甚力，以修《唐書》爲言，方不行。《默記》卷下。

80 見王禹偁6。

81 歐陽文忠公使遼，其主每擇貴臣有學者押宴，非常例也，且曰：「以公名重今代，故爾。」其爲外夷敬服也如此。《澠水燕談録》卷二。《宋朝事實類苑》卷二。

82 文元賈公居守北都，歐陽永叔使北還，公預戒官妓辦詞以勸酒，妓唯唯，復使都廳召而喻之，妓亦唯唯。公怪歎，以爲山野。既燕，妓奉觴歌以爲壽，永叔把琖側聽，每爲引滿。公復怪之，召問，所歌皆其詞也。《後山談叢》卷三。

83 見程琳4。

84 見程琳5。

85 〔文忠〕公知潁州時，吕公著爲通判，爲人有賢行，而深自晦默，時人未甚知。公後還朝，力薦之，由是漸見進用。……陳恭公執中素不喜公，其知陳州時，公自潁移南京，過陳，拒而不見。後，公還朝作學士，陳爲首相，公遂不告其門。已而陳出知亳州，尋罷使相，换觀文，公當草制，自謂必不得好詞，及制出，詞甚美，至云：「杜門卻掃，善避權勢而免嫌；處事執心，不爲毁譽而更守。」陳大驚喜，曰：「使與我相知深者，不能道此，此得我之實也。」手録一本寄門下客李師中曰：「吾恨不早識此人。」《墨莊漫録》卷八。《言行龜鑑》卷二。《讀書鏡》卷三。《宋稗類鈔》卷三。《古事比》卷三十七。

86 張安道與歐文忠素不相能，慶曆初，杜祁公、韓、富、范四人在朝，欲有所爲。文忠爲諫官，協佐之。而前日吕申公所用人多不然，于是諸人皆以朋黨罷去。而安道繼爲中丞，頗彈擊以前事，二人遂交怨，蓋趣操各有主也。嘉祐初，安道守成都，文忠爲翰林，蘇明允父子自眉州走成都，將求知安道。安道曰：「吾何足以爲重？其歐陽永叔乎？」不以其隙爲嫌也。乃爲作書辦裝，使人送之京師，謁文忠。文忠得明允父子所著書，亦不以安道薦之非其類，大喜曰：「後來文章當在此。」即極力推譽，天下于是高此兩人。子瞻兄弟後出入四十餘年，雖物議于二人各不同，而亦未嘗敢有纖毫輕重于其間也。《石林避暑録話》卷三。《何氏語林》卷三。《宋稗類鈔》卷六。

87 至和、嘉祐間，場屋舉子爲文尚奇澀，讀或不能成句。歐陽文忠公力欲革其弊，既知貢舉，凡文涉雕刻者，皆黜之。時范景仁、王禹玉、梅公儀、韓子華同事，而梅聖俞爲參詳官，未引試前，唱酬詩極多。文忠「無譁戰士銜枚勇，下筆春蠶食葉聲」，最爲警策。聖俞有「萬蟻戰時春晝永，五星明處夜堂深」，亦爲諸公所稱。及放榜，平時有聲如劉輝輩，皆不預選，士論頗洶洶。未幾，詩傳，遂鬨鬨然，以爲主司耽於唱酬，不暇詳考校，且言以五星自比，而待吾曹爲蠶蟻，因造爲醜語。自是禮闈不復敢作詩，終元豐末幾三十年。元祐初，雖稍稍爲之，要不如前日之盛。然是榜得蘇子瞻爲第二人，子由與曾子固皆在選中，亦不可謂不得人矣。《石林詩話》卷下。《宋詩紀事》卷十二。

88 嘉祐中，士人劉幾，累爲國學第一人，驟爲怪嶮之語，學者翕然效之，遂成風俗，歐陽公深惡之。會公主文，決意痛懲，凡爲新文者，一切弃黜，時體爲之一變，歐陽之功也。有一舉人論曰：「天地軋，萬物茁，聖人發。」公曰：「此必劉幾也。」戲續之曰：「秀才剌，試官刷。」乃以大朱筆横抹之，自首至尾，謂之「紅勒帛」，判大「紕繆」字榜之，既而果幾也。復數年，公爲御試考官，而幾在庭。公曰：「除惡務力，今必痛斥輕薄子，以除文章之害。」有一士人論曰：「主上收精藏明於冕旒之下。」公曰：「吾已得劉幾矣。」既黜，乃吴人蕭稷也。是時試《堯舜性之賦》有曰：「故得静而延年，獨高五帝之壽；動而有勇，形爲四罪之誅。」公大稱賞，擢爲第一人，及唱名，乃劉煇，人有識之者曰：「此劉幾也，易名矣。」公愕然久之。《夢溪筆談》卷九。《堯山堂外紀》卷四十八。《宋稗類鈔》卷二。

89 東坡有曰：「詩賦以一字見工拙。」誠哉是言。嘗記前輩説歐公柄文衡，出《堯舜性仁賦》，取劉煇天下第一。首聯句曰：「世陶極治之風，雖稽於古；内積安行之德，蓋禀於天。」劉來謁謝，頗自矜。公雖喜之，而嫌其「積」字不是性，爲改作「蘊」，劉頓駭服。《履齋示兒編》卷八。《夢溪筆談》卷九。

90 歐陽文忠知貢舉，省闈故事，士子有疑，許上請。文忠方以復古道自任，將明告之，以崇雅黜浮，期以丕變文格，蓋至日昃，猶有喋喋弗去者，過晡稍閒矣。方與諸公酌酒賦詩，士又有扣簾，梅聖俞怒曰：

「瀆則不告，當勿對。」文忠不可，竟出應，鵠袍環立觀所問。士忽前曰：「諸生欲用堯舜字，而疑其爲一事或二事，惟先生幸教之。」觀者鬨然笑。文忠不動色，徐曰：「似此疑事，誠恐其誤，但不必用可也。」内外又一笑。它日每爲學者言，必蹙頞及之，一時傳以爲雅謔。《桯史》卷九。《宋稗類鈔》卷六。參見楊億45。

91 嘉祐二年，歐陽永叔主文，省試《豐年有高廩》詩，云出《大雅》，舉子喧嘩。爲御史吴中復所彈，各罰金四斤。《江鄰幾雜志》。

92 歐知貢舉，題目出「通其變使民不倦」，乃云「通其變而使民不倦」。賢良作唱曰：「試官偏愛外生兒。」於是科場大鬨。《錢氏私志》。《萬曆野獲編》卷十五。

93 歐陽永叔主文，試《貴老爲其近於親賦》。有進士散句云：「覩兹黄耇之狀，類我嚴君之容。」時哄堂大笑。《拊掌録》。

94 歐陽公知貢舉日，每遇考試倦坐，後常覺一朱衣人時復點頭，然後其文入格，不爾則無復與考。始疑侍史，及回視之，一無所見。因語其事於同列，爲之三歎。嘗有句云：「唯願朱衣一點頭。」《古今事文類聚》前集卷二十五。《堯山堂外紀》卷四十八。

95 王介甫蘇子瞻皆爲歐陽文忠公所收，公一見二人，便知其他日不在人下。贈介甫詩云：「老去自憐心尚在，後來誰與子争先。」子瞻登乙科，以書謝歐公，歐公語梅聖俞曰：「老夫當避此人放出一頭地。」當是時，二人俱未有聲，而公知之於未遇之時，如此所以爲一世文宗也與！《韻語陽秋》卷十八。

96 見蘇軾12—14。

97 嘉祐二年，余與端明韓子華、翰長王禹玉、侍讀范景仁、龍圖梅公儀同知禮部貢舉，辟梅聖俞爲小試官。凡鎖院五十日。六人者相與唱和，爲古律歌詩一百七十餘篇，集爲三卷。禹玉，余爲校理時，武成王廟所解進士也，至此新入翰林，與余同院，又同知貢舉，故禹玉贈余云：「十五年前出門下，最榮今日預東堂。」余答云：「昔時叨入武成宫，曾看揮毫氣吐虹。夢寐閑思十年事，笑談今此一罇同。喜君新賜黄金帶，顧我宜爲白髪翁」也。天聖中，余舉進士，國學南省皆忝第一人薦名，其後景仁相繼亦然，故景仁贈余云：「澹墨題名第一人，孤生何幸繼前塵」也。聖俞自天聖中與余爲詩友，余嘗贈以《蟠桃》詩，有韓、孟之戲，故至此梅贈余云：「猶喜共量天下士，亦勝東野亦勝韓。」而子華筆力豪贍，公儀文思温雅而敏捷，皆勍敵也。前此爲南省試官者，多窘束條制，不少放懷。余六人者，懽然相得，群居終日，長篇險韻，衆製交作，筆吏疲於寫録，僮史奔走往來，間以滑稽嘲謔，形於風刺，更相酬酢，往往烘堂絶倒，自謂一時盛事，前此未之有也。《歸田録》卷二。

98 見富弼 29。

99 見張先 10。

100 歐陽公知開封府，承包拯政猛之後，一切循理，不事風采。或以拯之政勵修者，答曰：「凡人材性不一，各有長短。用其所長，事無不舉；强其所短，政必不逮。吾亦任吾所長爾。」聞者服其言。《苕溪漁隱叢話》後集卷二十三引《本朝名臣傳》。

101 〔歐陽文忠〕公於修《唐書》，最後至局，專修紀、志而已，列傳則宋尚書祁所修也。朝廷以一書出於兩手，體不能一，遂詔公看詳列傳，令删修爲一體。公雖受命，退而歎曰：「宋公於我爲前輩，且人所見多不同，豈可悉如己意？」於是一無所易。及書成，奏御吏白舊例，修書只列書局中官高者一人姓名，云某等奉敕撰，而公官高，當書。公曰：「宋公於列傳亦功深者，爲日且久，豈可掩其名而奪其功乎？」於是紀、志書公姓名，列傳書宋姓名。此例皆前未有，自公爲始也。宋公聞而喜曰：「自古文人不相讓，而好相陵掩，此事前所未聞也。」《墨莊漫録》卷八。《宋名臣言行録》後集卷二。《宋稗類鈔》卷三。

102　初，仁宗以《唐書》淺陋，命官刊修，在職十年而修至，分撰紀、表、志，七年書成。宰相韓琦素不悦宋祁，以所上列傳文采雕飾太過，又一書出兩手，詔修看詳，改歸一體。修受命，歎曰：「宋公於我前輩，人所見不同，詎能盡如己意？」遂不易一字。又故事：修書進御，惟書官崇者。是時，祁守鄭州，修位在上，修曰：「宋公於此，日久功深，吾可掩其長哉！」遂各列其姓名。宋庠聞而喜曰：「自昔文人相凌掩，斯事古未有也。」《苕溪漁隱叢話》後集卷二十三引《本朝名臣傳》。

103　見宋祁30。

104　見宋祁31。

105　舊傳焦千之學於歐陽公。一日，造劉貢父，劉問：「《五代史》成邪？」焦對：「將脱稿。」劉問：「爲韓瞠眼立傳乎？」焦默然。劉笑曰：「如此，亦是第二等文字耳。」《齊東野語》卷十三。

106　見王安石204。

107　見王安石205。

108 見吴孝宗1。

109 歐公作王文正墓碑，其子仲儀諫議，送金酒盤醆十副、注子二把，作潤筆資。歐公辭不受，戲云：「正欠捧者耳。」仲儀即遣人如京師，用千緡買二侍女并獻。公納器物而卻侍女，答云：「前言戲之耳。」蓋仲儀初不知薛夫人嚴而不容故也。《高齋漫録》。

110 江鄰幾與歐陽公契分不疎，晚著《雜志》，詆公尤力。梅聖俞以爲言，而公終不問。鄰幾既死，公弔之，哭之痛，且告其子曰：「先公埋銘，修當任其責矣。」故公叙銘鄰幾，無一字貶之。前輩云：「非特見公能有所容，又使天下後世讀公之文，知公與鄰幾，始終如一，且將不信其所詆矣。」《能改齋漫録》卷十。《宋稗類鈔》卷三。

111 見韓琦57。

112 見韓琦58。

113 見韓琦71。

114 見韓琦84。

115 嘉祐八年上元夜，賜中書、樞密院御筵于相國寺羅漢院。國朝之制，歲時賜宴多矣，自兩制已上皆與。惟上元一夕，祇賜中書、樞密院，雖前兩府見任使相，皆不得與也。是歲昭文韓相、集賢曾公、樞密張太尉皆在假不赴，惟余與西廳趙侍郎槩、副樞胡諫議宿、吴諫議奎四人在席。酒半相顧，四人者皆同時翰林學士，相繼登二府，前此未有也。因相與道玉堂舊事爲笑樂，遂皆引滿劇飲，亦一時之盛事也。《歸田録》卷二。《宋朝事實類苑》卷二十四。

116 見富弼38。

117 〔歐〕公平生不甚留意《禮》經，常與祖父説濮議事……自云：某平生何嘗讀《儀禮》。偶至書院中，見學生有之，遂取而讀，見「爲人後者爲其父齊衰杖期」云云，其言與修意合，由是破諸異議，自謂得之多矣。《蘇魏公譚訓》卷一。《宋名臣言行録》後集卷二。

118 〔歐〕公自著《濮議》兩篇，其間有曰：「一時臺諫謂因言得罪，猶足取美名。是時聖德恭儉，舉動無差；兩府大臣，亦各無大過，未有事可以去者。惟濮議未定，乃曰，此好題目，所謂奇貨不可失也，於是相與力言。」歐公此論，卻欠反思。若如此，則前此己爲諫官侍從時，每事爭辯，豈亦是貪美名、求奇貨、尋好題目耶！余嘗作《濮議》詩云：「濮園議起沸烏臺，傳語歐公莫怨猜。須記上坡持槖日，也曾尋探好題來。」《鶴林玉露》丙編卷二。

119 〔歐陽〕文忠與〔王〕懿恪雖友婿，文忠心少之。文忠爲參政時，吏擬進懿恪僕射，文忠曰：「僕射，宰相官也。王拱辰非曾任宰相者，不可。」改東宫官，以至拜宣徽使，終身不至執政。蓋懿恪主吕文靖，文忠主范文正，其黨不同云。《邵氏聞見録》卷八。

120 見王拱辰8。

121 英宗之喪，歐公於衰絰之下，服紫地皂花緊絲袍以入臨。劉庠奏乞貶責，上遣使語歐陽公，使易之，歐陽公拜伏面謝。《宋名臣言行録》後集卷二。

122 見邵雍41。

123 公長子發娶冲卿之女。郎中薛良孺，歐陽公之妻族也，曩歲坐舉官不當被劾，遷延踰南郊赦赦原。良孺由是怨之，揚言於衆，云公有帷簿之醜。朝士以濮議故，多疾公，由是流布遂廣。蔣之奇遂以此事劾之，仍言：「某月日，彭思永爲臣言。」上以爲無是事，之奇伏地叩頭，固請以其奏付密院。於是公與冲卿皆上章自辨。後數日，復取其奏以入，因謂執政曰：「言事者以閨門曖昧之事中傷大臣，此風不可長。」乃命之奇、思永分析，皆無以對，俱坐謫官，仍敕榜朝堂。先是，之奇盛稱濮議之是以媚修，由是薦爲御史，既而反攻修。修尋亦外遷，故其謝上表曰：「未乾薦禰之墨，已關射羿之弓。」《宋名臣言行録》後集卷二。《涑水記聞》卷十六。

124 熙寧初，歐文忠在政府，言官亦誣其私子婦吴氏，惟冲卿以己女嘗辨於文疏，餘無一言爲明其罔蔑。《珍席放談》卷下。

125 歐陽在政府日，臺官以閨閫誣訕之，公上章力乞辨明。神宗手詔賜公曰：「春寒，安否？前事朕已累次親批出，詰問因依從來，要卿知。」又詔曰：「春暖久不相見，安否？數日來，以言者污卿以大惡，朕曉夕在懷，未嘗舒釋。故累次批出，再三詰問其從來事狀，訖無以報。前日見卿文字，要辨明，遂自引過。今日已令降出，仍出牓朝堂，使中外知其虚妄。事理既明，人疑亦塞，卿直起視事如初，毋恤前言。」又塗去「塞」字，改作「釋」字。宸翰今藏公家。《獨醒雜志》卷八。

126 潁陽石唐山一峰特峙，勢雄秀，獨支徑通絶頂，有石室，邢和璞算心處也。治平中，許昌齡安世諸父早得神仙術，杖策來居，天下傾焉。後游太清宫，時歐陽文忠公守亳社，公生平不肯佛老，聞之，要致州舍。與語，豁然有悟……一日，公問道，許告以公屋宅已壞，難復語此，但明了前境，猶庶幾焉。且道公昔游嵩山見神清洞事。公默有所契，語祕不傳。後公歸汝陰，臨薨，以詩寄之云：「石唐仙室紫雲深，潁陽真人此算心。真人已去升寥廓，峨峨喦花自開落。我昔曾爲洛陽客，偶向喦前坐磐石。四字丹書萬仞崖，神清之洞鎖樓臺。雲深路絶無人到，鸞鶴今應待我來。」《西清詩話》卷下。《宋詩紀事》卷十二。

127 歐陽文忠公平生詆佛老。……公既登政路，法當得墳寺，極難之，久不敢請，已乃乞爲道宮。凡執政以道宮守墳墓，惟公一人。韓魏公初見奏牘，戲公曰：「道家以超生不死爲貴，公乃使在丘壠之側，老君無乃卻辭行乎？」公不覺失聲大笑。《石林避暑録話》卷一。

128 兩府例得墳院，歐陽公既參大政，以素惡釋氏，久而不請。韓公爲言之，乃請瀧岡之道觀。又以崇公之諱，因奏改爲西陽宮，今隸吉之永豐。後公罷政出守青社，自爲阡表，刻碑以歸。江行過采石，舟裂碑沈，舟人曰：「神如有知，石將出。」有頃，石果見，遂得以歸立于其宮。紹興乙卯，宮焚，不餘一瓦，碑亭獨無恙。《獨醒雜志》卷二。

129 歐陽公居永豐縣之沙溪，其考崇公葬焉，所謂瀧岡阡是也。厥後奉母鄭夫人之喪歸合葬，載青州石鐫阡表。石緑色，高丈餘，光可鑑。阡近沙山太守廟。襄事禱于廟，祝板猶存。曰：「大事有日，陰雲屢興，假以三日之晴，則拜神之賜，其敢忘報！」執政得立功德寺，公素排佛教，雅不欲立寺。崇公諱觀，又不可立觀，乃立青陽宮。然公自葬鄭夫人之後，不復歸故鄉。《鶴林玉露》甲編卷一。

130 歐陽文忠公爲其考崇公及太夫人撰《瀧岡阡表》成，勒諸石，遣吏齋之歸，并檄郡守董墓事。渡江，風濤大作，有龍蜿蜒夾舟。舟欲覆，篙師呼曰：「客有懷寶者乎？請投之以禳此厄。」客曰：「無之，惟碑在焉。」因共擠之江，龍乃冉冉去，波亦平，遂得竟渡。吏持檄以實告郡守，守訝之，令吏祭墓，且以告，則碑已巋然植於其側矣。守墓者曰：「昨之夜震雷發土，碑於是出也。」薄視之，見表文中獨以朱圈「祭而豐不如養之薄」八字，滴水淋漓，自額及趺不絶。硃迹炳然，閱數百載如新。《金石萃編》卷一百三十七引《江西通志》。

131 歐陽文忠公自歷官至爲兩府，凡有建明於上前，其詞意堅確，持守不變，且勇於敢爲，王荆公嘗歎其可任大事。及荆公輔政，多所更張，而同列少與合者。是時歐陽公罷參知政事，以觀文殿學士知蔡州。荆公乃進之爲宣徽使，判太原府，許朝覲，意在引之執政，以同新天下之政。而歐陽公懲濮邸之事，深畏多言，遂力辭恩命，繼以請老而去。荆公深歎惜之。《東軒筆録》卷九。《宋朝事實類苑》卷九。

132 歐陽文忠公在蔡州，屢乞致仕。門下生蔡承禧因間言曰：「公德望爲朝廷倚重，且未及引年，豈容遽去也？」歐陽答曰：「某平生名節，爲後生描畫盡，惟有早退，以全晚節，豈可更俟驅逐乎？」承禧歎息，無以答。《倦游雜録》。《宋名臣言行録》後集卷二。《清波雜志》卷九。《昨非庵日纂》二集卷十九。

133 居士初謫滁州，自號醉翁，既老而衰且病，將退休於潁水之上，則又更號六一居士。客有問曰：「六一何謂也？」居士曰：「吾家藏書一萬卷，集録三代以來金石遺文一千卷，有琴一張，有棋一局，而常置酒一壺。」客曰：「是爲五一爾，奈何？」居士曰：「以吾一翁老於此五物之間，是豈不爲六一乎？」客曰：「子欲逃名者乎，而屢易其號，此莊生所謂畏影而走乎日中者也。余將見子疾走大喘渴死，而名不得逃也。」居士曰：「吾固知名之不可逃，然亦知夫不必逃也，吾爲此名，聊以志吾之樂耳。」《苕溪漁隱叢話》後集卷二十三引《六一居士傳》。《詩人玉屑》卷十七。

134 公平生少有所好，獨好收畜古文圖書，集三代以來金石刻爲一千卷，以校正史傳百家訛謬之説爲多。在滁時，自號醉翁。晚年自號六一居士，曰：「吾集古録一千卷，藏書一萬卷，琴一張，棋一局，常置酒一壺，吾老其間，是爲六一。」《宋名臣言行録》後集卷二引《行狀》。《石林燕語》卷十。《東都事略》卷七十二。《何氏語林》卷十一。《堯山堂外紀》卷四十八。

135 見常秩1、2。

136 見常秩3。

137 歐陽文忠公與韓子華、吴長文、王禹玉同直玉堂，嘗約五十八歲即致仕，子華書於柱上。其後過限七年，方踐前志，作詩寄子華曰：「俗諺云：也賣弄得過裏。」其詩曰：「人事從來無處定，世塗多故踐言難。誰知潁水閒居士，十頃西湖一釣竿。」《墨莊漫録》卷三。《宋詩紀事》卷十二。《古謡諺》卷六十。

138 初，歐陽文忠公與趙少師槩同在中書，嘗約還政後再相會。及告老，趙自南京訪文忠公于潁上。文忠公所居之西堂曰「會老」，仍賦詩以志一時盛事。時翰林吕學士公著方牧潁，職兼侍讀及龍圖，特置酒於堂，宴二公。文忠公親作口號，有「金馬玉堂三學士，清風明月兩閒人」之句，天下傳之。《澠水燕談録》卷四。《青箱雜記》卷八。《宋詩紀事》卷十三。

139 趙叔平罷參政，致政居睢陽；歐陽永叔罷參政，致政居汝陰。叔平一日乘安輿來訪永叔，時吕晦叔以金華學士知潁州，啓宴以召二公。於是歐公自爲優人致語及口號，高誼清才，搢紳以爲美談。口號曰：「欲知盛集繼荀陳，請看當筵主與賓。金馬玉堂三學士，清風明月兩閑人。紅芳已過鶯猶囀，青杏初嘗酒正醇。好景雖逢良會少，乘歡舉白莫辭頻。」《倦游雜録》。《墨客揮犀》卷十。《詩話總龜》前集卷二。《宋朝事實類苑》卷三十五。《古今事文類聚》前集卷三十二。《堯山堂外紀》卷四。

140 見趙槩7。

141 歐陽文忠公不喜釋氏，士有談佛書者，必正色視之，而公之幼子小字和尚。或問：「公既不喜佛，排浮屠，而以和尚名子何也？」公曰：「所以賤之也，如今人家以牛驢名小兒耳。」問者大笑，且伏公之辨也。《澠水燕談録》卷十。《宋朝事實類苑》卷六十六。

142 一長老在歐陽公座上，見公家小兒有小名僧哥者，戲謂公曰：「公不重佛，安得此名？」公笑曰：「人家小兒要易長育，往往以賤名爲小名，如狗、羊、犬、馬之類是也。」聞者莫不服公之捷對。《道山清話》。《捫掌録》。

143 歐陽公素不信釋氏之説。……既登二府，一日被病亟，夢至一所，見十人端冕環坐。一人云：「參政安得至此，宜速反舍。」公出門數步，復往問之，曰：「公等豈非釋氏所謂十王者乎？」曰：「然。」因問：「世人飯僧造經，爲亡人追福，果有益乎？」答云：「安得無益？」既寤，病良已。自是遂信佛法。《韻語陽秋》卷十二。《詩話總龜》後集卷四十五。

144 歐陽氏子孫奉釋氏甚衆，往往尤嚴于它士大夫家。余在汝陰，嘗訪公之子棐于其家。入門，聞歌唄鐘磬聲自堂而發。棐移時出，手猶持數珠，諷佛名，具謝今日適齋日，與家人共爲佛事方畢。問之，云公無恙時，薛夫人已自爾，公不禁也。及公薨，遂率其家無良賤悉行之。汝陰有老書生，猶及從公游，爲予言公晚聞富韓公得道于浄慈本老，執禮甚恭。以爲富公非苟下人者，因心動，時法顒師住薦福寺，所謂顒華嚴者，本之高弟，公稍從問其説。顒使觀《華嚴》，讀未終而薨。《石林避暑録話》卷一。

145　見韓琦119。

146　六一先生作事皆寓深意。……韓魏公同在政府，六一長魏公一歲，魏公諸事頗從之。至議推尊濮安懿王，同朝俱攻六一，故六一遺令托魏公作墓志。墓志中盛言初議推尊，時乃政府熟議，共入文字，欲令魏公承當此事，以破後世之惑耳。《嬾真子録》卷二。

147　歐陽文忠公初但謚文，蓋以配韓文公。常夷甫方兼太常，晚與文忠相失，乃獨謂公有定策功，當加忠字，實抑之也。李邦直作議，不能固執，公論非之。當時士大夫相謂曰：「永叔不得謚文公，此謚必留與介甫耳。」其後信然。《老學庵筆記》卷五。

148　韓魏公薨，士大夫以勳德難名，知與不知，皆爲泫然而歎曰：「天何不爲我留歐陽公，爲魏公作志文而後死也！」《詩話總龜》前集卷三十二。

149　歐陽文忠喜士爲天下第一，嘗好誦孔北海「坐上客常滿，樽中酒不空」。《冷齋夜話》卷二。《詩話總龜》前集卷五十。

150　歐公凡遇後進投卷，可采者悉録之爲一册，名曰「文林」。《林下偶談》卷三。《木筆雜鈔》卷下。《茶香室四鈔》卷十二。

151 歐陽文忠公，文章道義，天下宗師，凡世俗所嗜，一無留意，獨好古石刻。自岐陽石鼓，岱山、鄒嶧之篆，下及漢、魏已來碑刻，山崖川谷，荒林破塚，莫不皆取，以爲《集古録》。因其石本，軸而藏之。撮其大要，别爲目録，并載可以正史學之闕謬者，以傳後學。跋尾多公自題，復爲之序，請蔡君謨書之，真一代絶筆也。公之守亳也，余主蒙城簿，嘗得閲之。《澠水燕談録》卷七。《宋朝事實類苑》卷五十一。

152 公言：「歐陽文忠公讀書，五行俱下，吾嘗見之。但近覷耳。若遠視，何可當！」《欒城先生遺言》。

153 歐陽文忠近視，常時讀書甚艱，惟使人讀而聽之。在政府數年，每進文字，亦如常人，不以爲異。《石林燕語》卷十。

154 爲學三多，士皆知其説。孫公莘老請益於歐陽公，公曰：「此無他，唯勤讀書而多，爲之自工。世人患作文字少，又懶讀書，每一書出，必求過人，如此少有至者。疵病不必待人指摘，多作自見之。」孫書于座右。《清波雜志》卷十一。

155 歐陽文忠公不喜《中説》，以爲無所取，而司馬温公酷愛之。《甕牖閒評》卷五。

156 歐陽永叔不好杜詩，蘇子瞻不好司馬《史記》，余每與黄魯直怪嘆，以爲異事。《後山詩話》。

157 歐公不言文章，而喜談政事。君謨不言政事，而喜論文章。各不矜其所能也。《魏公譚訓》卷四。《宋名臣言行録》後集卷四。《自警編》卷二。《蓬窗目録》卷六。《昨非庵日纂》一集卷十二。

158 歐陽永叔每誇政事，不誇文章，蔡君謨不誇書，吕濟叔不誇棋，何公南不誇飲酒，司馬君實不誇清節，大抵不足則誇也。《東齋記事》補遺。《何氏語林》卷十八。《宋稗類鈔》卷五。

159 余平生所作文章，多在三上，乃馬上、枕上、廁上也。蓋唯此尤可以屬思爾。《歸田録》卷二。《閒燕常談》。《宋朝事實類苑》卷十。《堯山堂外紀》卷四十八。《黄嬭餘話》卷二。《宋稗類鈔》卷五。

160 歐陽文忠公作文既畢，貼之牆壁，坐卧觀之，改正盡善，方出以示人。《春渚紀聞》卷七。

161 歐陽文忠公每爲文，既成，必屢自竄易，至有不留本初一字者。其爲大文章，則書而傳之屋壁，出入觀省之。至於尺牘單簡，亦必立藁。其精審如此。《吕氏雜記》卷上。

162 歐陽公晚年，嘗自竄定平生所爲文，用思甚苦。其夫人止之曰：「何自苦如此，當畏先生嗔耶？」公笑曰：「不畏先生嗔，卻怕後生笑。」《寓簡》卷八。

163 韓魏公在相，曾乞《晝錦堂記》于歐公，云：「仕宦至將相，富貴歸故鄉。」韓公得之愛賞。後數日，歐復遣介，別以本至，云：「前有未是，可換此本。」韓再三玩之，無異前者，但於「仕宦」、「富貴」下各添一「而」字，文義尤暢。先子云：「前輩爲文，不易如此。」《過庭録》。

164 永叔作韓忠獻《晝錦堂記》，開石了，以碑本寄張安道。安道嗟歎久之，云：「惜乎不先寄老夫，使此記遂有小纇。『以武康之節，來治於相』，兩句中可去一字。不然，『以武康之節來治相』，又不然，『以武康來治于相』。」《桐江詩話》。《苕溪漁隱詩話》後集卷二十三。

165 曾南豐讀歐陽公《晝錦堂記》「來治於相」，《真州東園記》「泛以畫舫之舟」二語，皆以爲病。《邵氏聞見後録》卷十六。《清波雜志》卷五。

166 見章惇11。

167 見王安石206。

168 見蘇洵15。

169 見劉敞23。

170 毘陵正素處士張子厚善書，余嘗於其家見歐陽文忠子棐以烏絲欄絹一軸，求子厚書文忠《明妃曲》兩篇、《廬山高》一篇。略云：「先公平日，未嘗矜大所爲文，一日被酒，語棐曰：『吾《廬山高》，今人莫能爲，惟李太白能之。《明妃曲》後篇，太白不能爲，惟杜子美能之。至於前篇，則子美亦不能爲，惟我能之也。』因欲別録此三篇也。」《石林詩話》卷中。

171 郭功父少時喜誦文忠公詩。一日過梅聖俞，聖俞曰：「近得永叔書云，作《廬山高》詩送劉同年，自以爲得意。恨未見此詩。」功父誦之，聖俞擊節歎賞曰：「使吾更學作詩三十年，亦不能道其中一句。」功父再誦，不覺心醉，遂置酒，又再誦，酒數行，凡誦十數遍，不交一言而罷。明日，聖俞贈功父詩曰：「一誦《廬山高》，萬景不可藏。設如古畫詩，極意未能忘。」《王直方詩話》。《詩話總龜》前集卷八。《苕溪漁隱叢話》前集卷二十九。《竹莊詩話》卷十六。《詩林廣記》卷三。《宋詩紀事》卷十二。

172 見梅堯臣24。

173 見梅堯臣26。

174 歐公《寄江十學士詩》云：「白髮垂兩鬢，黃金腰七鐶。」又有《當宿直詩》：「萬釘寶帶爛腰鐶。」劉貢父云：「永叔這條腰帶幾次道着也。」《王直方詩話》。《類説》卷五十七。《苕溪漁隱叢話》前集卷三十。

175　見劉敞26、27。

176　歐陽文忠公嘗以詩薦一士人與王渭州仲儀，仲儀待之甚厚。未幾，贓敗。仲儀歸朝，見文忠公論及此士人，文忠公笑曰：「詩不可信也如此。」《侯鯖録》卷三。

177　歐陽公與行令，各作詩兩句，須犯徒以上罪者。一云「持刀哄寡婦，下海劫人船」；一云「月黑殺人夜，風高放火天」。歐云：「酒黏衫袖重，花壓帽簷偏。」或問之，答云：「當此時，徒以上罪亦做了。」《拊掌録》。《宋稗類鈔》卷六。

178　見韓縝1。

179　歐公用尖筆作方濶字，神采秀發，膏潤無窮。後人見之，如見其清粹豐頰，進趣裕如也。《仇池筆記》卷下。

180　交倚謂之繩牀，乃外國所製，歐公不御之。《同話録》。

181　於友人歐陽儁處得其遠祖文忠公自初進擢至贈謚綸告，一無遺者，可謂故物，不愧鄭公之笏。《清波雜志》卷二。

182　安平都尉完顏斜烈嘗鎮商州，偶搜伏於竹林中，得歐陽文忠公子孫甚多，以歐公之故，并其族屬鄉里三千餘人悉縱遣之。《樵書》初編卷一引元遺山《壬辰雜編》。

歐陽曄

1　歐陽曄都官知端州，有桂陽監民争舟相毆死，獄久不決。曄出囚坐廷中，去其桎梏而飲食之，訖，皆還於獄，獨留一人。留者色動，曄曰：「殺人者汝也。」囚不知所以然，曰：「吾視食者皆以右手持匕，汝獨以左，今死者傷右肋，此汝殺之明也。」囚泣曰：「我殺之，不敢以累他人。」《折獄龜鑑》。《仕學規範》卷二十八。《言行龜鑑》卷七。

梅堯臣

1 見錢惟演11。

2 見歐陽修18。

3 景祐末，元昊叛，夏鄭公出鎮長安，梅送詩云：「亞夫金鼓從天落，韓信旌旗背水陳。」是時詩甚多，獨刻此于石。文瑩頃游鄠中，二邑僧壁，尚有公之詩。《宋朝事實類苑》卷三十五。

4 宋元獻公庠初罷參知政事，知揚州，嘗以雙鵝贈梅堯臣，堯臣作詩曰：「昔居鳳池上，曾食鳳池萍。乞與江湖走，從教養素翎。不同王逸少，辛苦寫《黄庭》。」宋公得詩，殊不悦。《東軒筆録》卷十一。《宋朝事類苑》卷三十五。《江隣幾雜志》。《困學紀聞》卷十八。

5 晏丞相嘗籠生鵝餉梅聖俞，聖俞以詩謝之曰：「昔居鳳池上，曾食鳳池萍。乞與江湖客，從教養素翎。」丞相得詩，不悦。其後有宣州司理者，以鵝餉梅，蓋蒸而致之，故梅詩曰：「昔年相國籠之贈，今日參軍餉以蒸。一咀肥甘酬短句，定應無復謗言興。」詳其意趣，是先一詩去時，有摘語以間者，故追言興謗也。《演繁露》續集卷四。案：贈鵝爲宋庠事，見上條。

6　晏元獻守汝陰，梅聖俞自都下特往見之，劇談古今作詩體製。聖俞將行，公置酒潁河上，因言古今章句中全用平聲，製字穩帖，若神施鬼設者，如「枯桑知天風」是也，恨未見側字詩。聖俞既引舟，遂作五側體寄公：「月出斷岸口，影照別舸背。且獨與婦飲，頗勝俗客對。月漸上我席，暝色亦稍退。豈必在秉燭，此景已可愛。」此詩家一種事也。《西清詩話》卷上。《詩人玉屑》卷二。

7　宣城守吕士隆，好緣微罪杖營妓。後樂籍中得一客娼，名麗華，善歌，有聲於江南，士隆眷之。一日復欲杖營妓，妓泣訴曰：「某不敢避杖，但恐新到某人者不安此耳。」士隆笑而從之。麗華短肥，故梅聖俞作《莫打鴨》詩以解之曰：「莫打鴨，莫打鴨，打鴨驚鴛鴦。鴛鴦新自南池落，不比孤洲老禿鶬。禿鶬尚欲遠飛去，何況鴛鴦羽翼長。」《侯鯖録》卷八。《臨漢隱居詩話》。《堯山堂外紀》卷四十九。《宋詩紀事》卷二十。

8　范文正公始以獻《百官圖》譏切吕申公，坐貶饒州。梅聖俞時官旁郡，作《靈烏賦》以寄，所謂「事將兆而獻忠，人返謂爾多凶」，蓋爲范公設也。故公亦作賦報之，有言「知我者謂吉之先，不知我者謂凶之類」。及公秉政，聖俞久困，意公必援己，而漠然無意，所薦乃孫明復、李泰伯。聖俞有違言，遂作《靈烏後賦》以責之。略云：「我昔閔汝之忠，作賦弔汝；今主人誤豐爾食，安爾巢，而爾不復啄叛臣之目，伺賊壘之去，反憎鴻鵠之不親，愛燕雀之來附。」意以其西師無成功。世頗以聖俞爲隘。《石林燕語》卷九。《茶香室四鈔》卷十二。

9　世傳《碧雲騢》一卷，爲梅聖俞作，皆歷詆慶曆以來公卿隱過，雖范文正亦不免。議者遂謂聖俞游諸公間，官竟不達，懟而爲此以報之。君子成人之美，正使萬有一不至，猶當爲賢者諱，況未必有實。聖俞賢者，豈至是哉！　後聞之，乃襄陽魏泰所爲，嫁之聖俞也。《石林避暑録話》卷二。

10 梅聖俞著《碧雲騢》應昭陵時，名下大臣惟杜祁公、富鄭公、韓魏公、歐陽公無貶外，悉譏詆之，無少避。其序曰：「碧雲騢，厩馬也。莊憲太后臨朝，以賜荆王，王惡其旋毛。太后知之，曰：『旋毛能害人邪？吾不信。』留以備上閑，爲御馬第一，以其吻肉色碧如霞片，故號云。世以旋毛爲醜，此以旋毛爲貴，雖貴矣，病可去乎？噫。」范文正公者，亦在詆中。以文正微時，常結中書吏人范仲尹，因以破家。文正既貴，略不收卹。王銍性之不服，以爲魏泰僞託聖俞著此書，性之跋《范仲尹墓志》云：「近時襄陽魏泰者，塲屋不得志，喜僞作它人著書，如《志怪集》、《括異志》、《倦游録》，盡假名武人張師正，又不能自抑，出其姓名，作《東軒筆録》，皆用私喜怒誣衊前人，最後作《碧雲騢》，假名梅聖俞，毁及范文正公，而天下駭然不服矣。且文正公與歐陽公、梅公立朝同心，詎有異論？特聖俞子孫不耀，故挾之借重以欺世。今録楊闢所作《范仲尹墓志》，庶幾知泰亂是非之實至此也。則其他泰所厚誣者，皆迎刃而解，可盡信哉！僕猶及識泰，知其從來最詳，張而明之，使百世之下，文正公不蒙其謬焉。潁人王銍性之題。」予以爲不然，亦書其下云：美哉，性之之意也。使范公不蒙其謬，聖俞亦不失爲君子矣。然聖俞蚤接諸公，名聲相上下，獨窮老不振，中不能無躁，其《聞范公訃》詩：「一出屢更郡，人皆望酒壺。俗情難可學，奏記向來無。貧賤常甘分，崇高不解諛。雖然門館隔，泣與衆人俱。」夫爲郡而以酒悦人，樂奏記，納諛佞，豈所以論范公者？聖俞之意，真有所不足邪！如著文公燈籠錦事，則又與《書竄》詩合矣。故予疑此書實出於聖俞也。《邵氏聞見後録》卷十六。

11 碧雲騢者，廄馬也。……以其吻肉色碧如霞片，故云。世以旋毛爲醜，此以旋毛爲貴。雖貴矣，病可去乎？梅聖俞不得志於諸公間，乃借此名著書一卷，詆譏慶曆巨公。後葉石林於《避暑録》嘗辨乃襄陽魏泰所著，嫁之聖俞。……邵公濟，康節孫也，亦引聖俞聞范文正公訃詩云：「一出屢更郡，人皆望酒壺。俗情難可學，奏記向來無。貧賤嘗甘分，崇高不解諛。雖然門館隔，泣與衆人殊。」謂爲郡以酒悅人，樂奏記納諛，豈所以論文正者？以是又疑真出於聖俞也。《清波雜志》卷四。

12 嘉祐中，侍從官列薦國子博士梅堯臣宜在館閣，仁皇帝曰：「能賦『一見天顔萬人喜，卻回宮路樂聲長』者也。」蓋帝幸景靈宮，堯臣有詩，或傳入禁中，帝愛此二語。召試賜等，竟不登館閣以死。《邵氏聞見後録》卷十七。

13 王副樞之夫人，梅鼎臣之女也。景彝初除樞密副使，梅夫人入謝慈壽宮，太后問：「夫人誰家子？」對曰：「梅鼎臣女也。」太后笑曰：「是梅聖俞家乎？」由是始知聖俞名聞於宮禁也。聖俞在時，家甚貧，余或至其家，飲酒甚醇，非常人家所有，問其所得，云：「皇親有好學者，宛轉致之。」余又聞皇親有以錢數千購梅詩一篇者。其名重於時如此。《歸田録》卷二。《宋朝事實類苑》卷八。《山居新話》。

14 嘉祐初，歐陽公、王禹玉珪、梅公儀摯、韓子華絳、范景仁鎮，五人名在當世，同掌春闈，有《禮部唱和》傳落華夏。時梅聖俞爲其屬，有《閱進士就試》云：「萬蟻戰酣春晝永，五星明處夜堂深。」舉子戲曰：「主文自目爲星，我輩爲蟻，此試官謙德也。」《西清詩話》卷中。參見歐陽修87。

15 見歐陽修97。

16 梅聖俞送歐陽闢晦夫詩有曰：「我家無梧桐，安可久棲鳳。鳳巢在桂林，烏哺不得共。」晦夫，桂林人，嘗從聖俞學，及其南歸，故以是詩贈之。蘇明允初至京師，時東坡與子由年甚少，人鮮有知者。聖俞獨奇之，故贈明允詩有云：「歲月不知老，家有雛鳳凰。百鳥戢羽翼，不敢呈文章。」後東坡謫海南，過合浦，始識晦夫，談論累日。晦夫因出聖俞贈行之詩，東坡讀畢，執晦夫手，笑曰：「君年六十六，余雖少一，而白髮蒼顔大略相似，困窮亦不甚相遠，聖俞所謂鳳，例如此。天下皆言聖俞以詩窮，吾二人又窮於聖俞之詩，可不大笑乎！」《獨醒雜志》卷三。

17 梅聖俞以詩知名，三十年終不得一館職。晚年與修《唐書》，書成未奏而卒，士大夫莫不歎惜。其初受敕修《唐書》，語其妻刁氏曰：「吾之修書，可謂猢猻入布袋矣。」刁氏對曰：「君於仕宦，亦何異鮎魚上竹竿耶！」《歸田録》卷二。《宋朝事實類苑》卷六十七。《閒燕常談》。《虛谷閒鈔》。《堯山堂外紀》卷四十九。《宋詩紀事》卷二十。

18 鄭谷詩名盛於唐末，號《雲臺編》，而世俗但稱其官，爲「鄭都官詩」。其詩極有意思，亦多佳句，但其格不甚高。以其易曉，人家多以教小兒。……梅聖俞晚年，官亦至都官，一日會飲余家，劉原父戲之曰：「聖俞官必止于此。」坐客皆驚。原父曰：「昔有鄭都官，今有梅都官也。」聖俞頗不樂。未幾，聖俞病卒。余爲序其詩爲《宛陵集》，而今人但謂之「梅都官詩」。一言之謔，後遂果然，斯可歎也！《六一詩話》。《新編分門古今類事》卷十四。《堯山堂外紀》卷四十九。

19 梅聖俞轉都官員外郎，原甫戲之：「詩人有何水部，其後有張水部；鄭都官，復有梅都官。鄭有《鷓鴣》詩，時呼『鄭鷓鴣』。梅有《河豚》詩，可呼『梅河豚』耶？」《江隣幾雜志》。

20 梅聖俞《河豚詩》曰：「春洲生荻芽，春岸飛楊花。河豚於此時，貴不數魚蝦。」劉原甫戲曰：「鄭都官有《鷓鴣詩》，謂之『鄭鷓鴣』。聖俞有《河豚詩》，當呼有『梅河豚』也。」《古今詩話》。《詩話總龜》前集卷三十九。《堯山堂外紀》卷四十九。

21 梅聖俞因劉元甫戲言之讖，竟終於都官，葬在宣城，俗呼爲梅夫子墓。弔之者有句云：「贏得兒童叫夫子，可憐名位只都官。」《娛書堂詩話》卷上。《宋詩紀事》卷九十六。

22 梅聖俞之卒也，余與宋子才選、韓欽聖宗彦、沈文通遘，俱爲三司僚屬，共痛惜之。子才曰：「比見聖俞面光澤特甚，意爲充盛，不知乃爲不祥也。」時欽聖面亦光澤，文通指之曰：「次及欽聖矣。」衆皆尤其暴謔。不數日，欽聖抱疾而卒。余謂文通曰：「君雖不爲咒咀，亦戲殺耳。」《温公續詩話》。

23 晏元獻公文章擅天下，尤善爲詩，而多稱引後進，一時名士往往出其門。聖俞平生作詩多矣，然公獨愛其兩聯，云：「寒魚猶著底，白鷺已飛前。」又「絮暖鮆魚繁，露添蒓菜紫。」余嘗于聖俞家見公自書手簡，再三稱賞此二聯。余疑而問之，聖俞曰：「此非我之極致，豈公偶自得意於其間乎？」乃知自古文士不獨知己難得，而知人亦難也。《六一詩話》。《宋朝事實類苑》卷三十五。

24 李邯鄲諸孫亨仲云：「吾家有梅聖俞詩善本，世所傳多爲歐陽公去其尤者，忌能名之或壓也。」予謂歐陽公在諫路，頗詆邯鄲公，亨仲之言恐不實。然曾仲成云：「歐陽公有『韓孟於文詞，兩雄力相當。孟窮苦纍纍，韓富浩穰穰。郊死不爲島，聖俞發其藏』等句。聖俞謂蘇子美曰：『永叔自要作韓退之，强差我作孟郊。』雖戲語，亦似不平也。」《邵氏聞見後録》卷十八。

25 梅聖俞詩云：「南隴鳥過北隴叫，高田水入低田流。」歐陽文忠公誦之不去口。《竹坡詩話》。

26 蘇子瞻學士，蜀人也。嘗於淯井監得西南夷人所賣蠻布弓衣，其文織成梅聖俞《春雪詩》。此詩在聖俞集中，未爲絶唱。蓋其名重天下，一篇一詠，傳落夷狄，而異域之人貴重之如此耳。子瞻以余尤知聖俞者，得之，因以見遺。余家舊蓄琴一張，乃寶曆三年雷會所斵，距今二百五十年矣。其聲清越如擊金石，遂以此布更爲琴囊，二物真余家之寶玩也。《六一詩話》。《宋朝事實類苑》卷三十五。《堯山堂外紀》卷四十九。

27 見歐陽修171。

28 梅聖俞早有詩名，故士能詩者，往往寫卷投擲，以質其是非。梅各有報章，未嘗輕許之也。《讀黄萃詩卷》則云：「鳳凰養雛飛未高，雞鶩成群翅終短。」《讀蕭淵詩卷》則云：「野雉五色且非鳳，知時善鳴雞若何。」《讀孫且言詩卷》則云：「汲井欲到深，磨鑑欲盡塵。」《讀張令詩卷》則云：「讀之不敢倦，十未能一曉。」《讀邵不疑詩卷》則曰：「既觀坐長歎，復想李杜韓。」皆因其短而教誨之也。《韻語陽秋》卷一。

29 梅聖俞《幼戲謝師直》詩曰：「古錦裁詩句，斑衣戲坐隅。木奴今正熟，肯效陸郎無。」師直小名錦衣奴，至十歲讀此，方悟之。《中山詩話》。《宋朝事實類苑》卷三十五。《堯山堂外紀》卷四十九。《宋詩紀事》卷十九。

30 〔梅聖俞〕寵嬖曹氏，作《一日曲》，爲曹氏也。《彦周詩話》。

31 見王英英1。

32 孫君孚升云：昔與杜挺之、梅聖俞同舟遡汴，見聖俞吟詩，日成一篇，衆莫能和，因密伺聖俞如何作詩。蓋寢食游觀，未嘗不吟諷思索也。時時於座上忽引去，奮筆書一小紙，内算袋中，同舟竊取而觀，皆詩句也。或半聯，或一字，他日作詩，有可用者入之。或云「作詩無古今，惟造平淡難」，乃算袋中所書也。《娱書堂詩話》卷下。《孫公談圃》卷下。《詩學規範》卷三十六。

33　東坡言：「梅二丈長身秀眉，大耳紅頰，飲酒過百盞，輒正坐高拱，此其醉也。然不可謂之能飲」蓋謂聖俞剛正，不爲酒所動矣。《姑蘇筆記》。《研北雜志》卷下。《何氏語林》卷二十二。

34　梅聖俞每醉，輒叉手温語。坡公謂其非善飲者，習性然也。《逸老堂詩話》卷下。

35　往時南饌未通，京師無有能斫鱠者以爲珍味，梅聖俞家有老婢，獨能爲之。歐陽文忠公、劉原甫諸人，每思食鱠，必提魚往過。聖俞得鱠材，必儲以速諸人，故集中有《買鯽魚八九尾尚鮮活永叔許相過留以給膳》，又《蔡仲謀遺鯽魚十六尾余憶在襄城時獲此魚留以遲永叔》等數篇。一日，蔡州會客，食雞頭，因論古今嗜好不同，及屈到嗜芰、曾晳嗜羊棗等事。忽有言歐陽文忠嗜鯽魚者，問其故，舉前數題曰：「見《梅聖俞集》。」坐客皆絶倒。《石林避暑録話》卷四。

36　梅聖俞有馬，名鐵獺。《研北雜志》卷下。

尹洙

1　狀元登第者，不十餘年皆望柄用。人亦以是爲常，謂固得之也。每殿庭臚傳第一，則公卿以下，無不聳觀，雖至尊亦注視焉。自崇政殿出東華門，傳呼甚寵，觀者擁塞通衢，人摩肩不可過。錦韉繡轂，角逐争先，至有登屋而下瞰者。士庶傾羡，讙動都邑。洛陽人尹洙，意氣横躒，好辯人也。

嘗曰：「狀元登第，雖將兵數十萬，恢復幽、薊，逐强虜於窮漠，凱歌勞還，獻捷太廟，其榮亦不可及也。」《儒林公議》。

2 尹龍圖洙知河南府伊陽縣，民有女幼孤，而冒賀氏産，鄰人證其非是而籍之。後鄰人死，女訴，復請所籍産，久不能決。洙問：「若年幾何？」曰：「三十二。」乃按咸平籍，二年賀死，而妻劉爲户，詰之曰：「若五年始生，安得賀姓邪？」女遂伏。《仕學規範》卷十五。

3 見錢惟演8、9。

4 尹師魯性高而褊，在洛中與歐、梅諸公同游嵩山，師魯曰：「游山須是帶得胡餅爐來，方是游山。」諸公咸謂：「游山貴真率，豈有此理！」諸公群起而攻之。師魯知前言之謬，而不能勝諸公，遂引手扼吭，諸公争救之乃免。《默記》卷下。《清波雜志》卷九。

5 希文、師魯皆畏沂公。師魯初入館，編校四年，後欲得一差遣，遂自至中書，援錢延年例。沂公徐曰：「學士自待何爲在錢延年等例邪？」師魯終身以爲愧。《韓魏公别録》。

6 見范仲淹31。

7 慶曆中，洙與仲淹等友善。仲淹等既罷朝政，洙亦爲人希時宰意，攻以居渭州時事，遂置獄，遣劉湜按之。一日，謂洙曰：「龍圖以銀爲偏提，給銀有記，而收偏提無籍，龍圖當得罪死矣。」洙曰：「此不足以致洙罪也，以銀爲偏提，用某工校主之，附某籍，可取視之。」湜閲籍，果然。知不能害，歎息而已。其後洙在隨州，而孫甫知安州，過隨，二人皆好辨論，對榻語幾月，無所不道，而洙未嘗有一言及湜者。甫問曰：「劉湜按師魯，欲致師魯於死，而師魯絶口未嘗有一言及湜，何也？」洙曰：「湜與洙，本未嘗有不足之意，其希用事者意，欲害洙，迺湜不能自樹自立耳，洙何恨於湜乎？」甫深伏其識量。《宋名臣言行録》前集卷九引《南豐雜識》。

8　尹師魯爲渭帥，與劉滬、董士廉輩議水邏城事。既矛盾，朝旨召尹至闕，送中書，給紙札供析。昭文吕申公因聚廳啜茶，令堂吏置一甌投尹曰：「傳語龍圖，不欲攀請，只令送茶去。」時集相幸師魯之議將屈，笑謂諸公曰：「尹龍圖莫道建茶磨去磨來，漿水亦嚥不下。」師魯之幄去政堂切近，聞之，擲筆於案，厲聲曰：「是何委巷猥語輒入廟堂，真治世之不幸也！」集相愧而銜之。後致身於禍辱，根於此也。《湘山野録》卷中。《宋朝事實類苑》卷六十四。

9　〔范〕文正公雖極端方，而笑謔有味。師魯時謫筠州監榷，郡守趙可度者，迎時之好惡，酷加凌忽。公爲郡帥，特奏曰：「尹洙多病，可惜死於僻郡，乞令就任所醫理。」可其奏，遂客於鄧。舉不如意，凡樽俎語言皆無悰，侑人不敢侍之，或怒至以雙指扭其臉。侑者泣訴於公，公曰：「爾輩豈知，此是龍圖硬性。」客笑，而師魯不笑。《續湘山野録》。

10　尹師魯自直龍圖閣謫官過梁下，與一佛者談。師魯自言以静退爲樂。其人曰：「此猶有所係，不若進退兩忘。」師魯頓若有所得，自爲文以記其説。後移鄧州，是時范文正公守南陽。少日，師魯忽手書與文正别，仍囑以後事，文正極訝之。時方饌客，掌書記朱炎在坐，炎老人，好佛學，文正以師魯書示炎曰：「師魯遷謫失意，遂至乖理，殊可怪也。宜往見之，爲致意開譬之，無使成疾。」炎即詣尹，而師魯已沐浴衣冠而坐，見炎來道文正意，乃笑曰：「何希文猶以生人見待？洙死矣。」與炎談論頃時，遂隱几而卒。炎急使人馳報文正，文正至，哭之甚哀。師魯忽舉頭曰：「早已與公別，安用復來？」文正驚問所以。師魯笑曰：「死生常理也，希文豈不達此。」又問其後事。尹曰：「此在公耳。」乃揖希文復逝。俄頃，又舉頭顧希文曰：「亦無鬼神，亦無恐怖。」言訖，遂長往。《夢溪筆談》卷二十。《冷齋夜話》卷八。《名賢氏族言行類稿》卷三十八。

11 尹師魯謫崇信軍節度副使，移筠州監酒，得疾。時范文正公知鄧州，聞於朝，乞師魯就醫於鄧，仁宗許之。師魯至，文正日挾醫以往，調護甚備，師魯無甚苦也。一日，文正偶以事未往，師魯遣人招之。文正亟往，師魯隱几端坐，已瞑目矣。文正伏而呼之，師魯復開目，文正問曰：「何所見也？」師魯從容曰：「亦無鬼神，亦無恐怖。」復閉目而絕。《邵氏聞見録》卷八。

12 尹師魯謫官監均州酒，時范希文知鄧州，師魯得疾，即擅去官，詣鄧州，以後事屬希文。希文日往視其疾，師魯曰：「今日疾勢復增幾分，可更得幾日。」一旦，遣人招希文甚遽，既至，師魯曰：「洙今日必死矣。人言將死者必見鬼神，此不可信，洙並無所見，但覺氣息奄奄就盡耳。」隱几坐，與希文語久之，謂希文曰：「公可出，洙將逝矣。」希文出至廳事，已聞其家號哭。希文竭力送其喪及妻孥歸洛陽。《涑水記聞》卷十。《宋名臣言行録》前集卷九。《自警編》卷二。

13 見范仲淹88。

14 見韓琦107。

蘇舜元

1 蘇大舜元爲浙憲，登杭州黄皮塔，索溷床，溷於其顛，群僧惡之。商務印書館本《説郛》卷二引《江鄰幾雜志》。

2 蘇舜元爲京西轉運使，廨宇在許州，舜元好進，不喜爲外官，常怏怏不自足，每語親識曰：「人生稀及七十，而吾乃於許州過了二年矣。」《東軒筆録》卷十二。《宋稗類鈔》卷二。

3 蘇舜元好進，不喜爲外官，洎爲京西轉運使，廨宇在許州。嘗對客歎曰：「人生不知活得幾日，好時好日許州過了，良可惜也。」然竟卒於散郎。《續墨客揮犀》卷八。

4 本朝草聖少得人，知名者蘇舜元。蘇舜元之書不迨舜欽，筆簡而意足。其子澥，元豐中爲江東提舉。上殿，神宗問：「頗收卿父書否？」對曰：「臣私家有之。」上曰：「可進來。」澥元退，迫走親知，裒得數帖。上一閲，命内侍輩取之，乃舜元書也。上鑒之精妙類如此。《畫墁録》。

5 見蘇舜欽13。

6 蘇才翁嘗與蔡君謨鬬茶，蔡茶精，用惠山泉。蘇茶劣，改用竹瀝水煎，遂能取勝。《江隣幾雜志》。《清波雜志》卷四。

蘇舜欽

1 子美豪放，飲酒無算，在婦翁杜正獻家，每夕讀書以一斗爲率。正獻深以爲疑，使子弟密察之。聞讀《漢書·張子房傳》至「良與客狙擊秦皇帝，誤中副車」，遽撫案曰：「惜乎！擊之不中。」遂滿引一大白。又讀至「良曰：『始臣起下邳，與上會於留，此天以臣授陛下。』」，又撫案曰：「君臣相遇，其難如此！」復舉一大白。正獻公知之大笑，曰：「有如此下物，一斗誠不爲多也。」《中吴紀聞》卷二。《研北雜志》卷下。《何氏語林》卷二十一。《堯山堂外紀》卷四十九。《堅瓠己集》卷一。《宋稗類鈔》卷四。《詞林紀事》卷四。

2 京師百司庫務，每年春秋賽神，各以本司餘物貨易，以具酒饌，至時，吏史列坐，合樂終日。慶曆中，蘇舜欽提舉進奏院，至秋賽，承例貨拆封紙以充。舜欽欲因其舉樂，而召館閣同舍，遂自以十金助席，預會之客，亦醵金有差。酒酣，命去優伶，卻吏史，而更召兩軍女伎。先是，洪州人太子中舍李定願預醵廁會，而舜欽不納。定啣之，遂騰謗於都下。既而御史劉元瑜有所希合，彈奏其事。事下右軍窮治，舜欽以監主自盜論，削籍爲民。坐客皆斥逐，梅堯臣亦被逐者也。堯臣作《客至》詩曰：「客有十人至，共食一鼎珍。一客不得食，覆鼎傷衆賓。」蓋爲定發也。《東軒筆録》卷四。《臨漢隱居詩話》。《宋朝事實類苑》卷七十引《倦游録》。《西塘集耆舊續聞》卷五。《詞林紀事》卷四。《宋詩紀事》卷十四。

3 蘇子美又杜祁公婿。杜是時爲相，蘇爲館職，兼進奏院。每歲院中賽神，例賣故紙錢爲宴飲之費。蘇承例賣故紙，因出己錢添助爲會，請館閣中諸名勝，而分別流品。非其侶者，皆不得與會。李定願與，而蘇不肯。於是盡招兩軍女妓，作樂爛飲，作爲傲歌。王勝之名直柔句云：「欹倒太極遺帝扶，周公孔子驅爲奴。」這一隊專探伺他敗闕，才聞此句，〔王〕拱辰即以白上。仁宗大怒，即令中官捕捉。諸公皆已散走逃匿，而上怒甚，捕捉甚峻，城中喧然。於是韓魏公言於上……仁宗怒少解，而館閣之士罷逐一空，故時有「一網打盡」之語。《朱子語類》卷一百二十九。《宋稗類鈔》卷一。

4　蘇子美在進奏院，會館職，有中舍者欲預席。子美曰：「樂中既無筝、琶、篳、笛，坐上安有國、舍、虞、比？」國謂國子博士，舍謂中舍，虞謂虞部，比謂比部員外、郎中，皆任子官也。《容齋三筆》卷十六。《詩史》。《詩話總龜》前集卷三十七。

5　劉侍制元瑜既彈蘇舜欽，而連坐者甚衆，同時俊彦，爲之一空。劉見宰相曰：「聊爲相公一網打盡。」是時南郊大禮，而舜欽之獄，斷於赦前數日。舜欽有詩曰「不及雞竿下坐人」，蓋謂不得預赦免之囚也。舜欽死，歐陽文忠公序其文集，叙及賽神之事，略曰「一時俊彦，舉網而盡矣」，蓋述御史之言也。《東軒筆録》卷四。《倦游雜録》。《記纂淵海》卷四十八。

6　蘇舜欽奏邸之會，預坐者多館閣同舍，一時被責十餘人。仁宗臨朝，歎以輕薄少年，不足爲臺閣之重。宰相探其旨，自是務引用老成，往往不愜人望。甚者，語言文章，爲世所笑，彭乘之在翰林，楊安國之在經筵是也。《東軒筆録》卷四。

7　見韓琦31。

8　蘇子美奏邸之獄，當時小人借此以傾杜祁公、范文正，同時貶逐者皆名士，姦人至有「一網打盡」之語。獨韓魏公、趙康靖論救之，而不能回也。其得罪在慶曆四年之十一月，時歐陽公按察河北，子美貽書自辨於公，詞極憤激：……「舜欽再拜。冬凛，伏惟按部外起居安裕。前月嘗拜書，甚疎略，必已通呈。舜欽不曉世病，蹈此禍機，雖爲知己者羞，而内省實無所愧。恐流言奉惑，不避縷述。自杜丈入相已來，群公曰相攻謗，非一端也。九月末，間嘗與子漸、勝之邸中小飲，之翰、君謩見過，勝之言論之間，時有高處，二諫因與之辨折，本皆戲謔，又無過言。此亦吾曹常事。不一二日，朝中諠然以謂謗及時政。吁，可駭也！故臺中奏疏，趙祐怒二諫，嘗論其不才故也。天子辨其誣，不下其削。臺中鬱然不快，無所洩憤，因本院神會，又意君謩預焉，時君謩與赴會諸君同出館，過邸門。於是再削，其削亦留中不出。諸臺益忿，重以穢瀆之語上聞，列章牆進，取必於君，知二相膽薄畏事，必不敢開口以辨。既而起獄，震動都邑，又使刻薄之吏當之，陶翼本憲長所舉中人，追押席客，皆翼之請也。希望沽激，深致其文，枷掠妓人，無所不至。設有自誣者，則席賓皆遭汙辱矣！且進邸神會，比年皆然，亦嘗上聞，蓋是公宴。臺中謂去端闈不遠，以榷貨務較之，孰近？榷務後邸中，兩日作會甚盛。若謂費用過當，以商税院比之，孰多？舜欽或非時爲會，聚集不肖，則是可責也。原叔、濟叔輩，皆當世雅才，朝廷尊用之人，因事燕集，安足爲過？賣故紙錢舊已奏聞，本院自來支使，判署文記前後甚明，況都下他局亦然。不係諸處帳管。比之外郡雜收錢，豈有異也？外郡於官地種物收利之類甚多，下至糞土、柴蒿之物，往往取之，以助筵會。當時本惡於胥吏輩率醵過多，遂與同官各出俸錢外，更於其錢中支與相兼，皆是祠祭燕會，上下飲食共費之。今以監主自盜定罪，減死一等科斷，使除名爲民，與貪吏掊官物入己者一同。始府中敕斷，追兩官，罰銅二十斤；後六日，府中復遣吏來取出身文字，殊不曉。閣下觀其事，察其情，豈當然乎？舜欽雖不足惜，爲國計者，豈不惜法乎？自有他條不用。私貸官物，有文記準盜論，不至除名，判署者五匹、杖九十，其法甚輕。審刑者自爲重輕，不由二府，苟務快意，壞亂典刑。丁度怒京兆不逐之翰也。二相恐栗畏縮，自保其位，心知非是，不肯開言。上有怒意，皆不敢承當。復令坐客因飲食被刑，斥逐奔竄，銜憤瀝血，無人哀矜，名辱身寃，爲讎者所快。輦轂之下尚爾，遠民寃濫，孰肯更爲辨之！ 近者葛宗古、滕宗諒、張亢所用官錢鉅萬，復有入己，惟范公横身當之，皆得末減。 非范公私此三人，於朝廷大體實有所補多矣！ 國朝本以仁愛撫天下，常用寬典。 今一旦臺中蓄私憾，結黨繩小過以陷人，審刑持深文以逞志，傷本朝仁厚之風，當塗者得不疾首而歎息也？ 舜欽年將四十矣，齒摇髮蒼，才爲大理評事，廩禄所入不足充衣食，性復不能與凶邪之人相就近。 今得脱去仕籍，非不幸也。 自以所學教後生，作商賈於世，必未至餓死，故當緘口遠遁，不復更云。 但以遭此構陷，累及他人，故憤懣之氣不能自平，時復嶸峵於胸中，一夕三起。 茫然天地間，無所赴愬。 天子仁聖，必不容姦吏之如此，但舉朝無一言以辨之，此可悲也！ 掖垣諸君列章論館中人，此自古未有。 惟趙叔平不署，且有削極言辨之，可重，可重！ 舜欽素爲永叔獎愛，故粗寫大概，幸觀過而見察也。 苦寒，伏望保重。 不宣。 舜欽再拜。」歐陽公書其後云：「子美可哀，吾恨不能爲之言。」又聯書一行云：「子美可哀，吾恨不能言！」蓋公已自諫省出矣。《梁溪漫志》卷八。

9 子美坐自盜律，削籍竄湖州。 後朝廷有哀之之意，因郊赦文中特立一節：「應監主自盜情稍輕者，許刑部理雪。」言者又抨云：「郊赦之敕，先無此項，必挾情曲庇蘇舜欽，固以此文舞之。 析言破律殺無赦，乞付立法者於理。」竟不遂而死。 有《郊禋感事》詩云「不及雞竿下坐人」之句，哀哉！《湘山野録》卷下。

10 蘇舜欽除名居姑蘇，唐詢彦猷守湖州。 蘇與唐善，因拏舟自蘇訪之。 時湖有報本長老居簡，有異術，善知人，唐因謂居簡使相蘇，簡曰：「試使來院中。」蘇他日往過簡，簡乃設食具榻，留之竟日，遂留宿。 中夜，簡乃登蘇卧榻，若聽其息者，蘇覺，乃胗其臂，若切脈然，良久曰：「來得也曷。」吴人謂曷如速。 更無他語。他日，唐問簡，簡亦以前四言對之，唐亦不曉。蘇將行，又過簡，因問之曰：「『來得也曷』是何等語耶？」簡從容曰：「若得一州縣官，肯起否？」蘇大不意，因不復言。而舜欽以明年蒙恩牽復爲湖州別駕，遂不赴官，未幾何物故。《明道雜志》。《群書類編故事》卷十四引《百家詩話》。

11 蘇子美謫居吴中，欲游丹陽，潘師旦深不欲其來，宣言於人，欲阻之。子美作《水調歌頭》，有「擬借寒潭垂釣，又恐鷗鳥相猜，不肯傍青綸」之句，蓋謂是也。《東軒筆録》卷十五。《宋朝事實類苑》卷三十五。《詞林紀事》卷四。

12 姑蘇州學之南，積水瀰數頃，旁有一小山，高下曲折相望，蓋錢氏時廣陵王所作。既積土山，因以其地瀦水，今瑞光寺即其宅，而此其別圃也。慶曆間，蘇子美謫廢，以四十千得之爲居。旁水作亭，曰「滄浪」，歐陽文忠公詩所謂「清風明月本無價，可惜衹賣四萬錢」者也。《石林詩話》卷上。《堯山堂外紀》卷四十九。《宋詩紀事》卷十四。《詞林紀事》卷四。

13 松江新作長橋，制度宏麗，前世所未有。蘇子美《新橋對月》詩所謂「雲頭灩灩開金餅，水面沉沉臥彩虹」者是也。時謂此橋非此句雄偉不能稱也。子美兄舜元，字才翁，詩亦遒勁多佳句，而世獨罕傳。其與子美紫閣寺聯句，無媿韓、孟也，恨不得盡見之耳。《六一詩話》。《宋朝事實類苑》卷三十五。

14 蘇子美有《贈秘演師》詩，中有「垂頤孤坐若癡虎，眼吻開合猶光精」之句，人謂與演寫真。演頷額方厚，顧視徐緩，喉中含其聲，嘗若鼾睡。然其始云「眼吻開合無光精」，演以濃筆塗去「無」字，自改爲「猶」字，向子美詬之曰：「吾尚活，豈當曰『無光精』耶？」中又有一聯云：「賣藥得錢秪沽酒，一飲數斗猶惺惺。」又都抹去。蘇曰：「吾之作誰敢點竄耶？」演曰：「君之詩出則傳四海，吾不能斷葷酒，爲浮圖罪人，何堪更爲君詩所暴？」子美亦笑而從之。《湘山野録》卷下。《徐氏筆精》卷五。

15 蘇子美，慶曆末謫居姑蘇，以詩自放。一日，觀魚滄浪亭，有詩云：「我嗟不及游魚樂，虚作人間半世人。」識者以爲不祥。未幾，果卒，年四十一，士大夫嗟惜之。《澠水燕談録》卷七。《宋朝事實類苑》卷四十六。

16 子美嘗作《春睡》詩云：「身如蟬蜕一榻上，夢似楊花千里飛。」歐公見之，驚曰：「子美可念。」未幾果卒。《王直方詩話》。《苕溪漁隱叢話》前集卷三十二。《詩林廣記》後集卷七。《宋詩紀事》卷十四。

17 見陳默1。

18 尚書郎周越以書名盛行於天聖、景祐間，然字法軟俗，殊無古氣。梅堯臣作詩，務爲清切閑淡，近代詩人鮮及也。皇祐已後，時人作詩尚豪放，甚者粗俗强惡，遂以成風。蘇舜欽喜爲健句，草書尤俊快，嘗曰：「吾不幸寫字爲人比周越，作詩爲人比梅堯臣，良可歎也。」蓋歐陽公常目爲蘇、梅耳。《東軒筆録》卷十一。《臨漢隱居詩話》。

19 二蘇皆工草隸，而舜欽先得名。《王氏談録》。

20 見石延年17。

21 見宋敏修1。

石延年

1 石曼卿初登科，有人訟科場，覆考落數人，曼卿是其數。時方期集於興國寺，符至，追所賜勑牒靴服，數人皆啜泣而起，曼卿獨解靴袍還使人，露體戴幞頭，復坐語笑，終席而去。次日，被黜者皆授三班借職。曼卿爲一絶句曰：「無才且作三班借，請俸争如録事參。從此罷稱鄉貢進，且須走馬東西南。」《夢溪筆談》卷二十三。《孔氏談苑》卷二。《詩話總龜》前集卷三十九。《古今詩話》。《宋朝事實類苑》卷六十三。《續墨客揮犀》卷八。《唐宋分門名賢詩話》卷七。《堯山堂外紀》卷四十四。《堅瓠戊集》卷三。

2 見范純仁1。

3 見范諷8。

4 石曼卿任永静軍通判日，眷官妓楊幼芳者甚厚。幼芳恃其勢，自肆無憚。太守亦愛曼卿才，頗優容之。一日，大會賓佐，群妓皆集，獨幼芳不至。屢遣人促之，抵暮方來，揚揚自若。太守由是發怒，呼五伯將笞之。曼卿惶遽下階，折腰請曰：「幼芳姝媚可惜，某願代受。」太守自引曼卿上，笑而釋之。《續墨客揮犀》卷六。

5 見韓琦9。

6 見田況7。

7 秘書省之西，切近大慶殿，故於殿廊闢角門子以相通。……以是諸學士多得繇角門子至大慶殿，納涼於殿東偏。世傳仁祖一日行從大慶殿，望見有醉人卧於殿陛間者，左右亟將呵遣，詢之，曰：「石學士也。」迺石曼卿。仁廟遽止之，避從旁過。《鐵圍山叢談》卷一。

8 石曼卿爲集賢校理，微行倡館，爲不逞者所窘。曼卿醉，與之校，爲街司所録。曼卿詭怪不羈，謂主者曰：「只乞就本廂科決，欲詰旦歸館供職。」廂帥不喻其謔，曰：「此必三館吏人也。」杖而遣之。《夢溪筆談》卷二十三。《拊掌録》。《宋朝事實類苑》卷六十六。《續墨客揮犀》卷七。《昨非庵日纂》二集卷十二。《宋稗類鈔》卷六。

9 石曼卿隱于酒，謫仙之流也，善戲謔。嘗出報慈寺，馭者失控，馬驚，曼卿墮地。從吏驚遽，扶掖據鞍，市人聚觀，意其必大詬怒。曼卿徐着一鞭，謂馭者曰：「賴我石學士也，若瓦學士，顧不破碎乎？」《冷齋夜話》卷八。《拊掌録》。《孔氏談苑》卷二。《五雜組》卷十六。《堯山堂外紀》卷四十四。

10 石曼卿磊落奇才，知名當世，氣貌雄偉，飲酒過人。有劉潛者，亦志義之士也，常與曼卿爲酒敵。聞京師沙行王氏新開酒樓，遂往造焉，對飲終日，不交一言。王氏怪其所飲過多，非常人之量，以爲異人，稍獻肴果，益取好酒，奉之甚謹。二人飲啗自若，傲然不顧，至夕殊無酒色，相揖而去。明日都下喧傳，王氏酒樓有二酒仙來飲。久之乃知劉、石也。《歸田録》卷二。《東都事略》卷一百十五。《宋朝事實類苑》卷四十二。《宋稗類鈔》卷四。

11 石曼卿、劉潛嘗會飲于京師，酒樓主人知其賢，特爲供設美酒嘉殽，終日不倦。既暮，主人具筆研，請題名，願與其列。劉、石不得已，相顧曰：「捧研可也。」予往過嘉興，造一人家園中坐，池亭上梁間有題名，其末云：「主人乞書。」予顧謂同行者曰：「此『乞書』字，便可對『捧研』也。」聞者亦笑。《捫蝨新話》卷十五。

12 石曼卿一日謂秘演曰：「館俸清薄，不得痛飲，且僚友饗之殆遍，奈何？」演曰：「非久引一酒主人奉謁，不可不見。」不數日，引一納粟牛監簿者，高貲好義，宅在朱家曲，爲薪炭市評，別第在繁臺寺西，房緡日數十千。長謂演曰：「某雖薄有涯産，而身迹塵賤，難近清貴。慕師交游盡館殿名士，或游奉有闕，無怯示及。」演因是擕之以謁曼卿，便令置宫醪十擔爲贄，列醞於庭，演爲傳刺。曼卿愕然問曰：「何人？」演曰：「前所謂酒主人者。」不得已因延之，乃問甲第何許，生曰：「一别舍介繁臺之側。」其生粗亦翔雅。曼卿閑語演曰：「繁臺寺閣虚爽可愛，久不一登。」其生離席曰：「學士與大師果欲登閣，乞預寵諭，下處正與閣對，容具家蔌在閣迎候。」石因諾之。一日休沐，約演同登。演預戒生，生至期果陳具於閣，器皿精核，冠於都下。石、演高歌褫帶，飲至落景，曼卿醉喜曰：「此游可紀。」以盆漬墨，濡巨筆以題云：「石延年曼卿同空門詩友老演登此。」生拜扣曰：「塵賤之人幸獲陪侍，乞挂一名以光賤迹。」石雖大醉，猶握筆沉慮，無其策以拒之，遂目演，醉舞佯聲諷之曰：「大武生牛也，捧硯用事可也。」竟不免，題云：「牛某捧硯。」永叔後以詩戲曰：「捧硯得全牛。」《湘山野録》卷下。《宋朝事實類苑》卷四十二。《何氏語林》卷二十八。《堯山堂外紀》卷四十四。《宋稗類鈔》卷四。

13 石曼卿獨行京師，一豪士揖之而語曰：「公幸過我家。」石許之，同入委巷，抵大第，藻飾宏麗，錦繡珠翠，殆非人間所擬。歌舞歡醉，丐書，爲揮《籌筆驛詩》數篇。以金帛數百千贈之，復使騶從送還，恍然不知其誰。翼日，殆無復省所居矣。他日，遇諸塗，又遺以白金數兩，謂曰：「詩中『意中流水遠，愁外舊山青』，最爲佳句。」《中山詩話》。《詩話總龜》前集卷十四。《堯山堂外紀》卷四十四。《宋稗類鈔》卷二。《宋詩紀事》卷十。

14 石曼卿居蔡河下曲，隣有一豪家，日聞歌鍾之聲。其家僮僕數十人，常往來曼卿之門。曼卿呼一僕問豪爲何人，對曰：「姓李氏，主人方二十歲，並無昆弟，家妾曳羅綺者數十人。」曼卿求欲見之，其人曰：「郎君素未嘗接士大夫，他人必不可見，然喜飲酒，屢言聞學士能飲酒，意亦似欲相見，待試問之。」

一日，果使人延曼卿，曼卿即著帽往見之，坐於堂上，久之，方出。主人著頭巾，繫勒帛，都不具衣冠，見曼卿，全不知拱揖之禮。引曼卿入一別館，供帳赫然。坐良久，有二鬟妾各持一小槃至曼卿前，槃中紅牙牌十餘。其一槃是酒，凡十餘品，令曼卿擇一牌。其一槃肴饌名，令擇五品。既而二鬟去，有群妓十餘人，各執肴果樂器，妝服人品皆豔麗粲然。一妓酌酒以進，酒罷樂作，群妓執果肴者萃立其前，食罷則分列其左右，京師人謂之「軟槃」。酒五行，群妓皆退，主人者亦翩然而入，略不揖客。曼卿獨步而出。曼卿言豪者之狀，懵然愚騃，殆不分菽麥，而奉養如此，極可怪也。他日試使人通鄭重，則閉門不納，亦無應門者。問其近鄰，云：「其人未嘗與人往還，雖鄰家亦不識面。」古人謂之「錢癡」，信有之。《夢溪筆談》卷九。《墨客揮犀》卷八。《宋朝事實類苑》卷四十一。《宋稗類鈔》卷二。

15 石曼卿與劉潛、李冠爲酒友。曼卿赴海州通判，將別，語潛曰：「到官可即來相見，尋約痛飲也。」既半載，往見。到倅廳門，其閽者迎謂曰：「自此入客位，勿高聲也。」既見謁者，問知無官，請衣襴鞹。潛曰：「吾酒友也。」典客者曰：「公忽怒，既至此，無復去之理，我爲借以衣。」不得已衣之。坐幾兩時，胸中不勝憤。典謁者言：「通判歇息，未敢傳。」坐幾三時，餒甚。忽報通判請，贊者請循廊。曼卿道服仙巾以就坐，不交一言，徐曰：「何來？」又久之曰：「何處安下？有闕示及。」一典客從旁贊曰：「通判尊重，不請久坐。」潛大怒索去。云：「獻湯。」湯畢，又唱：「請臨廊。」潛益憤，趨出。曼卿曳其腰帶後曰：「劉十，我做得通判過否？扯了衣裳，喫酒去來！」遂仍舊狂飲，數日而罷。《默記》卷下。

16 石曼卿喜豪飲，與布衣劉潛爲友。嘗通判海州，劉潛來訪之，曼卿迎之於石闥堰，與潛劇飲。中夜酒欲竭，顧船中有醋斗餘，乃傾入酒中併飲之。至明日，酒醋俱盡。每與客痛飲，露髮跣足，著械而坐，謂之「囚飲」；飲於木杪，謂之「巢飲」；以稾束之，引首出飲，復就束，謂之「鼈飲」；其狂縱大率如此。廨後爲一庵，常卧其間，名之曰「捫虱庵」。未嘗一日不醉。仁宗愛其才，嘗對輔臣言，欲其戒酒，延年聞之，因不飲，遂成疾而卒。《夢溪筆談》卷九。《續墨客揮犀》卷一。《紺珠集》卷十二。《群書類編故事》卷二十二。《何氏語林》卷二十五。《堯山堂外紀》卷四十四。《宋稗類鈔》卷四。

17 蘇舜欽、石延年輩，有名曰鬼飲、了飲、囚飲、鼈飲、鶴飲。鬼飲者，夜不以燒燭；了飲者，飲次挽歌哭泣而飲；囚飲者，露頭圍坐；鼈飲者，以毛席自裹其身，伸頭出飲，畢，復縮之；鶴飲者，一杯復登樹，下再飲耳。《畫墁録》。

18 石曼卿謫海州日，使人拾桃核數斛，人迹不到處，以彈弓種之。不數年，桃花遍山谷中。《孫公談圃》卷中。《宋稗類鈔》卷四。

19 石曼卿，王氏婿也，以館職通判海州。官滿，載私鹽兩船至壽春，托知州王子野貨之。時禁網寬賒，曼卿亦不爲人所忌，于是市中公然賣學士鹽。《孔氏談苑》卷二。《何氏語林》卷二十五。《宋稗類鈔》卷四。

20 康定中，河西用兵，石曼卿與〔吴〕安道奉使河東。既行，安道晝訪夕思，所至郡縣，考圖籍，見守令，按視民兵、芻粟、山川、道路，莫不究盡利害，尚慮未足以副朝廷眷使之意。而曼卿飲酒吟詩若不爲意者。一日，安道曰：「朝廷不以遵路不才，得與曼卿並命，今一道兵馬糧餽雖已留意，而切懼愚不能燭事。以曼卿之才，如略加之意，則事無遺舉矣。」曼卿笑曰：「國家大事，安敢忽邪？延年已熟計之矣。」

因徐舉將兵之勇怯，芻糧之多寡，山川之險易，道路之通塞，纖悉具備，如宿所經慮者。安道乃大驚服，以爲天下之奇才，且歎其不可及也。《澠水燕談録》卷四。《宋稗類鈔》卷三。

21 近世集句，始於王荆公，然石曼卿已好爲此體。京師有舉子，夜觀人家聚婦，徘徊不去，至排墜門扉。其家大怒，喧争，邏者領赴廂主，廂主以其舉子，慰諭遣之。曼卿適過其傍，駐馬集句贈之曰：「司空愛爾爾須知，月下推門更有誰。叵耐一雙窮相眼，得便宜是落便宜。」《宋朝事實類苑》卷六十三引《李希聲詩話》。

22 石曼卿官册府時，五鼓趨朝，見二舉子繫邏舍，望曼卿號呼請救，因駐馬，召問卒長。曰：「昨夕里閈間有納婦者，二子穴隙以窺，夜分乃被執。」曼卿力爲揮解，卒長勉從之。二子叩頭拜於馬前。曼卿爲按轡口占一絶云：「司空憐汝汝須知，月下敲門更有誰。叵耐一雙窮相眼，得便宜是落便宜。」《西清詩話》卷下。《堯山堂外紀》卷四十四。

23 石曼卿自少以詩酒豪放自得，其氣貌偉然，詩格奇峭，又工於書，筆畫遒勁，體兼顔、柳，爲世所珍。余家嘗得南唐後主澄心堂紙，曼卿爲余以此紙書其《籌筆驛詩》，詩，曼卿平生所自愛者，至今藏之，號爲三絶，真余家寶也。曼卿卒後，其故人有見之者，云恍惚如夢中，言我今爲鬼仙也，所主芙蓉城，欲呼故人往游，不得，忿然騎一素騾去如飛。其後又云，降於亳州一舉子家，又呼舉子去，不得，因留詩一篇與之。余亦略記其一聯云：「鶯聲不逐春光老，花影長隨日脚流。」神仙事怪不可知，其詩頗類曼卿平生，舉子不能道也。《六一詩話》。《宋朝事實類苑》卷三十四。《堯山堂外紀》卷四十四。《玉芝堂談薈》卷七。《宋詩紀事》卷十。

24 石延年曼卿爲秘閣校理，性磊落，豪於詩酒。明道元年，以疾卒。曼卿平生與友人張生尤善，死後數日，張生夢曼卿騎青驢引數蒼頭過生，謂生曰：「我今已作鬼仙，召汝偕往。」生以母老，固辭久之，曼卿怒，登驢而去，顧生曰：「汝太劣，吾召汝安得不從！今當命補之同行矣。」後數日，補之遂卒。補之乃范諷字。《湘山野録》卷上。《茶香室三鈔》卷二十。案：石延年卒于慶曆元年。

25 石曼卿，天聖、寶元間以歌詩豪於一時，嘗於平陽作《代意寄師魯》一篇，詞意深美，曰：「十年一夢花空委，依舊山河損桃李。雁聲北去燕西飛，高樓日日春風裏。眉黛石州山對起，嬌波淚落妝如洗。汾河不斷水南流，天色無情淡如水。」曼卿死後，故人關詠夢曼卿曰：「延年平生作詩多矣，獨常自以爲《代平陽》一首最爲得意，而世人罕稱之。能令予此詩盛傳於世，在永言爾。」詠覺，增廣其詞爲曲，度以《迷仙引》，於是人争歌之。他日，復夢曼卿謝焉。《澠水燕談録》卷七。《宋朝事實類苑》卷三十四。《宋詩紀事》卷十。

劉潛

1 見石延年10。

2 見石延年15。

3 見石延年16。

4 劉潛以淄州職官權知鄆州平陰事。一日，與客飲驛亭，左右報太夫人暴疾，潛馳歸，已不救矣。潛抱母一慟而絶。其妻見潛死，復撫潛尸，大號而卒。時人傷之曰：「子死於孝，妻死於義，孝義之美，併集其家。」《倦游雜録》。《宋朝事實類苑》卷五十三。《續墨客揮犀》卷一。

張　景

1　見柳開8。

2　見穆修5。

3　張晦之景以古學尚氣義，走河朔，與冀州一俠少游。後俠者不軌，事敗，景亦連繼，捕之甚急，遂改姓名李田，遁竄四海。所至即題曰：「我非東方兒木子也，不是牛耕土田也，欲識我踪跡，一氣萬物母。」蓋景嘗撰《河東柳先生集序》，破題曰：「一氣，萬物之母也。」世盡知之。景所以遍題者，亦欲導於知己。簡寂觀道士陳履常善奏章，能游神於冥寞。景以李田姓名謁之，求奏一章以決休否，陳許之。一夕，天虚夜清，冠簡精恪，自初夜拖章俯伏於露壇，後夜方起，起忽譴之曰：「陰冥之事爾尚欺之，況人間乎？吾上及三清，下逮九幽，閲籍無李田者。子以欺陰，固無休徵矣。」景終於一散官，壽不五十。陳康肅堯咨知荆南，憐其道窮，爲葬於龍山落帽臺，碑以表其墓焉。廬在荆江之淹陰，枯桑廢田，子孫凋零，盡爲漁樵傭估。《湘山野録》卷下。

4　張景隱居不仕，仁宗召見，問曰：「卿在江陵何處居？」對曰：「兩岸緑楊遮虎渡，一灣芳草護龍洲。」又問：「所食何物？」曰：「新粟米炊魚子飯，嫩冬瓜煮鼈裙羹。」《堯山堂外紀》卷四十九。《堅瓠癸集》卷四。《宋稗類鈔》卷七。

蕭貫

1 蕭貫少時夢至一宮殿，群女如神仙。一人授紙云：「此衍波牋，煩賦《曉寒歌》。」貫授筆立成，云：「十二嶢闕隱空緑，獸猊呀酒椒壁馥。渴烏涓涓不相續，轆轤欲轉霏紅玉。百刻香殘隕蓮燭，五龍吐水漫寒漿。紅綃佩魚無左瑺，兩兩懸足瞻扶桑。紅萍半規出波面，回首觚棱九霞絢。鳴鞘遠從天上來，大劍高冠滿前殿。」仙曰：「子詩甚有奇語，異日必貴。」《豫章詩話》卷三。《宋詩紀事》卷八。

2 見寇準47。

杜默

1 濮人杜默師雄，少有逸才，尤長於歌篇。師事石守道，〔石守道〕作《三豪詩》以遺之，稱默爲「歌豪」，石曼卿「詩豪」，永叔「文豪」。《澠水燕談録》卷七。

2 石守道作《三豪詩》，謂曼卿豪於詩，永叔豪於文，杜默豪於歌，故詩云：「師雄二十二，筆距猛如鷹。玉川月蝕句，意欲相憑陵。」而歐公亦有詩云：「南山有鳴鳳，其音和自清。鳴於有道國，出則天下平。杜默東土秀，能吟鳳凰聲。作詩幾百篇，長歌仍短行。」杜默，濮州人，師雄其字，謂豪於歌者。有《送守道六子詩》云「聖人門前大蟲」及「推倒楊朱墨翟，扶起仲尼周公」之句。默詩謂之豪者，豈近是耶？《王直方詩話》。《詩話總龜》前集卷八。《宋詩紀事》卷二十七。

3 石介作《三豪詩》，云曼卿豪於詩，永叔豪於辭，師雄豪於歌。永叔亦贈杜默師雄詩云：「贈之《三豪》篇，而我濫一名。」默歌少見於世，有云：「學海波中老龍，夫子門前大蟲。」皆此類語。永叔不諳者，此公惡争名，且爲介諱也。默豪氣，正是江東學究飲私酒，食瘴死牛肉，醉飽後所發也。作詩狂怪至盧仝、馬異極矣，若更求奇，便作杜默矣。《仇池筆記》卷上。

4 石守道嘗作《三豪詩》，謂石曼卿豪於詩，歐陽永叔豪於文，杜默豪於歌。默，濮州人，有《送守道赴太學六字歌》，其豪句云：「頭角驚殺蝦蟹，學海波中老龍。爪距逐出狐兔，聖人門前大蟲。推倒楊朱墨翟，扶起仲尼周公。一條路出甕口，幾程身在雲中。水浸山影倒碧，春着花梢半紅。」因此歌，得在三豪之列。《堯山堂外紀》卷四十五。

5 和州士人杜默，累舉不成名，性英儻不羈。因過烏江，入謁項王廟。時正被酒霑醉，才炷香拜訖，徑升偶坐，據神頸拊其首而慟，大聲語曰：「大王，有相虧者！英雄如大王，而不能得天下。文章如杜默，而進取不得官，好虧我。」語畢，又大慟，淚如迸泉。廟祝畏其必獲罪，强扶以下，掖之而出，猶回首長歎，不能自釋。祝秉燭檢視，神像垂淚亦未已。《夷堅三志》辛卷八。《五雜組》卷十六。《堅瓠丁集》卷三。

6 杜默爲詩，多不合律，故言事不合格者爲「杜撰」。《野客叢書》卷二十。《堯山堂外紀》卷四十五。參見盛度10。

江休復

1 江鄰幾善爲詩，清淡有古風。蘇子美坐進奏院事謫官，後死吳中。江作詩云：「郡邸獄冤誰與辯，皋橋客死世同悲。」用事甚精當。嘗有古詩云：「五十踐衰境，加我在明年。」論者謂莫不用事，能令事如己出，天然渾厚，乃可言詩，江得之矣。江天質淳雅，喜飲酒、鼓琴、圍棋。人以酒召之，未嘗不往，飲未嘗不醉，已醉眠，人强起飲之，亦不辭也。或不能歸，即留宿人家，商度風韻，陶靖節之比。江嘗通判廬州，有酒官善琴，以坐局不得出，江日就之，郡中沙門、羽士及里氓能棋者數人，呼與同往。郡人見之習熟，因畫爲圖：前列騶導，有一人騎馬青蓋，其後沙門、羽士、褐衣數人，葛巾芒屩累累相尋，意思蕭散。惜時無名手，此畫不足傳後，何必減嵇、阮也。《中山詩話》。《杼情録》。《詩話總龜》前集卷四十五。《宋朝事實類苑》卷四十一。

2 江鄰幾學士在館閣，有時名，諸公多欲引之，而鄰幾流落不偶，與故相吴正憲相善。時有一僧能相人，且善醫，游江、吴二家。無幾，江被召修起居注，吴相甚喜。一日謂僧曰：「江舍人修注，殊可賀也。」僧愀然曰：「事未可知。」吴詰其故，僧曰：「江舍人金形人，於法當貴，而留滯至今，久不解其故，近方能了耳。」吴曰：「何也？」僧曰：「非佳金，鉛金耳。修注當日在君側，本朝火德，鉛在火側，安能久也？」吴亦未以爲信，後百餘日，江得肺疾不起。《明道雜志》。

3 見歐陽修110。

陳亞

1 陳亞，揚州人，仕至太常少卿，年七十卒，蓋近世滑稽之雄也。嘗著藥名詩百餘首，行於世。若「風月前湖近，軒窗半夏涼」、「棋怕臘寒呵子下，衣嫌春暖宿紗裁」及《贈祈雨僧》云「無雨若還過半夏，和師晒作葫蘆羓」之類，極爲膾炙。又嘗知祥符縣，親故多干借車牛，亞亦作藥名詩曰：「地居京界足親知，倩借尋常無歇時。但看車前牛領上，十家皮没五家皮。」覽者無不絶倒。亞常言：「藥名用於詩，無所不可，而斡運曲折，使各中理，在人之智思耳。」或曰：「延胡索可用乎？」亞曰：「可。」沉思久之，因朗吟曰：「布袍袖裏懷漫刺，到處遷延胡索人。此可贈游謁窮措大。」聞者莫不大笑。《青箱雜記》卷一。《宋朝事實類苑》卷六十四。《有宋佳話》。《堯山堂外紀》卷四十五。《宋稗類鈔》卷六。

2 陳亞，維揚人，仕至太常少卿。性好諧謔，嘗著《藥名詩》行於世。幼孤，育於舅家。舅姓李，爲醫工，人呼爲「衙推」。亞登第，人皆賀其舅。亞有詩云：「張公喫酒李公醉，自古人言信有之。陳亞今年新及第，滿城人賀李衙推。」《梅磵詩話》卷上。《類説》卷五十五引《大酒清話》。

3 〔陳亞〕少爲杭州於潛令，好以利口謔浪，人或厭之。太守馬忠肅因其趨附戒之。俄有通刺謁者，稱大詞郎李過庭，公罵曰：「何人家子弟？」亞率爾云：「李趨兒。」公徐悟之，大笑。《詩話總龜》前集卷三十八。《堯山堂外紀》卷四十五。

4 〔陳〕亞與章郇公同年友善，郇公當軸，將用之，而爲言者所抑。亞作藥名《生查子》陳情獻之，曰：「朝廷數擢賢，旋占淩霄路。自是鬱陶人，險難無移處。　也知没藥療饑寒，食薄何相悮。大幅紙連粘，甘草歸田賦。」……亞又自爲亞字謎曰：「若教有口便啞，且要無心爲惡。中間全没肚腸，外面强生稜角。」《青箱雜記》卷一。《宋朝事實類苑》卷六十四。《堯山堂外紀》卷四十五。

5 陳少常亞以滑稽著稱，蔡君謨嘗以其名戲之曰：「陳亞有心終是惡。」陳即復曰：「蔡襄無口便成衰。」時以爲名對。爲殿中丞日，知嶺南恩州，到任作書與新舊曰：「使君之五馬雙旌，名目而已；螃蟹之一文兩箇，真實不虛。」又嘗曰：「平生之對最親切者，是紅生對白熟者也。」《倦游雜録》。《宋朝事實類苑》卷六十七。《詩話總龜》前集卷三十八。《輿地紀勝》卷九十八。《續墨客揮犀》卷五。《寓簡》卷十。《堯山堂外紀》卷四十五。

6 陳郎中亞有滑稽雄聲，知潤州，治迹無狀，浙憲馬卿等欲按之。至則陳已先覺。廉按訖，憲車將起，因觴於甘露寺閣，至卒爵，憲目曰：「將注子來郎中處滿着。」陳驚起遽拜，憲訝曰：「何謂，何謂！」陳曰：「不敢望滿，但得成資保全而去，舉族大幸也。」馬笑曰：「豈有此事！」既而竟不敢發。有陋儒者，貢所業，舉止凡下，陳玩之曰：「試請口占盛業。」生曰：「某卷中有《方地爲輿賦》。」誦破題曰：「粤有大德，其名曰坤。」陳應聲曰：「吾聞子此賦久矣，得非下句云：『非講經之座主，乃傳法之沙門乎？』」滿座大笑。《湘山野録》卷上。《宋朝事實類苑》卷六十七。參見張亢7。

7 陳亞性滑稽，知潤州，幕中有上官弼，亞所親信，任滿將去，亞曰：「何以見教？」弼曰：「郎中才行無玷，但調謔過差。」亞笑曰：「君乃上官弼也，如下官口何？」弼笑而去。《類説》卷四十七引《遯齋閒覽》。《堯山堂外紀》卷四十五。

8 〔陳〕亞性寬和，累典名藩，皆有遺愛。然頗真率，無威儀，吏不甚懼。行坐常弄瓢子，不離懷袖，尤喜唱清和樂。知越州時，每擁騎自衙庭出，或由鑑湖緩轡而歸，必敲鐙代拍，潛唱徹三十六遍然後已，亦其性也。《硯崗筆志》。《青箱雜記》卷一。

9 陳恭公以待制知揚，性嚴重，少游宴。時陳少常亞罷官居鄉里，一日上謁，公謂曰：「近何著述？」亞曰：「止作得一謎。」因謂之曰：「四箇脚子直上，四箇脚子直下，經年度歲不曾下，若下，不是風起便雨下。」公思之良久，曰：「殊不曉，請言其旨。」亞曰：「兩箇茶牀相合也。」「方欲以此爲對，然不曉風雨之説。」亞笑曰：「乃待制廳上茶牀也。苟或宴會，即慳值風，澀值雨也。」公爲之啓齒，復爲之開樽。《倦游雜録》。《宋朝事實類苑》卷六十五。

10 陳亞郎中性滑稽，嘗爲藥名詩百首。其美者有「風雨前湖夜，軒窗半夏涼」，不失詩家之體。其鄙者有《贈乞雨自曝僧》云：「不雨若令過半夏，定應噉作胡蘆巴。」又詠《上元夜游人》云：「但看車前牛領上，十家皮没五家皮。」蔡君謨嘗嘲之曰：「陳亞有心終是惡。」亞應聲曰：「蔡襄除口便成衰。」《温公續詩話》。

11 〔陳〕亞自爲《名贊》云：「有口如啞，無心作惡。中心本無一物，外面多許稜角。」有僕黄輿，外厨煮料，置猪蹄其中，小婢如僧竊食之。輿訟于公，公曰：「正合占詩。」云：「如僧清早厨邊過，偷卻黄輿料裏蹄。」《類説》卷五十五引《大酒清話》。

12 有僧歲旱市中求雨，陳亞作藥名詩贈云：「無雨若還經半夏，和師變作葫蘆巴。」壽州有娼魁肥，亞問是何處人？曰：「本是淝上人。」亞笑曰：「我喚作是淝下人。」《類説》卷五十五引《大酒清話》。

13 楊球上陳亞大卿啓云：「伏惟某官，詩禮名家，孔門上哲。」公戲答詩曰：「蒙君遺長牋，語意如何説？請看身上衣，裩中本無蝎。」又嗤人面黑詩曰：「笑似烏梅裂，啼如豉汁流。眉間粘帖子，已上是幞頭。」《類説》卷五十五引《大酒清話》。

14 陳亞少卿，蓄書數千卷，名畫數十軸，平生之所寶者。晚年退居，有華亭雙鶴唳，怪石一株尤奇峭，與異花數十本，列植於所居，爲詩以戒子孫：「滿室圖書雜典墳，華亭仙客岱雲根。他年若不和花賣，便是吾家好子孫。」亞死未幾，皆散落民間矣。《澠水燕談録》卷九。《清波雜志》卷四。《何氏語林》卷十九。《堯山堂外紀》卷四十五。《堅瓠已集》卷二。《宋稗類鈔》卷四。《宋詩紀事》卷七。

張先

1 先世舊藏吴興張氏《十詠圖》一卷，乃張子野圖其父維平生詩，有十首也。其一《太守馬太卿會六老於南園》。……會直齋陳振孫貳卿方修《吴興志》，……爲之跋云：「慶曆六年，吴興郡守宴六老於南園，酒酣賦詩，安定胡先生瑗教授湖學，爲序其事。六人者，工部侍郎郎簡年七十九，司封員外郎范説年八十六，衛尉寺丞張維年九十一，俱致仕。劉餘慶年九十二，周守中年九十五，吴琰年七十二，皆有子弟列爵於朝。劉，殿中丞述之仲父；周，大理丞頌之父；吴，大理丞知幾之父也。詩及序刻石園中，園廢，石亦不存。其事見圖經及安定《言行録》。余嘗考之：郎簡，杭人也，或嘗寓於湖。范説，咸平三年進士，同學究出身。周頌，天聖八年進士。劉、吴盛族，述與知幾皆有名蹟可見，獨張維無所考。近周明叔史君得古畫三幅，號《十詠圖》者，乃維所作詩也。首篇即南園宴集所賦，孫覺莘老序之，其略云云，於是始知維爲子野之父也。」《齊東野語》卷十五。

2 本朝有兩張先，皆字子野。一則樞密副使遜之孫，與歐陽文忠同在洛陽幕府，其後文忠爲作墓志銘，稱其「志守端真，臨事敢決」者。一乃與東坡先生游，東坡推爲前輩，詩中所謂「詩人老去鶯鶯在，公子歸來燕燕忙」，能爲樂府，號「張三影」者。《玉照新志》卷一。

3 本朝有兩張先，皆字子野。其一博州人，天聖三年進士，歐陽公爲作墓志。其一天聖八年進士，則吾州人也。二人名姓字偶皆同，而又適同時，不可不知也。《齊東野語》卷十五。

4 〔秀州〕花月亭，有小碑，乃張先子野「雲破月來花弄影」樂章，云得句於此亭也。《入蜀記》卷一。

5 張子野云：往歲吴興守滕子京席上見小妓兜娘，賞其佳色，後十年再見於京口，絶非當時容態。感之，作詩云：「十載芳洲撫白蘋，移舟弄水賞青春。當時自倚青春力，不信東風解誤人。」《侯鯖録》卷二。《堯山堂外紀》卷四十六。

6 丞相領京兆，辟張先都官通判。一日，張議事府中，再三未答。晏公作色，操楚語曰：「本爲辟賢，會賢會道『無物似情濃』，今日郤來此事公事。」《畫墁録》。

7 見晏殊29。

8 張先，字子野，嘗與一尼私約。其老尼性嚴。每卧於池島中一小閣上，俟夜深人静，其尼潛下梯，俾子野登閣相遇。臨別，子野不勝惓惓，作《一叢花》詞以道其懷曰：「傷高傷遠幾時窮。無物似情濃。離愁正引千絲亂，更南北、飛絮濛茸。歸騎漸遥，征塵不斷，何處認郎踪。雙鴛池沼水溶溶。南北小橋通。横看畫閣黄昏後，又還是、新月朦朧。沈思細恨，不如桃李，猶解嫁東風。」《古今詞話》。《緑窗新話》卷上。

9 張先子野郎中《一叢花》詞云：「懷高望遠幾時窮，無物似情濃。離魂正引千絲亂，更南陌、香絮濛濛。嘶騎漸遥，征塵不斷，何處認郎蹤。雙鴛池沼水溶溶，南北小橈通。梯横畫閣黄昏後，又還是、斜月朦朧。沈思細恨，不如桃杏，猶解嫁東風。」一時盛傳。歐陽永叔尤愛之，恨未識其人。子野家南地，以故至都，謁永叔，閽者以通。永叔倒屣迎之，曰：「此乃『桃杏嫁東風』郎中。」《過庭録》。《黄嬭餘話》卷五。《宋詩紀事》卷十二。《詞林紀事》卷四。

10 歐陽文忠公見張安陸，迎謂曰：「好『雲破月來花弄影』。」《中山詩話》。

11 張子野郎中善歌詞，嘗作《天仙子》云：「雲破月來花弄影。」士大夫皆稱之。子野初謁歐公，迎之坐，語曰：「好『雲破月來花弄影』。」恨相見之晚也。有客謂張子野曰：「人皆謂公爲張三中，即心中事，眼中淚，意中人也。」公曰：「何不目我三影？」客不曉。公曰：「『雲破月來花弄影』，『嬌柔懶起，簾壓卷花影』，『柳徑無人，墜風絮無影』。此予平生所得意也。」《古今詩話》。《詩話總龜》前集卷四十二。《苕溪漁隱叢話》前集卷三十七。《西湖游覽志餘》卷十。《堯山堂外紀》卷四十六。《湖山便覽》卷七。《堅瓠丙集》卷四。

12 見宋祁43。

13 尚書郎張先善著詞，有云「雲破月來花弄影」，「簾幕捲花影」，「墮輕絮無影」，世稱誦之，號張三影。《後山詩話》。《類説》卷五十六。

14 尚書郎張先，字子野，嘗有詩云：「浮萍斷處見山影」，又長短句云：「雲破月來花弄影」，又云：「隔牆送過鞦韆影」，並膾炙人口，世謂「張三影」。《高齋詩話》。《道山清話》。

15 子野晚年，風韻未已，嘗寵一姬，頗艷麗，但姬亦士族，不肯立名，子野以「六娘」呼之。而子野閨中性嚴，堅便名，子野不得已，以「緑楊」呼之，蓋取其聲音與「六娘」相近也。既而不相容，將欲逐去之。子野乃作《蝶戀花》一曲，以寓惓惓之意。云：「移得緑楊栽後院。學舞宫腰，二月青猶短。不比灞陵多送遠。殘絲亂絮東西岸。　幾葉小眉寒不展。莫唱陽關，真個腸先斷。分付與春休細看。條條自是離人怨。」緑楊將行，子野更作《浪淘沙令》以送別云：「腸斷送韶華。爲惜楊花。雪毬摇曳逐風斜。容易著人容易去，飛過誰家。　聚散苦咨嗟。無計留他。行人洒淚滴流霞。今日畫堂歌舞地，明日天涯。」《湖録經籍考》卷五引《古今詞話》。

16 尚書郎張先子野，杭州人。善戲謔，有風味。見杭妓有彈琴者，忽撫掌曰：「異哉！此筝不見許時，乃爾黑瘦耶？」《蘇軾文集》卷七十一。《宋詩紀事》卷十二。

17 杭妓胡楚、龍靚，皆有詩名。胡云：「不見當時丁令威，年來處處是相思。若將此恨同芳草，卻恐青青有盡時。」張子野老于杭，多爲官妓作詞，與胡而不及靚。靚獻詩云：「天與群芳十樣葩，獨分顔色不堪誇。牡丹芍藥人題遍，自分身如鼓子花。」子野于是爲作詞也。《後山詩話》。《宋詩紀事》卷九十七。

18 張子野老於杭，多爲官妓作詞，而不及龍靚。靚獻詩曰：「天與群芳十樣葩，獨憐顔色不堪誇。牡丹芍藥人題遍，自分身如鼓子花。」子野於是爲作《望江南》詞云：「青樓宴，靚女薦瑶杯。一曲白雲江月滿，際天拖練夜潮來。人物誤瑶臺。　醺醺酒，拂拂上雙腮。媚臉已非朱淡粉，香紅全勝雪籠梅。標格外塵埃。」《青泥蓮花記》卷十二。《堯山堂外紀》卷五十三。

19 張子野年八十五，尚聞買妾。陳述古作杭守，東坡作倅，述古令東坡作詩，云：「錦里先生自笑狂，莫欺九尺鬢毛蒼。詩人老去鶯鶯在，公子歸來燕燕忙。柱下相君猶有齒，江南刺史已無腸。平生謬作安昌客，略遺彭宣到後堂。」詩人謂張籍，公子謂張祐，柱下張蒼，安昌張禹，皆使姓張事。《侯鯖録》卷七。

20 張先郎中，字子野，能爲詩及樂府，至老不衰。居錢塘，蘇子瞻作倅時，先年已八十餘，視聽尚精强，家猶畜聲妓，子瞻嘗贈以詩云：「詩人老去鶯鶯在，公子歸來燕燕忙。」蓋全用張氏故事戲之。先和云：「愁似鰥魚知夜永，嬾同蝴蝶爲春忙。」極爲子瞻所賞。然俚俗多喜傳詠先樂府，遂掩其詩聲，識者皆以爲恨云。《石林詩話》卷下。《苕溪漁隱叢話》前集卷三十七。《宋詩紀事》卷十二。

21 張子野年八十五猶聘妾，東坡作詩所謂「詩人老去鶯鶯在，公子歸來燕燕忙」是也。荆公亦有詩云：「篝火尚能書細字，郵筩還肯寄新詩。」其精力如此，宜其未能息心於粉白黛緑之間也。坡復有《贈張刁二老詩》，有「共成一百七十歲」之句，則子野年益高矣。故其末章云：「惟有詩人被磨折，金釵零落不成行。」《韻語陽秋》卷十九。

22 吾昔自杭移高密，與楊元素同舟，而陳令舉、張子野皆從吾過李公擇于湖，遂與劉孝叔俱至松江。夜半月出，置酒垂虹亭上。子野年八十五，以歌詞聞于天下，作《定風波令》，其略云：「見説賢人聚吴分。試問，也應旁有老人星。」坐客懽甚，有醉倒者。此樂未嘗忘也。《東坡志林》卷一。《詞林紀事》卷四。參見蘇軾44。

23 張子野往玉仙觀，中路逢謝媚卿，初未相識，但兩相聞名。子野才韻既高，謝亦秀色出世，一見慕悦，目色相授。張領其意，緩轡久之而去，因作《謝池春慢》，以叙一時之遇。詞云：「繚繞重院，静聞有、啼鶯到。繡被堆餘寒，畫幕明新曉。朱檻連天闊，飛絮知多少。徑莎平，池水渺。日長風静，花影閒相照。塵香拂馬，逢謝女，城南道。秀艷過施粉，多媚生輕笑。鬭色鮮衣薄，碾玉雙蟬小。歡難偶，春過了。琵琶流韻，都入相思調。」《古今詞話》。《緑窗新話》卷上。《詞林紀事》卷四。

柳三復

1　鞠，皮爲之，實以毛，蹙蹋而戲。見《霍去病傳》注：「穿城蹋鞠。」晚唐已不同矣。歸氏子弟嘲皮日休云：「八片尖皮砌作毬，火中燀了水中揉。一包閒氣如常在，惹踢招拳卒未休。」今柳三復能之，述曰：「背裝花屈膝，屈，口勿反。白打大廉斯。進前行兩步，蹺後立多時。」柳欲見晉公無由，會公蹴毬後園，偶迸出，柳挾取之，因懷所業，戴毬以見公。出書再拜者三，每拜，毬起復于背膂幞頭間，公乃笑而奇之，遂延于門下。然弟子拜師，常禮也，獨毬多賤人能之，每見勞于富貴子弟，莫不拜謝而去，此師拜弟子也。術不可不慎，此亦可喻大云。《中山詩話》。

柳　永

1　柳永者卿以歌詞顯名於仁宗朝，官爲屯田員外郎，故世號「柳屯田」。《卻掃編》卷下。

2　仁宗留意儒雅，務本理道，深斥浮豔虛薄之文。初，進士柳三變好爲淫冶謳歌之曲，傳播四方。嘗有《鶴冲天》詞云：「忍把浮名，換了淺斟低唱。」及臨軒放榜，特落之，曰：「且去淺斟低唱，何要浮名！」景祐元年方及第，後改名永，方得磨勘轉官。《能改齋漫録》卷十六。《詞林紀事》卷四。

3 柳三變字景莊，一名永，字耆卿，喜作小詞，然薄於操行。當時有薦其才者，上曰：「得非填詞柳三變乎？」曰：「然。」上曰：「且去填詞。」由是不得志，日與獧子縱游娼館酒樓間，無復檢約，自稱云：「奉聖旨填詞柳三變。」《藝苑雌黄》。《苕溪漁隱叢話》後集卷三十九。《詩話總龜》後集卷三十二。《堯山堂外紀》卷四十五。《宋詩紀事》卷十三。《詞林紀事》卷四。

4 柳三變，景祐末登進士第，少有俊才，尤精樂章。後以疾更名永，字耆卿。皇祐中，久困選調，入内都知史某愛其才而憐其潦倒，會教坊進新曲《醉蓬萊》，時司天臺奏：「老人星見。」史乘仁宗之悦，以耆卿應制。耆卿方冀進用，欣然走筆，甚自得意，詞名《醉蓬萊慢》。比進呈，上見首有「漸」字，色若不悦。讀至「宸游鳳輦何處」，乃與御製真宗挽詞暗合，上慘然。又讀至「太液波翻」，曰：「何不言『波澄』！」乃擲之於地。永自此不復進用。《澠水燕談録》卷八。《唐宋諸賢絶妙詞選》卷五。《堯山堂外紀》卷四十五。《詞林紀事》卷七。

5 柳耆卿祝仁宗皇帝聖壽，作《醉蓬萊》一曲云：「漸亭皋葉下，隴首雲飛，素秋新霽。華闕中天，鎖葱葱佳氣。嫩菊黄深，拒霜紅淺，近寶階香砌。玉宇無塵，金莖有露，碧天如水。正值昇平，萬機多暇，夜色澄鮮，漏聲迢遞。南極星中，有老人呈瑞。此際宸游，鳳輦何處，動管絃清脆。太液波翻，披香簾捲，月明風細。」此詞一傳，天下皆稱妙絶。蓋中間誤使「宸游鳳輦」挽章句，耆卿作此詞，惟務鈎摘好語，卻不參考出處。仁宗皇帝覽而惡之。及御注差注至耆卿，抹其名曰：「此人不可仕宦，儘從他花下淺斟低唱。」由是淪落貧窘。終老無子，掩骸僧舍。京西妓者，鳩錢葬於棗陽縣花山。既出郊原，有浪子數人戲曰：「這大伯做鬼也愛打鬨。」其後遇清明日，游人多狎飲墳墓之側，謂之「弔柳七」。《古今詞話》。《歲時廣記》卷十七。

6 柳三變游東都南、北二巷，作新樂府，骫骳從俗，天下詠之，遂傳禁中。仁宗頗好其詞，每對酒，必使侍從歌之再三。三變聞之，作宫詞號《醉蓬萊》，因内官達後宫，且求其助。仁宗聞而覺之，自是不復歌其詞矣。會改京官，乃以無行黜之。後改名永，仕至屯田員外郎。《後山詩話》。《詞林紀事》卷四。

7 祖宗時，選人初任薦舉，本不限以成考。景祐中，柳三變爲睦州推官，以歌詞爲人所稱，到官方月餘，吕蔚知州事即薦之。郭勸爲侍御史，因言三變釋褐到官始踰月，善狀安在，而遽薦論？因詔州縣官，初任未成考不得舉，後遂爲法。《石林燕語》卷六。

8 柳三變既以調忤仁廟，吏部不放改官。三變不能堪，詣政府，晏公曰：「賢俊作曲子麽？」三變曰：「祇如相公亦作曲子。」公曰：「殊雖作曲子，不曾道『綵綫慵拈伴伊坐』。」柳遂退。《畫墁録》。

9 柳耆卿與孫相何爲布衣交。孫知杭州，門禁甚嚴。耆卿欲見之不得，作《望海潮》詞，往謁名妓楚楚曰：「欲見孫相，恨無門路，若因府會，願借朱唇歌於孫相公之前。若問誰爲此詞，但説柳七。」中秋府會，楚楚宛轉歌之，孫即日迎耆卿預坐。《古今詞話》。《緑窗新話》卷下。《青泥蓮花記》卷十三。《堯山堂外紀》卷四十五。《詞林紀事》卷四。

10 孫何帥錢塘，柳耆卿作《望海潮》詞贈之，云：「東南形勝，三吴都會，錢塘自古繁華。煙柳畫橋，風簾翠幕，參差十萬人家。雲樹繞隄沙。怒濤卷霜雪，天塹無涯。市列珠璣，户盈羅綺，競豪奢。重湖疊巘清佳。有三秋桂子，十里荷花。羌管弄晴，菱歌泛夜，嬉嬉釣叟蓮娃。千騎擁高牙，乘醉聽簫鼓，吟賞煙霞。異日圖將好景，歸去鳳池誇。」此詞流播，金主亮聞歌，欣然有慕於「三秋桂子，十里荷花」，遂起投鞭渡江之志。近時謝處厚詩云：「誰把杭州曲子謳，荷花十里桂三秋。那知草木無情物，牽動長江萬里愁。」《鶴林玉露》丙編卷一。《錢塘遺事》卷一。《西湖游覽志餘》卷十。《堅瓠乙集》卷二。《宋稗類鈔》卷五。《詞林紀事》卷四。

11 范蜀公少與柳耆卿同年，愛其才美，聞作樂章，嘗嗟曰：「謬其用心。」謝事之後，親舊間盛唱柳詞，復歎曰：「仁廟四十二年太平，吾身爲史官二十年，不能贊述，而耆卿能盡形容之。」《古今合璧事類備要》後集卷四十二。《宋詩紀事》卷十四。

12 柳耆卿嘗在江淮惓一官妓，臨別，以杜門爲期。既來京師，日久未還，妓有異圖。耆卿聞之怏怏。會朱儒林往江淮，柳因作《擊梧桐》以寄之曰：「香靨深深，孜孜媚媚，雅格奇容天與。自識伊來，便有憐才心素。臨歧再約同歡，定是都把身心相許。又恐恩情易破難成，未免千般思慮。近日書來，寒暄而已，苦没忉忉言語。便認得聽人教當，擬把前言輕負。見説蘭臺宋玉，多才多藝善詞賦。試與問、朝朝暮暮，行雲何處去。」妓得此詞，遂負媿竭産，泛舟來輦下，遂終身從耆卿焉。《古今詞話》。《緑窗新話》卷上。《青泥蓮花記》卷七。

13 周月仙，餘杭名妓也。柳耆卿年甫二十五歲，來宰兹郡，造玩江樓於水滸，每召月仙至樓歌唱，調之，不從。柳緝知與隔渡黄員外昵，每夜乘舟往來，乃密令艄人至半渡强嬴勾之，月仙不得已從焉，惆悵作詩一絶云：「自歎身爲妓，遭淫不敢言。羞歸明月渡，懶上載花船。」明日，耆卿召佐酒，酒半，柳歌前詩，月仙大慚，因與耆卿歡洽。耆卿喜，作詩曰：「佳人不自奉耆卿，卻駕孤舟犯夜行。殘月曉風楊柳弄，肯教辜負此時情。」自此，日夕常侍耆卿，耆卿亦因此日損其名。《堯山堂外紀》卷四十五。

14 柳耆卿作《傾杯·秋景》一闋，忽夢一婦人云：「妾非今世人，曾作詩云：『明月斜，秋風冷。今夜故人來不來，教人立盡梧桐影。』數百年無人稱道，公能用之。」夢覺説其事，世傳乃鬼謡也。《古今詞話》。《苕溪漁隱叢話》後集卷三十八。

15 〔耆卿〕流落不偶，卒於襄陽。死之日，家無餘財，群妓合金，葬之于南門外，每春月上冢，謂之「弔柳七」。《方輿勝覽》卷十一。《宋詩紀事》卷十三。《詞林紀事》卷四。

16 柳耆卿風流俊邁，聞于一時。既死，葬于棗陽縣花山。遠近之人，每遇清明日，多載酒肴飲于耆卿墓側，謂之「弔柳會」。《獨醉雜志》卷四。《東南紀聞》卷三。《宋詩紀事》卷十三。

17 余仕丹徒，嘗見一西夏歸朝官云：「凡有井水飲處，即能歌柳詞。」言其傳之廣也。永終屯田員外郎，死旅殯潤州僧寺。王和甫爲守時，求其後不得，乃爲出錢葬之。《石林避暑録話》卷三。《宋稗類鈔》卷五。

18 見韓維26。

19 坡、谷同游鳳池寺，坡公舉對云：「張丞相之佳篇，昔曾三到。」山谷即答云：「柳屯田之妙句，那更重來。」時稱名對。《獨醒雜志》卷二。

20 邢州開元寺僧法明，落魄不檢，嗜酒好博，每飲至大醉，惟唱柳永詞，由是鄉人莫不侮之。或有召齋者，則不赴，有召飲者，則欣然而從。酒酣，乃謳柳詞數闋而後已。日以爲常，如是者十餘年，里巷小兒，皆目爲風和尚。一日忽謂寺衆曰：「吾明日當逝，汝等無出，觀吾往焉。」衆僧笑曰：「豈有是哉？」翌日晨起，法明乃攝衣就坐，遽呼衆曰：「吾往矣，當留一頌而去。」衆僧驚愕，急起以聽，法明曰：「平生醉裏顛蹶，醉裏卻有分別。今宵酒醒何處？楊柳岸，曉風殘月。」言訖，跏趺而逝。《宋朝事實類苑》卷四十四。《五燈會元》卷十六。

21 見劉岑1。

柳彥輔

1 〔黄〕太史乙酉生，是時有柳彥輔者，乃耆卿之孫，善陰陽，能決人生死，謂太史向後災難，大抵見于六十以下。太史六十一貶宜州以卒，則彥輔之言信矣。《甕牖閒評》卷七。

釋法明

1 見柳永20。

吴感

1 吴感，字應之，以文章知名。……居小市橋，有侍姬曰紅梅，因以名其閣。嘗作《折紅梅》詞曰：「喜輕澌初泮，微和漸入、芳郊時節。春消息，夜來斗覺，紅梅數枝争發。玉溪仙館，不是箇、尋常標格。化工別與、一種風情，似匀點臙脂，染成香雪。重吟細閱。比繁杏夭桃，品流真別。只愁共、彩雲易散，冷落謝池風月。憑誰向説，三弄處、龍吟休咽。大家留取，倚闌干，聞有花堪折，勸君須折。」其詞傳播人口，春日郡宴，必使倡人歌之。《中吴紀聞》卷一。《浩然齋雅談》卷上。《詞苑叢談》卷三。《詞林紀事》卷三。

邱浚

1 殿中丞邱浚，多言人也。嘗在杭謁珊禪師，珊見之殊傲。俄頃有州將子弟來謁，珊降階接，禮甚恭。浚不能平，子弟退，乃問珊曰：「和尚接浚甚傲，而接州將子弟乃爾恭耶？」珊曰：「接是不接，不接是接。」浚勃然起，摑珊數下，乃徐曰：「和尚莫怪，打是不打，不打是打。」《明道雜志》。

丘濬

1 丘濬寺丞失意，遍游諸郡。至山陽，郡守屢召之夜飲，翌日作詩曰：「醜卻天下美人面，正得世間君子心。」郡將它日再爲文字飲以謝之。……又至五羊，贈太守詩曰：「碧睛蠻婢頭蒙布，黑面胡兒耳帶環。幾處樓臺皆枕水，四周城郭半圍山。」又詩曰：「堦上腥臊堆蜆子，口中濃血吐檳榔。」又詩曰：「風腥蠻市合，日上瘴雲紅。」太守見之，不懌。《詩話總龜》前集卷三十七引《翰府名談》。

丘瑃

1 丘瑃十歲謁陳州太守曰：「前日寺中聞射，因成詩云：『殿宇時聞燕雀喧，虛庭盡日少人行。孤吟獨坐情何限，時喜風傳中鵠聲。』」守喜，令對「弱柳絲絲搓緑線」，曰：「春雲片片揭新綿。」《古今詩話》。《詩話總龜》前集卷二。《新安志》卷十。案：《宋詩紀事》卷十一作丘濬詩。

楊　備

1 楊備郎中，天聖中爲長溪令，夢中忽作詩云：「月俸蚨錢數甚微，不知從宦幾時歸。東吴一片煙波在，欲問何人買釣磯。」及寤，心潛異之。明道初，宰華亭。俄丁内艱，遂家於吴中，樂其風土之美，安而弗遷。因悟夢中所作，幾於前定。嘗效白體作「我愛姑蘇好」十章。居吴中既久，土風人物皆深詳之，又作《姑蘇百題》詩，每題箋釋其事，至今行於世。《中吴紀聞》卷五。《吴郡志》卷五十。《宋詩紀事》卷十七。

張　球

1 見吕夷簡50。

張宗永

1 張宗永，華州人，倜儻不羈，善爲詩。寶元中，以職官知長安縣。時鄭州陳相尹京兆，宗永嘗以事失公意。公有别業，在鄠杜縣間。宗永知公好絶句詩，乘閑詣之，大書一韻云：「喬松翠竹絶纖埃，門對南山盡日開。應是主人貪報國，功成名遂不歸來。」莊督録以聞。公覽而善之，待之如初。《墨客揮犀》卷九。《倦游雜録》。《詩話總龜》前集卷十五。《宋朝事實類苑》卷三十五。《宋詩紀事》卷十五。

彭舉正

1 見張士遜21。

曾　鞏

1 曾密公諱易占，字不疑。……行次南都而卒，時公子南豐先生子固已名重於世，適留京師，而杜祁公以故相居宋，自來逆旅，爲辦後事。公既不偶以卒，再娶朱夫人，年未三十，無以自存，領諸孤歸里中。南豐昆弟六人，久益漻落。與長弟曅應舉，每不利於春官。里人有不相悅者，爲詩以嘲之曰：「三年一度舉場開，落殺曾家兩秀才。有似簷間雙燕子，一雙飛去一雙來。」南豐不以介意，力教諸弟不怠。嘉祐初，與長弟及次弟牟、文肅公、妹婿王補之無咎、王彦深幾，一門六人，俱列鄉薦。既將入都赴省試，子婿拜别朱夫人於堂下，夫人歎曰：「是中得一人登名，吾無憾矣。」榜出唱第，皆在上列，無有遺者。楚俗，遇元夕第三夜，多以更闌時微行聽人語言，以卜一歲之通塞。子固兄弟被薦時，有鄉士黄其姓者亦預同升，黄面有瘢，俚人呼爲「黄痘子」。諸曾俱往赴省試，朱夫人亦以收燈夕往閭巷聽之，聞婦人酬酢造醬法云：「都得都得，黄豆子也得。」已而捷音至。《揮麈後録》卷六。

2 曾子固舍人爲太平州司户時，張伯玉瑑作守，歐公、王荆公諸人，皆與伯玉書，以子固屬之，伯玉殊不爲禮。一日，就設廳召子固，作大排，唯賓主二人，亦不交一談也。既而召子固於書室，謂子固曰：「人謂公爲曾夫子，必無所不學也。」子固辭避而退。一日，請子固作《六經閣記》，子固屢作，終不可其意，乃謂子固曰：「吾試爲之。」即令子固書曰：「六經閣者，諸子百家皆在焉，不書，尊經也。」其下文不能具載。又令子固問書傳中隱晦事，其應答如流，子固大服，始有意廣讀異書矣。《紫微詩話》。《邵氏聞見後録》卷十五。《宋名臣言行録》後集卷九。《何氏語林》卷九。《宋稗類鈔》卷五。參見張伯玉3。

3　見歐陽修165。

4　見陳師道1。

5　曾鞏罷齊州，州人絶橋杜門，抵夜，乘間乃得去。《古事比》卷二十三。

6　曾鞏知襄州日，朝廷遣使按水利，振流民者，各辨辟三兩選人充勾當公事。鞏一日宴諸使者，座客有言，昨夕三鼓，大星墜於西南，有聲甚厲，次又有一小星隨之。鞏曰：「小星必天狗下勾當公事也。」《倦游雜録》。《宋朝事實類苑》卷六十五。《何氏語林》卷二十八。

7　曾公鞏，字子固，在官有所市易，取賈必以薄，予賈必以厚；于門生故吏，以幣交者，一無所受。福州無職田，歲鬻園蔬，收其直自入，常三四十萬。公曰：「太守與民争利，可乎？」罷之。後至者亦不復取也。《言行龜鑑》卷二。《自警編》卷二。

8　見王安石109。

9　曾子固性矜汰多於傲忽。元豐中爲中書舍人，因白事都堂。時章子厚爲門下侍郎，謂之曰：「向見舍人《賀明堂禮成表》，真天下奇作也。」曾一無辭讓，但復問曰：「比班固《典引》如何？」章不答，語同列曰：「我道休撩撥。」蓋自悔失言也。徐德占雖與子固俱爲江西人，然生晚不及相接。子固中間流落外郡十餘年，迨復還朝。而德占驟進至御史中丞。中丞在法不許出謁，而子固亦不過之。德占以其先進，欲一識其人。因朝路相值，迎接甚恭。子固卻立曰：「君是何人？」德占因自叙。子固曰：「君便是徐禧耶？」頷之而去。《曲洧舊聞》卷十。《何氏語林》卷二十六。《宋稗類鈔》卷四。

10 曾子固作中書舍人還朝，自恃前輩，輕蔑士大夫。徐德占爲中丞，越次揖子固甚恭謹。子固問：「賢是誰？」德占曰：「禧姓徐。」子固答曰：「賢便是徐禧？」禧大怒而岔然曰：「朝廷用某作御史中丞，公豈有不知之理？」其後，子固除翰林學士，德占密疏罷之，又攻罷修《五朝史》。《默記》卷中。

11 舒王嗜佛書，曾子固欲諷之，未有以發之也。居一日，會于南昌，少頃，潘延之亦至。延之談禪，舒王問其所得，子固熟視之。已而又論人物，曰：「某人可秤。」子固曰：「弇用老而逃佛，亦可一秤。」舒王曰：「子固失言也，善學者讀其書，惟理之求。有合吾心者，則樵牧之言猶不廢。言而無理，周、孔所不敢從。」子固笑曰：「前言第戲之耳。」《冷齋夜話》卷六。《何氏語林》卷十三。

馬道

1 治平中，有吉州吉水令，忘其姓名，治邑嚴酷。有野人馬道爲《啄木》詩諷之曰：「翠翎迎日動，紅嘴響煙蘿。不顧泥丸及，唯貪得食多。纔離枯朽木，又上最高柯。吴楚園林闊，忙忙争奈何。」令見其詩，稍緩刑。時人目曰「馬啄木」。《詩話總龜》前集卷一引《翰府名談》。《陔餘叢考》卷三十八引《翰苑名談》。

章友直

1 章友直伯益以篆得名，召至京師翰林院篆字。待詔數人聞其名，然心未之服。俟其至，俱來見之，云：「聞先生之藝久矣，願見筆法，以爲模式。」伯益命粘紙各數張，作二圖，即令泚墨濡毫。其一縱橫各作十九畫，成一棋局；其一作十圓圈，成一□射帖。其筆之粗細，間架疏密，無毫髮之失。諸人見之，大驚歎服，再拜而去。《墨莊漫録》卷八。《宋稗類鈔》卷七。

2 章氏煎，友直之女，工篆書，傳其家學。友直執筆，自高壁直落至地如引繩，而煎亦能如其父，以篆筆畫棋局，筆筆匀正，縱横如一。《書史會要》卷六。《宋詩紀事》卷二十三。

王英英

1 楚州有官妓王英英，善筆札，學顔魯公體；蔡襄復教以筆法，晚年作大字甚佳。梅聖俞贈之詩云：「山陽女子大字書，不學常流事梳洗。親傳筆法中郎孫，妙作蠶頭魯公體。」英英貌甚陋，固云「不事梳洗」。中郎孫，君謨也。《臨漢隱居詩話》。

李琵琶

1 〔田宣簡〕初登大科，通守金陵日，有李琵琶者，本建康伶人，國除時十餘歲，逮茲近八十。因宴席呼出，猶能飲巨觥。陳叙平昔，歷歷可聽，辭容不甚追愴，若無情人。《珍席放談》卷下。

宋人軼事彙編卷十五

孫　復

1　范文正公在睢陽掌學，有孫秀才者索游上謁，文正贈錢一千。明年，孫生復道睢陽謁文正，又贈一千，因問：「何爲汲汲於道路？」孫秀才戚然動色曰：「老母無以養，若日得百錢，則甘旨足矣。」文正曰：「吾觀子辭氣，非乞客也，二年僕僕，所得幾何，而廢學多矣。吾今補子爲學職，月可得三千以供養，子能安於爲學乎？」孫生再拜大喜。於是授以《春秋》，而孫生篤學不舍晝夜，行復修謹，文正甚愛之。明年，文正去睢陽，孫亦辭歸。後十年，聞泰山下有孫明復先生以《春秋》教授學者，道德高邁，朝廷召至太學，乃昔日索游孫秀才也。《東軒筆録》卷十四。《宋名臣言行録》前集卷十。《仕學規範》卷二。《群書類編故事》卷十七。《讀書鏡》卷四。

2　孫明復先生退居太山之陽，枯槁憔悴，鬢髮皓白，著《春秋尊王發微》十五篇，爲《春秋》學者，未有過之者也。故相李文定公守兖，就見之，歎曰：「先生年五十，一室獨居，誰事左右？不幸風雨飲食生疾奈何！吾弟之女甚賢，可以奉先生箕箒。」先生固辭，文定公曰：「吾女不妻先生，不過爲一官人妻，先生德高天下，幸婿李氏，榮貴莫大於此。」先生曰：「宰相女不以妻公侯貴戚，而固以嫁山谷衰老、藜藿不充之人，相國之賢，古無有也，予不可不成相國之賢。」遂妻之。其女亦甘淡薄，事先生以盡婦道，當時士大夫莫不賢之。《澠水燕談録》卷二。《宋朝事實類苑》卷四十二。《宋名臣言行録》前集卷十。《群書類編故事》卷八。

3 石徂徠師事孫明復，行則從升降，拜則執杖履以侍。孔給事道輔爲人剛直嚴重，不妄與人交，聞先生之風，就見之，介侍左右。魯人素高此二人，由是始識師弟子之禮。《言行龜鑑》卷三。《演繁露》續集卷六。

4 見石介2。

5 張堯封從孫明復先生學於南京，其女子常執事左右。堯封死，入禁中爲貴妃，寵遇第一。數遣使致禮於明復，明復閉門拒之終身。《邵氏聞見後録》卷二十。《聞見近録》。《仕學規範》卷十二。

胡　瑗

1 安定胡先生侍講布衣時，與孫明復、石守道同讀書泰山，攻苦食淡，終夜不寢，一坐十年不歸。得家問，見上有「平安」二字，即投之澗中，不復展讀。《仕學規範》卷一引《胡安定言行録》。《宋名臣言行録》前集卷十。《自警編》卷一。《言行龜鑑》卷一。

2 胡先生翼之嘗謂滕公曰：「學者只守一鄉，則滯于一曲，則隘吝卑陋。必游四方，盡見人情物態，南北風俗，山川氣象，以廣其聞見，則爲有益於學者矣。」一日，嘗自吴興率門弟子數人游關中。至潼關，路峻隘，捨車而步。既上至關門，與滕公諸人坐門塾少憩。回顧黄河抱潼關，委蛇洶湧，而太華、中條環擁其前，一覽數萬里，形勢雄張。慨然謂滕公曰：「此可以言山川矣，學者其可不見之哉！」《默記》卷下。

3 劉執中彝，福州人。安定在湖學時，從學者數百人，彝爲高第。熙寧二年，彝召對，上問從學何人，曰：「臣少從學于安定先生胡瑗。先生始自蘇湖，終于太學，出其門者，無慮數千人。」上曰：「門人今在朝爲誰？」彝曰：「若錢藻之淵篤、孫覺之純明、范純仁之直温、錢公輔之簡諒，皆陛下之所知也。其在外，明體適用，教于民者，殆數十輩。其餘政事文學，粗出于人者，不可勝數。」《言行龜鑑》卷一。《宋名臣言行録》前集卷十。《自警編》卷四。

4 胡安定先生自慶曆中教學於蘇、湖間，二十餘年，束脩弟子前後以數千計……其初，人未甚信服，乃使其徒之已仕及早有世譽者，盛之僑、顧子敦臨、吴元長政輩，分治職事，又孫莘老覺説《孟子》，中都士人稍稍從之。一日升堂講《易》，音韻高朗，意指明白，衆方大服。《吕氏雜記》卷上。

5 楚州徐積，有孝行，東坡諸公特敬禮之。初，積學於胡瑗。瑗門人甚衆，一日獨召積，食於中堂，二女子侍立。積問瑗：「門人或問見侍女否，將何以對？」瑗曰：「莫安排。」積聞此一語，忽大省悟，其學頓進云。《邵氏聞見後録》卷四。《清波雜志》卷九。《宋名臣言行録》後集卷十四。《言行龜鑑》卷一。

6 慶曆中，胡瑗以白衣召對，侍邇英講《易》，讀「《乾》元亨利貞」，不避上御名，上與左右皆失色，瑗曰：「臨文不諱。」後瑗因言《孟子》「民無恒産」，讀爲「常」。上微笑曰：「又卻避此一字。」蓋自唐穆宗已改「常」字，積久而讀熟。……上嘗詔其修國史，瑗乃避其祖諱，不拜。《道山清話》。《宋名臣言行録》前集卷十。《齊東野語》卷四。

7 侍講當召對，例須先就閤門習儀，侍講曰：「吾平生所讀書即事君之禮也，何以習爲閤門？」奏上，令就舟次習之。侍講固辭，上亦不之强人，皆謂「山野之人必失儀」。及登對，乃大稱旨，上謂左右曰：「胡瑗進退周旋，舉合古禮。」《宋名臣言行録》前集卷十。

8　胡翼之爲國子先生日，番禺有大商曰某氏者，遣其子來就學。其子儇蕩，其所齎千金，仍病，甚瘠，客於逆旅，若將救死焉。偶其父至京師，閔而不責。攜其子謁胡先生，告其故，曰：「是宜先警其心，而後之道者也。」乃取一秩書，曰：「汝讀是，可以先知養生之術。知養生，然後可以進學矣。」其子視其書，乃《黄帝素問》也。讀未竟，惴惴然懼伐性命之過，甚悔痛自責，冀可自新。胡知其已悟，召而誨之曰：「知愛身，則可以修身。自今以始，其洗心向道，取古聖賢之書，次第而讀之。既通其義，然後爲文，則汝可以成名。聖人不貴無過，而貴改過，無懷昔悔，第勉事業。」其人亦穎鋭善學，學之三年，登上第而歸。《師友談記》。《宋名臣言行録》前集卷十。《言行龜鑑》卷一。

9　滕公嘗語人：胡先生有人倫鑒。在太學時，如竇卞、汪輔之一時學者數百人相隨，每於衆中嘗稱譽安燾厚卿曰：「安秀才骨相，他日必貴。」如此數十次。衆有不服者，請其由。先生曰：「此亦易見爾。安君，金玉色也，金玉必須富貴者所用，置之糞壤可乎？人有瓦礫色者至多，若瓦礫者何所用耶？亦不待相書而後知也。」衆人乃服。其後，安公三作執政。初預政，父母俱存，官至觀文殿學士以終。《默記》卷下。

10　胡翼之凶訃至京，錢公輔學士與太學生徒百餘人，詣興國戒壇院舉哀，又自陳師喪，給二日假。《何氏語林》卷二十四。

11 見富弼29。

石介

1 石守道學士爲舉子時，寓學於南都，其固窮苦學，世無比者。王侍郎瀆聞其勤約，因會客，以盤餐遺之，石謝曰：「甘脆者，亦某之願也。但日享之則可，若止修一餐，則明日何以繼乎？朝享膏粱，暮厭粗糲，人之常情也。某所以不敢當賜。」《倦游雜録》。《墨客揮犀》卷三。《清波雜志》卷九。《宋朝事實類苑》卷十二。《宋名臣言行録》前集卷十。《仕學規範》卷一引《皇朝名臣四科事實》。《自警編》卷二。《言行龜鑑》卷二。《何氏語林》卷三。《昨非庵日纂》一集卷九。《宋稗類鈔》卷三。

2 徂徠石守道常語學者曰：「古之學者，急於求師。孔子，大聖人也，猶學禮於老聃，學官於郯子，學琴於師襄，矧其下者乎！後世耻於求師，學者之大蔽也。」乃爲《師説》以喻學者。是時，孫明復先生居太山之陽，道純德備，深於《春秋》，守道率張洞北面而師之，訪問講解，日夕不怠。明復行，則從；升降拜起，則執杖履以侍。二人者，久爲魯人所高，因二人而明復之道愈尊。於是學者始知有師弟子之禮。《宋名臣言行録》前集卷十。

3 石中允介爲嘉州軍事判官，丁父母憂。躬耕徂徠山下，葬其五世之未葬者七十喪，魯人號爲徂徠先生。《厚德録》卷三。

4 天聖以來，穆伯長、尹師魯、蘇子美、歐陽文忠始創爲古文，以變西崑體，學者翕然從之。其有爲楊、劉體者，守道尤嫉之，以爲孔門之大害，作《怪説》三篇以排佛、老及楊億。于是新進後學，不敢爲楊、劉體，亦不敢談佛、老。《吕氏家塾記》。《宋元學案》卷二。

5 石守道介康定中主盟上庠，酷憤時文之弊，力振古道。時庠序號爲全盛之際，仁宗孟夏鑾輿有玉津鎩麥之幸，道由上庠。守道前數日於首善堂出題曰《諸生請皇帝幸國學賦》，糊名定優劣。中有一賦云：「今國家始建十親之宅，新封八大之王。」蓋是年造十王宫，封八大王元儼爲荆王之事也。守道晨興鳴鼓於堂，集諸生謂之曰：「此輩鼓篋游上庠，提筆場屋，稍或出落，尚騰謗有司。悲哉，吾道之衰也！如此是物宜遽去，不爾，則鼓其姓名，撻以懲其謬。」時引退者數十人。《湘山野録》卷中。

6 李緼，字仲淵，邛州人，龍圖閣學士絢之弟。舉進士，調兗州奉符縣尉。同門姜潛居于奉符之太平鎮，某年六月七日夜，大水至，潛幾不免，先生爲借縣弓手營救之。上官以私役人獲罪。徂徠爲作《朋友解》。《宋元學案》卷二。

7 慶曆二年，仁宗用范文正公參知政事，韓魏公、富韓公爲樞密副使，天下人心莫不懽快。徂徠先生石守道作《聖德詩》曰：「惟仲淹、弼，一夔一卨。」又曰：「琦器魁礧，豈視居楔，可屬大事，重厚如勃。」其後，富、范爲宋之名臣，而魏公定策兩朝，措天下於太山之安，人始歎先生之知人也。《澠水燕談録》卷三。

8 慶曆三年三月，吕夷簡以司徒歸第，夏竦召至國門而罷，詔以賈昌朝參知政事，杜衍爲樞密使，富弼爲樞密副使。弼固辭，改資政殿學士。乃以范仲淹代弼，又以歐陽修、余靖、蔡襄、王素充諫官。一時朝野懽欣，至酌酒相慶。太學博士石介因作《慶曆聖德頌》，其詞大激，邪佞切齒。……其最儆心目者，如

「衆賢之進，如茅斯拔；大奸之去，如距斯脱。」又曰：「神武不殺，其默如淵。聖人不測，其動如天。」時韓魏公與范文正公適自陝來朝，竦之密姻有令于閿者，手録此頌，進于二公，且口道竦非，爲諸君子慶。二公去閿，范拊股謂韓曰：「爲此怪鬼輩壞之也。」韓曰：「天下事不可如此，必壞。」孫復聞之，亦曰：「石守道禍始於此矣。」《楓窗小牘》卷上。《宋名臣言行録》前集卷十。

9 徂徠先生石守道，少以進士登甲科。好爲古文章，雖在下位，不忘天下之憂，其言以排斥佛老、誅貶奸邪爲己任。慶曆中，天子罷二相，進用韓魏公、富韓公、范文正公，增置諫官，鋭意求治。先生喜曰：「吾官爲博士，《雅》《頌》，吾職也。」乃作《慶曆聖德詩》五百言，所以別白邪正甚詳。太山孫明復見之，曰：「子禍起矣！」由是謗論喧然，姦人嫉妬，相與擠之，欲其死而後已。不幸先生病卒。有以媾禍中傷大臣者，指先生之起事曰：「石某詐死，北走胡矣。」請斲棺以驗。朝廷知其誣，不發棺。歐陽文忠公哭先生以詩曰：「當子病方革，謗辭正騰喧。衆人皆欲殺，聖主獨保全。已埋猶不信，僅免斲其棺。」先生没後，妻子流落寒餓，魏公分俸買田以給之。所謂大臣，乃先生嘗薦於朝者；姦人，即先生詩所斥者也。《澠水燕談録》卷二。

10 石介性純古，學行優敏，以誘掖後進、敦獎風教爲己任。慶曆中，在太學，生徒咨問經義，日數十人，皆怡顔和氣，一一爲講解，殊無倦色。嘗請仁廟駕幸太學，欲爲儒者榮觀，因作《慶曆聖德頌》，詆忤當途大臣。既而謗介請駕幸太學，將有他志，介因罷學官，得太子中允、直集賢院、通判濮州，待闕于徂徠故棲，歲餘病死。當途者誣奏云：「介投契丹，死非其實。」遂詔京東提刑司發墳剖棺，驗其事。繼而有孔直温者，狂悖抵罪，直温昔嘗在介書院爲學，以爲黨，遂編置介之子弟于諸郡。嗚呼！讒人之口，真可懼哉！《倦游雜録》。《宋朝事實類苑》卷七十。

11 杜默曰：夏英公因《慶曆詩》之斥己，恨先生刺骨。因先生有奏記富文忠公責以行伊、周之事，欲因是以傾文忠及范文正等，乃使女奴陰習先生成書，改伊、周爲伊、霍，又僞作先生爲富撰廢立詔草，飛語上聞。富、范大懼，適聞契丹伐夏，遂請行邊。……富、范既去朝，攻者益急，帝心不能無疑矣。先生亦不自安，乃請外，得濮州通判。《宋元學案》卷二。

12 見夏竦35。

13 見夏竦36。

14 張文定甚惡石徂徠，詆之甚力，目爲狂生。《老學庵筆記》卷七。

15 徂徠石守道墓在奉符，太和中，墓崩，諸孫具棺葬骸骨，與常人無異，獨其心如合兩手，已化石矣。《續夷堅志》卷一。

賈　同

1 臨淄賈公疎先生，以著書扶道爲己任，著《山東野録》七篇，頗類《孟子》。常奏《諫書》四篇，謂「丁謂造作符瑞，以誣皇天，以欺先帝，今幸謂姦發，請明告天下，正其事。」無幾，又謂「謂既竄逐，寇萊公猶在雷州，宜還萊公，以明忠邪。」先生終以孤直不偶。既晚，得進士出身，不樂爲吏。久之，李文定公竊其誥敕送吏部，先生勉就之，官至殿中丞卒。後門人李冠元伯、劉顔子望相與謚曰存道先生。初，先生得出身，真宗賜名同，改字希得。案公踈元名罔，故賜改同。《澠水燕談録》卷一。《宋朝事實類苑》卷十六。

2 見蔡齊5。

許　渤

1 許渤初起，問人天氣寒温，加減衣服。一加減定，即終日不换。《二程遺書》卷三。

2 許渤與其子隔一窗而寢，乃不聞其子讀書與不讀書。《二程遺書》卷三。

楊安國

1 楊安國，膠東經生也，累官至天章閣侍講。其爲人訐激矯僞，言行鄙朴，動有可笑。每進講則雜以俚下鄽市之語，自扆坐至侍從、中官，見其舉止，已先發笑。一日侍仁宗，講至「一簞食，一瓢飲」，安國操東音曰：「顔回甚窮，但有一籮粟米飯，一葫蘆漿水。」又講「自行束脩以上，吾未嘗無誨焉」，安國遽啓曰：「官家，昔孔子教人也，須要錢。」仁宗哂之。翌日，遍賜講官，皆懇辭不拜，惟安國受之而已。《東軒筆録》卷九。

2 楊安國判監，集學官飲，必誦《詩譜》以侑酒。舉杯屬客，曰：「詩之興也，諒不于上皇之世，且飲酒。」裴如晦亦舉盃曰：「古者伏羲氏之王天下也，不能飲矣。」一座皆笑，而楊不悟。《中山詩話》。《宋朝事實類苑》卷六十六。

趙師民

1 趙侍讀師民，學問淳德，天下所共稱也。仁廟時，講書後殿，説乾卦四德，至「貞」字，不以他音代呼，直言其字。近侍皆掩口，公徐曰：「臨文不諱。」講罷，帝目送之，顧左右曰：「此真古儒也。」《墨客揮犀》卷九。

2 趙師民周翰，博學醇德，爲本朝名儒，尤爲仁宗所眷。自登第即入學館，豫校讎，登經筵，參侍幾三十年。晚以龍圖閣學士出守耀州，仁宗親筆御詩以寵其行，序有「儒林舊德，出守近藩」之語。後宋次道撰公碑，題其額曰「儒林舊德之碑」，世以爲榮。《澠水燕談録》卷六。

3 龍圖趙學士師民，以醇儒碩學，名重當時。爲人沈厚端默，群居終日，似不能言，而於文章之外，詩思尤精。如「麥天晨氣潤，槐夏午陰清」，前世名流，皆所未到也。又如「曉鶯林外千聲囀，芳草堦前一尺長」，殆不類其爲人矣。《六一詩話》。《宋朝事實類苑》卷三十四。

李之才

1 李之才，字挺之，青州人。倜儻不群，師事〔穆〕伯長。伯長性嚴急，稍不如意，或至呵叱，挺之承順如事父兄。登科任孟州司户，挺之性坦率，不事儀矩，時太守范忠獻公以此頗不悦。後忠獻建節移鎮延安，郡僚多送至境外，挺之但別於近郊。衆或讓之，挺之曰：「情文貴稱，公實不我知，而出疆遠送非情，豈敢以不情事范公？」未幾，忠獻謫守安陸，過洛三城，故吏無一人往者，獨挺之沿檄往省之。忠獻始稱嘆，遂受知焉。《宋名臣言行録》前集卷十引《易學辨惑》。

2 李挺之，諱之才。慶曆中，以殿中丞爲澤州從事。時韓中令宣撫河東，委以秦鳳鑄鐵錢事。行次鳳州，爲絶句云：「去年三月洛城游，今日尋春到鳳州。欲托雙魚附歸信，嘉陵江水不東流。」《西溪叢語》卷上。《宋詩紀事》卷十二。

3 見邵雍4、5。

劉羲叟

1 見歐陽修36。

王 洙

1 公始爲進士，居里中，與嵇頴、竇充締交，各爲箴以自警。《王氏談録》。

2 王文公洙始舉進士，與郭稹同保。有告稹冒祖母禫者，法當連坐。主司召問：「果保稹否？」公曰：「保之不可易也。」於是與稹俱罷。《言行龜鑑》卷二。

3 公爲舒城尉，馬亮鎮廬江，始入謁，謂公曰：「君狀貌類宋尚書白，材質正與君等。他日亦不下此人。」後入上庠，暇日謁邢侍讀昺，識公甚喜，歎曰：「君異時之孫、馮也。」孫奭、馮元方貴顯。《王氏談録》。

4 見馬亮 7。

5 蔡文忠守南都，公時爲書院説書。且將薦公，而謂公曰：「欲薦而未有人可令草奏，以叙君之美，莫若相煩君自爲之。」公謝曰：「某之才不足當公薦，今石太祝延年，衆愛重，宜置某而薦石。」蔡公曰：「石固欲薦之，亦當自令草奏。」公徐曰：「得之矣。」遂命公草石奏，而石爲公草奏。……蔡公既去，而宋公來，其所以遇之尤加。每公事退，開郡閣邀公，殆日以爲常，相對但持書册論議而已。宋公嗜食乾果，羅列左右，間或相勸食。或以文章示公，句意有所欲易及一字不安者，必曰：「君試思之。」公曰：「以某句易某字如何？」曰：「更試思之。」或至再三，遂用。後宋公還朝，公亦入上庠，又陪佐史局，無一日異於初。宋公薨，公爲之議謚，撰著行狀，象篆勒墓銘。諸宋以服帶緡錢遺於公甚厚，公不發其封，悉還之。李邯鄲公戲簡公曰：「可惜筆端得來，盡被車兒推去。」後老，思宋公平昔之知，嘗歎曰：「相知之厚，不愧古人，今亡矣夫。」去年，公謁告還里中，錢子飛侍讀爲留守。其妻宋公女也，聞錢宴公於郡齋，曰：「是往者日與吾父論書於此齋中，吾家爲肴羞尊酒以待者也。」因泣下。明日錢以其妻語語公，公亦爲悽然。《王氏談録》。

6 宋丞相庠與翰林祁，皆公布衣之舊，同年登科。皆貴達，益篤契好。初宣獻公薦公入史局，時邯鄲李公淑領撰著。李方貴顯，與宋公同列而不相下，頗有間隙。宋既與公舊，勸公毋受，命公辭，以辱宣獻，公知不敢避讓。宋怒，遽折簡謂公曰：「自古爲史者，不免天菑或人禍，子何爲當而不避？今且賀子而弔子也。」《王氏談録》。

7 翰林王公洙、修撰錢公延年俱以丁酉八月丑時生，王十九日，錢二十日。錢以嘉祐二年六月卒，卒時王公已病。或謂王公起於寒素，早歲蹇剥，庶可以免災。侍郎掌公曰：「錢雖少年榮進，晚即滯留；王雖早歲奇蹇，晚即遷擢。長短比折，禍福適均。」王公竟不起。《青箱雜記》卷四。《宋朝事實類苑》卷四十九。

8 國朝雅樂，即用王朴所製周樂。太祖時，和峴以爲聲高，遂下其一律。……景祐中，李照作新樂，又下其聲。……王侍讀洙身尤短小，常戲之曰：「君樂之成，能使我長乎？」聞者以爲笑，而樂成竟不用。《歸田録》卷一。《宋朝事實類苑》卷十九。

9 邇英閣，講諷之所也。閣後有隆儒殿，在叢竹中，制度特小。王原叔久在講筵而身品短，同列戲之曰：「宜爲隆儒殿學士。」《春明退朝録》卷上。

10 林瑀、王洙同作直講，林謂王曰：「何相見之闊也！」王曰：「遭此霖雨。」瑀云：「今後轉更疏闊也。」王問：「何故？」答云：「逢這短晷。」蓋譏王之侏儒。《孔氏談苑》卷二。《宋稗類鈔》卷六。

11 公嘗讀《甘露記》，歎曰：「無妄之禍，乃至於此。以此視之，軒冕非可戀之物，吾日有歸意。」《王氏談録》。

12 公素不習隸書，初但微作八分。皇祐中，受詔書獻穆公主碑，李氏求以古隸寫，於是始作隸書。既出，人競愛。宋丞相曰：「近世人家柏檻之刻所未及也。」君謨亦云：「君之隸字，乃得漢世舊法，僕之所作，但唐謂隸耳。」《王氏談録》。

13 公用筆奇古。慶曆中，士大夫家墓銘蓋多公筆也。今上景祐徽號玉册，宣獻宋公受詔寫。宋公不習篆，公與代書也。又章郇公受詔書相國寶奎殿，太宗、真宗詩額，亦公代之。《王氏談録》。

14 公性尤愛墨，持玩不厭，几案牀枕間往往置之。常以柔軟物磨拭，發其光色，至用衣袖，略無所惜。《王氏談録》。

15 慶曆中，人有持廷珪墨十丸求售，從子參預，託公草文字，恐溷其思，遽令磨去。公後聞之，極爲歎惜。公又自能造墨，在濠梁、彭門，常走人取兖州善煤，手自和揉，妙爲形體，蓋光色與廷珪相上下。既成，分遺好事，悉伏其精。嘗以廷珪墨遺君謨，隴西王之子恂謂公曰：「聞以墨遺君謨，槖中必缺，請以一丸補之。」《王氏談録》

16 公少游蜀，於江濱得靈符石，石理堅潤，其文尤異。《王氏談録》。

王欽臣

1 熙寧中，王欽臣仲至自河北被召用。荆公薦對，神宗問所與游從。公奏宋敏求，帝默然，遣還任。公因留一詩，書長老院中，云：「蜀地相如最好辭，武皇深恨不同時。凌雲奏罷還無事，寂寞文園興可知。」然荆公愛其詩，自題于所執扇。《能改齋漫録》卷十一。《宋詩紀事》卷二十四。

2 王欽臣自西京一縣令召入，議法與介甫不合，令學士院試賦一篇，但賜出身，卻歸本任。以二詩獻公，其一云：「蜀國相如最有詞，武皇深恨不同時。凌雲賦罷還無用，寂寞文園意可知。」其二云：「古木陰森白玉堂，老年來此試文章。宫簷日永揮毫罷，閒拂塵埃看畫牆。」《泊宅編》十卷本卷一，又三卷本卷上。

林瑀

1 見宋仁宗24。

2 見王洙10。

阮逸 辛有儀

1 辛諫議子有儀，嘗與阮逸善。一日謂逸曰：「君未娶，我有一相知，無子。家饒財，有女求婿。其家房緡二千，當爲營之，苟成以一千謝我。」逸唯唯。姻既成，逸以前約語其婦翁，婦翁難之。有儀怨甚，乃以逸有「易立太山石，難芳上林柳」之句，告謀不軌。逸下吏，全家流竄。後有儀爲海州都曹，至淮舟没，憑轎子浮水上得脱。既至岸，舟人雖小兒悉免，有儀家人無一存者。《甲申雜記》。

李植 張續

1 濮人李植成伯與張續禹功師徂徠石守道，爲門人高弟。歐陽文忠《讀徂徠集》詩云：「常續最高弟，騫游各名科。」成伯少名常。嘉祐中，詔舉天下行義之士，發遣詣闕，成伯首被此舉，詔書方下而卒，士大夫惜之。時禹功居曹南，成伯前卒數日，以詩寄禹功，其末句云：「野堂吹落讀殘書。」禹功怪其語不祥，亟往訪之，未至濮，成伯已卒。野堂，成伯讀書堂也。《澠水燕談録》卷七。《宋朝事實類苑》卷四十六。

李概

1　濮州李植與弟概赴省試。一夕，夢奏名將出，同榻而寐，概忽驚叫，植問之，曰夢人以刀斫其足，覺猶微痛。明日概預奏名。後數日，因閑行，有人拜於街中，乃濮州軍吏，曰：「喜六郎過省，某今肄名貢院，昨以六郎書榜，某幾遭笞捶。」問之：「何也？」乃曰：「六郎之名乃木旁既，某誤書既下木，主司大怒，然將逼出院，許修改無異，則免罪責。遂以刀子刮其下木，幸而得免。」叩其修字之時，乃概足痛之際。《新編分門古今類事》卷七引《幕府燕閒録》。

黄晞

1　黄晞，閩人，好讀書，客游京師，數十年不歸。家貧，謁索以爲生，衣不蔽體，得錢輒買書，所費殆數百緡，自號聱隅子。石守道爲直講，聞其名，使諸生如古禮，執羔雁束帛，就里中聘之，以補學職，晞固辭不就。故歐陽永叔《哭徂徠先生》詩云「羔雁聘黄晞，晞驚走鄰家」是也。著書甚多。至和中，或薦於朝，除試太學助教，月餘，未及具緑袍，遇疾，暴卒。有子，甚愚魯，所聚及自著書，皆散失無存者。《涑水記聞》卷十。《澠水燕談録》卷四。《宋朝事實類苑》卷四十一。

2　黄晞，閩人。皇祐初游京師，不踐場屋，多以古學游搢紳之門。凡著書，自號聱隅子。走京塵幾十年，公卿詞臣無不前席。晞履裂帽破，馳走無倦。後詞臣重晞之道者，列章爲薦，盡力提挽，朝恩甚優，授京官，知巨邑，有旨留國子監，將有司業之命。始拜敕，徧謝知已。才三日，館於景德如意輪院，一日晚歸，解鞍少憩，謂院僧曰：「僕遠人也，勤苦貧寒，客路漂泊，寒暑未嘗温飽，今日方平生事畢，且放懷酣寢一夕，請戒僧童，慎無見喧。」僧諾之，扃扉遂寢。翌日大曉，寂無所聞，寺僧擊牖大呼，已卒於榻矣。《玉壺清話》卷五。

李覯

1 江南李覯，通經術，有文章，應大科，召試第一。嘗作詩曰：「人言日落是天涯，望極天涯不見家。堪恨碧山相掩映，碧山還被暮雲遮。」識者曰：「觀此詩意，有重重障礙，李君恐時命不偶。」後竟如其言。《青箱雜記》卷七。《賓退録》卷六。

2 見范仲淹26。

3 見陳烈7、8。

4 李泰伯著《常語》非《孟子》，後舉茂材，論題出「經正則庶民興」，不知出處，曰：「吾無書不讀，此必《孟子》中語也。」擲筆而出。晁説之亦著論非孟子。建炎中，宰相進擬除官，高宗曰：「《孟子》發揮王道，説之何人，乃敢非之！」勒令致仕。《鶴林玉露》乙編卷一。《堯山堂外紀》卷四十九。

5 〔李覯〕素不喜佛，不喜《孟子》，好飲酒作文，古文彌佳。一日，有達官送酒數斗，泰伯家釀亦熟，然性介僻，不與人往還。一士人知其富，有酒，然無計得飲，乃作詩數首罵《孟子》，其一云：「完廩捐階未可知，孟軻深信亦還癡。丈人尚自爲天子，女婿如何弟殺之？」李見詩大喜，留連數日，所與談莫非駡孟子也。無何，酒盡，乃辭去。既而又有寄酒者，士人聞之再往，作《仁義正論》三篇，大率皆詆釋氏。李覽之，笑云：「公文采甚奇，但前次被公喫了酒後，極索寞。今次不敢相留，留此酒以自遣懷。」聞者莫不絶倒。《道山清話》。《捫掌録》。案：《宋稗類鈔》卷六、《堅瓠甲集》卷四多一詩：「乞丐何曾有二妻，隣家焉得許多雞。當時尚有周天子，何必紛紛説魏齊。」

6 江南李泰伯，嘗著書非《孟子》，名曰《常語》。時有一士人，頗滑稽而饕餮，聞有饋李以酒者，欲以計求之，因録所業詩數篇投之，其首章乃《非孟》詩也。詩曰：「焚廩捐階事可嗤，孟軻深信不知非。岳翁方且爲天子，女婿如何弟殺之？」言雖鄙俚，然頗合李之意。李喜甚，留飲連日，酒盡方去。他日，士人又聞有饋李以酒者，復著論一篇，名曰《疑孟》，以投之。李讀畢，謂之曰：「前此酒本擬留作數日計，君至一飲遽盡，旬餘殊索寞也。公之論固佳，然此酒不可復得也。」士人遂觖望逡巡而退，傳者以爲笑。《庚溪詩話》卷下。《堯山堂外紀》卷四十九。

陳襄

1 陳古靈襄與鄉士陳烈、周希孟、鄭穆名「四友」。公與三人者，獨以斯道鳴於海隅，躬行持守益堅。自家而達於州閭，邦人化之，謂之「四先生」。雖有誕突恣傲不可率者，不敢失禮於其門。《言行龜鑑》卷二。《宋名臣言行録》後集卷十四。《東都事略》卷八十五。《名賢氏族言行類稿》卷十一。參見陳烈2。

2 陳襄述古、陳烈季慈、周希孟公闢、鄭穆閎中，閩中號爲四先生。劉彝執中與四人爲友，鄉人號五先生。《小學紺珠》卷六。

3 陳述古密直知建州浦城縣日，有人失物，捕得莫知的爲盜者。述古乃紿之曰：「某廟有一鍾，能辨盜至靈。」使人迎置後閣祠之，引群囚立鍾前，自陳不爲盜者，摸之則無聲，爲盜者摸之則有聲。述古自率同職禱鍾甚肅，祭訖，以帷圍之，乃陰使人以墨塗鍾，良久，引囚逐一令引手入帷摸之，出乃驗其手，皆有墨，唯有一囚無墨，訊之，遂承爲盜，蓋恐鍾有聲，不敢摸也。《夢溪筆談》卷十三。《宋名臣言行録》後集卷十四。《續墨客揮犀》卷十。《自警編》卷七。

4 荆公之退也，先生在講筵，薦司馬温公以下三十三人，神宗善之而不能盡用也。元祐名臣，皆在其中。南渡後，高宗得其稿，詔示天下，以爲薦士者法。《宋元學案》卷五。

5 公將終，妻子環泣求所以語後者。公索紙筆書「先聖先師」四字，付其子而絶。《宋名臣言行録》後集卷十四引《行狀》。

陳　烈

1 陳烈初年讀書，不理會得，又不記。因讀《孟子》「求放心」一段，遂謝絶人事，静坐室中。數月後，看文字記性加數倍，又聰明。《朱子語類》卷一百二十九。

2 福建有陳烈季甫、周希孟公闢、鄭穆閎中、陳襄述古窮經苦節，以古人相期，故當時有「四先生」之號。章望之表民作《四賢傳》行於世。《吕氏雜記》卷上。《堯山堂外紀》卷四十九。參見陳襄1。

3　陳密學襄、鄭祭酒穆，與陳烈、周希孟皆福州人，以鄉行稱，閩人謂之「四先生」。烈尤爲蔡君謨所知，嘗與歐陽文忠公共薦於朝，由是益知名。然烈行怪多僞。蔡君謨母死，烈往弔，自其家匍匐而進。人問之，曰：「此《詩》所謂『凡民有喪，匍匐救之』者也。」《石林燕語》卷十。

4　陳烈，福州人，博學，不循時態，動遵古禮。蔡君謨居喪于莆田，烈往弔之，將至近境，語門人曰：「《詩》不云乎：『凡民有喪，匍匐救之。』今將與二三子行此禮。」于是烏巾襴鞹，行二十餘里，望門以手據地膝行，號慟而入孝堂，婦女望之皆走，君謨匿笑受弔。即時，李遘畫《匍匐圖》。《倦游雜録》。《宋朝事實類苑》卷七十一。《續墨客揮犀》卷四。《五雜組》卷十三。《堅瓠丙集》卷四。《宋稗類鈔》卷六。

5　見蔡襄9。

6　元豐中，劉待制瑾爲守，元夕，不問貧富，每户科燈十盞。陳先生以詩題鼓門大燈籠云：「富家一椀燈，太倉一粒粟。貧家一椀燈，父子相聚哭。風流太守知不知？唯恨笙歌無妙曲。」瑾聞而謝之。《宋詩紀事》卷二十三引《淳熙三山志》。參見蔡襄10。

7　君謨蔡公出守福唐，時李泰伯遘自建昌攜文訪之。一日，命遘及陳孝廉烈早膳於後圃望海亭，不設樽酒。饍罷欲起，時方暮春，鬻酒於園，郡人嬉游，籍姬數子時亦尋芳於此，既太守在亭，因斂袖聲喏而過。蔡公遂留之，旋命觥具，就以爲侑酒。方行，舉歌一拍，陳烈者驚懼怖駭，越牆攀木而遁。泰伯即席賦詩云：「七閩山水掌中窺，乘興登臨到落暉。誰在畫簾沽酒處，幾多嗚櫓趁潮歸。晴來海色依稀見，醉後鄉心即漸微。山鳥不知紅粉樂，一聲檀板便驚飛。」蓋譏其矯之過也。《湘山野録》卷下。《宋朝事實類苑》卷七十一。《古今詩話》。《道山清話》。《詩話總龜》前集卷三十九。《宋詩紀事》卷十九。

8 李泰伯一日與處士陳烈赴蔡君謨飲。君謨以營妓佐酒，烈已不樂。酒行，衆妓方歌，烈並酒擲於案上，作皇懼狀，逾牆攀木而遁。時泰伯坐上賦詩云：「七閩山水掌中窺，乘興登臨對落暉。誰在畫樓酤酒處，幾多嗚艣送潮歸。晴來海色依稀見，醉後鄉心積漸微。山鳥不知紅粉樂，一聲檀板便驚飛。」烈聞之，遂投牒云：「李覯本無士行，輒箬賓筵，詆釋氏爲妖胡，指孟軻爲非聖。按吾聖經云：『非聖人者無法。』合依名教，肆諸市朝。」君謨覽牒，笑謂來者云：「傳語先生，今後不使弟子也。」《堯山堂外紀》卷四十九。《堅瓠丙集》卷一。

鄭穆

1 見陳襄1。

2 鄭待制穆，字閎中，福州人。與劉彝、陳襄皆以德行爲世所尊，號四先生。時鄭歸閩，〔孫〕公亦有詩送之曰：「清曉都門祖帳開，路人相與歎賢哉。流塵幾翳看山眼，落日休亭別酒盃。何待諸生留北闕，自存遺直在東臺。連江四老嗟誰在，白首今朝只獨來。」《孫公談圃》卷中。《宋詩紀事》卷二十三。

劉敞

1 劉元甫少時，一僧善傳神。見曾祖〔蘇仲昌〕，曾祖召元甫，使僧爲之傳神。劉時未登第，僧問所服。劉曰：「但直裰皂縚可也。」逡巡畫成，逼真。劉即以歌詩謝之，頃刻而成。曾祖大賞之曰：「可謂三絶。」《魏公譚訓》卷六。

2　劉原父就省試，時父立之爲湖北轉運使。按部至鄂州，與郡守王山民宴于黄鶴樓，數日不發，謂守曰：「吾且止此，以候殿榜，兒子決須魁天下。」守心不平，且曰：「四海多士，雖令似才俊，豈可預料？」立之曰：「縱使程試不得意，亦須作第二人。」來日，殿榜到州，原父果第二名。繼得家書云：「初考乃狀元，爲賦中小誤，遂以賈黯爲魁。」立之即以書示郡守而行。所謂「知子莫若父」也。《默記》卷中。

3　劉原甫廷試本爲第一。王文安公，其舅也，爲編排試卷官，既拆號，見其姓名，遂自陳請降下名。仁宗初以高下在初覆，考官、編排官無與，但以號次第之爾。文安猶力辭不已，遂升賈直孺爲魁，以原甫爲第二。《石林避暑録話》卷四。《石林燕語》卷八。

4　見夏竦37。

5　劉原父文章敏贍，嘗直舍人院。一日，追封皇子、公主九人，方下直，爲之立馬卻坐，一揮九制成，文辭典麗，各得其體，真天才也。歐陽文忠公聞而歎曰：「昔王勃一日草五王策，此未足尚也。」《澠水燕談録》卷六。《何氏語林》卷九。《宋稗類鈔》卷六。

6　故事，鎖學士院有四制，則竝命學士分草，謂之雙鎖。劉原父立馬而草九制，人固已服其敏。鄧温伯爲内相，當元豐末建儲親王及内外將相進恩，一夕獨草制二十二道，益敏而工，其有腹藁邪？《清波別志》卷下。

7 見狄青36。

8 見王安石28。

9 嘉祐四年貶吕溱，其誥詞劉敞行之，溱當貶而褒。《東原録》。

10 見梅堯臣19。

11 見梅堯臣20。

12 國朝翰林學士，多以知制誥久次而以稱職聞者爲之。劉原甫居外制最久，既譽望高一時，故士論咸以爲宜充此選，而劉亦雅自負，以爲當得之，然久柅不得進。逮出典兩郡還朝，復居舊職，且十年矣，終不用。久之，復請外補，於是以翰林侍讀學士知永興軍，頗怏怏不自得。一日，顧官屬曰：「諸君聞殿前指揮使郝質乎？已拜翰林學士矣。」或以爲疑者，徐笑曰：「以今日之事準之，固當如此耳。」《卻掃編》卷上。

13 劉公敞前後拜官，未嘗輒讓，惟初拜侍讀及除諫議，辭之，其誠心以謂分所不宜處，則不欲苟受之，非以邀名也。《宋名臣言行録》後集卷四。《自警編》卷二。《言行龜鑑》卷五。

14 長安李士衡觀察家藏一端研，當時以爲寶，下有刻字云：「天寶八年冬，端州東溪石刺史李元書。」劉原甫知長安，取視之，大笑曰：「天寶安得有年？自改元即稱『載』矣，且是時州皆稱郡，刺史皆稱太守，至德後始易，今安得獨爾耶？」亟取《唐書》示之，無不驚歎。李氏研遂不敢復出。……原甫博物多聞，前世實無及者。在長安，有得古鐵刃以獻，製作極巧，下爲大環，以纏龍爲之，而其首類鳥，人莫有識者。原甫曰：「此赫連勃勃所鑄龍雀刀。所謂『大夏龍雀』者也。鳥首蓋雀云。」問之，乃种世衡築青澗城掘地所得，正夏故疆也。又有獲玉印遺之者，其文曰「周惡夫印」。公曰：「此漢條侯印，尚存于今耶！」或疑而問之，曰：「古亞、惡二字通用。《史記》盧綰之孫，他人封亞谷侯，而《漢書》作『惡谷』是矣。」聞者始大服。《石林避暑録話》卷三。《何氏語林》卷二十一。《宋稗類鈔》卷五。

15 劉原父帥長安，得漢宣帝時銅甬一，上有識云：「容十斗，重四十斤。」原父以今權量校之，止容三斗，重十五斤。《泊宅編》十卷本卷六。

16 原父出知永興，惑官妓，得驚眩疾，力求便郡。仁宗謂執政曰：「如敞者，豈易得耶！」賜以新橙五十。《郡齋讀書志》卷十九。《宋詩紀事》卷十六。

17「涼風響高樹，清露墜明河。誰謂夏夜短，已覺秋意多。艷膚麗華燭，皓齒揚清歌。臨觴不作意，奈此粲者何？」翰林侍讀學士劉敞原父，在永興軍所作詩也。葉少藴《避暑録話》嘗載之，且云：「恨原父此病未除也。」予後讀國史《原父本傳》載：「原父在永興，惑官妓，得驚瞀病。」乃知前詩故不徒作也。《能改齋漫録》卷十一。

18 劉原父晚守長安，眷官妓蔡嬌，所謂添酥者也。其召還，作詩別之，曰：「玳筵銀燭徹宵明，白玉佳人唱渭城。更盡一杯須起舞，關河秋月不勝情。」《侯鯖録》卷八。

19 劉貢父知長安，妓有茶嬌者，以色慧稱，貢父惑之，事傳一時。貢父被召造朝，茶嬌遠送之，貢父爲夜宴痛飲，有別詩曰：「畫堂銀燭徹宵明，白玉佳人唱渭城。唱盡一杯須起舞，關河風月不勝情。」至闕，永叔直出道者院，去城四十五里迓貢父，貢父適病酒未起。永叔曰：「何故未起？」貢父曰：「自長安路中，親識留飲，頗爲酒病。」永叔戲之曰：「貢父非獨酒能病人，茶亦能病人多矣。」《過庭録》。《宋詩紀事》卷十六。《宋稗類鈔》卷四。案：此似應是劉攽兄劉敞（原父）事，今列劉敞名下。中華書局點校本《過庭録》改「貢父」爲「原父」。

20 劉原父學際天人。知永興日，已被病。時所親賈常彝父同在雍，夏月，與常露坐，見一流星甚大，原父驚曰：「當有親王爲九五者。」後數月，乃英宗爲皇子。《默記》卷下。

21 劉原父晚年病，不復識字，日月兒女皆不能認。人言永興中多發冢墓求古物，致此。《暇日記》。《研北雜志》卷上。《宋詩紀事》卷十六。

22 見王安石202。

23 劉中原父望歐陽公稍後出，同爲昭陵侍臣，其學問文章，勢不相下，然相樂也。歐陽公喜韓退之文，皆成誦，中原父戲以爲「韓文究」。每戲曰：永叔於韓文，有公取，有竊取，竊取者無數，公取者粗可數。……歐陽公以退之「讀《墨子》不相用，不足爲孔墨」爲叛道。中原父笑曰：「永叔無傷事主也。」《邵氏聞見後録》卷十八。

24 劉原父文，醇雅有西漢風，與歐公同時，爲歐公盛名所掩……幾與歐、曾、蘇、王并。而水心亦亟稱之，於是方論定。《林下偶談》卷三。

25 蘇子瞻云：昔劉原父酒酣，誦陳季弼告陳元龍語，因仰天太息。此自原父舒其胸中磊塊之氣。吾嘗作詩云：「平生我亦輕餘子，晚歲人誰念此翁。」記原父語也。《何氏語林》卷二十四。《苕溪漁隱叢話》前集卷三十八。

26 劉原父敞再婚某氏，歐陽永叔以二絶戲之：「平生志業有誰先，落筆文章海内傳。明日都城應紙貴，開簾卻扇見新篇。」「仙家千載一何長，浮世空驚日月忙。洞裏新花莫相笑，劉郎今是老劉郎。」原父不悦。《西清詩話》卷下。

27 劉原父晚年再娶，歐公作詩戲之云：「仙家千載一何長，浮世空驚日月忙。洞裏桃花莫相笑，劉郎今是老劉郎。」原父得詩不悦。歐公與王拱辰同爲薛簡肅公婿，歐公先娶王夫人姊，再娶其妹，故拱辰有「舊女婿爲新女婿，大姨夫作小姨夫」之戲。原父思報之，三人會間，原父曰：「昔有一學究訓學子誦《毛詩》，至『委蛇委蛇』，學子念從原字，學究怒而責之曰：『蛇』當讀作『姨』字，毋得再誤。明日，學子觀乞兒弄蛇，飯後方來，問：『何晏也？』曰：『遇有弄姨者，從衆觀之。先弄大姨，後弄小姨。是以來遲。』」歐公亦爲之噱然。《堯山堂外紀》卷四十九。《堅瓠乙集》卷一。參見王拱辰1。

劉攽

1 劉貢父强記，方幼，衆令誦《霍光傳》諸臣奏事，不遺一名。《魏公譚訓》卷四。

2 劉貢父作國子監直講，英宗即位，久而車駕方出，太學生除直日外并迎駕。時有齋直日，以不得豫也，乃潛出看駕。既而衆退，以潛出之罪申直講，直講難其辭，貢父遽判其狀尾曰：「黄屋初出，莫不咸觀；青衿何爲，乃獨塊處？可特免罰。」衆以爲當。《王公四六話》卷下。

3 劉貢父初入館，乃乘一騍馬而出。或謂之曰：「此豈公所乘也！亦不慮趨朝之際，有從群者，或致奔踶之患耶？」貢父曰：「諾，吾將處之也。」或曰：「公將何以處之？」曰：「吾令市青布作小襜，繫之馬後耳！」或曰：「此更詭異也。」貢父曰：「奈何，我初幸館閣之除，不謂俸入不給桂玉之用，因就廉直，取此馬以代步。不意諸君子督過之深，姑爲此以揜言者之口耳，有何不可？」《春渚紀聞》卷一。《何氏語林》卷二十七。《宋稗類鈔》卷六。

4　劉攽貢甫性滑稽，喜嘲謔。與王汾同在館中，汾病口吃，攽爲之贊曰：「恐是昌家，又疑非類，未聞雄鳴，只有艾氣。」周昌、韓非、揚雄、鄧艾，皆古之口吃者也。《孔氏談苑》卷二。《何氏語林》卷二十七。《堯山堂外紀》卷四十九。《堅瓠戊集》卷三。

5　王汾嘲劉攽云：「常朝多喚子。」蓋常朝知班吏多云「班班」，謂之喚班。攽應聲云：「寒食每尋君。」蓋呼汾爲「墳」耳。《孔氏談苑》卷二。《何氏語林》卷二十七。《堯山堂外紀》卷四十九。

6　王汾口吃，劉攽嘗嘲之曰：「恐是昌家，又疑非類。不見雄名，惟聞艾氣。」蓋以周昌、韓非、揚雄、鄧艾皆吃也。又嘗同趨朝，聞叫班聲，汾謂曰：「紫宸殿下頻呼汝。」攽應聲答曰：「寒食原頭屢見君。」各以其名爲戲也。《東軒筆録》卷十一。《宋朝事實類苑》卷六十五。

7　劉貢父嘗見一士人口吃，戲作謎云：「本是昌徒，又爲非類。雖無雄材，卻有艾氣。」東坡曰：「貢父可謂滑稽之雄也。」《高齋漫録》。《邵氏聞見後録》卷三十。

8　劉攽貢父、王汾彦祖同在館閣，皆好談謔。一日，劉謁王曰：「君改賜章服，故致賀爾。」王曰：「未嘗受命。」「日早聞閤門傳報，君但詢之。」王密使人詢之閤門，乃是有旨：諸王墳得用紅泥塗之爾。《澠水燕談録》卷十。《宋朝事實類苑》卷六十五。

9 劉攽嘲王覿云：「汝何故見賣？」覿曰：「賣汝直甚分文。」《邵氏聞見後録》卷三十。《齊東野語》卷十七。《堯山堂外紀》卷四十九。《宋稗類鈔》卷六。

10 劉攽、劉恕同在館下，攽一日問恕曰：「前日聞君猛雨中往州西，何耶？」恕曰：「我訪丁君，閑冷無人過從，我故冒雨往見也。」攽曰：「丁方判刑部，子得非有所請求耶？」恕勃然大怒，至於詬駡。攽曰：「我偶與子戲耳，何忿之深也。」然終不解，同列亦惘然莫測。異時，方知是日恕實有請求於丁，攽初不知，悞中其諱耳。《東軒筆録》卷十一。《讀書鏡》卷五。《昨非庵日纂》二集卷十二。

11 劉貢父學士攽辨博才敏，嘗出諸人上。一日在館中，與諸寮友語及時政事，王學士觀遽止之，使勿言。陸經乃戲王學士云：「王三到了，是惜命時。」貢父應聲對曰：「不惟王三惜命，更兼陸四括囊。」人皆服其機警。王三、陸四，皆排行也。《宋朝事實類苑》卷六十七引《魏王語録》。

12 見李常2。

13 劉貢父爲館職，節日同舍有令從者以書筒盛門狀，偏散於人家。貢父知之，乃呼住所遣人坐於别室，犒以酒炙，因取書筒視之。凡與貢父有一面之舊者，盡易貢父門狀。其人既飲食，再三致謝。偏走陌巷，實爲貢父投刺，而主人之刺遂不得達。《軒渠録》。《宋稗類鈔》卷四。

14 館中一日會茶，有一新進曰：「退之詩太孟浪。」時貢父偶在座，厲聲問曰：「『風約半池萍』，誰詩也？」其人無語。《道山清話》。

15 見呂公著33。

16 見歐陽修105。

17 見歐陽修172。

18 劉貢甫舊與王荆公游，甚欵。荆公在從班，貢甫以館職居京師，每相過必終日。其後荆公爲參知政事，一日貢甫訪之，值其方飯，使吏延入書室中，見有藁草一幅在硯下，取視之，則論兵之文也。貢甫性强記，一過目輒不忘，既讀，復寘故處，獨念吾以庶僚謁執政，徑入其便坐，非是，因復趨出，待于廡下。荆公飯畢而出，始復邀入坐，語久之，問：「貢甫近頗爲文乎？」貢甫曰：「近作《兵論》一篇，草創未就。」荆公問所論大概如何，則以所見藁草爲己意以對，荆公不悟其嘗見己之作也。默然良久，徐取硯下藁草裂之。蓋荆公平日論議，必欲出人意之表，苟有能同之者，則以爲流俗之見也。《卻掃編》卷中。《朱子語類》卷一百二十四。《宋稗類鈔》卷五。

19 集賢校理劉攽貢父好滑稽，嘗造介甫，值一客在坐，獻策曰：「梁山泊決而涸之，可得良田萬餘頃，但未擇得便利之地貯其水耳。」介甫傾首沉思，曰：「然。安得處所貯許多水乎？」貢父抗聲曰：「此甚不難。」介甫欣然，以謂有策，遽問之，貢父曰：「別穿一梁山泊，則足以貯此水矣。」介甫大笑，遂止。《涑水記聞》卷十五。《宋朝事實類苑》卷六十七。《邵氏聞見後録》卷三十。《何氏語林》卷二十七。《堯山堂外紀》卷四十九。《宋稗類鈔》卷六。

20 介甫當國，喜言農田水利。有獻議梁山濼可涸之以爲田，介甫欲行之，又念水無所歸，以問劉貢父，曰：「此事楊蟠無齒。」貢父退，介甫思其説而不得。呼其子雱，問以此語何意，且出何書。雱曰：

「不知，當召而問之。」貢父既至，雱以父之問問焉。貢父笑曰：「此易曉耳。楊蟠杭人，善作詩，自號浩然居士，相公熟識之。今欲涸湖爲田，此事浩然無涯也。」一時聞者絶倒。《誠齋詩話》。《堅瓠戊集》卷四。

21 往年士大夫好講水利，有言欲涸梁山泊以爲農田者，或詰之曰：「梁山泊，古鉅野澤，廣袤數百里。今若涸之，不幸秋夏之交行潦四集，諸水並入，何以受之？」貢父適在坐，徐曰：「卻于泊之傍鑿一池，大小正同，則可受其水矣。」坐中皆絶倒，言者大慚沮。《澠水燕談録》卷十。

22 王荆公爲相，大講天下水利。時至有願乾太湖，云「可得良田數萬頃」，人皆笑之。荆公因與客話及之，時劉貢父學士在坐，遽對曰：「此易爲也。」荆公曰：「何也？」貢父曰：「但旁别開一太湖納水，則成矣。」公大笑。《明道雜志》。《五雜組》卷十六。

23 熙寧始尚經術，説《詩》者競爲穿鑿，如「伊其相謔，贈之以芍藥。」謂此爲淫佚之會。必求其爲士贈女乎，女贈士乎？劉貢父曰：「芍藥能行血破胎氣，此蓋士贈女也；若『視爾如荍，貽我握椒』，則女之贈士也。《本草》云：『椒，性温，明目，暖水臟。』故耳。」聞者絶倒。《堯山堂外紀》卷四十九。

24 王介甫多思而喜鑿。時出一新説，已而悟其非，又出一説以解之，是以其學多説。嘗與劉貢父食，曰：「孔子不撤薑食，何也？」貢父曰：「《本草》言：薑食多損智，道非明民，將以愚之。孔子以道教人者，故不撤薑食，所以愚之也。」介甫欣然而笑，久之，乃悟其戲也。《仇池筆記》卷上。《邵氏聞見後録》卷三十。《何氏語林》卷二十七。《堯山堂外紀》卷四十九。

25 劉貢父言，每見介甫道《字説》，便待打諢。《道山清話》。《何氏語林》卷二十八。

26 熙寧中，學士以《字解》相上，或問貢父，曰：「曾得字學新説否？」貢父曰：「字有三牛爲奔字，三鹿爲麄字。竊以牛爲麄而行緩，非善奔者；鹿善奔而體瘦，非麄大者。欲二字相易，庶各會其意。」聞者大笑。《澠水燕談録》卷十。參見王安石149。

27 杜少陵《宿龍門》詩有云「天闕象緯逼」，王介甫改「闕」爲「閱」，黄魯直對衆極言其是。貢父聞之曰：「直是怕他。」《道山清話》。《堯山堂外紀》卷四十九。

28 劉貢父與王介甫最爲故舊。荆公嘗戲拆貢父名曰：「劉頒不值一分文。」謂其名也。貢父復戲拆荆公名曰：「失女便成宕，無宀真是妬，下交亂真如，上交誤當寧。」荆公大歎而心啣之。《默記》卷中。《昨非庵日纂》二集卷十二。《堯山堂外紀》卷四十九。《宋稗類鈔》卷六。

29 王荆公謂劉貢父曰：「三代夏商周，可對乎？」貢父即曰：「四詩風雅頌。」荆公拊髀曰：「天造地設也。」《堯山堂外紀》卷四十九。《堅瓠甲集》卷四。參見蘇軾176。

30 劉貢父平生不曾議人長短，人有不韙，必當面折之，雖介甫用事，諸公承順不及，惟貢父屢當面攻之。然退與人言，未嘗出一語，人皆服其長者，雖介甫亦敬服之。《道山清話》。《池北偶談》卷十五。

31 孫莘老形貌奇古。熙寧中，論事不合，責出，世謂没興孔夫子。孔宗翰，宣聖之後，氣質肥厚，劉貢父目之孔子家小二郎。元祐間二人俱爲侍郎，二部争事於殿門外幄次中，劉貢父過而謂曰：「吾黨之直者異於是。」坐中有悟之者，大笑。《侯鯖録》卷七。《堯山堂外紀》卷四十九。

32 見孫洙3。

33 孫覺、孫洙同在三館，覺肥而長，洙短而小，然二人皆髯，劉攽呼爲「大胡孫」、「小胡孫」。顧臨，字子敦，亦同爲館職，爲人偉儀幹而好談兵，攽目爲「顧將軍」，而又好以反語呼之爲「頓子姑」。攽嘗與王介同爲開封府試官，試《節以制度不傷財賦》，舉子多用「畜積」字，「畜」本音五六反，《廣韻》又呼玉反，聲近御名，介堅欲黜落，攽争之，遂至諠忿。監試陳襄奏聞其事，二人皆贖金，而中丞吕公著又言責之太輕，遂皆奪主判。是時，雍子方爲開封府推官，戲攽曰：「據罪當決臀杖十三。」攽答曰：「然吾已入文字矣，其詞曰：『切見開封府推官雍子方，身材長大，臀腿豐肥，臣實不如，舉以自代。』」合坐大笑。《東軒筆録》卷十一。《宋朝事實類苑》卷六十七。《宋稗類鈔》卷六。

34 劉攽、王介同爲開封府試官，舉人有用「畜」字者，介謂音犯主上嫌名，攽謂禮部先未嘗定此名爲諱，不可用以黜落，因紛争不已，而介以惡語侵攽，攽不校。既而御史張戩、程灝并彈之，遂皆贖金。御史中丞吕公著又以爲議罪太輕，遂奪其主判，其實中丞不樂攽也。謝表略曰：「彍弩射市，薄命難逃。飄瓦在前，忮心不校。」又曰：「在矢人之術，惟恐不傷；而田主之牛，奪之已甚。」蓋謂是也。《東軒筆録》卷九。《宋朝事實類苑》卷四十。

35 王中父介與劉貢父同考試，中父以舉人卷子用「小畜」字，疑「畜」字與御名同音，貢父争以爲非，中父不從，固以爲御名。貢父曰：「此字非御諱，乃中父家之諱也。」因相詬罵。貢父坐罷同判太常禮院，罰銅歸館。有啓謝執政云：「虚船獨舟，忮心不怨。强弩射市，薄命何逃？」時雍子方爲開封推官，戲曰：「據罪名，當決臀杖十三。」貢父曰：「吾已入文字云：『切見雍子方身材長大，臀腿豐肥，臣實不如，舉以自代。』」《堯山堂外紀》卷四十九。《王公四六話》卷下。

36 王介得知常州，劉貢甫以語謔之，介曰：「貢甫非豈弟君子乎？」貢甫曰：「雖非豈弟君子，卻是打爺知州。」常州風俗毆父，有橋名曰「打爺橋」。《孔氏談苑》卷三。《道山清話》。《堅瓠戊集》卷三。

37 劉攽博學有俊才，然滑稽，喜謔玩，亦屢以犯人。熙寧中，爲開封府試官，出《臨以教思無窮論》，舉人上請曰：「此卦大象如何？」劉曰：「要見大象，當詣南御苑。」又有請曰：「至于八月有凶，何也？」答曰：「九月固有凶矣。」蓋南苑豢馴象，而榜帖之出，常在八月、九月之間也。馬嘿爲臺官，彈奏攽輕薄，不當置在文館。攽聞而歎曰：「既爲馬嘿，豈合驢鳴？」呂嘉問提舉市易務，三司使曾布劾其違法，王荆公惑黨人之説，反以罪三司。曾既革，下朝請，而嘉問治事如故。攽聞而歎曰：「豈意曾子避席，望之儼然乎？」望之，嘉問字也。《東軒筆録》卷八。《涑水記聞》卷十四。《孔氏談苑》卷二。《宋朝事實類苑》卷六十四。《五雜組》卷十六。《堯山堂外紀》卷四十九。《宋稗類鈔》卷六。

38 馬默擊劉貢父玩侮無度，或告貢父。貢父曰：「既稱馬默，何用驢鳴？」立占《馬默驢鳴賦》，有「冀北群空，黔南技止」之警策，亦可謂奇才也。《邵氏聞見後録》卷三十。

39 劉貢父出通判泰州，題館中壁云：「壁門金闕倚天開，五見宮花落井槐。明日扁舟滄海去，卻從雲氣望蓬萊。」王介甫見而諷詠之，仍書於扇。《名賢氏族言行類稿》卷三十。《堯山堂外紀》卷四十九。

40 見王安國16。

41 荆公罷相，出鎮金陵，時飛蝗自北而南，江東諸郡皆有之。百官餞荆公於城外，劉貢父後至，追之不及，見其行榻上有一書屏，因書一絶以寄之云：「青苗助役兩妨農，天下嗷嗷怨相公。惟有蝗蟲偏感德，又隨車騎過江東。」《古今合璧事類備要》前集卷二十。《堯山堂外紀》卷四十九。《昨非庵日纂》二集卷一。《堅瓠甲集》卷三。《柳亭詩話》卷四。

42 劉貢父文學過人而又滑稽善謔，知曹州日，于伋書記自京還，貢父問：「嘗見王學士，渠有老態否？」于曰：「顔猶未老，而鬢已斑。」貢父曰：「豈非急進至然也。」《澠水燕談録》卷十。《宋朝事實類苑》卷六十四。

43 見蔡確27。

44 沈括，字存中，爲内翰。劉貢父與從官數人同訪之。下馬，典謁者報云：「内翰方就浴，可少待。」貢父語同行曰：「存中死矣，待之何益？」衆驚而問其故，貢父曰：「《孟子》不云乎：『死矣夫，盆成括。』」衆始悟其爲戲，乃大笑而去。《曲洧舊聞》卷六。《拊掌録》。《西湖游覽志餘》卷十二。《何氏語林》卷二十七。《堯山堂外紀》卷四十九。《宋稗類鈔》卷六。

45 見韓縝5。

46 見蘇軾201。

47 見蘇軾202。

48 劉貢父觴客，子瞻有事先起。劉調曰：「幸早裏，且從容。」子瞻曰：「奈這事，須當歸。」各以三果一藥爲對。《宋稗類鈔》卷六。

49 劉貢父一日問蘇子瞻：「『老身倦馬河堤永，踏盡黄榆緑槐影。』非閣下之詩乎？」子瞻曰：

「然。」貢父曰：「是日影耶，月影耶？」子瞻曰：「竹影金鎖碎，又何嘗説日月也。」二公大笑。《道山清話》。

50 元豐中，詩獄興，凡館舍諸人與子瞻和詩，罔不及。其後劉貢父于僧寺閒話子瞻，乃造語：有一舉子，與同里子弟相得甚歡。一日，同里不出，詢其家，云：「近出外縣，久之復歸。」詰其端，乃曰：「某不幸典著賊贓，暫出回避。」一日，舉子不出，同里者詢其家，乃曰：「昨日爲府中追去，未幾復出。」詰其由，曰：「某不幸和著賊詩。」子瞻亦不能喜愠。《晝墁録》。

51 見富弼52。

52 傅欽之爲御史中丞，嘗有章論劉仲馮。一日，貢父邂逅見之，問曰：「小姪何事，敢煩臺評？」欽之慚云：「三平二滿文字。」貢父笑曰：「七上八下人才。」《高齋漫録》。《堯山堂外紀》卷四十九。

53 客問劉貢父曰：「某人有隱過否？中司將鳴鼓而攻之。」貢父曰：「中司自可鳴鼓兒，老夫難爲暗箭子。」客笑而去。《邵氏聞見後録》卷三十。

54 劉貢父天資滑稽，不能自禁，遇可諧謔，雖公卿不避。與王荆公素厚，荆公後當國，亦屢謔之，雖每爲絶倒，然意終不能平也。元豐末，爲東京轉運使，貶衡州監酒，雖坐他累，議者或謂嘗以時相姓名爲戲，惡之也。元祐初，起知襄州。淳于髡墓在境内，嘗以詩題云：「微言動相國，大笑絶冠纓。流轉有餘智，滑稽全姓名。師儒空稷下，衡蓋盡南荆。贅婿不爲辱，旅墳知客卿。」又有續謝師厚善謔詩云：「善謔知君意，何傷衛武公。」蓋記前事，且以自解云。《石林詩話》卷上。《宋詩紀事》卷十六。

55 貢父劉公作給事中，時鄭穆學士表請致仕，狀過門下省，劉公謂同舍曰：「宏中請致仕，爲年若干也?」答者曰:「鄭年七十三矣。」劉公遽曰:「慎不可遂其請。」問曰:「何故也?」劉曰:「且留取伴八十四底。」時潞公年八十四,再起平章事。或云潞公聞之甚不懌。宏中,穆字也。《明道雜志》。《何氏語林》卷二十八。《宋稗類鈔》卷六。

56 貢父爲中書舍人。一日朝會,幕次與三衙相鄰,時諸帥兩人出軍伍,有一水晶茶盂,傳玩良久,一帥曰:「不知何物所成,瑩潔如此?」貢父隔幕謂之曰:「諸公豈不識,此乃多年老冰。」《東皋雜録》。《行營雜録》。《堯山堂外紀》卷四十九。《宋稗類鈔》卷六。

57 世以癩疾鼻陷爲死證,劉貢父晚有此疾,又嘗坐和蘇子瞻詩罰金。元祐中,同爲從官,貢父曰:「前於曹州,有盜夜入人家,室無物,但有書卷爾。盜忌空還,取一卷而去,乃舉子所著五七言也。就庫家質之,主人喜事,好其詩不捨手。明日盜敗,吏取其書,主人賂吏而私録之,吏督之急,且問其故,曰:『吾愛其語,將和之也。』吏曰:『賊詩不中和他。』」子瞻亦曰:「少壯讀書,頗知故事。孔子嘗出,顔、仲二子行而過市,而卒遇其師,子路趫捷,躍而升木,顔淵懦緩,顧無所之,就市中刑人所經幢避之,所謂『石幢子』者。既去,市人以賢者所至,不可復以故名,遂共謂『避孔塔』。」坐者絶到。《後山談叢》卷五。

58 貢父晚苦風疾,鬢眉皆落,鼻梁且斷。一日,與子瞻數人小酌,各引古人語相戲。子瞻戲貢父云:「大風起兮眉飛颺,安得壯士兮守鼻梁。」座中大噱,貢父恨悵不已。貢父晚年鼻既斷爛,日憂死亡,客戲之云:「顔淵、子路微服同出,市中逢孔子,惶怖求避,忽見一塔,相與匿于塔後。孔子既過,顔子曰:

『此何塔也？』由曰：『所謂避孔子塔也。』」《澠水燕談録》卷十。《宋朝事實類苑》卷六十四。《樂善録》卷五。《堯山堂外紀》卷四十九。《五雜組》卷十六。

59 貢父所居在宋門城下，脇有地可方尺餘，去地一丈以上。每登以眺遠，其子戲曰「閶闔臺」。《研北雜志》卷上。《何氏語林》卷十一。

60 劉貢父至一友人家，見群雞啄食，友云：「雞饑喫食，呼童拾石逐饑雞。」劉對云：「鶴渴搶漿，命僕將鎗驚渴鶴。」《堅瓠辛集》卷一。

61 見劉敞19。

謝曄

1 朝議大夫謝曄好蓄書，率自校正，以二十厨貯之，取杜詩一首二十字，厨刻一字，以别書部。《澠水燕談録》卷六。

楊忱

1 大理寺丞楊忱監蘄州酒税，仍令御史臺即日押出城。忱，故翰林侍讀學士偕之子，少與弟慥俱有俊聲。忱治《春秋》，慥治《易》，棄先儒舊説，務爲高奇，以欺駭流俗。其父甚奇之，與人書曰：「天使忱、慥，力扶周、孔。」忱爲文尤怪僻，人少有能讀其句者。忱常言《春秋》無褒貶。與人談，流蕩無涯岸，要取不可勝而已。性輕易，喜傲忽人，好色嗜利，不修操檢。商販江、淮間，以口舌動摇監司及州縣，得其權力，以侵刻細民，江、淮間甚苦之。至是，除通判河南府事，待闕京師。弟慥掌永興安撫司機宜，卒於長安，忱不往視，日游處於倡家。會有告其販紗漏税者，忱自言與權三司使蔡襄有宿隙，乞下御史臺推鞫，朝廷許之。獄成，以贖論，仍衝替。忱尚留京師，御史中丞王疇劾奏忱曰：「忱口談道義，而身爲沽販；氣凌公卿，而利交市井；畜養污賤，而棄遠妻孥。」故有是命。《涑水記聞》卷十。《宋朝事實類苑》卷七十二。

幸思順

1　幸思順，金陵老儒也。皇祐中，沽酒江州，人無賢愚，皆喜之。時劫江賊方熾，有一官人艤舟酒壚下，偶與思順往來相善，思順以酒十壺餉之。已而被劫於蘄、黄間，群盗飲此酒，驚曰：「此幸秀才酒邪？」官人識其意，即紿曰：「僕與幸秀才親舊。」賊相顧歎曰：「吾儕何爲劫幸老所親哉！」斂所劫還之，且戒曰：「見幸慎勿言。」《東坡志林》卷三。

楊褒

1　華陽楊褒，好古博物，家雖貧，尤好書畫奇玩，充實中橐。家姬數人，布裙糲食，而歌舞絶妙。故歐陽公贈之詩云：「三脚木牀坐調曲。」蓋言褒之貧也。《澠水燕談録》卷八。《宋稗類鈔》卷四。

高懌

1 高懌，字文悦……少孤，養於外氏。年十三能屬文，通經史。聞种放隱終南山，懌亦築室豹林谷，放見而奇之。與張蕘、許勃號南山三友。《名賢氏族言行類稿》卷二十。《東都事略》卷一百十八。《小學紺珠》卷六。

2 長安隱士高懌，有古人絶行。慶曆中，召至京師，朝廷欲命以官，固辭歸山，特賜安素處士。家甚貧，妻子寒餒，終不以困故受鄉人財，閉門讀書而已。《文昌雜録》卷四。

徐復

1 徐復，所謂冲晦處士者，建州人。初舉進士，京房《易》世久無通其術者，復嘗遇隱士得之，而雜以六壬遁甲，自筮終身無禄，遂罷舉。范文正公知蘇州，嘗疑夷狄當有變，使復占之，復爲言西方用師起某年月盛，某年月天下當騷然。故文正益論邊事，及元昊叛，無一不驗者。仁宗聞而召見，問其兵事，曰：「今歲值小過，剛失位而不中，惟强君德乃可濟事。」命爲大理評事，不就，賜號而歸杭州。萬松嶺，其故廬也。時林和靖尚無恙，杭州稱二處士。《石林避暑録話》卷四。

何群

1 慶曆中，興學。一日，判監諸學官皆會，石守道言於坐曰：「蜀生有何群者，只知有仁義，不知有寒餓。」遂館于家。是時，諫官、御史言，以賦取士，無益於治，而群尤致力助之。下兩制議。兩制以爲賦詩用之久，且祖宗故事，不可廢。群聞之大慟，焚其生平所爲賦百餘篇，不復舉進士，又以戒其子云。其後何聖從薦之，賜號安逸處士。群，果州西充縣人。《東齋記事》卷一。

管師復

1 宋龍泉管師復，自號卧雲先生。仁宗召至，問曰：「卿所得何如？」對曰：「滿塢白雲耕不盡，一潭明月釣無痕。臣所得也。」竟不受爵命。《蓮堂詩話》卷上。《昨非庵日纂》一集卷十九。

劉　槩

1 劉孟節先生槩，青州壽光人，少師种放，篤古好學，酷嗜山水，而天姿絶俗，與世相齟齬，故久不仕。晚得一名，亦不去爲吏。慶曆中，朝廷以海上岠嵎山地震逾年不止，遣使訪遺逸。安撫使以先生名聞，詔命之官，先生亦不受就。青之南有冶原，昔歐冶子鑄劍之地，山奇水清，旁無人煙，叢筠古木，氣象幽絶。富韓公之鎮青也，知先生久欲居其間，爲築室泉上，爲詩并序以餞之曰：「先生已歸隱，山東人物空。」且言先生有志於名，不幸無位，不克施於時，著書以見志，謂先生雖隱，其道與日月雷霆相震耀。其後，范文正公、文潞公皆優禮之，欲薦之朝廷，先生懇祈，亦不敢强，以成其高。先生少時，多寓居龍興僧舍之西軒，往往凭欄静立，懷想世事，吁唏獨語，或以手拍欄干，嘗有詩曰：「讀書誤我四十年，幾回醉把欄干拍。」《澠水燕談録》卷四。《宋朝事實類苑》卷四十一。

2　劉概，字孟節，青州人。喜爲詩，慷慨有氣節。舉進士及第，爲幕僚。一任不得志，棄官隱居冶原山，去人境四十里。好游山，常獨挈飯一罌，窮探幽險，無所不至，夜則宿于巖石之下，或累日乃返，不畏虎豹蛇虺。富丞相甚禮重之。嘗在府舍西軒，有詩云：「昔年曾作瀟湘客，憔悴東秦歸未得。西軒忽見好溪山，如何尚有楚鄉憶。讀書誤人四十年，有時醉把闌干拍。」《温公續詩話》。《宋詩紀事》卷十二。

章　詧

1　章詧，字隱之，本閩人，遷於成都數世矣。善屬文，不仕，晚用太守王素薦，賜號沖退處士。一日，夢有人寄書召之者，云東岳道士書也。明日，與李士寧游青城，濯足水中，詧謂士寧曰：「脚踏西溪流去水。」士寧答曰：「手持東岳寄來書。」詧大驚，不知其所自來也。未幾，詧果死。《東坡志林》卷二。《宋詩紀事》卷一百。

劉　易

1　陝西豪士劉易多游邊，喜談兵，寶元、康定間，韓魏公宣撫五路，薦於朝，賜處士號。易善作詩，魏公爲書石。或不可其意，則發怒洗去，魏公欣然再書不憚。尹師魯帥平涼，延易府第尊禮之。狄武襄代師魯，遇之亦厚。每燕設，易嗜食苦馬菜，不得即叫怒無禮。邊城無之，狄公爲求於内郡。後每燕集，終日唯以此菜啗之，易不能堪，方設常饌。時稱狄公善制也。《邵氏聞見録》卷十六。《宋名臣言行録》前集卷八。

2 見狄青11。

蘇　丕

1 〔蘇〕德祥孫丕，有高行，少時一試禮部不中，拂衣去，居洱水之濱，五十年不踐城中。歐陽文忠公鎮青，言於朝廷，賜號沖退處士。年八十餘卒。《澠水燕談録》卷六。

崔唐臣

1 崔唐臣，閩人也，與蘇子容、吕晉叔同學相好。二公先登第，唐臣遂罷舉，久不相聞。嘉祐中，二公在館下，一日，忽見艤舟汴岸，坐于船窗者，唐臣也。亟就見之，邀與歸，不可。問其別後事，曰：「初倒篋中，有錢百千，以其半買此舟，往來江湖間，意所欲往則從之。初不爲定止，以其半居貨，間取其羸以自給，粗足即已，不求有餘，差愈于應舉覓官時也。」二公相顧太息而去。翌日，自局中還，唐臣有留刺，……詩一絶云：「集賢仙客問生涯，買得漁舟度歲華。案有黄庭尊有酒，少風波處便爲家。」訖不復再見。《石林避暑録話》卷四。《宋詩紀事》卷二十二。

王伯起

1 王伯起，字興公，海陵人。父綸爲太常博士。伯起當以恩得官，遜其弟，舉進士不中，歎曰：「士不自重，與千百人旅進，坐軒廡下，獻小藝規合有司，可恥也。以其冒恥以得祿，寧貧賤而肆志焉。」於是閉門靜處踰三十年，鄉人多不識面。善詩歌，獨得深造。部使者薦諸朝，不起。仁宗、英宗兩賜粟帛。如臯王覿志其墓曰：「先生不有其道，而道信於友朋；不尸其名，而名聞於朝廷。與夫懷印曳綬，乘肥衣輕，自以爲得意，而死之日，民無稱焉，異矣。」《宋史翼》卷三十六引《嘉靖揚州府志》。

何仙姑

1　永州有何氏女，幼遇異人，與桃食之，遂不饑，無漏，自是能逆知人禍福。鄉人神之，爲搆樓以居，世謂之何仙姑，士大夫之好奇者多謁之，以問休咎。王達爲湖北運使，巡至永州，召於舟中，留數日。是時魏綰知潭州，與達不協，因奏達在永州，取無夫婦人阿何於舟中止宿。《東軒筆録》卷十四。

2　王逵爲湖南轉運使。永州何仙姑者曾遇異人，得道術，跡甚奇怪，士大夫多訪其居。王行部至永，要詣舟中留宿數夕。魏瓘帥長沙，與之不協，遂聞諸朝，云：「逵取無夫婦人宿於船。」由是罷。《珍席放談》卷下。

3　何仙姑，永州民女子也。因放牧野中，遇人啗以棗，因遂絶粒，而能前知人事。獨居一閣，往來士大夫率致敬焉。狄武襄征南儂，出永州，以兵事問之，對曰：「公必不見賊，賊敗且走。」初亦未之信。武襄至邕境之歸仁鋪，先鋒與賊戰，賊大敗，智高遁走入大理國。其言有證，類如此。閤中有遺像，嘗往觀之。《獨醒雜志》卷四。

王青

1 王青未遇時，貧甚。有人告曰：「何不賣脂灰，令人家補璺器？」青如其言，家貲遂豐。是時，京師無人賣此，今則多矣。蓋自青始也。公見高士英説：少時見青監倉門時，有一朝士在坐，求青相。青云：「眼昏，看人不中。」朝士曰：「某不遠千里而來，幸無辭也。」青曰：「無所諱則言。官人山林中有冤氣，所以平生坎坷，守官多事，不銜替即差替也。」朝士愕然，曰：「某五歲時，所生母死於江行，父遽焚於水濱，即解舟而去。後求骨，已亡矣。無一日不恨。」青曰：「如此，不須問相也。」《孫公談圃》卷下。

2 見晏殊48。

賈衆妙

1 見曾公亮2。

2 見黄庠3。

郭從周 何中立

1 何龍圖中立，初，西川郭從周精於卜筮，乃以縑素求之。從周詩以贈之云：「三字從來月正圓，一麾從此出秦關。錢塘春色濃如酒，貪醉花間卧不還。」公後八月十五日改知制誥，以言邊事出知秦州，移之杭，乃捐館。《新編分門古今類事》卷十二引《翰苑名談》。《宋詩紀事》卷十七引《翠屏筆談》。

費孝先

1 至和二年，成都人有費孝先者始來眉山，云：近游青城山，訪老人村，壞其一竹牀。孝先謝不敏，且欲償其直。老人笑曰：「子視其下字云：此牀以某年月日某造，至某年月日爲費孝先所壞。成壞自有數，子何以償爲！」孝先知其異，乃留，師事之，老人受以《易》軌革卦影之術，前此未知有此學者。後五六年，孝先以致富。今死矣，然四方治其學者，所在而有，皆自託於孝先，真僞不可知也。《東坡志林》卷三。

2 熙寧間，蜀中日者費老筮易，以丹青寓吉凶。在十二辰，則畫鼠爲子，畫馬爲午，各從其屬。畫牛作二尾則爲失，畫犬作二口爲哭，畫十有一口則爲吉，其類不一，謂之卦影，亦有繇詞，以相發明。其書曰《軌革》，費老筮之無不驗。其後轉相祖述，不知消息盈虛者，往往冒行此術，蓋中否未可知也，求筮者得幅紙畫人物，莫測吉凶，待其相符，然後以爲妙。《萍洲可談》卷三。

3 見王安國14。

4 見唐垌2。

5 見蔡京22。

6 李璋嘗令費孝先作卦影，畫雙鳳立于雙劍上，又畫一鳳據廳所，又畫一鳳于城門，又畫一鳳立重屋上，其末畫一人，紫綬，偃臥，四孝服臥于傍。及璋死，其事皆驗。劍上雙鳳者，璋爲鳳寧軍節度使也。廳所者，嘗知鳳翔府。末年謫官郢州，召還，卒於襄州鳳臺驛，襄州有鳳林闕也。初兩子侍行，璋既病久，復有二子解官省疾，至襄之次日，璋薨，四子縗服之應也。《東軒筆録》卷十一。《倦游雜録》。《宋朝事實類苑》卷四十六。《墨客揮犀》卷六。

7　見米芾47。

李　某

1　術士李某忘其名。者，亦傳管輅軌革法，畫卦影頗有驗。今丞相頊嘗問之，卦影畫水邊一月，中有「十口」。未幾，除知湖州。又盧龍圖秉使占，卦影亦同，乃除知渭州。字雖不同，而其影皆符。《澠水燕談録》卷六。《宋朝事實類苑》卷四十七。

釋慈雲

1　天竺慈雲法師，生前製棺，名爲「遐榻」。《澗泉日記》卷下。

釋海淵

1　僧海淵，蜀人也。工針砭。天禧中，入吴、楚。游京師，寓相國寺。中書令張士遜疾，國醫拱手。

淵一針而愈，由是知名。既老歸蜀，范景仁賦詩餞之曰：「舊鄉山水遶禪扃，日日山光與水聲。歸去定貪山水樂，不教魂夢到神京。」治平二年化去，張唐英貽以偈曰：「言生本不生，言滅本不滅。覺路自分明，勿與迷者說。」劉季孫銘其塔曰：「資身以醫，有聞于時。餘幣散之，拯人于危，士君子所難。吁嗟乎師。」《能改齋漫録》卷十一。

釋秘演

1 見石延年12。
2 見歐陽修30。
3 見蘇舜欽14。

釋文瑩

1 見歐陽修51。

釋道隆

1〔道隆禪師〕至和初游京，客景德寺，日縱觀都市，歸常二鼓。一夕不得入，臥於門之下。仁宗皇帝夢至寺門，見龍蟠地，驚覺。中夜遣中使視之，覩師熱睡鼻鼾，撼之驚矍，問名歸奏。帝聞名道隆，乃喜曰：「吉徵也。」明日召至便殿，問宗旨。師奏對詳允，帝大悦。後以偈句相酬唱，絡繹於道，或入對留宿禁中，禮遇特厚，賜號應制明悟禪師。《五燈會元》卷十二。

釋法顒

1 見富弼51。

2 見富弼56。

3 見歐陽修144。

釋谷全

1 見宋仁宗43。

釋宗顥

1 見富弼4。

2 熙寧間，宗顥尚無恙，伯温嘗就其院讀書，宗顥每以富公爲舉子事相勉，曰：「公夜枕圓枕，庶睡不能久。欲有所思，冬以冰雪，夏以冷水沃面。其勤苦如此。」康節先公《懷古賦》初無本，唯宗顥能誦之，年幾九十乃死。《邵氏聞見録》卷十九。

釋義琛

1 皇祐初，洛陽南資福院有僧録義琛者，素出入尹師魯門下。師魯自平涼帥謫崇信軍節度副使、均州監酒，過洛，義琛見之曰：「欲邀龍圖略至院中，可乎？」師魯從之。義琛曰：「鄉里門徒數人欲一望見龍圖。」有頃，諸人出，一喏而去，皆洛中大豪。義琛已密約，貸錢爲師魯買洛城南宫南村負郭美田三十頃。師魯初不知，後義琛復以歲所得地利償諸人。至師魯卒，喪歸洛，義琛哭於柩前，納其券於師魯家。師魯素貧，子孫賴此以生。嗚呼，在仁宗朝一僧尚負義如此，風俗可謂厚矣。康節先生與義琛善，每稱之也。《邵氏聞見録》卷十六。

釋曇穎

1 錢子高明逸始由大科知潤州，值上元，於因勝寺法堂對設戲幄。庭下方以花磚遍甃，嚴雅始新，子高飭役徒掘磚埋柱。時長老達觀師曇穎者，法辨迅敏，度其氣驕難諷，但佯其語曰：「可惜打破八花磚。」錢厭之，謹不敢動。《湘山野録》卷下。

釋奉真

1 四明僧奉真，良醫也。天章閣待制許元爲江淮發運使，奏課於京師，方欲入對，而其子疾亟，瞑而不食，惙惙欲死，逾宿矣。使奉真視之，曰：「脾已絶，不可治，死在明日。」元曰：「觀其疾勢，固知其不可救，今方有事須陛對，能延數日之期否？」奉真曰：「如此似可。諸臟皆已衰，唯肝臟獨過，脾爲肝所勝，其氣先絶，一臟絶則死，若急瀉肝氣，令肝氣衰，則脾少緩，可延三日。過此無術也。」乃投藥，至晚乃能張目，稍稍復啜粥，明日漸蘇而能食。元甚喜，奉真笑曰：「此不足喜，肝氣暫舒耳，無能爲也。」後三日果卒。《夢溪筆談》卷十八。《宋朝事實類苑》卷四十八。

釋宗本

1　宗本圓照禪師，乃福昌一飯頭。懵無所知，每飯熟，必禮數十拜，然後持以供僧。一日忽大悟，恣口所言，皆經中語，自此見道甚明。後住靈巖，近山之人，遇夜則面其寢室拜之。侍僧以告，遂置大士像於前。人有飯僧者，必告之曰：「汝先養父母，次辦官租，如欲供僧，以有餘及之。徒衆在此，豈無望檀那之施？須先爲其大者。」其它率以是勸人。仁宗嘗召至京師，賜金襴衣，加圓照師號。後復歸本山。《中吴紀聞》卷三。

2　圓照在靈巖時，有一藍縷道人，自號「同水客」，往造其室中，守門者莫能遏。既而圓照屏侍者與語，有竊聽之者，聞圓照末後一語云：「汝今幾甲子矣？」答云：「八萬四千恒河沙數甲子。」圓照云：「八萬四千恒河沙數甲子以前，又作麽生？」道人拂袖而出，云：「錢大，錢大，又待瞞人也。」當時疑圓照爲吴越後身，道人爲洞賓。《中吴紀聞》卷四。

3 舊傳宗本至京師，有一貴戚欲試之，因以猾倡薦寢。本登榻，鼻息如雷，其倡爲般若光所爍，通夕不寐。翌旦，炷香拜之曰：「不意今日得見古佛。」《中吴紀聞》卷三。

4 圓照禪師宗本常語人曰：「我不勸你出家學佛，只勸你惜福修行。」《洎宅編》三卷本卷中。

釋惟正

1 葉内翰清臣牧金陵，迎〔惟正禪〕師語道。一日，葉曰：「明日府有燕飲，師固奉律，能爲我少留一日，欵清話否？」師諾之。翌日，遣使邀師，留一偈而返。曰：「昨日曾將今日期，出門倚杖又思惟。爲僧秖合居巖谷，國士筵中甚不宜。」坐客皆仰其標致。《五燈會元》卷十。

2 〔惟正禪師〕雅愛跨黄犢出入，軍持巾鉢，悉掛角上。市人争觀之，師自若也。杭守蔣侍郎堂與師爲方外友，每往謁，至郡庭下犢譚笑，終日而去。蔣有詩曰：「禪客尋常入舊都，黄牛角上掛缾盂。有時帶雪穿雲去，便好和雲畫作圖。」……冬不擁爐，以荻花作毬，納足其中，客至共之。夏秋好翫月，盤膝大盆中浮池上，自旋其盆，吟笑達旦，率以爲常。《五燈會元》卷十。

3 政禪師住功臣山，標致甚高。……出入常跨一黄牛，世稱爲政黄牛。《宋詩紀事》卷九十一引《補續高僧傳》。

釋契嵩

1 嵩明教初自洞山游康山，托跡開先法席。主者以其佳少年，鋭於文學，命掌書記，明教笑曰：「我豈爲汝一杯薑杏湯耶？」因去之。居杭之西湖，三十年閉關不妄交。《林間録》卷下。

2 〔契〕嵩之文僅參韓、柳間，治平中，以所著書曰《輔教編》，攜詣闕下，大學者若今首揆王相、歐陽諸巨公，皆低簪以禮焉。王仲儀公素爲京尹，特上殿以其編進呈，許附教藏，賜號明教大師。《湘山野録》卷下。

3 吾友契嵩師，熙寧四年没於餘杭靈隱山翠微堂。入葬訖，不壞者五物：睛、舌、鼻及耳毫、數珠。時恐厚誣，以烈火重鍛，鍛之愈堅。……嵩童體完潔，至死無犯，火訖，根器不壞，此節可高天下之士。余昔怪其累夕講談，音若清磬，未嘗少嗄，及終，方得其驗。《湘山野録》卷下。《宋朝事實類苑》卷四十三。

4 契嵩禪師常瞋，人未嘗見其笑。海月慧辨師常喜，人未嘗見其怒。予在錢塘，親見二人皆趺坐而化。嵩既茶毗，火不能壞，益薪熾火，有終不壞者五。海月比葬，面如生，且微笑。乃知二人以瞋喜作佛事也。《東坡志林》卷三。

釋慧辨

1 見釋契嵩4。

高超

1 見賈昌朝11。

許希

1 天聖中，仁宗不豫，國醫進藥，久未効。或有薦許希善用針者，召使治之，三針而疾愈，所謂興龍穴者是也。仁宗大喜，遽命官之，賜予甚厚。希既謝上，復西北再拜，仁宗怪問之，希曰：「臣師扁鵲廟所在也。」仁宗嘉之。是時，孔子之後久失封爵，故顔太初作許希詩以諷之，於是詔訪孔子四十七代孫襲文宣王。《宋朝事實類苑》卷四十八。《東齋記事》卷一。

孫用和

1 仁宗皇帝初納光獻后，后有疾，國醫不效。帝曰：「后在家用何人醫？」后曰：「妾隨叔父官河陽，有疾服孫用和藥輒效。」尋召用和，服其藥果驗。自布衣除尚藥奉御，用和自此進用。用和本衛人，以避事客河陽，善用張仲景法治傷寒，名聞天下。二子奇、兆，皆登進士第，爲朝官，亦善醫。《邵氏聞見録》卷二。

李宗易

1 見晏殊20。

蔡伯俙

1 蔡伯俙，字景蕃，與晏元獻俱五六歲，以神童侍仁宗於東宫。元獻自初梗介，蔡最柔媚，每太子過門閾高者，蔡伏地令太子履其背而登。既踐祚，元獻被知遇，至宰相，蔡竟不大用，以舊恩常領郡，頗不循法令，或被劾取旨。上識其姓名，必曰：「藩邸舊臣，且令轉官。」凡更四朝。元符初致仕，已八十歲矣。監司薦之，乞落致仕，與宫祠。其辭略云：「蔡伯俙年八十歲，食禄七十五年。」《揮麈後録》卷五引《續歸田録》。

2 福唐蔡伯禧，四歲，對真宗誦書，授校書郎春宫伴讀，齒猶未三周，故曰三歲神童。賜之詩曰：「七閩山水多才俊，三歲奇童出盛時。家世應傳清白訓，嬰兒自得老成資。初嘗學步來朝謁，方及能言解誦詩。更勵孜孜圖進益，青雲千里有前期。」《詩話總龜》前集卷一引《續歸田録》。

王琪

1 王琪字君玉，其先本蜀人，從弟珪、瓘、玘、琓，皆以文章名世。世之言衣冠子弟能力學取富貴，不藉父兄資蔭者，唯韓億諸子及王氏而已。《雞肋編》卷下。

2 王君玉内翰初登第，調揚州江都縣令，題九曲池詩云：「越調隋家曲，當年亦九成。哀音已亡國，廢沼尚留名。儀鳳終沉影，鳴蛙祇沸聲。凄涼不可問，落日背蕪城。」晏元獻閲詩賞歎，薦爲館職。又嘗乞夢于后土祠，夜得報云：「君年二十七，官至四品。」時年正二十七，大惡之，過歲乃稍自安。後以禮部侍郎樞密直學士致仕，未改官制時正四品，年七十二云。《彦周詩話》。

3 見晏殊6。

4 見晏殊7。

5 見晏殊8。

6 見晏殊9。

7 王琪、張亢同在南京晏元獻公幕下。張肥大，王以大牢目之；王瘦小，張以獮猴目之。一日，有米綱至八百里村，水淺當剥載，府檄張往督之，王曰：「所謂八百里駁也。」張曰：「未若三千年精矣。」元獻爲之啓齒。《澠水燕談録》卷十。《宋朝事實類苑》卷六十六。《堯山堂外紀》卷五十一。《堅瓠己集》卷三。《宋詩紀事》卷十一。

8 嘉祐中，王琪以知制誥守郡，始大修設廳……假省庫錢數千緡，廳既成，漕司不肯破除。時方貴杜集，人間苦無全書。琪家藏本讎校素精，即俾公使庫，鏤板印萬本，每部爲直千錢。士人争買之……既償省庫，羨餘以給公厨。《吴郡志》卷六。《居易録》卷七。

9 王君玉密學有《望江南》十首，自謂謫仙。楚老酷愛其「紅綃香潤入梅天」之句。《類説》卷五十七。《苕溪漁隱叢話》前集卷二十六。《詞林紀事》卷三。

解賓王

1 見陳執中5。

2 濰守解賓王，怨登州交代胡僶，訐其伐官樹。法官引盗傍人得捕，或以濰之於登不得爲傍。又條有悮傷傍人，謂在傍則判。審刑錢象先待制云：旁求儒雅。胡竟坐自盗，特勒停，賓王落館職，知建昌軍。《江鄰幾雜志》。

陳貫

1 陳貫自鹽鐵副使除直昭文館，知相州。先是，三司副使例得待制，而貫獨得直館。或唁貫者，貫曰：「與其居天章作不才待制，何如在昭文爲有道學士！」唁者愧服。貫子安石，今爲吏部侍郎，女嫁文潞公。《澠水燕談録》卷二。《宋朝事實類苑》卷六十四。

令狐揆

1 令狐先生子先，安陸名儒也，與二宋同時。嘗謁郡守，值守出方歸，三人遂立於戟門後，騶騎傳呼而來，二宋相顧歎慕，且曰：「我屬至此亦足矣！」令狐曰：「何其隘耶！吾輩不出入將相，皆不足道。」後元憲爲丞相，景文至八座，令狐止於山南東道節度推官、監本州税而終。《麈史》卷中。

2 見宋祁9。

3 令狐子先，安陸鄉先生也，筮仕齊安理掾，歲滿還里，卜築於涓溪之南，耕釣之外，著書彈琴而已。時入城至集賢張君房之第借書，布衣林希逸善繪事，乃擬摩詰寫浩然故事，以爲《令狐秋掾雪中渡涓溪圖》。其序略曰：「張侯畜書萬卷，掾常就閱，或假輟以歸。每出入跨羸馬，頂戴華陽紗巾，著墨襂布裰，繫絛，小童擕書篋，負琴以隨。冬中復來假書，時值微雪飄灑，景物蕭索，掾渡溪以歸，常服外加以皂繒煖帽，委轡長吟曰：『借書離近郭，冒雪渡寒溪。』聞者毛骨寒聳。是知至人操履卓越，風韻體裁乃與天地四時之氣相參焉。」《塵史》卷中。

連庶 連庠

1 應山二連，伯氏庶，字君錫，仲氏庠，字元禮。少從學於二宋，相繼登科。君錫爲人清脩孤潔，故當官，人號爲「連底清」；元禮加以肅，人號爲「連底凍」。《塵史》卷中。

沈士龍

1 潁人沈士龍字景通，高節獨行，過于古今，尤工於詩。慶曆登科，既改官，以秘書丞爲益州司録。會宋子京爲帥，惟事宴飲，沉湎日夜，衙前陪費多自經。景通上書子京，力言差役之害，請減飲宴。子京不聽。又於本路轉運使趙抃閱道，不行。乞解官尋醫，又不許。遂掛衣冠寘本廳，載其母去官。子京遣人追之，不回。過關無以爲驗，景通言其情於關吏，憐而義之，聽其過關。坐是勒停，關吏亦得罪。久之，御史中丞韓絳言其非辜，復官。王荊公行復官詞，略曰：「況爾之去官，志于善乎！」後居潁，元豐中卒。《默記》卷下。

崔公孺

1　崔公孺，諫議大夫立之子，韓魏公夫人之弟也。性亮直，喜面折人。魏公執政，用監司有非其人者。公孺曰：「公居陶鎔之地，宜法造化爲心。造化以蛇虎者害人之物，故置蛇於藪澤，置虎於山林。公今乃置之通衢，使爲民害，可乎？」魏公甚嚴憚之。《涑水記聞》卷十。

2　韓魏公妻弟崔公孺，持論甚正，公喜與之語。偶泛及差除，公孺忽曰：「豺狼、虎豹、蛇虺，天乃屏置於山林深僻之地者，蓋恐爲人之害也。今監司、郡守，一失選掄，置在要路，其爲民害，得不甚於豺狼、虎豹、蛇虺乎？」公默然。《清波雜志》卷十。

3　崔比部，諱公立，韓魏公妻弟也。爲人古直有操行。居許，與忠宣鄰。忠宣除文正服，託妻子於崔，干禄上都。崔晨夕顧矚，始終不怠。時七伯祖爲單州推官，人來報疾篤，魏國夫人驚憂，欲往視之，崔公力阻，曰：「而爲婦人，夫出獨安往，吾受而夫之託！」因立杖於門，曰：「出者吾杖之。」魏國不敢復言。忠宣歸而謝焉。《過庭録》。案：公立，當是「公孺」之誤，或因其父名「立」而致誤。

4　魏國之姪，歸比部次子子厚。崔以親契數往來忠宣家，常具饌待之。食稍不精，崔必直言，略不自外。忠宣每爲杖爨者。家婢聞崔比部來，皆惡之。比部二子，長保孫爲忠宣婿。《過庭録》。

崔子厚

1　見韓維20。

胡　恢

1　金陵人胡恢，博物强記，善篆隷，臧否人物。坐法失官十餘年，潦倒貧困，赴選集於京師。是時韓魏公當國，恢獻小詩自達，其一聯曰：「建業闕山千里遠，長安風雪一家寒。」魏公深憐之，令篆太學石經，因此得復官。任華州推官而卒。《夢溪筆談》卷十五。《宋朝事實類苑》卷三十六。《宋詩紀事》卷十六。

石蒼舒

1　見文彦博25。

2　石蒼舒與韓魏公有舊。韓拜相，石至干禄，留數月無成。石作詩以别歸，云：「□□□□□□□，簾前二聖擁千官。唯有掃門霜鬢客，却隨社燕入長安。」韓覽之惻然，遂注一官而去。《過庭録》。《宋詩紀事》卷十六。

沈唐

1 沈唐善詞曲。始爲楚州職官，胡知州楷差打蝗蟲。唐方少年，負氣不堪，其後作《蝗蟲三疊》，且曰：「不是這下輩無禮，都緣是我自家遭逢。」楷大怒，科其帶禁軍隨行，坐贜三十年。至熙寧，魏公劄子特旨改官，辟充大名府簽判，作《霜葉飛》，云「願早作歸來計」之語，介甫大怒，矢言曰：「誰教你。」及河大決曹村，凡豫事者皆獲免，其惟唐衝替。久之，王廣淵以鄉閭之素，辟渭州簽判，作《雨中花》云：「有誰念我，如今霜鬢，遠赴邊堠。」廣淵聞之，亦怒責歌者。唐鬱鬱不自安，竟卒於官。先自曲初成，識者曰：「唐不歸矣。」以其有「身在碧雲西畔，情隨隴水東流」之語，已而果然。《畫墁録》。

2 沈公述爲韓魏公之客。魏公在中山，門人多有賜環之望。沈秋日作《霜葉飛》詞云：「謾贏得、相思甚了，東君早作歸來計。便莫惜丹青手，重與芳菲，萬紅千翠。」爲魏公發也。《碧雞漫志》卷二。

强至

1 祠部郎中强至，字幾聖，少有志節，力學問。年二十，舉開封府進士，黜于禮部，退而歎曰：「非有司之罪，吾術未善耳。」乃益自刻勵讀書屬文，忘晝夜寒暑。吴俗喜游嬉請謁，公閉門一切謝絶，當食不揚匕筯，蚊蟲嘬膚，不一舉手撲之，曰：「是皆害吾學之功。」後果中上第。《仕學規範》卷一引《皇朝名臣四科事實》。

2 强至最受知於韓琦。……琦爲詩合賓客屬和，至獨思致逸發，不可追躡。琦上奏及他書記，皆至屬稿。琦乞不散青苗，神宗閲其奏曰：「此必强至之文也。」至有守，一日琦行一事，不關由簽廳。至翌日自言不稱職，力辭去。琦謂小事故，不相關，至曰：「小事尚爾，何況大事。」遜謝，數日乃肯留。《咸淳臨安志》卷六十六。

丁寶臣

1 丁寶臣守端州，儂智高入境，寶臣棄州遁，坐廢累年。嘉祐末，大臣薦，得編校館閣書籍，久之，除集賢校理。是時蘇寀新得御史知雜，首採其端州棄城事劾之，遂出寶臣通判永州。士大夫皆惜其去，王存有詩云：「病鸞方振翼，饑隼乍離韝。」蓋謂是也。《東軒筆録》卷十。

杜彬

1 歐陽公謫永陽，聞其倅杜彬善琵琶，酒間取之，杜正色盛氣而謝不能，公亦不復强也。後杜置酒數行，遽起還内，微聞絲聲，且作且止而漸近。久之，抱器而出，手不絶彈，盡暮而罷，公喜甚過所望也。故公詩云：「座中醉客誰最賢？杜彬琵琶皮作絃。自從彬死世莫傳。」皮絃，世未有也。《後山詩話》。

2 見歐陽修49。

王向

1 見歐陽修50。

吳孝宗

1 吳孝宗,字子繼,撫州人。少落魄,不護細行,然文辭俊拔,有大過人者。嘉祐初,始作書謁歐陽文忠公,且贄其所著《法語》十餘篇。文忠讀而駭歎,問之曰:「子之文如此,而我不素知之,且王介甫、曾子固皆子之鄉人,亦未嘗稱子,何也?」孝宗具言少無鄉曲之譽,故不見禮於二公。文忠尤憐之,於其行贈之詩曰:「自我得曾子,於兹二十年。今又得吳生,既得喜且歡。吉士不並出,百年猶比肩。邇以彼江南,其産多材賢。吳生初自疑,所擬豈其倫。我始見曾子,文章初亦然。崑崙傾黄河,渺渺盈百川。疏決以導之,漸歛收横瀾。東溟知所歸,識路到不難。吳生始見我,袖藏新文編。忽從布褐中,百寶薄在前。明珠雜璣貝,磊砢或不圓。問生久懷此,奈何初無聞。吳生不自隱,欲語羞俛顔。少也不自重,不爲鄉人憐。中雖知自悔,學問苦貧賤。自謂久乃信,力行困彌堅。今來決疑惑,幸冀蒙洗湔。我笑謂吳生,爾其聽我言。世所謂君子,何異於衆人。衆人爲不信,積微成滅身。君子能自知,改過不逡巡。於斯二者間,愚智遂以分。顔子不貳過,後世稱其仁。孔子過而改,日月披浮雲。子路初來時,冠雞佩猳豚。斬蛟射白額,後卒爲名臣。子既悔其往,人誰禦其新。醜夫事上帝,孟子豈不云。臨行贈此言,庶可以書紳。」孝宗至熙寧間,始以進士得第一,命爲主簿,而卒。《東軒筆録》卷十二。

2 吴孝宗對策，方詆熙寧新法。既而復爲《巷議》十篇，言閭巷之間，皆議新法之善，寫以投荆公。荆公薄其翻覆，尤不禮之。《東軒筆録》卷六。《宋朝事實類苑》卷七十一。

李觀

1 〔李〕觀，字夢符，初試南宫，賦偶落韻。有司愛其策，爲取特旨，由是登第。以著作佐郎知臨江軍清江縣。時歐陽文忠公扶護太夫人喪歸廬陵，船過清江，太守請公爲文以祭之。太守以簡率爲訝，觀曰：「無深訝也。」既而文忠擊節稱之。其文曰：「昔孟軻亞聖，母之教也。今有子如軻，雖死何憾！尚饗。」觀初爲太學官，因上言役法不合，出通判處州。題一絶于直廳之壁曰：「十謁朱門九不開，利名淵藪且徘徊。自知不是公侯骨，夜夜江山入夢來。」後終于朝議大夫。《能改齋漫録》卷十一。

2 李觀夢荷，袁州人，與兄覿早皆受知於山谷先生。嘗宰清江，時歐陽文忠公護母喪歸，太守請作祭文曰：「昔孟軻亞聖，母之教也。今有子如軻，雖死何憾！尚饗。」守以簡率爲訝，觀曰：「毋深訝。」既而文忠擊節稱之，乃極力延譽。《清波别志》卷二。《履齋示兒編》卷九。

陳默

1 承務郎陳默，字子真，妙于詞翰，然疎逸，自號懶散翁。父紘，爲閩漕，默亦隨至。建安有焦生者，以丹青爲業，一日，圖默之形以獻焉。默徧示家人，皆笑云：「此正似廳前尚書。」俗呼軍校爲尚書。默因戲題一贊于上以還之，曰：「大道本無我，吾形安可圖。何須焦處士，畫作李尚書。」默乃蘇子美之甥也。子美曾作《自詠》詩云：「鐵臂蒼髯骨有稜，世間兒女見須驚。」默亦巖稜多髭，類其舅云。《續墨客揮犀》卷六。《中山詩話》。《詩話總龜》前集卷四十五。《宋朝事實類苑》卷四十一。

龔宗元

1 都官員外郎分司南京龔宗元所居，取樂天詩：「大隱住朝市，小隱入丘樊。不如作中隱，隱在留司間。」乃作中隱堂。與屯田員外郎程適、太子中允陳之奇游從，極文酒之樂。皆耆德碩儒，掛冠而歸者，吳人謂之「三老」。《吳郡志》卷十四。《宋詩紀事》卷十一。

陳之奇

1 陳之奇，字虞卿，鄉人以其有賢德，故以君子稱之。初登第，爲鄱陽尉，後爲丹徒泰興令。李瑋尚秦國大長公主，下國子監舉通經術有行義者爲教授，遂以公充選。未幾，乞致仕，遷太子中允，時年未五十。俄除平江軍節度掌書記，復以爲教授，詔裝錢促遣之，力辭不赴。公道德著於鄉，雖閭巷小兒，亦知愛敬。有争訟久不決者，跨蹇驢至其家，以大義感動之，皆爲之革心。自掛冠後，閒居十八年。熙寧初卒，葬花山。王岐公爲作志，題之曰《陳君子墓銘》。始公之謝事也，蔣堂侍郎語人曰：「舉天下皆知有富貴，而虞卿獨以知止易衆人之心，吾喜林下有人矣。」因爲賦詩曰：「寵秩拜春坊，歸休識慮長。掃門卑魏勃，設醴謝元王。一水蓴鱸國，群山橘柚鄉。喜君添老社，煙駕共徜徉。」張伯玉郎中亦贈之詩曰：「東吴王孫歸掛冠，玉絲紅鱠滿雕盤。狂吟但覺日月久，醉舞不知天地寬。小圃移花山客瘦，夜窗搗藥橘童寒。新書近日成多少，且告先生旋借看。」《中吴紀聞》卷一。《宋詩紀事》卷八。

2 見龔宗元1。

黄庠

1 黄庠，州解元、南省省元。范内翰鎮，國學解元、南省省元。范公文學有重望；黄公省試後卧病月餘，唱第後方愈。二公才學優粹，凡爲時所重，百餘年始得二人，不亦少乎？《青瑣高議》後集卷八。

2 景祐二年，省試《天子外屏賦》，是時國子監元黄庠者，最有文稱，同試問以所比證事，庠曰：「可用疏屏内屏。」聞者以皆有「屏」者，謂庠不誠。及庠程文第一，其辭曰：「清廟之飾用疏，是殊彝制；諸侯之設於内，靡僭常尊。」其人見之始愧服。《東原録》。

3 慶曆中，河北道士賈衆妙善相……見豫章黄庠手曰：「左手得龍爪，雖當魁天下而不仕，若右手得之，則貴矣。」庠果爲南省第一，不及廷對而死。《老學庵筆記》卷七。《宋稗類鈔》卷五。

張唐卿

1 張唐卿進士第一人及第，期集於興國寺，題壁云：「一舉首登龍虎榜，十年身到鳳凰池。」有人續其下云：「君看姚曅并梁固，不得朝官未可知。」後果終於京官。《夢溪筆談》卷二十三。《宋朝事實類苑》卷六十三。《古今詩話》。《新編分門古今類事》卷十四。《宋詩紀事》卷十三。

張唐民

1 熙寧中，張唐民登對，其歸美上德之辭云：「臣尋常只見紙上堯、舜，今日乃見活堯、舜也。」《孔氏談苑》卷一。

危序

1 鄉人危序，應舉探省牓，出門數步，即逢泥濘，躊躕未前，有老嫗指示曰：「秀才可低處過。」危即從之。比看榜，最末有名，是歲果及第。《青箱雜記》卷三。

齊唐

1 〔齊唐〕少貧苦學，凡得書皆自寫，誦過一二則不忘。學識之博，人罕過之。郡從事魏庭堅，聞士也，謂唐曰：「今之士多不讀書。」唐曰：「幸公任意以几上書令唐一誦之如何？」庭堅以一秩開示，乃《文選·頭陁寺碑》，而唐誦不遺一字。魏大驚服。《寶慶會稽續志》卷五。《宋史翼》卷二十六。

章衡

1 本朝狀元及第，不五年即爲兩制，亦有十年至宰相者。章衡滯於館職甚久。熙寧初冬月，聖駕出，館職例當迎駕，方序立次，衡顧同列而歎曰：「頃年迎駕於此，眼看凍倒掌禹錫，倏忽已十年矣。」執政聞而憐之，遂得同修起居注。《東軒筆録》卷六。

劉煇

1 有堂吏嘗夢火山軍姓劉人作狀元。閱火山軍解文，無姓劉人。明年，劉煇作狀元。《東齋記事》卷五。

2 見歐陽修88。

3 見歐陽修89。

4 鉛山劉煇，俊美有辭學，嘉祐中，連冠國庠及天府進士。四年，崇政殿試，又爲天下第一，得大理評事，簽書建康軍判官。喪其祖母，乞解官以嫡孫承重服，國朝有諸叔而嫡孫承重服者，自煇始。煇哀族人之不能爲生者，買田數百畝以養之。四方之人從煇學者甚衆，乃擇山溪勝處處之。縣大夫易其里曰「義榮社」，名其館曰「義榮齋」。未終喪而卒，士大夫惜之。初，范文正公、吴文肅公皆有志置義田，及後登二府，禄賜豐厚，方能成其志，而煇於初仕，家無餘資，能力爲之，今士君子尤以爲難。《澠水燕談録》卷四。《宋朝事實類苑》卷五十四。《厚德録》卷二。《直齋書録解題》卷十七。

王俊民

1 嘉祐中，進士奏名訖，未御試，京師妄傳王俊民爲狀元，不知言之所起，人亦莫知俊民爲何人。及御試，王荆公時爲知制誥，與天章閣待制楊樂道二人爲詳定官。……是時王荆公以初覆考所定第一人皆未允當，於行間别取一人爲狀首。楊樂道守法，以爲不可，議論未決。太常少卿朱從道時爲封彌官，聞之，謂同舍曰：「二公何用力争，從道十日前，已聞王俊民爲狀元，事必前定，二公恨自苦耳。」既而二人各以己意進稟，而詔從荆公之請。及發封，乃王俊民也。《夢溪筆談》卷一。《宋朝事實類苑》卷三十。《新編分門古今類事》卷四。《齊東野語》卷六。

2 世俗所謂王魁之事殊不經，且不見於傳記雜説，疑無此事。……後又見初虞世所集《養生必用方》，戒人不可妄服金虎碧霞丹，乃詳載其説云：「狀元王俊民，字康侯，爲應天府發解官，得狂疾，於貢院中嘗對一石碑呼叫不已，碑石中若有應之者，亦若康侯之奮怒也。病甚不省，覺，取書册中交股刀自裁及寸，左右抱持之，遂免。出試院未久，疾勢亦已平復。予與康侯有父祖鄉曲之舊，又自童稚共筆硯，嘉祐中，同試於省場，傳聞可駭，亟自汶挐舟抵彭城。時十月盡矣，康侯亦起居飲食如故，但愔愔不樂，或云：『平生自守如此，乃有此疾。』予亦多方開慰。歲暮，予北歸，康侯有詩送予云：『寒窗一夜雪，紛紛來朔風。之子動歸興，輕袂飄如蓬。問子何所之，家在濟水東。問子何所學，上庠教化宫。行將攜老母，寓居學其中。』云云。予既去，徐醫以爲有痰，以金虎碧霞丹吐之。或謂心藏有熱，勸服治心經諸冷藥。積久，爲夜中洞泄，氣脱内消，飲食不前而死。康侯父知舒州太湖縣，遣一道士與弟覺民自舒來云：『道士能奏章達上清，及訴問鬼神幽暗中事。』道士作醮書符，傳道冥中語云：『五十年前打殺謝、吴、劉不結案事。』康侯丙子生，死纔二十七歲，五十年前事，豈宿生邪？康侯既死，有妄人託夏噩姓名作王魁傳，實欲市利於少年狎邪輩，其事皆不然。」《齊東野語》卷六。《宋詩紀事》卷二十二。

路授　饒瑄

1　慶曆丙戌歲春牓省試，以「民功曰庸」爲賦題，題面生梗，難爲措詞，其時路授、饒瑄各場屋馳名，路則云「此賦須本賞」，饒則云「此賦須本農」。故當時無名子嘲曰：「路授則家住關西，打賞罵賞；饒瑄則生居浙右，你儂我儂。」《青箱雜記》卷八。

何正臣　毛君卿

1　皇祐元年，何正臣與毛君卿俱以七歲應童子科，君卿之慧差不及正臣。時皇嗣後未生，上見二人年甚幼而穎悟過人，特愛之，留居禁中數日。正臣能作大字，宫人有以裙帶求書者，正臣書曰：「《關雎》，后妃之德也。」上嘗以梨一顆令二人分食之，君卿逡巡不應。上怪，問其故，對曰：「父母在上，不敢分離。」上大喜，以爲皆能知其大義。翌日，御便殿，俱賜童子出身。《獨醒雜志》卷一。

趙世長

1 俚諺云：「趙老送燈臺，一去更不來。」不知是何等語，雖士大夫亦往往道之。天聖中，有尚書郎趙世長者，常以滑稽自負，其老也，求爲西京留臺御史，有輕薄子送以詩云：「此回真是送燈臺。」世長深惡之，亦以不能酬酢爲恨。其後竟卒於留臺也。《歸田録》卷二。《古謡諺》卷五十九。

蕭定基

1 見盛度14、王博文3、陳博古1。

皮仲容

1 景祐中，有郎官皮仲容者，偶出街衢，爲一輕浮子所戲，遽前賀云：「聞君有臺憲之命。」仲容立馬媿謝久之，徐問其何以知之。對曰：「今新制臺官，必用稀姓者，故以君姓知之爾。」蓋是時三院御史乃仲簡、論程、掌禹錫也。聞者傳以爲笑。《歸田録》卷一。

歐陽景

1 洗馬歐陽景，素有輕薄名，一日，金鑾長老來上謁，告曰：「院門闕齋供，今將索米于玉泉長老，敢乞一書，以爲先容。」景笑曰：「諾。」翌日，授一緘，既至，玉泉啓封，乃詩一首曰：「金鑾來覓玉泉書，金玉相逢價倍殊。到了不干藤蔓事，葫蘆自去纏葫蘆。」二僧相視，發笑而已。《倦游雜録》。《宋朝事實類苑》卷六十三。

彭齊

1 彭齊，吉州人，才辯滑稽，無與爲對。未第時，常謁南豐宰，而宰不喜士，平居未嘗展禮。一夕，虎入縣廨，咥所蓄羊，棄殘而去，宰即以會客，彭亦預召。翌日，彭獻詩謝之曰：「昨夜黄斑入縣來，分明蹤跡印蒼苔。幾多道德驅難去，此子猪羊引便來。令尹聲聲言有過，録公口口道無災。思量也解開東閣，留取頭蹄設秀才。」南方謂押司録事爲「録公」，覽者無不絶倒。齊以大中祥符元年姚曄下及第，仕至太常博士卒。《青箱雜記》卷一。《宋稗類鈔》卷六。

李璋

1 〔李璋〕素好譏誚。有一故相遠派在吴中，嘗於嬉遊之地書其壁曰：「大丞相再從姝某嘗遊。」公因題其傍曰：「混元皇帝三十七代孫李璋繼至。」嘗赴特奏恩，語同試者云：「廷唱日，必不以名見呼，止稱某排第耳。」衆皆不以爲然，厚與之約。已而進狀云：「因在京師，有遠族相遇，譜系亦有以璋名者，欲以玖易之。」它日殿下，果唱李玖，蓋公排第九也。《中吴紀聞》卷一。《捫掌録》。《吴中舊事》。

2 蘇州李璋舉進士有聲，才氣過絶於人，放誕浮薄，竟止於小官。王荆公常拜之。爲舉子日，因與人蹋毬，誤墜良家婦頭上，碎其冠梳，其家訟於官，因至庭下，太守曰：「若真舉子乎？吾將試之。」璋乞賦題，太守曰：「可賦汝蹋毬誤碎良家婦冠梳事。」璋應聲曰：「偶與朋游，閑築氣毬，起自卑人之足，忽升娘子之頭。方一丈八尺之時，不妨好看；喫八棒十三之後，着甚來由。」太守大笑，遣之。《李希聲詩話》。《宋朝事實類苑》卷六十七。

3　姑蘇李璋，敏於戲調。偶赴鄰人小集，主人者雖富而素鄙，會次，適李坐其傍。既進食，璋視主人之前，煎鮭魚特大於衆客。璋即請主人曰：「璋與主人，俱蘇人也。每見人書蘇字不同，其魚不知合在右邊是，合在左邊是？」主人曰：「古人作字，不拘一體，移易從便也。」璋即引手取主人之魚，示衆曰：「領主人指揮，今日左邊之魚亦合從便，權移過右邊，如何？」一坐輟飯而笑。《吴中舊事》。

陸東

1　有朝士陸東，通判蘇州而權州事，因斷流罪，命黥其面，曰：「特刺配某州牢城。」黥畢，幕中相與白曰：「凡言特者，罪不至是，而出於朝廷一時之旨。今此人應配矣，又特者，非有司所得行。」東大恐，即改「特刺」字，爲「準條」字，再黥之，頗爲人所笑。後有薦東之才於兩府者，石參政聞之，曰：「吾知其人矣，得非權蘇州日，於人面上起草者乎？」《東軒筆録》卷十。《五雜組》卷十六。《堯山堂外紀》卷四十五。

李溥

1　李溥爲江淮發運使，每歲奏計，則以大船載東南美貨，結納當途，莫知紀極。章獻太后垂簾時，溥因奏事，盛稱浙茶之美，云：「自來進御，唯建州餅茶，而浙茶未嘗修貢，本司以羨餘錢買到數千斤，乞進入內。」自國門挽船而入，稱「進奉茶綱」，有司不敢問。所貢餘者，悉入私室。溥晚年以賄敗，竄謫海州。《夢溪筆談》卷二十二。《宋朝事實類苑》卷七十一。《墨客揮犀》卷五。

孫良孺

1 有孫良孺爲軍巡判官，喜詐僞，能爲朴野之狀。一日，市布數十端，雜染五色，陳於庭下。中使怪而問之，良孺曰：「家有一女，出適在近，與之作少衣物也。」中使大駭，回爲明肅太后言之，太后歎其清苦，即命厚賜金帛。京師人多賃馬出入，馭者先許其直，必問曰：「一去耶？卻來耶？」苟乘以往來，則其價倍於一去也。良孺以貧，不養馬，每出，必賃之。一日將押大辟囚棄市，而賃馬以往，其馭者問曰：「官人將何之？」良孺曰：「至法場頭。」馭者曰：「一去耶？卻來耶？」聞者駭笑。《東軒筆録》卷九。

李制

1 吴中一士人，曾爲轉運司别試解頭，以此自負，好附託顯位。是時侍御史李制知常州，丞相莊敏龐公知湖州。士人游毗陵，挈其徒飲倡家，顧謂一騶卒曰：「汝往白李二，我在此飲，速遣有司持酒肴來。」李二謂李御史也。俄頃，郡厨以飲食至，甚爲豐腆。有一蓐醫適在其家，見其事，後至御史之家，因語及之，李君極怪，使人捕得騶卒，乃兵馬都監所假，受士人教戒，就使庖買飲食以紿坐客耳。李乃杖騶卒，使街司白士人出城。郡僚有相善者，出與之别，唁之曰：「倉卒遽行，當何所詣？」士人應之曰：「且往湖州依龐九耳。」聞者莫不大笑。《夢溪筆談》卷二十三。

吕士隆

1 見梅堯臣7。

楊　孜

1 楊學士孜，襄陽人，始來京師應舉，與一倡婦往還，情甚密，倡盡所有以資之，共處踰歲。既登第，貧無以爲謝，遂紿以爲妻，同歸襄陽。去郡一驛，忽謂倡：「我有室家久矣，明日抵吾廬，若處其下，渠性悍戾，計當相困。我視若，亦何聊賴？數夕思之，欲相與咀椒而死，如何？」倡曰：「君能爲我死，我亦何惜？」即共痛飲。楊素具毒藥于囊，遂取而和酒，倡一舉而盡。楊執爵謂倡曰：「今儻偕死，家人須來藏我之屍，若之遺骸，必投諸溝壑，以飼鴟鴉。曷若我葬若而後死，亦未晚。」倡即呼曰：「爾誑誘我至此，而詭謀殺我。」乃大慟，頃之遂死，即燔瘗而歸。楊後終于祠曹員外郎、集賢校理。《倦游雜録》。《宋朝事實類苑》卷七十。

張師雄

1 邊人傳誦一詩云：「昨夜陰山吼賊風，帳中驚起紫髯翁。平明不待全師出，連把金鞭打鐵驄。」有張師雄者，西京人，好以甘言悦人，晚年尤甚。洛中號曰「蜜翁翁」。出官在邊郡，一夕，賊馬至界上，忽城中失師雄所在，至曉，方見師雄重衣披裘，伏於土窟中，神已痴矣。西人呼土窟爲空，尋爲人改舊詩以嘲曰：「昨夜陰山吼賊風，帳中驚起蜜翁翁。平明不待全師出，連着皮裘入土空。」張亢嘗謂「蜜翁翁」無可爲對者，一日，亢有姪不率教令，將杖之，其姪方醉，大呼曰：「安能撻我？但堂伯伯耳。」亢笑曰：「可對蜜翁翁。」釋而不問。《東軒筆録》卷十五。《臨漢隱居詩話》。《宋稗類鈔》卷六。

方圭

1 見宋庠23。

林洙

1 林洙少服苣勝，晚年發熱多煩躁。知壽州日，夏夜露卧於堂下，爲皷角匠以鐵連鎈擊殺之。暨擒皷角匠，問所以殺守之情，曰：「我何情，但中夕睡中及大醉，若有人引導，見故榜上鐵連鎈，遂攜之以行。自譙樓至使宅堂前，蓋甚遠，而諸門扃鑰如故，莫知何以至也。」朝廷以守臣被殺，起獄窮治，自通判以下咸被黜。時富鄭公爲相，以洙無正室，頗疑姦吏謀殺者。曾魯公爲參政，獨曰：「若是謀殺，必持鋒刃。」鄭公之疑遂解。《東軒筆録》卷十一。

甄履

1 見宋英宗7。

張師正

1 英宗即位，赦天下，凡内外將校廂軍皆加恩。是時荆南所給縑帛，皆敗惡不堪，既陳於庭下，軍士睨之失色，揚言曰：「朝廷大恩，而乃以此給我！」自旦至午，不肯受賜，而偶語紛紛不已。轉運使劉述大懼，不知所爲，居民往往奔出城外，且言變起矣。是時張師正爲州鈐轄，馳入軍資庫，呼將卒前曰：「朝廷非次之恩，州郡固無預備，今帑中所有止如此，汝輩不肯拜賜，將何爲也？必欲反，則非殺我不可。」遂擲劍於庭下，披胸示之，群校茫然自失，遽聲喏，受賜而去。《東軒筆録》卷十一。《宋朝事實類苑》卷十四。

李權

1 撫之臨川北郭二十里，有地名曰虎頭洲。郡人死不能葬者，必詣其所焚之，因揚骸灰於水中。治平元年，撫人李權夢親朋張樂送至洲上，甚不悅，告人曰：「吾其死乎？」俄而權被鄉薦，遂登第，調虔州司理。乃悟虎頭爲「虔」字。《能改齋漫録》卷十八。《宋稗類鈔》卷一。

宋人軼事彙編卷十六

王安石

1 王荆公父名益，故其所著《字説》無「益」字。《老學庵筆記》卷六。《湧幢小品》卷十八。

2 傅獻簡云：王荆公之生也，有貛入其室，俄失所在，故小字貛郎。《邵氏聞見後録》卷三十。《巖下放言》卷中。《宋稗類鈔》卷五。《宋詩紀事》卷十五。《詞林紀事》卷四。

3 昔與小王先生者言：「王舒公介甫何至於無後？」小王先生曰：「介甫，上天之野狐也。又安得有後？」吾默然不平，歸白諸魯公。魯公曰：「有是哉！」吾益駭。魯公始迺爲吾言，曰：「頃有李士寧者，異人也。一旦因上七日入醴泉觀，獨倚殿所之楯柱，視卿大夫絡繹登階拜北神者。適睹一衣冠，亟問之曰：『汝非貛兒乎？』衣冠者爲之拜，迺介甫也。士寧謂介甫：『汝從此去，踰二紀爲宰相矣。其勉旃。』蓋士寧出入介甫家，識介甫之初誕生，故竟呼小字曰『貛兒』也。」《鐵圍山叢談》卷四。

4 王荆公之生也，有貛出於市。一道人首常戴花，時人目爲戴花道人，來訪其父，曰：「此文字之祥，是兒當之，他日以文名天下。」因述其出處甚詳，俟至執政，自當見之。荆公父書於册，自後休證不少差，荆公甚神之。洎拜兩地，戒閽者，有戴花道人來，不問早暮即通。一日，道人果來，荆公見之，述父所記，渴見之意。道人曰：「自此益得君，謹無復讐。」荆公扣之，曰：「公前身，李王也，戒之。」遂辭去。《雲麓漫鈔》卷四。《茶香室四鈔》卷四。

5　王荆公初字介卿，見曾子固《懷友》詩。《攤飯續談》。《茶香室叢鈔》卷二。

6　長安西去蜀道有梓橦神祠者，素號異甚。士大夫過之，得風雨送，必至宰相；進士過之，得風雨則必殿魁。自古傳無一失者。有王提刑者過焉，適大風雨，王心因自負，然獨不驗。時介甫丞相年八九歲矣，侍其父行，後乃知風雨送介甫也。《鐵圍山叢談》卷四。

7　王荆公少年，不可一世士，獨懷刺候濂溪，三及門而三辭焉。荆公恚曰：「吾獨不可自求之六經乎！」乃不復見。《鶴林玉露》甲編卷五。

8　荆公在鍾山讀書，有一長老曰：「先輩必做宰相，但不可念舊惡，改壞祖宗格法。」荆公云：「一第未就，奚暇問作宰相，併壞祖宗格法？僧戲言也。」老僧云：「曾坐禪入定，見秦王入寺來，知先輩秦王後身也。」《貴耳集》卷中。《茶香室三鈔》卷八。

9　王介甫乃進賢饒氏之甥，鋭志讀書，舅黨以介甫膚理如蛇皮，目之曰：「行貨亦欲求售耶？」介甫尋舉進士，以詩寄之曰：「世人莫笑老蛇皮，已化龍鱗衣錦歸。傳語進賢饒八舅，如今行貨正當時。」《堅瓠丙集》卷三。

10　慶曆二年，御試進士，時晏元獻爲樞密使。楊察，晏婿也，時自知制誥避親，勾當三班院。察之弟寘時就試畢，負魁天下望。未放牓間，將先宣示兩府，上十人卷子。寘因以賦求察問晏公己之高下焉。晏公明日入對，見寘之賦已考定第四人，出以語察。察密以報寘。而寘試罷與酒徒飲酒肆，聞之，以手擊案歎曰：「不知那個衛子奪吾狀元矣！」不久唱名，再三考定第一人卷子進御。賦中有「孺子其朋」之言，不懌曰：「此語忌，不可魁天下。」即王荆公卷子。第二卷子即王珪，以故事，有官人不爲狀元。令取第三人，即殿中丞韓絳。遂取第四人卷子進呈，上欣然曰：「若楊寘可矣。」復以第一人爲第四人。寘方以鄙語罵時，不知自爲第一人也。然荆公平生未嘗略語曾考中狀元，其氣量高大，視科第爲何等事而增重耶！《默記》卷下。

11 見晏殊25。

12 見韓琦32。

13 韓魏公自樞密副使以資政殿學士知揚州，王荆公初及第爲僉判，每讀書至達旦，略假寐，日已高，急上府，多不及盥漱。魏公見荆公少年，疑夜飲放逸。一日，從容謂荆公曰：「君少年，無廢書，不可自棄。」荆公不答，退而言曰：「韓公非知我者。」魏公後知荆公之賢，欲收之門下，荆公終不屈，如召試館職不就之類是也。故荆公《熙寧日録》中短魏公爲多，每曰：「韓公但形相好爾。」作《畫虎圖詩》詆之。至荆公作相，行新法，魏公言其不便。神宗感悟，欲罷其法。荆公怒甚，取魏公章送條例司疏駁，頒天下。又誣吕申公，有言藩鎮大臣將興晉陽之師，除君側之惡，自草中公謫詞，昭著其事，因以摇魏公。賴神宗之明，眷禮魏公，終始不替。魏公薨，帝震悼，親製墓碑，恩意甚厚。荆公有挽詩云：「幕府少年今白髮，傷心無路送靈輀。」猶不忘魏公少年之語也。《邵氏聞見録》卷九。《宋名臣言行録》後集卷一。《小草齋詩話》卷四。

14 韓魏公知揚州，介甫以新進士簽書判官事，韓公雖重其文學，而不以吏事許之。介甫數引古義争公事，其言迂闊，韓公多不從。介甫秩滿去。會有上韓公書者，多用古字，韓公笑而謂僚屬曰：「惜乎王廷評不在此，其人頗識難字。」介甫聞之，以韓公爲輕己，由是怨之。及介甫知制誥，言事復多爲韓公所沮。會遭母喪，服除，時韓公猶當國，介甫遂留金陵，不朝參。曾魯公知介甫怨忌韓公，乃力薦介甫於上，强起之，其意欲以排韓公耳。《涑水記聞》卷十六。《宋名臣言行録》後集卷六。

15 韓魏公慶曆中以資政殿學士知揚州，時王荆公初及第，爲校書郎、簽書判官廳事，議論多與魏公不合。洎嘉祐末，魏公爲相，荆公知制誥，因論蕭注降官詞頭，遂上疏争舍人院職分，其言頗侵執政，又爲糾察刑獄，駁開封府斷争鵪鶉公事，而魏公以開封爲直，自是往還文字甚多。及荆公秉政，又與常平議不合。然而荆公每評近代宰相，即曰：「韓公德量才智，心期高遠，諸公皆莫及也。」及魏公薨，荆公爲輓詞曰：「心期自與衆人殊，骨相知非淺丈夫。」又曰：「幕府少年今白髮，傷心無路送靈輀。」《東軒筆録》卷六。

16 王介甫令吾浙之鄞。鄞濱海，其民冬夏乘筏採捕爲生。有田率在山麓，取灌泉水，潦則泄以達海，旱則瀦以養田，故民得指田爲質，以貸豪右之金。豪右得乘急，重息之。介甫特出官錢輕息以貸，至秋則田畝之入，安然足償，所謂青苗法也。……鄞人至今德之，立祠陀山下，神亦至靈。《六研齋筆記》卷一。

17 見歐陽修74。

18 見歐陽修75。

19 荆公嘗在歐公坐上賦《虎圖》，衆客未落筆，而荆公草已就。歐公亟取讀之，爲之擊節稱歎，坐客閣筆不敢作。《漫叟詩話》。《苕溪漁隱叢話》前集卷三十四。《詩人玉屑》卷十七。

20 見蘇洵12、13。

21 司馬温公嘗曰：「昔與王介甫同爲群牧司判官，包孝肅公爲使，時號清嚴。一日，群牧司牡丹盛開，包公置酒賞之。公舉酒相勸，某素不喜酒，亦强飲，介甫終席不飲，包公不能强也。某以此知其不屈。」《邵氏聞見録》卷十。《宋名臣言行録》後集卷六。

22 舒王性酷嗜書，雖寢食間，手不釋卷。晝或宴居默坐，研究經旨。知常州，對客語，未嘗有笑容。一日，大會賓佐，倡優在庭，公忽大笑，人頗怪之。乃共呼優人厚遺之，曰：「汝之藝，能使太守開顔，其可賞也。」有一人竊疑公笑不由此，因乘間啓公，公曰：「疇日席上，偶思《咸》、《恒》二卦，豁悟微旨，自喜有得，故不覺發笑耳。」《墨客揮犀》卷四。《類説》卷四十七引《遯齋閒覽》。《何氏語林》卷九。《宋稗類鈔》卷五。

23 王介甫詭詐不通外除，自金陵過揚州，劉原父作守，以州郡禮邀之，遂留。方營妓列庭下，介甫作色，不肯就坐。原父辨論久之，遂去營妓，顧介甫曰：「燒車與船。」延之上坐。《侯鯖録》卷三。

24 東坡中制科，王荆公問吕申公：「見蘇軾制策否？」申公稱之。荆公曰：「全類戰國文章，若安石爲考官，必黜之。」《邵氏聞見後録》卷十四。

25 王介甫在館閣時，僦居春明坊，與宋次道宅相鄰。次道父祖以來藏書最多，介甫借唐人詩集日閲之，過眼有會於心者，必手録之，歲久殆録遍。或取其本鏤行於世，謂之《百家詩選》。既非介甫本意，而作序者曰：「公獨不選杜、李與韓退之，其意甚深。」則又厚誣介甫而欺世人也。《風月堂詩話》卷下。

26 晁以道言：「王荆公與宋次道同爲群牧司判官，次道家多唐人詩集，荆公盡即其本擇善者籤帖其上，令吏抄之。吏厭書字多，輒移荆公所取長詩籤置所不取小詩上。荆公性忽略，不復更視。唐人衆詩集以經荆公去取皆廢。今世所謂《唐百家詩選》曰荆公定者，乃群牧司吏人定也。」《邵氏聞見後録》卷十九。

27 王荆公編《百家詩選》，嘗從宋次道借本，中間有「暝色赴春愁」，次道改「赴」字作「起」字，荆公復定爲「赴」字，以語次道曰：「若是『起』字，人誰不能到？」次道以爲然。《石林詩話》卷中。

28 嘉祐初，李仲昌議開六漯河，王荆公時爲館職，頗祐之。既而功不成，仲昌以贓敗。劉敞侍讀以書戲荆公，曰：「要當如宗人夷甫，不與世事可也。」荆公答曰：「天下之事，所以易壞而難合者，正以諸賢無意如鄙宗夷甫也。但仁聖在上，故公家亢海未敢跛扈耳。」《東軒筆録》卷十。《宋朝事實類苑》卷六十七。《何氏語林》卷五。《宋稗類鈔》卷五。

29 嘉祐末，王介甫以知制誥糾察在京刑獄。有少年得鬭鶉，其同儕借觀之，因就乞之。鶉主不許，借者恃與之狎昵，遂攜去，鶉主追及之，踢其脇下，立死。開封府捕按其人，罪當償死。及糾察司録問，介甫駮之曰：「按律，公取、竊取皆爲盜。此不與而彼强攜以去，乃盜也。此追而毆之，乃捕盜也。雖死當勿論，府司失入平人爲死罪。」府官不伏，事下審刑、大理詳定，以府斷爲是。有旨，王安石放罪。舊制，放罪者皆詣殿門謝。介甫自言，我無罪，不謝。御史臺及閤門累移牒趣之，終不肯謝。臺司因劾奏之，執政以其名重，遂不問，介甫竟不謝。《温公瑣語》。

30 見杜衍11。

31 見滕元發10。

32 仁廟嘉祐中，開賞花釣魚燕，王介甫以知制誥預末坐。帝出詩示群臣，次第屬和。傳至介甫，日將夕矣，亟欲奏御。得「披香殿」字，未有對。時鄭毅夫獬接席，顧介甫曰：「宜對『太液池』。」故其詩有云：「披香殿上留朱輦，太液池邊送玉杯。」翌日，都下盛傳王舍人竊柳詞「太液波翻，披香簾捲」。介甫頗啣之。《西清詩話》卷下。《堯山堂外紀》卷五十。《宋詩紀事》卷十五。《詞林紀事》卷四。

33 仁宗皇帝朝，王安石爲知制誥。一日，賞花釣魚宴，内侍各以金楪盛釣餌藥置几上，安石食之盡。明日，帝謂宰輔曰：「王安石詐人也。使誤食釣餌，一粒則止矣。食之盡，不情也。」帝不樂之。後安石自著《日録》，厭薄祖宗，於仁宗尤甚，每以漢文帝恭儉爲無足取者，其心薄仁宗也。《邵氏聞見録》卷二。《宋名臣言行録》後集卷六。《群書類編故事》卷二十二。《宋稗類鈔》卷六。

34 王荆公知制誥，吴夫人爲買一妾，荆公見之，曰：「何物也？」女子曰：「夫人令執事左右。」安石曰：「汝誰氏？」曰：「妾之夫爲軍大將，部米運失舟，家資盡没猶不足，又賣妾以償。」公愀然曰：「夫人用錢幾何得汝？」曰：「九十萬。」公呼其夫，令爲夫婦如初，盡以錢賜之。《邵氏聞見録》卷十一。《青瑣高議》後集卷二。《宋名臣言行録》後集卷六。《自警編》卷二。《言行龜鑑》卷二。

35 王荆公爲小學士時，嘗訪〔蔡〕君謨。君謨聞公至，喜甚，自取絶品茶，親滌器烹點以待公，冀公稱賞。公於夾袋中取消風散一撮，投茶甌中並食之。君謨失色，公徐曰：「大好茶味。」君謨大笑，且歎公之真率也。《墨客揮犀》卷四。《類説》卷四十七引《遯齋閒覽》。《何氏語林》卷三十。《宋稗類鈔》卷七。

36 嘉祐中，士大夫之語曰：「王介甫家，小底不如大底；南陽謝師宰家，大底不如小底。」謂安石、安禮、安國、安上，謝景初、景温、景平、景回也。《默記》卷中。

37 王荆公、司馬温公、吕申公、黄門韓公維，仁宗朝同在從班，特相友善。暇日多會於僧坊，往往談燕終日，他人罕得而預，時目爲「嘉祐四友」。《卻掃編》卷中。《何氏語林》卷十七。《老學庵續筆記》。

38 安石在仁宗時，論立英宗爲皇子，與韓魏公不合，故不敢入朝。安石雖高科有文學，本遠人，未爲中朝士大夫所服，乃深交韓、吕二家兄弟。韓、吕，朝廷之世臣也，天下之士，不出於韓，即出於吕。韓氏兄弟絳字子華，與安石同年高科；維字持國，學術尤高，不出仕，用大臣薦入館。吕氏公著字晦叔，最賢，亦與安石爲同年進士。子華、持國、晦叔争揚於朝，安石之名始盛。安石又結一時名德之士如司馬君實輩，皆相善。先是治平間，神宗爲潁王，持國翊善，每講論經義，神宗稱善。持國曰：「非某之説，某之友王安石之説。」至神宗即位，乃召安石，以至大用。《邵氏聞見録》卷三。

39 見韓絳5。

40 先公言：與閻二丈詢仁同赴省試，遇少年風骨竦秀於相國寺。及下馬去毛衫，乃王元澤也。是時盛冬，因相與於一小院中擁火。詢仁問荆公出處，曰：「舍人何久召不赴？」答曰：「大人久病，非有他也。近以朝廷恩數至重，不晚且來。雱不惟赴省試，蓋大人先遣來京尋宅子爾。」詢仁云：「舍人既來，誰不願賃宅，何必預尋？」元澤答曰：「大人之意不然，須與司馬君實相近者。每在家中云：『擇鄰必須司馬十二，此人居家事事可法，欲令兒曹有所觀效焉。』」《默記》卷下。

41 見呂公著8。

42 見呂公著11。

43 王荆公知制誥丁母憂，已五十矣。哀毁過甚，不宿於家，以藁秸爲薦，就廳上寢于地。是時，潘夙公所善，方知荆南，遣人下書金陵。急足至，升廳，見一人席地坐，露頭瘦損，愕以爲老兵也，呼院子令送書入宅。公遽取書，就鋪上拆以讀。急足怒曰：「舍人書而院子自拆可乎！」喧呼怒叫。左右曰：「此即舍人也。」急足皇恐趨出，且曰：「好舍人！好舍人！」《默記》卷下。

44 見韓琦71。

45 荆公與魏公議事不合，曰：「如此，則是俗吏所爲。」魏公曰：「公不相知，某真一俗吏也。使爾多財，吾爲爾宰，共財最是難事。」《晁氏客語》。

46 神宗初即位，猶未見群臣，王樂道、韓持國維等以宫僚先入，慰於殿西廊。既退，獨留維，問王安石今在甚處。維對在金陵。上曰：「朕召之肯來乎？」維言：「安石蓋有志經世，非甘老於山林者。若陛下以禮致之，安得不來？」上曰：「卿可先作書與安石，道朕此意，行即召矣。」維曰：「若是，則安石必不來。」上問何故，曰：「安石平日每欲以道進退，若陛下始欲用之，而先使人以私書道意，安肯遽就？然安石子雱見在京師，數來臣家，臣當自以陛下意語之，彼必能達。」上曰：「善。」於是荆公始知上待遇眷屬之意。《石林燕語》卷七。

47 見張方平15。

48 見張方平16。

49 見王介1。

50 見王介4。

51 王安石爲翰林學士，因萊州阿芸謀殺夫，以爲案問，欲舉免所因之罪，主上決意用爲輔相。《東軒筆録》卷三。《宋朝事實類苑》卷九。

52 見韓維6。

53 熙寧元年，兩府辭郊賜。王荆公以爲兩府郊賚不多，減之未足以富國。今軍人郊賚不能減，而徒減兩府，失大體。兩府果能益國，雖增禄十倍，不足辭；苟爲不能，當辭位，不當辭禄。司馬文正曰：「方今國用窘竭，非痛裁省浮費，不能復振。苟裁省不自貴近始，則在下不服。臣非謂今者得兩府郊賚能富國也，欲陛下以此爲裁省之始耳。且陛下彊裁省之，則傷體。今大臣以河北災傷，憂公體國，自求省郊賚。從其請，所以成其美，何傷體之有？且陪祀無功」云云。荆公曰：「窘乏非今日之急，得善理財者，何患不富？」文正曰：「善理財者，不過浚民之膏血耳。」神宗令且爲不允詔，會荆公當直，遂以其意爲之。《能改齋漫録》卷十三。

54 熙寧初，富鄭公弼、曾魯公公亮爲相，唐質肅公介、趙少師抃、王荆公安石爲參知政事。是時荆公方得君，鋭意新美天下之政，自宰執同列無一人議論稍合，而臺諫章疏攻擊者無虚日，吕誨、范純仁、錢顗、程顥之倫尤極詆訾，天下之人皆目爲生事。是時鄭公以病足，魯公以年老，皆引例去。唐質肅屢争於上前，不能勝，未幾，疽發于背而死。趙少師力不勝，但終日歎息，遇一事更改，即聲苦者數十。故當時謂中書有生老病死苦，言介甫生、明仲老、彦國病、子方死、閲道苦也。《東軒筆録》卷九。《倦游雜録》。《宋朝事實類苑》卷七十三、卷六十五。《續墨客揮犀》卷四。

55 熙寧中，朝廷有「生老病死苦」之語。時王荆公改新法，日爲生事；曾魯公以年老依違其間；富、韓二公稱病不出；唐參政與荆公争，按問欲理直不勝，疽發背死；趙清獻唯聲苦。時范忠宣公爲侍御史，皆劾之，言荆公章云：「志在近功，忘其舊學。」言富公章云：「謀身過於謀國。」言曾公、趙公章云：「依違不斷可否。」《邵氏聞見録》卷十三。

56 王荆公與唐質肅公介同爲參知政事，議論未嘗少合。荆公雅愛馮道，嘗謂其能屈身以安人，如諸佛菩薩之行。一日，於上前語及此事，介曰：「道爲宰相，使天下易四姓，身事十主，此得爲純臣乎？」荆公曰：「伊尹五就湯、五就桀者，正在安人而已，豈可亦謂之非純臣也？」質肅公曰：「有伊尹之志則可。」荆公爲之變色。《東軒筆録》卷九。《宋名臣言行録》後集卷五。《何氏語林》卷十三。

57 見唐介14。

58 王荆公初參政事，下視廟堂如無人。一日，争新法，怒目諸公曰：「君輩坐不讀書耳。」趙清獻同參政事，獨折之曰：「君言失矣。如皋、夔、稷、契之時，有何書可讀？」荆公默然。《邵氏聞見後録》卷二十。《宋名臣言行録》後集卷五。

59 王荆公在臺閣侍從時，每爲人言：「唐太宗令諫官隨宰相入閣，最切於治道，後世所當行也。」及入司政事，而孫莘老、李公擇在諫職，二人者熟公此論，遂列奏請舉行之，公不可曰：「是又益兩參政也。」《吕氏家塾記》。《宋名臣言行録》後集卷六。

60 見劉攽18。

61 王荆公初執政，對客悵然曰：「投老欲依僧耳。」客曰：「急則抱佛脚。」公微笑曰：「投老欲依僧，古人全句。」客曰：「急則抱佛脚，亦全俗語也。然上去投，下去脚，豈不爲的對邪？」公遂大笑。《邵氏聞見後録》卷十九。《中山詩話》。

62 見丁仙現1。

63 司馬文正公日録云：介甫在朝，每有中使宣召，及賜予所贈之物，常倍舊例。陰結内侍都知張若水、押班藍元振，因能固上之寵。上使中使二人潛察府界青苗，還，皆言民便之，故上堅行不疑。《苕溪漁隱叢話》後集卷二十五。《宋名臣言行録》後集卷五。

64 荆公柄國時，有人題相國寺壁云：「終歲荒蕪湖浦焦，貧女戴笠落柘條。阿儂去家京洛遥，驚心寇盜來攻剽。」人皆以爲夫出婦憂荒亂也。及荆公罷相，子瞻召還，諸公飲蘇寺中，以此詩問之，蘇曰：「于『貧女』句，可以得其人矣。『終歲』，十二月也，十二月爲『青』字。『荒蕪』，田有草也，草田爲『苗』字。『湖浦焦』，去水也，水旁去爲『法』字。『女戴笠』爲『安』字。『柘落木條』剩『石』字。『阿儂』是吴言，合吴言爲『誤』字。『去家京洛』爲『國』，『寇盜』爲『賊民』。蓋言青苗法安石誤國賊民也。」《楓窗小牘》卷上。《宋稗類鈔》卷六。《宋詩紀事》卷九十六。

65 李常爲言官，言王安石理財不由仁義，且言安石遂非喜勝，日與其徒吕惠卿等陰籌竊計，思以口舌以文厥過。以公論同乎流俗，以憂國爲震驚朕師，以百姓愁歎爲出自兼并之言，以卿士僉議爲生乎怨嫉之口，而又妄取經據，傅會其説。且言：「理財用而不由仁與義，不上匱則下窮矣。臣自知朝夕蒙戮，不憚開垂閉之口，吐將腐之舌，爲陛下反覆道之。」凡數千言。上覽之，驚歎再三，撫諭曰：「不意班行中乃有卿也。從前無臣僚説得如此分明，待便爲施行。」明日，安石登對。神宗正色視安石：「昨覽李常奏，豈不悮他百姓？」安石垂笏低手，作怠慢之狀，笑而不對。神宗愈怒，遂再問之。安石略陳數語，人不聞安石所言何事，但見上連點頭曰：「極是，極是。」常之奏竟不見降出。常後對人言：「不知安石有甚狐媚厭倒之術？」《道山清話》。

66 〔樓〕宣獻誦荆公《是時嘗因天雪有絶句》曰：「勢合便疑埋地盡，功成直欲放春回。農夫不解豐年意，祇欲青天萬里開。」其志蓋有在。余應曰：「不然，舊聞京師隆冬，嘗有官檢凍死秀才，腰間繫片紙，啓視之，乃《喜雪》詩四十韻，使來年果豐，已無救溝中之瘠矣。」《桯史》卷十一。

67 元豐間，宋閤使者善人倫，上知而問云：「朕相法如何？」對云：「陛下天日之表，神明之姿，下臣不得而名。」又問：「王安石如何？」對云：「安石牛行虎視。牛行足以任，虎視足以威。」《錢氏私志》。參見蕭注2。

68 見李師中1。

69 熙寧庚戌冬，荊公自參知政事拜同中書門下平章事、史館大學士。是日，百官造門奔賀者無慮數百人，荊公以未謝恩，皆不見之，獨與余坐西廡之小閣。荊公語次，忽顰蹙久之，取筆書窗曰：「霜筠雪竹鍾山寺，投老歸與寄此生。」放筆揖余而入。後三年，公罷相知金陵。明年，復拜昭文館大學士。又明年，再出判金陵，遂納節辭平章事，又乞宫觀，久之，得會靈觀使，遂築第於南門外。元豐癸丑春，余謁公於第，公遽邀余同游鍾山，憩法雲寺，偶坐於僧房，余因爲公道平昔之事及誦書窗之詩，公憮然曰：「有是乎！」微笑而已。《東軒筆録》卷十二。《宋朝事實類苑》卷八。《臨漢隱居詩話》。《宋名臣言行録》後集卷六。《苕溪漁隱叢話》前集卷三十四。《詩人玉屑》卷十七。《鶴林玉露》丙編卷五。《堯山堂外紀》卷五。

70 王荊公作相，裁損宗室恩數，於是宗子相率馬首陳狀訴云：「均是宗廟子孫，且告相公看祖宗面。」荊公厲聲曰：「祖宗親盡，亦須祧遷，何況賢輩！」於是皆散去。《老學庵筆記》卷二。《何氏語林》卷五。

71 荊公以詩賦決科，而深不樂詩賦。試院中五絶，其一云：「少年操筆坐中庭，子墨文章頗自輕。聖世選才終用賦，白頭來此試諸生。」後作詳定官，復有詩云：「童子常誇作賦工，暮年羞悔有揚雄。當年賜帛倡優等，今日掄才將相中。細甚客卿因筆墨，卑於《爾雅》注魚蟲。漢家故事真當改，新詠知君勝弱翁。」熙寧四年，既預政，遂罷詩賦，專以經義取士，蓋平日之志也。《韻語陽秋》卷五。《宋詩紀事》卷十五。

72 汴渠舊例，十月關口，則舟檝不行。王荊公當國，欲通冬運，遂不令閉口，水既淺澁，舟不可行，而流冰頗損舟檝。於是以船脚數千，前設巨碓，以搗流冰，而役夫苦寒，死者甚衆。京師有諺語曰：「昔有磨法磨平聲漿水，今見巨碓搗冬凌。」《東軒筆録》卷七。《宋朝事實類苑》卷六十四。

73 前判都水監李立之云：介甫前作相，嘗召立之問曰：「有建議欲決白馬河堤以淤東方之田者，何如？」立之不敢直言其不可，對曰：「此策雖善，但恐河決，所傷至多。昔天聖初，河決白馬東南，泛濫十餘州，與淮水相通，徐州城上垂手可掬水，且横貫韋城，斷北使往還之路，無乃不可。」介甫沉吟良久，曰：「聽使一淤亦何傷，但恐妨北使路耳。」乃止。《涑水記聞》卷十五。

74 見劉攽19、20、22。

75 介甫請并京師行陝西所鑄折二錢，既而宗室及諸軍不樂，有怨言，上聞之，以問介甫，欲罷之，介甫怒曰：「朝廷每舉一事，定爲浮言所移，如此何事可爲？」退，遂移疾，卧不出。上使人諭之，曰：「朕無間於卿，天日可鑑，何遽如此？」乃起。《涑水記聞》卷十六。《宋名臣言行録》後録卷六。

76 見宋神宗14。

77 舊中書南廳壁間，有晏元獻題《詠上竿伎》一詩云：「百尺竿頭袅袅身，足騰跟挂駭旁人。漢陰有叟君知否？抱甕區區亦未貧。」當時固必有謂。文潞公在樞府，嘗一日過中書，與荆公行至題下，特遲留誦詩久之，亦未能無意也。荆公他日復題一篇於詩後云：「賜也能言未識真，誤將心許漢陰人。桔槔俯仰何妨事，抱甕區區老此身。」《石林詩話》卷中。

78 頃有秉政者，深被眷倚，言事無不從。一日御宴，教坊雜劇爲小商，自稱姓趙名氏，負以瓦瓿賣沙糖，道逢故人，喜而拜之。伸足誤踏瓿倒，糖流于地，小商彈指歎息曰：「甜采你即溜也，怎奈何！」左右皆笑。俚語以王姓爲「甜采」。《澠水燕談録》卷十。

79 王舒公介甫被遇神廟，方眷仗至深，忽一旦爲人發其私書者，介甫慚，於是丐罷，累表，不待報，徑出東水門，中使宣押不復還矣。神廟大不樂，遂復聽其去，然重其操節，且約再召期。當是時，既出，挈其家且登舟，而元澤爲從者，誤破其頮面瓦盆，因復命市之，則亦一瓦盆也。其父子無嗜欲，自奉質素如此。《鐵圍山叢談》卷三。

80 熙寧七年四月，王荆公罷相，鎮金陵。是秋，江左大蝗，有無名子題詩賞心亭，曰：「青苗免役兩妨農，天下嗷嗷怨相公。惟有蝗蟲感恩德，又隨鈞斾過江東。」荆公一日餞客至亭上，覽之不悦，命左右物色，竟莫知其爲何人也。《桯史》卷九。《識小録》卷一。《宋稗類鈔》卷六。案：《堯山堂外紀》等謂劉貢父作詩寄之。參見劉攽39。

81 熙寧七年，王荆公初罷相，以吏部尚書、觀文殿學士知金陵，薦吕惠卿爲參政而去。既而吕得君怙權，慮荆公復進，因郊祀，薦荆公爲節度使平章事。方進札，上察見其情，遽問曰：「王安石去不以罪，何故用赦復官？」惠卿無以對。明年，復召荆公秉政，而王、吕益相失矣。《東軒筆録》卷五。《宋朝事實類苑》卷五。

82 王荆公秉政，惠卿自知不安，乃條荆公兄弟之失凡數事面奏，意欲上意有貳。上封惠卿所言以示荆公，故公表云：「忠不足以取信，故事事欲其自明；義不足以勝奸，故人人與之立敵。」蓋謂是也。《言行龜鑑》卷三。《宋名臣言行録》後集卷六。

83 荆公深知吕吉甫，力薦於上，遽位要津。不數年，同在政府，勢燄相軋，遂致嫌隙。吕並不安，謂人曰：「惠卿讀儒書，只知仲尼之可尊。看外典，只知佛之可貴。今之世，只知介甫之可師。不意爲人讒，失平日之歡，且容惠卿善去。」人有達其言於公者，公聞之，語其子元澤曰：「吕六卻如此，使人不忍。」其子答云：「公雖不忍，人將忍公矣。」公默然。《珍席放談》卷下。

84　見呂惠卿11。

85　見呂惠卿13。

86　熙寧中，詔王荆公及子雱同修經義。經成，加荆公左僕射兼門下侍郎，雱龍圖閣直學士，同日授命，故韓參政絳賀詩曰：「陳前輿馬同桓傅，拜後金珠有魯公。」《東軒筆録》卷十。《宋朝事實類苑》卷三十五。

87　〔王荆〕公父子皆以經術進，當時頌美者多以爲周、孔，或曰孔、孟。范鏜爲太學正，獻詩云：「文章雙孔子，術業兩周公。」安石大喜曰：「此人知我父子。」《王荆公詩箋注》卷二十二。《十駕齋養新録》卷七。參見陸佃3。

88　熙寧中，三經義成，介甫拜尚書左僕射，呂吉甫遷給事中。王元澤自天章閣待制進龍圖閣直學士，力辭不受。裕陵欲終命之。吉甫言雱以疾避寵，宜從其志。由是王、呂之怨益深。吉甫未幾以鄧綰等交攻，出知陳州，而發私書之事作矣。《曲洧舊聞》卷二。

89　王元澤奉詔脩三經義，時王丞相介甫爲之提舉，蓋以相臣之重，所以假命於其子也。吾後見魯公與文正公二父，相與談往事，則每云：「《詩》、《書》蓋多出元澤暨諸門弟子手，至若《周禮新義》，實丞相親爲之筆削者。」及政和時，有司上言天府所籍吴氏資居檢校庫，而吴氏者王丞相之婣家也，且多有王丞相文書，於是朝廷悉命藏諸祕閣。用是吾得見之，《周禮新義》筆跡，猶斜風細雨，誠介甫親書，而後知二父之談信。《鐵圍山叢談》卷三。

90　王荆公《詩新經》「八月剥棗」解云：「剥者，剥其皮而進之，所以養老也。」毛公本注云：「剥，擊也。」陸德明音普卜反。公皆不用。後從蔣山郊步至民家，問其翁安在？曰：「去撲棗。」始悟前非。即具奏乞除去十三字，故今本無之。《容齋續筆》卷十五。《鮚埼亭集》外編卷三十四。

91　東坡倅錢塘日，答劉道原書云：「道原要刻印七史固善，方新學經解紛然，日夜摹刻不暇，何力及此？近見京師經義題『國異政，家殊俗』，國何以言異？家何以言殊？又有『其善喪厥善』，其厥不同何也？又説《易·觀》卦本是老鸛，《詩》大、小《雅》本是老鴉，似此類甚衆，大可痛駭。」時熙寧初，王氏之學，務爲穿穴至此。《邵氏聞見後録》卷二十。

92　熙寧六年十一月，吏有不附新法者，介甫欲深罪之，上不可。介甫固争之，曰：「不然，法不行。」上曰：「聞民間亦頗苦新法。」介甫曰：「祁寒暑雨，民猶有怨咨者，豈足顧也！」上曰：「豈若并祁寒暑雨之怨亦無邪？」介甫不悦，退而屬疾家居。數日，上遣使慰勞之，乃出。其黨爲之謀曰：「今不取門下士上所素不喜者暴進用之，則權輕，將有窺人間隙者矣。」介甫從之。既出，即奏擢章惇、趙子幾等，上喜其出，勉强從之，由是權益重。《涑水記聞》卷十六。《宋名臣言行録》後集卷六。案：六年，《續資治通鑑長編》卷二百七十作「八年」。

93　熙寧八年十一月，介甫以疾居家。上遣中使問疾，自朝至暮十七返，醫官脉狀皆使駃行親事齎奏。既愈，復給假十日將治，又給三日，又命兩府就第議事。《涑水記聞》卷十六。

94　王舒公介甫，熙寧末復坐政事堂，每語叔父文正公曰：「天不生才且奈何！是孰可繼吾執國柄者乎？」乃舉手作屈指狀，數之曰：「獨兒子也。」蓋謂元澤。因下一指，又曰：「次賢也。」又下一指，即又曰：「賢兄如何？」謂魯公。則又下一指，沈吟者久之，始再曰：「吉甫如何？且作一人。」遂更下一指，則曰：「無矣。」當是時，元澤未病，吉甫則已隙云。《鐵圍山叢談》卷三。

95〔王〕介甫使徐禧、王古按秀獄，求惠卿罪不得，又使蹇周輔按之，亦無狀迹。王雱危之，以讓練亨甫、呂嘉問，亨甫等請以鄧綰所言惠卿事雜他書下秀獄，不令丞相知也。惠卿素加恩結堂吏，吏遽報惠卿於陳州。惠卿列言其狀，上以示介甫，介甫對「無之」，歸以問雱，乃知其狀。介甫以咎雱，雱時已寢疾，憤怒，遂絶。介甫以是慙於上，遂堅求退。《涑水記聞》卷十六。

96 熙寧八年，王荆公再秉政，既逐呂惠卿，而門下之人復爲謏媚以自安。而荆公上告求去尤切，有練亨甫者謂中丞鄧綰曰：「公何不言於上，以殊禮待宰相，則庶幾可留也。」所謂殊禮者，以丞相之子雱爲樞密使，諸弟皆爲兩制，壻姪皆館職，京師賜第宅田邸，則爲禮備矣。」綰一一如所戒而言，上察知其阿黨，亦頷之而已。一日，荆公復於上前求去，上曰：「卿勉爲朕留，朕當一一如卿所欲，但未有一穩便第宅耳。」荆公駭曰：「臣有何欲，而何爲賜第？」上笑而不答。翌日，荆公懇請其由，上出綰所上章，荆公即乞推劾。先是，綰欲用其黨方揚爲臺官，懼不厭人望，乃并彭汝礪而薦之，其實意在揚也。無何，上黜彭汝礪，綰遽表言：「臣素不知汝礪之爲人，昨所舉鹵莽，乞不行前狀。」即此二事，上察見其姦，遂落綰中丞，以本官知虢州。亨甫奪校書，爲漳州推官。《東軒筆録》卷六。《宋朝事實類苑》卷七十。

97 交趾之圍邕州也，介甫言於上曰：「邕州城堅，必不可破。」上以爲然。既而城陷，上欲召兩府會議於天章閣，介甫曰：「如此則聞愈彰，不若只就東府。」上從之。介甫憂沮，形於言色，王韶曰：「公居此尚爾，況居邊徼者乎？ 願少安重，以鎮物情。」介甫曰：「使公往，能辦之乎？」韶曰：「若朝廷應副，何爲不能辦？」介甫由是始與韶有隙。《涑水記聞》卷十六。

98 安南不滅，議者歸咎王荆公進郭逵而退李憲，荆公笑曰：「使逵無功，勝憲有功。使宦者得志，吾屬異日受禍矣。」他日，有朝士在中書稱李憲字，荆公厲聲叱之曰：「是何人！」即出爲監當。《孫公談圃》卷下。

99 見王珪15。

100 見王安國11。

101 見王雱7。

102 見王雱13。

103 興化縣尉胡滋，其妻宗室女也，自言夢人衣金紫，自稱王待制來爲夫人兒，妻尋産子。介甫聞之，自京師至金陵，與夫人常坐於船門簾下，見船過輒問：「得非胡尉船乎？」既而得之，舉家悲喜，亟往撫視，涕泣，遺之金帛不可勝數，邀與俱還金陵。滋言有捕盗功，應詣銓求賞，介甫使人爲營致，除京官，留金陵且半年，欲匄其兒，其母不可，乃遣之。《涑水記聞》卷十六。《宋朝事實類苑》卷六十八。《湧幢小品》卷二十一。

104 見程師孟3。

105 見郭祥正7。

106 元豐中，王荆公乞罷機政，寓於劉沆相宅幾兩月，神宗未許其去。沆之子瑄嘗謁公坐間，聞公云：

「化成住處在近，可令呼來。」化成者，工課命老僧也。少頃，化成至，公作一課，更爲看命，化成曰：「三十年前與相公看命，今仕至宰相，更復何問？」公微作色曰：「安石問命，又不待做官，但力乞去，上未許，只看易便去得否？」化成曰：「相公得意濃時正好休，要去，在相公，不在上，不疑何卜。」公悵然歎服，去意遂決。《退齋筆録》。《疑耀》卷二。

107 李希聲云：舒王罷政事時，居州東劉相宅，於東院小廳，題「當時諸葛成何事，只合終身作卧龍」者數十處。至今尚有三兩處在。《王直方詩話》。《詩話總龜》前集卷十九。《苕溪漁隱叢話》前集卷三十四。

108 孫少述，一字正之，與王荆公交最厚。故荆公《别少述》詩云：「應須一曲千回首，西去論心有幾人。」又云：「子今此去來何時，後有不可誰予規？」其相與如此。及荆公當國，數年不復相聞，人謂二公之交遂睽。故東坡詩云：「蔣濟謂能來阮籍，薛宣真欲吏朱雲。」劉舍人貢父詩云：「不負興公《遂初賦》，更傳中散《絶交書》。」然少述初不以爲意也。及荆公再罷相歸，過高沙，少述適在焉。亟往造之，少述出見，惟相勞苦及弔元澤之喪，兩公皆自忘其窮達。遂留荆公置酒共飯，劇談經學，抵暮乃散。荆公曰：「退即解舟，無由再見。」少述曰：「如此更不去奉謝矣。」然惘惘各有惜别之色。人然後知兩公之未易測也。《老學庵筆記》卷七。《何氏語林》卷十二。

109 王荆公與曾南豐平生以道義相附。神宗問南豐：「卿交王安石最密，安石何如人？」南豐曰：「安石文學行義，不減揚雄，以吝故不及。」神宗遽曰：「安石輕富貴，不吝也。」南豐曰：「臣謂吝者，安石勇於有爲，吝於改過耳。」神宗頷之。《邵氏聞見後録》卷二十。《後山叢談》卷四。

110 介甫爲相，引用一時之人，最爲不次。及再罷相，頗有賣之者。公性不殺物，至金陵，每得生魚，多放池中。有門生作詩曰：「直須自到池邊看，今日誰非鄭校人。」公喜而笑之。《續墨客揮犀》卷七。《倦游雜録》。

111 王荆公再罷政，以使相判金陵，到任，即納節讓同平章事，懇請賜允，改左僕射。未幾，又求宫觀，累表得會靈觀使。築第於南門外七里，去蔣山亦七里，平日乘一驢，從數僮游諸山寺。欲入城，則乘小舫，泛潮溝以行，蓋未嘗乘馬與肩輿也。所居之地，四無人家，其宅僅蔽風雨，又不設垣牆，望之若逆旅之舍，有勸築垣牆，輒不答。元豐末，荆公被疾，奏捨此宅爲寺，有旨賜名報寧。既而荆公疾愈，税城中屋以居，竟不復造宅。《東軒筆録》卷十二。《何氏語林》卷三。

112 元豐末，有以王介甫罷相歸金陵后，資用不足，達裕陵睿聽者，上即遣使以黄金二百兩就賜之。介甫初喜，意召己，既知賜金，不悦，即不受，舉送蔣山修寺，爲朝廷祈福。裕陵聞之，不喜。即有詩云：「穰侯老擅關中事，嘗恐諸侯客子來。我亦暮年專一壑，每聞車馬便驚猜。」此未能忘情在丘壑者也。《侯鯖録》卷三。《宋詩紀事》卷十五。

113 王荆公在金陵，神宗嘗遣内侍凌文炳傳宣撫問，因賜金二百。荆公望闕拜跪受已，語文炳曰：「安石閒居無所用。」即庭下發封，顧使臣曰：「送蔣山常住置田，祝延聖壽。」《石林燕語》卷十。

114 神宗聞安石之貧，命中使甘師顔賜安石金五十兩。安石好爲詭激矯厲之行，即以金施之定林僧舍。師顔因不敢受常例，回，具奏奏之，上諭御藥院牒江寧府，於安石家取甘師顔常例。安石約惠卿，無令上知一帖。惠卿既與安石分黨，乃以其帖上之。上問熙河歲費之説於安石，安石喻王韶，不必盡數以對。詔既叛安石，亦以安石言上之。《邵氏聞見後録》卷二十四。《宋名臣言行録》後集卷六引晁以道《道論配享劄》。

115 王荆公再爲相，承黨人之後，平日肘腋盡去，而在者已不可信，可信者又才不足以任事。平日惟與其子雱謀議，而雱又死，知道之難行也，於是慨然復求罷去，遂以使相再鎮金陵。未幾，納節，求閑地，久之，得會靈觀使，居於金陵。一日，豫國夫人之弟吴生者，來省荆公，寓止於佛寺行香廳。會同天節建道場，府僚當會於行香廳，太守葉均使人白遣吴生，吴生不肯遷。洎行香畢，大會于其廳，而吴生於屏後嫚罵不止。葉均俯首不聽，而轉運毛抗、判官李琮大不平之，牒州令取問。州遣二皂持牒追吴生，吴生奔荆公家以自匿，荆公初不知其事也。頃之，二皂至門下，云「捕人」而諠忿于庭，荆公偶出見之，猶紛紜不已，公叱二皂去。葉均聞之，遂杖二皂，而與毛抗、李琮皆詣荆公，謝以公皂生疎，失於戒束。荆公唯唯不答，而豫國夫人於屏後叱均、抗等曰：「相公罷政，門下之人解體者十七八，然亦無敢捕吾親屬于庭者。汝等乃敢爾耶？」均等趨出。會中使撫問適至，而聞争廳事。中使回日，首以此奏聞。於是葉均、毛抗、李琮皆罷，而以吕嘉問爲守。又除王安上提點江東刑獄，俾建治於所居金陵。《東軒筆録》卷五。《宋朝事實類苑》卷八。

116 王介甫先封舒公，改封荆公。詩曰：「戎狄是膺，荆舒是懲。」識者曰：「宰相不學之過也。」《仇池筆記》卷上。《東坡志林》十二卷本之卷五。

117 荆公熙寧、元豐間既閒居，多騎驢游肆山水間，賓朋至者亦給一驢。蘇子瞻詩所謂「騎驢渺渺入荒陂」是也。後好乘江州車，坐其一箱，其相對一箱不可虚，苟無賓朋，則使村僕坐焉，共載而行。其真率如此。《吕氏雜記》卷下。

118 王荊公辭相位，居鍾山，惟乘驢。或勸其令人肩輿，公正色曰：「自古王公雖不道，未嘗敢以人代畜也。」《邵氏聞見録》卷十一。《湧幢小品》卷十五。《陔餘叢考》卷二十七。

119 王荊公領觀使，歸金陵，居鍾山下，出即乘驢。予嘗謁之，既退，見其乘之而出，一卒牽之而行。問其指使：「相公何之？」指使曰：「若牽卒在前聽牽卒，若牽卒在後即聽驢矣。或相公欲止即止，或坐松石之下，或田野耕鑿之家，或入寺隨行。未嘗無書，或乘而誦之，或憩而誦之。仍以囊盛餅十數枚。相公食罷，即遺牽卒。牽卒之餘，即飼驢矣。或田野間人持飯飲獻者，亦爲食之。」蓋初無定所，或數步復歸，蓋近於無心者也。《清虛雜著補闕》。

120 王荊公不耐静坐，非卧即行。晚卜居鍾山謝公墩，自山距州城邊相半，謂之半山。畜一驢，每食罷必日一至鍾山，縱步山間，倦則即定林而睡，往往至日昃乃歸，率以爲常。有不及終往，亦必跨驢中道而還，未嘗已也。《石林避暑録話》卷一。《何氏語林》卷十一。《宋稗類鈔》卷四。

121 陳秀公罷相，以鎮江軍節度使判揚州。其先塋在潤州，而鎮江即本鎮也。每歲十月旦、寒食，詔許兩往鎮江展省。兩州送迎，旌旗舳艦，官吏錦繡，相屬於道，今古一時之盛也。是時，王荊公居蔣山，騎驢出入。會荊公病愈，秀公請于朝，許帶人從往省荊公，詔許之。舟楫銜尾，蔽江而下，街告而於舟中喝道不絶，人皆歎之。荊公聞其來，以二人肩鼠尾轎，迎于江上。秀公鼓旗艦舳正喝道，荊公忽於蘆葦間駐車以俟。秀公令就岸，大船回旋久之，乃能泊而相見。秀公大慚，其歸也，令罷舟中喝道。《默記》卷中。

122 元豐末，王荊公在蔣山野次，跨驢出入。時正盛暑，而提刑李茂直往候見，即於道左遇之。荊公捨蹇相就，與茂直坐於路次。荆公以兀子，而茂直坐胡牀也。語甚久，日轉西矣，茂直令張傘，而日光正漏在荆公身上。茂直語左右，令移傘就相公。公曰：「不須。若使後世做牛，須着與他日裏耕田。」《默記》卷中。

123 王和父守金陵。荆公退居半山，每出跨驢，從二村僕。一日入城，忽遇和父之出，公亟入編户家避之。老姥自言病痁求藥，公隨行偶有藥，取以遺之。姥酬以麻綫一縷云：「相公可將歸與相婆也。」公笑而受之。《高齋漫録》。《昨非庵日纂》一集卷十。

124 王荆公介甫退處金陵，一日，幅巾杖屨，獨游山寺，遇數客盛談文史，詞辯紛然。公坐其下，人莫之顧。有一客徐問公曰：「亦知書否？」公唯唯而已，復問公何姓，公拱手答曰：「安石姓王。」衆人惶恐，慚俯而去。《青瑣高議》後集卷二。《遯齋閒覽》。

125 王荆公退居金陵，結茅鍾山下，策杖入村落。有老氓張姓，最稔熟。公每步至其門，即呼「張公」，張應聲呼「相公」。一日，公忽大咍曰：「我作宰相許時，止與汝一字不同耳！」《萍洲可談》卷三。

126 荆公退居金陵，蔣山學佛者俗姓吴，日供灑掃，山下田家子也。一日，風墮掛壁舊烏巾，吴舉之，復置於壁。公適見之，謂曰：「乞汝歸遺父。」數日，公問：「幞頭安在？」吴曰：「父村老無用，貨於市中，嘗賣得錢三百文供父。感相公之賜也。」公歎息之，因呼一僕同吴以原價往贖……公命取小刀，自於巾脚刮磨，粲然黄金也。蓋禁中所賜者，乃復遺吴。吴後潦倒，竟不能祝髮，以竹工居真州。政和丙申年，予嘗令造竹器，親説如此。《墨莊漫録》卷一。

127 曾子先持母喪過金陵，〔王荆〕公往弔之。登舟，顧所服紅帶。適一虞候挾笏在旁，公顧之，即解易其皂帶入弔。既出，復易之而去。《石林燕語》卷十。

128 王荆公居鍾山，特與金華俞秀老過故人家飲。飲罷，少坐水亭，顧水際沙間有饌器數件，皆黄白物，意吏卒竊之，故使人問司之者。乃小兒適聚于此食棗栗，食盡棄之而去。文公謂秀老曰：「士欲任大事，閲富貴，如群兒作息乃可耳。」《冷齋夜話》卷十。《賢弈編》卷一。《何氏語林》卷五。《宋稗類鈔》卷五。

129 見俞紫芝3、4。

130 王荆公築草堂于半山，引八功德水，作小港其上，疊石作橋。爲集句填《菩薩蠻》云：「數間茅屋閒臨水，窄衫短帽垂楊裏。花似去年紅，吹開一夜風。柳梢新月偃，午醉醒來晚。何物最關情，黄鸝三兩聲。」《能改齋漫録》卷十七。

131 舒王居前有横塘，嘗放魚於其間，而夜多爲盜以手網得之。王與門人閑步，因曰：「可以揭牒。」時葉致遠戲云：「不須爾也，宜以一集句示之。」乃書橋柱曰：「門前秋水碧鱗鱗，赤鯉躍出如有神。君欲釣魚須遠去，慎勿近前丞相嗔。」王爲之啓齒。《宋朝事實類苑》卷六十七引《漢皋詩話》。

132 荆公居鍾山，一日晝寢，夢有服古衣冠相過者，貌偉甚，曰：「我桀也。」與公論治道，反覆百餘語，不相下。公既覺，猶汗流被體，若作氣劇。因笑語客曰：「吾習氣尚若是乎？」乃作小詩識之，有「堯桀是非猶入夢，因知餘習未能忘」之句。《蔡寬夫詩話》。《苕溪漁隱叢話》前集卷三十三。《詩林廣記》後集卷二。

133 半山晚年所至處，書窗屏間云：「當時諸葛成何事，只合終身作卧龍。」蓋痛悔之詞，此乃唐薛能詩句。《觀林詩話》。

134 工部侍郎王公召試學士院，王荆公爲考官，於簾下見其試畢，就壁間題字，荆公使人録之，乃一詩也。詩云：「古木陰森白玉堂，長年來此試文章。日斜奏罷長楊賦，閑拂塵埃看畫牆。」荆公改「奏罷長楊賦」，作「奏賦長楊罷。」元豐末，荆公在金陵，好事者求書，猶多寫此詩。《宋朝事實類苑》卷三十八。

135 田承君云：「頃爲金陵酒官，有王荆公處老兵，時來沽酒，必問公之動止。兵云：『相公每日只在書院讀書，時時以手撫牀而歎。』人莫測其意。」《研北雜志》卷下。

136 王荆公在半山，使一老兵，方汲泉埽地當其意，譽之不容口。忽誤觸燈檠，即大怒，以爲不力，逐去之。參寥在坐，私語他客云：「公以喜怒進退一老兵，如在朝廷，以喜怒進退士大夫也。」《邵氏聞見後録》卷二十。《後山談叢》卷三。

137 元豐中，王荆公居半山，好觀佛書，每以故金漆版書藏經名，遣人就蔣山寺取之。人士因有用金漆版代書帖與朋儕往來者。《老學庵筆記》卷三。

138 王荆公一日訪蔣山元禪師，坐間談論，品藻古今。元曰：「相公口氣逼人，恐著述搜索勞役，心氣不正，何不坐禪，體此大事？」又一日謂元曰：「坐禪實不虧人。余數年欲作《胡笳十八拍》不成，夜坐間已就。」元大笑。《賓退録》卷五。

139 朱世英言：予昔從文公定林數夕，聞所未聞，嘗曰：「子曾讀《游俠傳》否？移此心學無上菩提，孰能禦哉？」又曰：「成周三代之際，聖人多生儒中，兩漢以下，聖人多生佛中。此不易之論也。」又曰：「吾止以雪峯一句語作宰相。」世英曰：「願聞雪峯之語。」公曰：「這老子嘗爲衆生，自是什麽。」《冷齋夜話》卷十。

140 舒王在鍾山，有道士求謁，因與棋，輒作數語曰：「彼亦不敢先，此亦不敢先。惟其不敢先，是以無所爭。惟其無所爭，故能入於不死不生。」舒王笑曰：「此特棋隱語也。」《冷齋夜話》卷三。《墨客揮犀》卷四。《苕溪漁隱叢話》前集卷三十三。《高齋漫録》。

141 道者吕翁如金陵，過王荆公，而公知之，伏拜請道。翁曰：「子障重，不可。」公又勤請，曰：「我能去障，則爲子去之矣。」竟去。以語廣陵王某，王曰：「先生何取焉？」曰：「吾愛其目爾。」王以語余曰：「如金陵者，翁之真身也，翁察之久矣，欲度故自往。」余語禪者普仁，仁曰：「障必自去，非人能去也。渠如此道而不解乎！」《後山談叢》卷四。

142 王文公歸金陵，四方種學緝文之士多歸之。一經題品，號爲雲霄中人。嘗有徹名自稱詩客者見公，四坐笑曰：「此罌水詫海漢也。」客云：「某學有年，稿山筆塚矣，恨未耦知者耳。願受一題。」公曰：「古今詠物，獨未有沙詩，生能賦此乎？」乃韻曰「星」。客應聲曰：「茫茫黄出塞，漠漠白鋪汀。鳥散風回篆，潮平日射星。」公厚禮之。《西清詩話》卷中。

143 荆公作《字説》時，只在一禪寺中。禪牀前置筆硯，掩一龕燈。人有書翰來者，拆封皮埋放一邊。就倒禪牀睡少時，又忽然起來寫一兩字，看來都不曾眠。《朱子語類》卷一百三十。

144 〔荆公〕作《字説》時，用意良苦，嘗置石蓮百許枚几案上，咀嚙以運其思。遇盡未及益，即嚙其指，至流血不覺。《巖下放言》卷中。《宋稗類鈔》卷五。

145 介甫每得新文字，窮日夜閲之。喜食羊頭籤，家人供至，或值看文字，信手撮入口，不暇用筯，過食亦不覺，至於生患。《朱子語類》卷一百三十。

146 王荊公作《字説》，一日躊躇徘徊，若有所思而不得。子婦適侍見，因請其故。公曰：「解『飛』字未得。」婦曰：「鳥反爪而升也。」公以爲然。《獨醒雜志》卷四。

147 王荊公晚喜説字。客曰：「霸」字何以從西？荊公以西在方域主殺伐，累言數百不休。或曰：霸從雨，不從西也。荊公隨輒曰：「如時雨化之耳。」其學務鑿，無定論類此。如《三經義》頒於學官數年之後，又自列其非是者，奏請易去。《邵氏聞見後録》卷二十。

148 王介甫解佛經三昧之語，用《字説》，示關西僧法秀。秀曰：「相公文章，村和尚不會。」介甫悻然。又問之如何，秀曰：「梵語三昧，此云正定。相公用華言解之，誤也。」《欒城先生遺言》。

149 王荊公喜説字，至於成俗，劉貢父戲之曰：「三鹿爲麤，鹿不如牛。三牛爲犇，牛不如鹿。謂宜三牛爲麤，三鹿爲犇，若難於遽改，欲令各權發遣。」荊公方解縱繩墨，不次用人，往往自小官暴據要地，以資淺，皆號「權發遣」，故并謔之。《邵氏聞見後録》卷三十。《後山談叢》卷四。參見劉攽26。

150 見劉攽24。

151 見劉攽25。

152 荊公解「蔗」字，不得其義。一日行圃，見畦丁蒔蔗横瘞之，曰：「它時節節皆生。」公悟曰：「蔗，草之庶生者也。」……世傳東坡問荆公：「何以謂之波？」曰：「波者，水之皮。」坡曰：「然則滑者水之骨也？」《鶴林玉露》甲編卷三。

153 見蘇軾112。

154 東坡聞荆公《字説》新成，戲曰：「以竹鞭馬爲篤，不知以竹鞭犬，有何可笑？」又問曰：「鳩字從九從鳥，亦有證據乎？」坡云：「《詩》曰：『鳲鳩在桑，其子七兮。』和爺和娘，恰似九個。」公欣然而聽，久之，始悟其謔也。《調謔編》。《高齋漫録》。《堯山堂外紀》卷五十二。

155 元豐七年春，公有疾，兩日不言，少蘇，語吴國夫人曰：「夫婦之情偶合耳，不須他念，强爲善而已。」執葉濤手曰：「君聰明，宜博讀佛書，慎勿徒勞作世間言語。安石生來多枉費力，作閒文字。」深自悔責。吴國勉之曰：「公未宜出此言。」曰：「生死無常，吾恐時至不能發言，故今叙此。時至則行，何用君勸。」公疾瘳，乃自悔曰：「雖識盡天下理，而定力尚淺。或者未死，應尚竭力修爲。」《宋名臣言行録》後集卷六。

156 舒王在鍾山，有客自黄州來。公曰：「東坡近日有何妙語？」客曰：「東坡宿于臨皋亭，醉夢而起，作《成都聖像藏記》千有餘言，點定纔一兩字。有寫本，適留舟中。」公遣人取而至。時月出東南，林影在地，公展讀于風簷，喜見眉鬚，曰：「子瞻，人中龍也，然有一字未穩。」客曰：「願聞之。」公曰：「『日勝日貧』，不若曰『如人善博，日勝日負』耳。」東坡聞之，拊手大笑，亦以公爲知言。《冷齋夜話》卷五。《仕學規範》卷三十四。《何氏語林》卷九。

157 《冷齋夜話》載王荆公居鍾山，一日於客處得東坡《寶相藏記》，展誦於風簷之下，喜見鬚眉，曰：「子瞻，人中龍也，然有一字未穩。」客請願聞之。公曰：「『日勝日貧』，不若『日勝日負』。」東坡聞之，拊掌大笑，以爲知言。又《潘子真詩話》載東坡作《表忠觀碑》，荆公寘坐隅，有客問曰：「相公亦喜斯人之作？」公曰：「斯絶似西漢。」坐客歎譽不已。《野客叢書》卷六。

158 東坡初爲趙清獻公作《表忠觀碑》，或持以示王荆公。公讀之，沈吟曰：「此何語邪？」時有客在傍者，遽指摘而詆訾之，公不答。讀至再三，又擕之而起，行且讀，忽歎曰：「此《三王世家》也，可謂奇矣。」客大慚。《卻掃編》卷下。《何氏語林》卷十七。《宋稗類鈔》卷六。

159 王介甫與蘇子瞻初無隙，吕惠卿忌子瞻才高，輒間之。神宗欲以子瞻爲同修起居注，介甫難之。又意子瞻文士，不曉吏事，故用爲開封府推官以困之。子瞻益論事無諱，擬廷試策，獻萬言書，論時政甚切，介甫滋不悦子瞻。子瞻外補官。中丞李定，介甫客也。定不服母喪，子瞻以爲不孝，惡之。定以爲恨，劾子瞻作詩謗訕。子瞻自知湖州下御史獄，欲殺之，神宗終不忍，貶散官，黄州安置。移汝州，過金陵，見介甫甚歡。子瞻曰：「某欲有言于公。」介甫色動，意子瞻辨前日事也，子瞻曰：「某所言者，天下事也。」介甫色定，曰：「姑言之。」子瞻曰：「大兵大獄，漢、唐滅亡之兆。祖宗以仁厚治天下，正欲革此。今西方用兵，連年不解，東南數起大獄，公獨無一言以救之乎？」介甫舉手兩指示子瞻曰：「二事皆惠卿啟之，某在外安敢言！」子瞻曰：「固也，然在朝則言，在外則不言，事君之常禮耳。上所以待公者非常禮，公所以事上者，豈可以常禮乎？」介甫厲聲曰：「某須説。」又曰：「出在安石口，入在子瞻耳。」

蓋介甫嘗爲惠卿發其「無使上知」私書，尚畏惠卿，恐子瞻泄其言也。介甫又語子瞻曰：「人須是知行一不義，殺一不辜，得天下弗爲，乃可。」子瞻戲曰：「今之君子争減半年磨勘，雖殺人亦爲之。」介甫笑而不言。《邵氏聞見録》卷十二。《宋名臣言行録》後集卷九。《宋稗類鈔》卷五。

160 東坡自黄徙汝，過金陵，荆公野服乘驢，謁於舟次。東坡不冠而迎，揖曰：「軾今日敢以野服見大丞相。」荆公笑曰：「禮豈爲我輩設哉！」東坡曰：「軾亦自知相公門下用軾不著。」荆公無語，乃相招游蔣山。在方丈飲茶次，公指案上大硯曰：「可集古人詩聯句賦此硯。」東坡應聲曰：「軾請先道一句。」因大唱曰：「巧匠斲山骨。」荆公沈思良久，無以續之，乃曰：「且趁此好天色，窮覽蔣山之勝，此非所急也。」田晝承君是日與一二客從後觀之，承君曰：「荆公尋常好以此困人，而門下士往往多辭以不能，不料東坡不可以此懾伏也。」《曲洧舊聞》卷五。《何氏語林》卷九。《堯山堂外紀》卷五十。《硯箋》卷一。

161 東坡自黄移汝，過金陵，見舒王，適陳和叔作守，多同飲會。一日，游蔣山，和叔被召將行，舒王顧江山曰：「子瞻可作歌。」坡醉中書云：「千古龍蟠並虎踞，從公一弔興亡處。渺渺斜風吹細雨，芳草路，江南父老留公住。　公駕飛軿淩紫霧，紅鸞驂乘青鸞馭。卻訝此洲名白鷺，非吾侣，翩然欲下還飛去。」和叔到任數日而去，舒王笑曰：「白鷺者，得無意乎？」《侯鯖録》卷八。

162 元豐中，王文公在金陵，東坡自黄北遷，日與公游，盡論古昔文字，閑即俱味禪悦。公歎息謂人曰：「不知更幾百年，方有如此人物。」東坡渡江至儀真，和《游蔣山》詩，寄金陵守王勝之益柔，公亟取讀，至「峯多巧障日，江遠欲浮天」，乃撫几曰：「老夫平生作詩，無此二句。」又在蔣山時，以近製示東坡，東坡云：「若『積李兮縞夜，崇桃兮炫晝』，自屈、宋没世，曠千餘年，無復《離騷》句法，乃今見之。」荆公曰：「非子瞻見諛，自負亦如此，然未嘗爲俗子道也。」當是時，想見俗子掃軌矣。《西清詩話》卷上。

163 東坡得請宜興，道過鍾山，見荆公。時公病方愈，令坡誦近作，因爲手寫一通，以爲贈。復自誦詩俾坡書以贈己，仍約坡卜居秦淮。故坡和公詩云：「騎驢渺渺入荒陂，想見先生未病時。勸我試求三畝宅，從公已覺十年遲。」《潘子真詩話》。《苕溪漁隱叢話》前集卷三十五。

164 王介甫論揚子投閣，爲史臣之妄，劇秦美新之作亦後人誣之云。它日與東坡論及此，東坡曰：「軾亦疑一事。」荆公曰：「疑何事？」東坡云：「不知西漢果有子雲否？」聞者皆大笑。《北窗炙輠録》卷上。《堯山堂外紀》卷五十二。

165 王文公見東坡《醉白堂記》，徐云：「此定是韓、白優劣論。」東坡聞之曰：「不若介甫《虔州學記》，乃學校策耳。」二公相誚或如此。然勝處未嘗不相傾慕。元祐間，東坡奉祠西太乙，見公舊題：「楊柳鳴蜩緑暗，荷花落日紅酣。三十六陂春水，白頭想見江南。」注目久之曰：「此老野狐精也。」《西清詩話》卷中。《宋朝事實類苑》卷三十九。

166 王丞相嘗云：「自議新法，始終言可行者，曾布也。言不可行者，司馬光也。餘皆前叛後附，或出或入。」《宋朝事實類苑》卷八引《澠水燕談録》。《倦游雜録》。《宋名臣言行録》後集卷六。

167 王荆公退居金陵，一日，與門人山行，少憩松下。公忽回顧周種曰：「司馬十二，君子人也。」種默不對。公復前行，言之再四，人莫知其意。公此時豈深悔爲惠卿輩所誤耶？《獨醒雜志》卷四。

168 王荆公晚年於鍾山書院多寫「福建子」三字，蓋悔恨於吕惠卿者，恨爲惠卿所陷，悔爲惠卿所誤也。每山行多恍惚，獨言若狂者。田畫承君云，荆公嘗謂其姪防曰：「吾昔好交游甚多，皆以國事相絶。今居閒復欲作書相問。」防忻然爲設紙筆案上，公屢欲下筆作書，輒長歎而止，意若有所愧也。公既病，和甫以邸吏狀視公，適報司馬温公拜相，公悵然曰：「司馬十二作相矣。」荆公所謂《日録》者，命防收之。公病甚，令防焚去，防以他書代之。後朝廷用蔡卞請，下江寧府，至防家取《日録》以進。卞方作史，懼禍，乃假《日録》减落事寔，文致姦僞，上則侮薄神宗，下則誣毁舊臣，盡改元祐所修《神宗正史》。蓋荆公初相，以師臣自居，神宗待遇之禮甚厚。再相，帝滋不悦，議論多異同，故以後《日録》，卞欺神宗匿之。今見於世止七十餘卷，陳瑩中所謂尊私史以壓宗廟者也。伯温竊謂，荆公聞温公入相則曰：「司馬十二作相矣。」蓋二公素相善，荆公以行新法作相，温公以不行新法辭樞密使，反復相辯論，三書而後絶。荆公知温公長者，不修怨也。至荆公薨，温公在病告中聞之，簡吕申公曰：「介甫無他，但執拗耳。贈卹之典宜厚。」大哉，温公之盛德，不可及矣。《邵氏聞見録》卷十二。《宋名臣言行録》後集卷六。

169 予友人相訪，指案間荆公《日録》曰：「僕不喜閲此書。」予問其故，客曰：「凡稱上曰某事如何，則言曰予不然。凡稱某事予則曰如何，則言上曰極是。」此尤可笑也。《墨莊漫録》卷二。

170 元祐初，温公拜相，更易熙、豐政事。荆公在鍾山，親舊恐傷其意，不敢告語。有舉子自京師歸，公問有何新事，對曰：「近有指揮不得看《字説》。」公曰：「法度可改，文字亦不得作乎？」是夜，聞公繞牀行至達旦，於屏上書「司馬光」三字，凡數百。其胸次不平之氣，概可見也。《高齋漫録》。

171 公在金陵，聞朝廷變其法，夷然不以爲意。及聞罷役法，愕然失聲曰：「亦罷至此乎？」良久曰：「此法終不可罷，安石與先帝議之，兩年乃行，無不曲盡。」後果如其言。《宋名臣言行録》後集卷六引《卮史》。

172 荆公在鍾山，嘗恍惚見雱荷鐵枷杻如重囚者，荆公遂施所居半山園宅爲寺，以薦其福。後荆公病瘡良苦，嘗語其姪曰：「亟焚吾所謂《日録》者。」姪紿公，焚他書代之，公乃死。《邵氏聞見録》卷十一。

173 荆公在金陵，未病前一歲，白日見一人上堂，再拜，乃故群牧吏，其死已久矣。荆公驚問：「何故來？」吏曰：「蒙相公恩，以待制故來。」荆公愴然，問：「雱安在？」吏曰：「見今未結絶了，如要見，可於某夕幕廡下，切勿驚呼，唯可令一親信者在側。」荆公如其言。頃之，見一紫袍博帶，據案而坐，乃故吏也。獄卒數人枷一囚，自大門而入，身具桎梏，曳病足立廷下，血汙地，呻吟之聲殆不可聞，乃雱也。雱對吏云：「告早結絶。」良久而滅。荆公幾失聲而哭，爲一指使掩其口。明年，荆公薨。《孫公談圃》卷中。《堅瓠餘集》卷二。

174 舒王一日與葉濤坐蔣山本府，一牙校來參，公問來意，其人乞屏左右，言：「昨夕夢至陰府，見待制帶鐵枷良苦，令某白相公，意望有所薦拔。某恐相公不信，遲疑間，待制云：『但説某時某處所議之事，今坐此備受慘毒。』」公悟其事，不覺大慟。公既薨，有武弁死而復甦，言：「王氏父子皆鐵枷，竊問何罪，曰緣曾議復肉刑致此。」乃與前校之夢略同。今士大夫往往皆知之。《泊宅編》三卷本卷中。

175 荆公薨之前一歲，淩晨，閽者見一蓬頭小青衣送白楊木笏，裹以青布，荆公惡甚，棄之墻下，曰：「明年祖龍死。」《孫公談圃》卷中。《群書類編故事》卷十二。

176 王荆公在鍾山，乘驢薄暮行荒村中。有婦人蒙首執文書一紙遮公曰：「妾有寃訴。」公喻以退居不預公事，當自州縣理之。婦人曰：「妾寃訴闕相公，乞留文書一觀。」公不能卻，令執藥囊老兵取狀。至半山園視之，素紙一幅耳。公以是月薨。猶子防爲王性之云爾。《邵氏聞見後録》卷三十。

177 荆公病革甚，吴夫人令蔡元度詣茅山謁劉混康問狀。劉曰：「公之病不可爲已。適見道士數十人往迎公，前二人執旛，旛面有字，若金書然。左曰『中函法性』，右曰『外習塵紛』。」元度自言如此。或者又云，荆公臨薨，頗有陰譴怪異之事。與此不同，未知孰是。《墨莊漫録》卷二。

178 王荆公在金陵。有僧清曉於鍾山道上見有童子數人，持幡幢羽蓋之屬。僧問之，曰：「往迎王相公。」幡上書云：「中含法姓，外習塵氛。」到寺未久，聞荆公薨。《揮塵後録》卷六。《宋稗類鈔》卷八。

179 王介甫居金陵，求書徐神翁，示「勑舒王」三字，而「勑」字不全，且曰：「勑不須用人也。」未幾薨。政和中追封王爵。《海陵三仙傳》。

180 徐君平，金陵人，親見荆公病革時，獨與一醫者對牀而寢，荆公矍然起云：「適夢與王禹玉露髻不巾，同立一壇上。」已而遂薨。《孫公談圃》卷下。

181 王荆公自稱楚老。《陳輔之詩話》。《類説》卷五十七。

182 黄庭堅嘗言：「人心動則目動。」王介甫終日目不停轉。《道山清話》。《何氏語林》卷二十二。《宋稗類鈔》卷五。

183 見曾公亮2。

184 吕惠卿嘗語王荆公曰：「公面有皯，用園荽洗之當去。」荆公曰：「吾面黑耳，非皯也。」吕曰：

「園荽亦能去黑。」荊公笑曰：「天生黑於予，園荽其如予何！」《東軒筆録》卷十二。《宋朝事實類苑》卷六十七。《何氏語林》卷三十。《堯山堂外紀》卷五十。

185 王荊公病喘，藥用紫團山人蔘，不可得，時薛師政自河東還，適有之，贈公數兩，不受。人有勸公曰：「公之疾，非此藥不可治，疾可憂，藥不足辭。」公曰：「平生無紫團蔘，亦活到今日。」竟不受。公面黧黑，門人憂之，以問醫，醫曰：「此垢汗，非疾也。」進澡豆令公頮面，公曰：「天生黑於予，澡豆其如予何！」《夢溪筆談》卷九。《墨客揮犀》卷十。

186 王文公安石爲相日，奏事殿中，忽覺偏頭痛不可忍，遽奏上，請歸治疾。裕陵令且在中書偃卧，已而小黄門持一小金杯藥少許，賜之，云：「左痛即灌右鼻，右即反之，左右俱痛，並灌之。」即時痛愈。明日入謝，上曰：「禁中自太祖時，有此數十方，不傳人間，此其一也。」因並賜此方。蘇軾自黄州歸，過金陵，安石傳其方，用之如神。《墨莊漫録》卷五。

187 王荊公性不善緣飾，經歲不洗沐，衣服雖弊，亦不浣濯。與吴冲卿同爲群牧判官，時韓持國在館中，三數人尤厚善，無日不過從。因相約：每一兩月，即相率洗沐定力院，家各更出新衣，爲荊公番，號「拆洗王介甫」云。出浴見新衣輒服之，亦不問所從來也。《石林燕語》卷十。

188 王荊公性簡率，不事修飾奉養，衣服垢污，飲食粗惡，一無所擇。自少時則然……然少喜與吕惠穆、韓獻肅兄弟游，爲館職時，玉汝嘗率與同浴於僧寺，潛備新衣一襲，易其敝衣，俟其浴出，俾其從者舉以衣之，而不以告。荊公服之如固有，初不以爲異也。及爲執政，或言其喜食獐脯者，其夫人聞而疑之，曰：「公平日未嘗有擇於飲食，何忽獨嗜此？」因令問左右執事者曰：「何以知公之嗜獐脯耶？」曰：「每食不顧他物，而獐脯獨盡，是以知之。」復問：「食時置獐脯何所？」曰：「在近匕筯處。」夫人曰：「明日姑易他物近匕筯。」既而果食他物盡，而獐脯固在。而後人知其特以其近故食之，而初非有所嗜也。人見其太甚，或者多疑其僞云。《曲洧舊聞》卷十。《宋稗類鈔》卷四。

189 王荆公介甫在政事堂，只吃魚羹飯。一日，因事乞去，云：「世間何處無魚羹飯！」胡文定公云：「只爲介甫緣累輕，故去住自在。」《言行龜鑑》卷五。《自警編》卷五。《上蔡語録》卷一。

190 王荆公在相位，子婦之親蕭氏子至京師，因謁公，公約之飯。翌日，蕭氏子盛服而往，意謂公必盛饌。日過午，覺饑甚而不敢去。又久之，方命坐，果蔬皆不具，其人已心怪之。酒三行，初供胡餅兩枚，次供彘臠數四，頃即供飯，傍置菜羹而已。蕭氏子頗驕縱，不復下箸，惟啖胡餅中間少許，留其四傍。公顧取自食之，其人愧甚而退。人言公在相位，自奉類不過如此。《獨醒雜志》卷二。

191 王介甫以次女適蔡卞。吴國夫人吴氏驟貴，又愛此女，乃以天下樂暈錦爲帳，未成禮而華侈之聲已聞於外。神宗一日問介甫云：「卿大儒之家，用錦帳嫁女？」介甫諤然無以對，歸問之，果然。乃捨之開寶寺福勝閣下爲佛帳，明日再對，惶懼謝罪而已。《南游記舊》。《蓼花洲閒録》。

192 王荆公嫁女蔡氏，慈壽宮賜珠褥，直數十萬。《後山談叢》卷五。

193 沈起待制諸子，有見荆公者，頗喜之，許以薦擢。一日，沈盛飾出游，過相府，公聞其在門，呼入與共匕箸。先令褫帶，沈辭，不得已，公以手褰沈所衣真珠繡直繫，連稱「好，好」。自後不得復見，坐此沈廢。《萍洲可談》卷三。

194 王荆公妻越國吳夫人，性好潔成疾，公任真率，每不相合。自江寧乞骸歸私第，有官藤牀，吳假用未還，吏來索，左右莫敢言。公一日跣而登牀，偃仰良久，吳望見，即命送還。《萍洲可談》卷三。《何氏語林》卷三。《堯山堂外紀》卷五十。《宋稗類鈔》卷四。

195 荆公吳夫人有潔疾，其意不獨恐污己，亦恐污人。長女之出，省之於江寧，夫人欣然裂綺縠製衣，將贈其甥，皆珍異也。忽有猫卧衣笥中，夫人即叱婢揭衣置浴室下，終不肯與人，竟腐敗，無敢取者。《萍洲可談》卷三。

196 王荆公于富貴聲色，略不動心，得耿天隲憲竹根冠，愛詠不已。《老學庵筆記》卷五。

197 王荆公平生只用小竹紙一種。《邵氏聞見後録》卷二十八。

198 有獻硯于王荆公云：「呵之得水。」公笑而卻之曰：「縱得一擔，能直幾何？」《五總志》。

199 荆公凡處事，必要經據。託人賣金，零賣了，銖兩不足，甚怒，元澤云：「銖銖而較之，至兩必差。」遂解。《晁氏客語》。

200 〔王安石〕好讀書，能强記，雖後進投贄及程試文有美者，讀一周輒成誦在口，終身不忘。其屬文，動筆如飛，初若不措意，文成，見者皆伏其精妙。友愛諸弟，俸禄入家，數日輒盡爲諸弟所費用，家道屢空，不一問。議論高奇，能以辯博濟其説，人莫能詘。始爲小官，不汲汲於仕進。《温公瑣語》。

201 楚公尤愛《毛詩》，註字皆能暗誦，見門生或輕注疏，歎曰：「吾治平中至金陵，見王介甫有《詩正義》一部在案上，揭處悉已漫壞穿穴，蓋繙閱頻所致。介甫觀書，一過目盡能，然猶如此。」《家世舊聞》卷上。《老學庵筆記》卷一。

202 王介甫喜談經術，雖館閣諸公莫與争鋒，惟劉原父兄弟來，介甫爲之小屈。《何氏語林》卷九。

203 見曾鞏11。

204 神考常問荆公云：「卿曾看歐陽《五代史》否？」公對曰：「臣不曾子細看，但見每篇首必曰『嗚呼』，則事事皆可歎也。」予謂公真不曾子細看也，若使曾子細看，必以「嗚呼」爲是。五代之事，豈非事事可歎者乎？《東皐雜録》。

205 王介甫意輕《五代史》。一日，因平甫案間有之，遂問曰：「此書何如？」平甫曰：「以明白易曉之言，叙擾攘難盡之事，未易議也。」始誠其言，以爲切當。《五總志》。

206 荆公爲許子春作家譜，子春寄歐陽永叔而隱其名。永叔未及觀，後因曝書，讀之稱善。初疑荆公作，既而曰：「介甫安能爲？必子固也。」《孫公談圃》卷上。

207 荆公爲弟作志銘，而絶不露兄字，亦不書其出官之績。《太平清話》卷下。

208 舒王有云：「卻憶金明池上路，紅裙争看緑衣郎。」歐公謂舒王曰：「謹愿者亦復爲之耶？」《詩話總龜》前集卷八。

209 王荆公絶句云：「京口瓜洲一水間，鍾山秖隔數重山。春風又緑江南岸，明月何時照我還。」吴中士人家藏其草，初云「又到江南岸」，圈去「到」字，注曰不好，改爲「過」，復圈去而改爲「入」，旋改爲「滿」，凡如是十許字，始定爲「緑」。《容齋續筆》卷八。《宋詩紀事》卷十五。

210 荊公《題金陵此君亭》詩云：「誰憐直節生來瘦，自許高才老更剛。」賓客每對公稱頌此句，公輒頻蹙不樂。晚年與平甫坐亭上，視詩牌曰：「少時作此題榜，一傳不可追改，大抵少年題詩，可以爲戒。」平甫曰：「楊子雲所以悔其少作也。」《高齋詩話》。《詩話總龜》後集卷五。《詩人玉屑》卷十七。《宋詩紀事》卷十五。

211 荊公詩用法甚嚴，尤精於對偶。嘗云，用漢人語，止可以漢人語對，若參以異代語，便不相類。如「一水護田將緑去，兩山排闥送青來」之類，皆漢人語也。此法惟公用之不覺拘窘卑凡。如「周顒宅在阿蘭若，婁約身隨窣堵波」，皆以梵語對梵語，亦此意。嘗有人面稱公詩「自喜田園安五柳，但嫌尸祝擾庚桑」之句，以爲的對。公笑曰：「伊但知柳對桑爲的，然庚亦自是數。」蓋以十干數之也。《石林詩話》卷中。

212 王荊公暮年喜爲集句，唐人號爲四體，黄魯直謂正堪一笑爾。《後山詩話》。

213 王荊公作集句，得「江州司馬青衫濕」之句，欲以全句作對，久而未得。一日問蔡天啟：「『江州司馬青衫溼』，可對甚句？」天啓應聲曰：「何不對『梨園弟子白髮新。』」公大喜。《竹坡詩話》。《堯山堂外紀》卷五十。

214 昔有刺字至半山之前，自稱「集句詩人」，坐客駭然。公置之坐末，問：「『江州司馬青衫濕』，何以爲對？」應聲曰：「『梨園子弟白髮新。』」公甚悅。《攻媿集》卷七十五。

215 荊公在鍾山興國寺，見一尼入寺，使蔡天啓集句嘲之云：「不住薰爐換好香，爲他人作嫁衣裳。因過竹院逢僧話，始覺空門氣味長。」《苕溪漁隱叢話》後集卷二十五引《東皋雜録》。

216 荊公元祐改元三月末間，疾已甚，猶折花數枝，置牀前，作詩曰：「老年少歡豫，况復病在牀。汲水置新花，取慰此流光。流光只須臾，我亦豈久長。新花與故吾，已矣兩相忘。」自此至没，不復作詩，此篇蓋絶筆也。《家世舊聞》卷下。

217 金陵懷古，諸公寄詞於《桂枝香》，凡三十餘首，獨介甫最爲絶唱。東坡見之，不覺歎息曰：「此老乃野狐精也。」《古今詞話》。《景定建康志》卷三十七。《詞林紀事》卷四。

218 介甫嘗晝寢，謂葉濤曰：「適夢三十年前所喜一婦人，作長短句贈之，但記其後段：『隔岸桃花紅未半，枝頭已有蜂兒亂。惆悵武陵人不管。清夢斷，亭亭佇立春宵短。』」《泊宅編》十卷本卷一。

219 半山嘗於江上人家壁間見一絶，云：「一江春水碧揉藍，船趁歸潮未上帆。渡口酒家賒不得，問人何處典春衫。」深味其首句，爲躊躇久之而去。已而作小詞，有「平漲小橋千嶂抱，揉藍一水縈花草」之句，蓋追用其語。《觀林詩話》。

220 荆公戲作四句謎示吉甫云：「畫時圓，寫時方。冬時短，夏時長。」吉甫亦作四句解云：「東海有一魚，無頭亦無尾。更除脊梁骨，便是這箇謎。」《續墨客揮犀》卷六。《類説》卷四十七引《遯齋閒覽》。

221 蜀人黄制參有大，年且九十，作書撫州求《荆公集》云：「人雖誤國，文則傳世。」《黄氏日抄》卷六十四。

222 王荆公書清勁峭拔，飄飄不凡，世謂之横風疾雨。黄魯直謂學王濛，米元章謂學楊凝式，以余觀之，乃天然如此。《墨莊漫録》卷一。《太平清話》卷下。

223 唐人初未有押字，但草書其名以爲私記，故號「花書」，韋陟「五雲體」是也。余見唐誥書名，未見一楷字。今人押字，或多押名，猶是此意。王荊公押石字，初横一畫，左引脚，中爲一圈。公性急，作圈多不圓，往往窩匾，而收横畫又多帶過。常有密議公押歹字者，公知之，加意作圈。一日書《楊蟠差遣敕》，作圈復不圓，乃以濃墨塗去，旁別作一圈，蓋欲矯言者。楊氏至今藏此敕。《石林燕語》卷四。

224 熙寧初，荊公用事，一時字多以「甫」，押字多以圈。時詩云：「表德皆連甫，花書盡帶圈。」《王直方詩話》。《類説》卷五十七。

225 荊公碁品殊下，每與人對局，未嘗致思，隨手疾應，覺其勢將敗，便斂之，謂人曰：「本圖適性忘慮，反苦思勞神，不如且已。」與葉致遠敵手，嘗贈致遠詩云：「垂成忽破壞，中斷俄連接。」是知公棋不甚高。又云：「諱輸寧斷頭，悔悮仍搏頰。」是又未能忘情於一時之得喪也。《苕溪漁隱叢話》前集卷三十三引《遯齋閒覽》。《詩人玉屑》卷十七。《堯山堂外紀》卷五十。

226 荊公棋將敗，則隨手斂之，嘗作詩曰：「莫將戲事擾真情，且可隨緣道我贏。戰罷兩奩收黑白，一枰何處有虧成。」《堅瓠丁集》卷三引《遯齋閒覽》。

227 荊公爲江西漕，夢小龍呼「相公」，求夾注《維摩經》十卷，久而忘之。後至友人家，見佛堂中有是經，因録而送廟。及在相府，夢小龍來謝。《孫公談圃》卷上。

228 王荊公墓在建康蔣山東三里，與其子雱分昭穆而葬。紹聖初，復用元豐舊人，起呂吉甫知金陵，時待制孫君孚責知歸州，經從，呂燕待之，禮甚厚。一日，因報謁於清涼寺，問孫：「曾上荊公墳否？」蓋當時士大夫道金陵，未有不上荊公墳者。五十年前，彼之士子，節序亦有往致奠者，時之風俗如此。《清波雜志》卷十二。

229 荆國王文公以多聞博學爲世宗師，當世學者得出其門下者，自以爲榮，一被稱與，往往名重天下。公之治經，尤尚解字，末流務多新奇，浸成穿鑿。朝廷患之，詔學者兼用舊傳註，不專治新經，禁援引《字解》。于是學者皆變所學，至有著書以詆公之學者，且諱稱公門人。故芸叟爲挽詞云：「今日江湖從學者，人人諱道是門生。」傳士林。及後詔公配享神廟，贈官并謚，俾學者復治新經，用《字解》。昔從學者，稍稍復稱公門人，有無名子改芸叟詞云：「人人卻道是門生。」《澠水燕談録》卷十。《宋詩紀事》卷十五。

230 王安石配享文宣王廟庭，坐顔、孟之下，十哲之上。駕幸學，親行奠謁，或謂安石巍然而坐，有所未允。蔡知院元度曰：「便塑底也不得。」《道山清話》。

231 初，崇寧既建辟廱，詔以荆公封舒王，配享宣聖廟，肇創坐像。〔陳〕了翁憤之，併於奏牘寓意。……余後因讀《夷堅支乙》，見其記優人嘗因對御，戲設孔子正坐。顔、孟與安石侍側，孔子命之坐，安石揖孟子居上，孟辭曰：「天下達尊，爵居其一。軻僅蒙公爵，相公貴爲真王，何必謙光如此。」遂揖顔子，顔曰：「回也陋巷匹夫，平生無分毫事業，公爲名世真儒，位貌有間，辭之過矣。」安石遂處其上。夫子不能安席，亦避位，安石皇懼，拱手云不敢。往復未決，子路在外，憤憤不能堪，徑趨從祀堂，挽公冶長臂而出。公冶爲窘迫之狀，謝曰：「長何罪？」乃責數之曰：「汝全不救護丈人，看取别人家女婿。」其意以譏〔蔡〕卞也。時方議欲升安石於孟子之右，爲此而止。是知當時公議，雖小夫下俚，猶不愜，不特了翁也。其後朝論，亦頗疑於禮文，遇車駕幸學，輒以屏障其面。是時荆公位實居孟子上，與顔子爲對，未嘗爲止，《夷堅》誤矣。國初舊制，兗、鄒二公東西嚮，今郡縣學二公所以并列于左者，蓋靖康撤荆公像之時，徒撤而不復正耳。《桯史》卷十一。《夷堅支志》乙卷四。《宋稗類鈔》卷六。

232 晨至鍾山道林真覺大師塔焚香。……塔後又有定林庵。舊聞先君言，李伯時畫文公像於庵之昭文齋壁，著帽束帶，神彩如生。文公没，齋常扃閉，遇重客至，寺僧開户。客忽見像，皆驚聳，覺生氣逼人，寫照之妙如此。今庵經火，尺椽無復存者。《入蜀記》卷二。《東山談苑》卷六。

233 王荆公所賜玉帶，闊十四掐，號玉抱肚，真廟朝趙德明所貢。至紹興中，王氏猶藏之。曾孫奉議郎𤣱始復進入禁中。《老學庵筆記》卷七。《宋稗類鈔》卷八。

234 淳祐改元正月十九日，理宗皇帝駕幸太學，御筆云：「王安石謂天命不足畏，祖宗不足法，人言不足信。此三語爲萬世之罪人，豈宜祀孔子廟廷？合與削去，以正人心，息邪説。」……令國子監日下施行。《豹隱記談》。《西湖游覽志餘》卷二。

王安國

1 王平甫年十三，登滕王閣，賦詩云：「滕王平昔好追游，高閣依然枕碧流。勝地幾經興廢事，夕陽偏照古今愁。城中樹密千家市，天際人歸一葉舟。極目煙波吟不盡，西山重疊亂雲浮。」時郡守張侯見而異之，爲啓宴張樂于其上。其後建中靖國元年，其女識之于石云。平甫元豐初，以交鄭俠，遂廢于家。作詩云：「三見齊王不一言，須知自古致君難。紛紛齊虜誇迂闊，口舌從來易得官。」《能改齋漫録》卷十一。

2　蔣希魯守蘇州，時范文正守杭州，極下士。王荆公兄弟時寄居於杭，平甫尚布衣少年也。一日，過蘇見希魯，以道服見之。平甫内不能平，時時目其衣。希魯覺之，因曰：「范希文在杭時，着道服以見客。」平甫對曰：「希文不至如此無禮。」《默記》卷下。

3　王景彝以御史中丞知貢舉，而王平甫被黜。平甫對客云：「就試前，夢御街上騎驢而墜地，今果爲驢子所落。」景彝聞而大銜之。其後，平甫試大科，景彝彈其士檢不修，罷之。《默記》卷中。

4　王安國奉母喪，常在墓側，出血和墨，書佛經甚衆。《太平清話》卷下。《臨川文集》卷九十一《王平甫墓志》。

5　王安國著《序言》五十篇。上初即位，韓絳、邵亢爲樞密副使，同以《序言》進，上御批稱美，令召試學士院，將不次進用，而大臣有不喜者，止得兩使職官，後辟爲西京國子監教授。後中丞吕誨彈奏王荆公，猶以爲推恩太重。平甫博學，工文章，通古今，達治道，勁直寡合，不阿時之好惡，雖與荆公論議亦不苟合，故異時執政得以中傷，而言事者謂非毁其兄，遂因事逐之，天下之人皆以爲寃。《東軒筆録》卷五。《宋名臣言行録》後集卷六。

6　王安國，字平甫，介甫之弟也，常非其兄所爲。爲西京國子監教授，溺於聲色。介甫在相位，以書戒之曰：「宜放鄭聲。」安國復書曰：「安國亦願兄遠佞人也。」官滿，至京師，上以介甫故，召上殿，時人以爲必除侍講。上問以其兄秉政物論如何，對曰：「但恨聚斂太急、知人不明耳。」上默然不悦，由是别無恩命。久之，乃得館職。《涑水記聞》卷十六。《宋朝事實類苑》卷十七。

7　王安國性亮直，嫉惡太甚。王荆公初爲參知政事，閒日因閱讀晏元獻公小詞而笑曰：「爲宰相而作小詞，可乎？」平甫曰：「彼亦偶然自喜而爲爾，顧其事業，豈止如是耶！」時吕惠卿爲館職，亦在坐，遽曰：「爲政必先放鄭聲，況自爲之乎！」平甫正色曰：「放鄭聲，不若遠佞人也。」吕大以爲議己，自是尤與平甫相失也。《東軒筆録》卷五。《宋名臣言行録》後集卷六。《何氏語林》卷十三。《堯山堂外紀》卷五十。《堅瓠戊集》卷四。《宋稗類鈔》卷三。

8 〔王〕安國者，字平甫，尤正直有文。一日，荆公與吕惠卿論新法，平甫吹笛於内，荆公遣人諭曰：「請學士放鄭聲。」平甫即應曰：「願相公遠佞人。」惠卿深銜之。《邵氏聞見録》卷十一。《東都事略》卷七十九。《宋名臣言行録》後集卷六。《堯山堂外紀》卷五十。

9 安國嘗力諫其兄，以天下恟恟，不樂新法，皆歸咎於公，恐爲家禍。介甫不聽，安國哭於影堂，曰：「吾家滅門矣！」又嘗責曾布以誤惑丞相，更變法令，布曰：「足下，人之子弟，朝廷變法，何預足下事？」安國勃然怒曰：「丞相，吾兄也，丞相之父，即吾父也。丞相由汝之故，殺身破家，僇及先人，發掘丘壟，豈得不預我事邪？」《涑水記聞》卷十六。《宋朝事實類苑》卷十七。《宋名臣言行録》後集卷六。

10 王安石引用小人，造作新法，而弟安國力非之。韓絳附會安石制置三司條例，以得宰相，而弟維力争之。曾布當元符靖國之時，陰禍善類，而弟肇移書力勸之。兄弟邪正之不同如此。《容齋三筆》卷三。《搜采異聞録》卷四。

11 王平甫該洽善議論，與其兄介甫論新政，多援據，介甫不能聽。姪雱病亟，介甫命道士作醮，大陳楮泉。平甫啟曰：「兄在相位，須要令天下後世人取法。雱雖疾，丘之禱久矣，爲此奚益？且兄嘗以君法繩吏奸，今以楮泉邀福，安知三清門下，獨不行君法邪！」介甫大怒。《曲洧舊聞》卷六。《何氏語林》卷十九。《堯山堂外紀》卷五十。《昨非庵日纂》二集卷十三。《宋稗類鈔》卷六。

12 見鄭俠3。

13 馮樞密京，熙寧初，以端明殿學士帥太原，時王左丞安禮以池州司户參軍掌機宜文字，馮雅與相好，因以書託于王平甫曰：「并門歌舞妙麗，吾閉目不窺，但日與和甫談禪耳。」平甫答曰：「所謂談禪者，直恐明公未達也，蓋閉目不窺，已是一重公案。」馮深伏其言。《東軒筆録》卷十二。《宋朝事實類苑》卷四十二。《宋稗類鈔》卷七。

14 自至和、嘉祐以來，費孝先以術名天下，士大夫無不作卦影，而應者甚多，獨王平甫不喜之，嘗語人曰：「占卦本欲前知，而卦影驗於事後，何足問耶！」《東軒筆録》卷十一。

15 見陳繹2。

16 王平甫學士軀幹魁碩，而眉宇秀朗。嘗盛夏入館中，方下馬，流汗浹衣。劉攽見而笑曰：「君真所謂汗淋學士也。」《東軒筆録》卷十二。《宋朝事實類苑》卷六十七。《堯山堂外紀》卷五十。

17 〔王〕安國俊邁，而貌陋黑肥。熙寧中，與余同官于洛下，嘗謂余曰：「子可作詩贈我。」余因援筆戲之曰：「飛卿昔號温鍾夔，思道通俛還魁肥。江淹善啖筆五色，庾信能文腰十圍。只知外貌乏粉澤，誰料滿腹填珠璣。相逢把酒洛陽社，不管淋漓身上衣。」安國由此不悦。《青箱雜記》卷八。《宋朝事實類苑》卷三十五。《堅瓠壬集》卷二。

18 王平甫學士以高才碩學，勁正不附麗。熙寧中，判官告院，忽於秋日作宮辭《點絳唇》一闋，其旨蓋有所刺，以示其游。魏泰歎曰：「公之辭美矣，然斷章乃流離之思，何也？」明年，平甫竟以讒得罪，廢歸金陵。其詞曰：「秋氣微涼，夢回明月穿簾幕。井梧蕭索，正遶南枝鵲。寶瑟塵生，金雁空零落。情無託，鬢雲重掠，不似君恩薄。」《倦游雜録》。《宋朝事實類苑》卷三十五。《苕溪漁隱叢話》前集卷三十六。

19 熙寧中，高麗使人至京，語知開封府元絳曰：「聞内翰與王安國相善，本國欲得其歌詩，願内翰訪求之。」元自往見平甫，求其題詠，方大雪，平甫以詩戲元，其略曰：「豈意詩仙來鳳沼，爲傳賈客過雞林。」即其事也。《東軒筆録》卷八。《墨客揮犀》卷四。《倦游雜録》。《宋朝事實類苑》卷三十五。《詩史》。《詩話總龜》前集卷十七。《類説》卷十六。《西塘集耆舊續聞》卷九。《宋詩紀事》卷二十四。

20 王安國作詩，多使酒樓，嘗語余曰：「楊文公詩有一酒樓：『江南堤柳拂人頭，李白題詩遍酒樓。』錢昭度詩亦有一酒樓：『長憶錢塘江上望，酒樓人散雨千絲。』今子詩有幾酒樓？」余答曰：「吾詩有二酒樓。」安國曰：「足矣。」蓋余有《題九江琵琶亭》小詩云：「夜泊潯陽宿酒樓，琵琶亭畔荻花秋。」又余昔年嘗送客西陵，亦作小詩曰：「後夜錢塘酒樓上，夢魂應遶浙江東。」《青箱雜記》卷八。《詩話總龜》前集卷十引《青箱雜記》謂此乃王安國語宋次道問答語。

21 楊蟠《金山詩》云：「天末樓臺横北固，夜深燈火見揚州。」王平甫云：「莊宅牙人語也，解量四至。」《後山詩話》。

22 陳履常云：……往於秦少游家見李墨，不爲文理，質如金石，亦裕陵所賜，王平甫所藏者。潘谷見之，再拜云：「真廷珪所作也，世惟王四學士有之，與此爲二矣。」《苕溪漁隱叢話》後集卷二十九。

23 京師有僧化成能推人命貴賤，予嘗以王安國之命問之。化成曰：「平甫之命，絶似蘇子美。」及平甫放逐，逾年，復大理寺丞，既卒，年四十七，與舜欽官職、廢斥、年壽無小異者。《東軒筆録》卷六。

24 王安國，熙寧六年冬直宿崇文院，夢有邀之，至海上，見海中宫殿甚盛，其中樂作，笙簫鼓吹之伎甚衆，題其宫曰「靈芝宫」，邀平甫者，欲與之俱往。有人在宫側，隔水止之曰：「時未至，且令去，他日迎之至此。」平甫恍然夢覺，禁中已鳴鐘矣。平甫頗自負其不凡，爲詩以紀之曰：「萬頃波濤木葉飛，笙簫宫殿號靈芝。揮毫不似人間世，長樂鐘來夢覺時。」後四年，平甫病卒，其家哭，訊之曰：「君嘗夢往靈芝宫，其果然乎？當以兆告我。」是夕暮奠，若有音聲接於人者，其家復哭，以錢卜之曰：「往靈芝宫，其果然乎？」卜曰：「然。」又三年，太常寺曾阜夢與平甫會，因語之曰：「平甫不幸早世，今所處良苦如何？」但見平甫笑不止，傍一人曰：「平甫已列仙官矣，其樂非塵世比也。」阜方喜甚而寤。《東軒筆録》卷六。《冷齋夜話》卷二。《墨客揮犀》卷六。《詩話總龜》前集卷三十五引《紀詩》。《王直方詩話》。《侯鯖録》卷四。《雲齋廣録》卷一。《賓退録》卷六。《堯山堂外紀》卷五十。《宋詩紀事》卷二十四。

王安禮

1 見柳永17。

2 荆公諸弟皆有文學，安禮者字和甫，事神宗爲右丞，氣豪玩世，在人主前不屈也。一日宰執同對，上有無人材之歎，左丞蒲宗孟對曰：「人材半爲司馬光以邪説壞之。」上不語，正視宗孟久之。宗孟懼甚，無以爲容。上復曰：「蒲宗孟乃不取司馬光耶？司馬光者未論别事，只辭樞密一節，朕自即位以來，唯見此一人。他人則雖迫之使去，亦不肯矣。」又因泛論古今人物，宗孟盛稱揚雄之賢，上作色而言曰：「揚雄著《劇秦美新》，不佳也。」上不樂。宗孟又因奏書請官屬恩，上曰：「所修書謬甚，無恩。」宗孟又引例書局、儀鸞司等當賜帛，上以小故未答。安禮進曰：「修書謬，儀鸞司者恐不預。」上爲之笑。罷朝，安禮戲宗孟曰：「揚雄爲公坐累矣。」方蘇子瞻下御史獄，小人勸上殺之，安禮言其不可。《邵氏聞見録》卷十一。《自警編》卷六。

3 見徐守信3。

4 熙寧中，王和父尹開封，忽内降付下文字一紙，云武德卒獲之於宫牆上，陳首有欲謀亂者姓名凡數十人。和父令密究其徒，皆無蹤迹，獨有一薛六郎者，居甜水巷，以典庫爲業。和父令以禮呼來，至廷下，問之云：「汝平日與何人爲冤？」薛云：「老矣，未嘗妄出門，初無仇怨。」再三詢之，云：「有族妹之子淪落在外，旬日前忽來見投，貸貢不從，怒駡而去，初亦無他。」和父云：「即此是也。」令釋薛而追其甥，方在瓦市觀傀儡戲，才十八九矣。捕吏以手從後拽其衣帶，回頭失聲曰：「豈非那事敗邪？」既至，不訊而服。和父曰：「小鬼頭，没三思至此，何必窮治？」杖而遣之，一府歎伏。《揮麈後録》卷六。《舊聞證誤》卷二辨其誤。

5 王和甫尹京日，市有匿名書，誣告一富家有逆請，都城稍恐。和甫不以爲然，不數日果有旨根治。

和甫搜驗富家無跡，因詢其怨耦，答以數日前有鬻狀人馬生，嘗有所貸弗與，頗積怨言。和甫乃密以他事縮馬生至對款，即取謗書字校之，略無少異。因而訊鞫其事，果馬生所作。《仕學規範》卷二十五引《和氏談選》。

6 神宗以星變祗懼，許人上封事言得失。于是王安禮上書，語頗訐直。上微不悦，以示王珪。珪曰：「觀安禮所言，皆是臣等執政後來事，無一字及安禮所爲者。其意蓋怨望安石在外，專欲譏臣等耳。安禮每對臣言云：『似爾名位，我亦須做。』」上笑曰：「大用豈不在朕？而安禮狂妄自許如此。」後一年，安禮自翰林學士遷尚書右丞。《孔氏談苑》卷二。

7 元豐中，王岐公位宰相，王和父尹京，上眷甚渥，行且大用。岐公乘間奏曰：「京師術者皆言王安禮明年二月作執政。」神宗怒曰：「執政除拜由朕，豈由術者之言？他日縱當次補，特且遲之。」明年春，安禮果拜左丞。珪曰：「陛下乃違前言，何也？」上默然久之，曰：「朕偶忘記。」信知果是命也。《高齋漫録》。《玉芝堂談薈》卷五。《宋稗類鈔》卷一。

8 見富弼69。

9 近世長吏生日，寮佐畫壽星爲獻，例只受文字，其畫卻回，但爲禮數而已。王安禮自執政出知舒州，生日屬吏爲壽，或無壽星畫者，但用他畫軸，紅繡囊緘之，必謂退回。王忽令盡啓封，掛畫於廳事，標所獻人名銜於其下。良久，引客爇香，共相瞻禮。其間無壽星者，或用佛像，或用神鬼，唯一兵官所獻，乃崔白畫二猫，既至前，慚懼失措。或云時有囊緘墓銘者，吏不敢展。《萍洲可談》卷三。

10 王安禮尚氣不下人，紹聖初起廢，帥太原，過闕許見。時樞府虛位，安禮鋭意，士亦屬望。將至京師，答諸公遠迎書，自兩制而下皆摺角一匾封，語傲禮簡。或於上前言其素行，既對，促赴新任，怏怏數月而死。《萍洲可談》卷一。

王雱

1　王元澤數歲時，客有以一麞一鹿同籠以問雱：「何者是麞，何者爲鹿？」雱實未識，良久，對曰：「麞邊者是鹿，鹿邊者是麞。」客大奇之。《夢溪筆談》卷十三。《墨客揮犀》卷六。《朱子語類》卷一百三十。《堯山堂外紀》卷五十。《何氏語林》卷二十二。《詞林紀事》卷七。

2　〔王〕元澤年十三，得秦州卒言洮、河事，歎曰：「此可撫而有也。使夏人得之，則吾敵强而邊受患博矣。」其後王韶開熙河，蓋取諸此。靖康滄海横流之變，萌於熙寧開邊。書生輕鋭談兵，貽天下後世禍患，可勝既哉！《清波雜志》卷七。

3　治平中，京師醫僧智緣爲王荆公診脈，言當有子登科甲之喜。時王禹玉在坐，深不然之。明年，雱果登第。緣自矜語驗，詣公乞文以爲寵。公爲書曰：「妙應大師智緣，診父之脈，而知其子有成名之喜。翰林王承旨疑古無此，緣曰：『昔秦毉和診晉侯之脈，知其良臣將死。夫良臣之命，尚於晉侯脈息見之，因父知子，又何怪乎？』」所書大略如此。《清波雜志》卷十一。

4　〔王〕雱字元澤，性險惡，凡荆公所爲不近人情者，皆雱所教。吕惠卿輩奴事之。荆公置條例司，初用程顥伯淳爲屬。伯淳賢士，一日盛暑，荆公與伯淳對語，雱者囚首跣足，手攜婦人冠以出，問荆公曰：

「所言何事？」荆公曰：「以新法數爲人沮，與程君議。」雱箕踞以坐，大言曰：「梟韓琦、富弼之頭於市，則新法行矣。」荆公遽曰：「兒誤矣。」伯淳正色曰：「方與參政論國事，子弟不可預，姑退。」雱不樂去。伯淳自此與荆公不合。《邵氏聞見録》卷十一。《宋名臣言行録》後集卷六。《霏雪録》卷上。

5 見王安石83。

6 王雱自崇政殿説書除待制，已在病中，不及告謝，而從其父荆公出金陵。越明年，荆公再秉政，舟至鎮江，雱勉乘馬，先入東府，翌日，疾再作，歲餘遂卒，竟不及告謝，而跨狨坐者止得一日。《東軒筆録》卷十。

7 王荆公之次子名雱，爲太常寺太祝，素有心疾。娶同郡龐氏女爲妻，逾年生一子，雱以貌不類己，百計欲殺之，竟以悸死，又與其妻日相鬭鬩。荆公知其子失心，念其婦無罪，欲離異之，則恐其誤被惡聲，遂與擇壻而嫁之。是時有工部員外郎侯叔獻者，荆公之門人也，娶魏氏女爲妻，少悍，叔獻死而幃箔不肅，荆公奏逐魏氏歸本家。京師有諺語曰：「王太祝生前嫁婦，侯工部死後休妻。」《東軒筆録》卷七。《墨客揮犀》卷三。《倦游雜録》。《何氏語林》卷二。《堯山堂外紀》卷五十。《昨非庵日纂》二集卷十七。《宋稗類鈔》卷六。《堅瓠丙集》卷一。《宋詩紀事》卷二十五。

8 丞相王公之夫人鄭氏，奉佛至謹，臨終囑其夫曰：「即死，願得落髮爲尼。」及死，公奏乞賜法名師號，斂以紫方袍。王荆公之子雱，少得心疾，逐其妻，荆公爲備禮嫁之。好事者戲之曰：「王太祝生前嫁婦，鄭夫人死後出家。」人以爲異。又工部郎中侯叔獻妻悍戾，叔獻既殂，兒女不勝其酷，詔離之，故好事者又曰：「侯工部死後休妻。」《澠水燕談録》卷十。《宋朝事實類苑》卷六十四。

9 王雱，丞相舒公之子，不惠，有妻未嘗接，其舅姑憐而嫁之，雱自若也。侯叔獻再娶而悍，一旦而獻卒，朝廷慮其虐前夫之子，有旨出之，不得爲侯氏妻。時京師有語云：「王太祝生前嫁婦，侯兵部死後休妻。」《孔氏談苑》卷一。《古謡諺》卷五十九。

10 王元澤少時作《白苧行》，有云：「君心莫厭頻歡樂，請看雲間日西入。」議者謂美則美矣，然日西光景無多，近乎讖。果不永壽。《詩話總龜》前集卷三十四引《拾遺》。

11 世傳王元澤一生不作小詞，或者笑之，元澤遂作《倦尋芳慢》一首，時服其工。其詞曰：「露晞向曉，簾幕風輕，小院閒晝。翠逕鶯來，驚下亂紅鋪繡。倚危牆，望高榭，海棠經雨胭脂透。算韶華，又因循過了，清明時候。　倦游宴，風光滿目，好景良辰，誰共攜手。恨被榆錢，買斷兩眉長皺。憶得高陽人散後，落花流水人依舊。這情懷，對東風，盡成消瘦。」此詞甚佳，今人多能誦之。然元澤自此亦不復作。《捫虱新話》卷九。《詞林紀事》卷七。

12 〔王〕元澤病中，友人魏道輔泰謁於寢，對榻一巨屏，大書曰：「宋故王先生墓志。先生名雱字元澤，登第於治平四年，釋褐授星子尉，起身事熙寧天子，裁六年，拜天章閣待制，以病廢於家」云。後尚有數十言，掛衣於屏角，覆之不能盡見。此亦得謂之達歟？《玉壺清話》卷五。《宋朝事實類苑》卷四十二。

13 王荆公之子雱作荆公畫像贊曰：「列聖垂教，參差不齊。集厥大成，光於仲尼。」是聖其父過於孔子也。雱死，荆公以詩哭之曰：「一日鳳鳥去，千年梁木摧。」是以兒子比孔子也。父子相聖，可謂無忌憚者矣。《邵氏聞見後録》卷二十。

14 見王安石172—174。

王安石妹　王安石女

1　近世婦人多能詩，往往有臻古人者，王荆公家最衆。張奎妻長安縣君，荆公之妹也，佳句最爲多，著者「草草杯盤供語笑，昏昏燈火話平生」。吴安持妻蓬萊縣君，荆公之女也。有句曰：「西風不入小窗紗，秋意應憐我憶家。極目江山千萬恨，依前和淚看黄花。」劉天保妻，平甫女也。句有「不緣燕子穿簾幕，春去春來那得知。」荆公妻吴國夫人，亦能文，嘗有小詞《約諸親游西池》句云：「待得明年重把酒，攜手，那知無雨又無風。」皆脱灑可喜也。《臨漢隱居詩話》。

2　舒王女，吴安持之妻蓬萊縣君，工詩，多佳句。有詩寄舒王曰：「西風不入小窗紗，秋氣應憐我憶家。極目江山千里恨，依然和淚看黄花。」舒王以《楞嚴經》新釋付之，有和詩曰：「青燈一點映窗紗，好讀《楞嚴》莫憶家。能了諸緣如幻夢，世間惟有妙蓮花。」《冷齋夜話》卷四。《堯山堂外紀》卷五十。

3　王荆公女適吴丞相之子，封長安縣君，能詩。嘗見親族婦女有服者，帶白羅繫頭子者，因戲爲詩云：「香羅如雪縷新裁，惹住烏雲不放回。還似遠山秋水際，夜來吹散一枝梅。」《墨莊漫録》卷五。案：長安縣君，誤，當作「蓬萊縣君」。

胡　滋

1　見王安石103。

俞紫芝

1 俞紫芝，字秀老，喜作詩，人未知之。荆公愛焉，手寫其一聯「有時俗事不稱意，無限好山都上心」於所持扇，衆始異焉。弟清老，亦修潔可喜，俱從山谷游。山谷所書「釣魚舡上謝三郎」一帖石刻，在金山寺。雞林每入貢，輒市模本數百以歸，亦秀老詞也。《潘子真詩話》。《苕溪漁隱叢話》前集卷三十七。《詩人玉屑》卷十八。《竹莊詩話》卷二十四。

2 俞秀老紫芝，物外高人，喜歌謳，醉則浩歌不止。故荆公贈之詩曰：「魯山眉宇人不見，只有歌辭來向東。借問樓前蹋于蔿，何如雲卧唱松風。」又云：「暮年要與君攜手，處處相煩作好歌。」不知者以爲賦詩也。《老學庵筆記》卷七。

3 王文公居鍾山，嘗與薛處士棋，賭梅詩，輸一首，曰：「華髮尋香始見梅，一枝臨路雪培堆。鳳城南陌他年憶，杳杳難隨驛使來。」又嘗與俞秀老至報寧，公方假寐，秀老私跨驢，入法雲謁寶覺禪師，公知之。有頃，秀老至，公佯睡，睡起，遣秀老下階曰：「爲僧子乃敢盜跨吾驢。」秀老叩頭，願有以自贖其罪，寺僧亦爲之解勸。公徐曰：「罰松聲詩一首。」秀老立就，其詞極佳，山中人忘之，予爲補曰：「萬壑摇蒼煙，百灘渡流水。下有跨驢人，蕭蕭吹醉耳。」《冷齋夜話》卷五。

4 荆公食宫使禄，居蔣山，時時往來白下門西庵草堂、法雲，止以一黥挾蹇驢。門人乘間諷筍輿宜老者，公曰：「古之王公至不道，未嘗以人代畜。」一日，與俞秀老至報寧，公方假寐，秀老私跨公驢入法雲，謁寶覺禪師。有頃，秀老至，公睡起，遣秀老下堦，曰：「爲士子乃敢盜跨吾驢？」秀老叩頭，願有以自贖，公徐曰：「罰松聲詩一首。」秀老立就，其詞極佳，山中之人忘之。余爲補曰：「萬壑摇蒼煙，百灘渡流水。下有跨驢人，蕭蕭吹凍耳。」《苕溪漁隱叢話》前集卷三十七引《冷齋夜話》。

俞澹

1 山谷云：「清老，金華俞子中也。三十年前，與余同學於淮南。元豐甲子，相見於廣陵，自云：『荆公欲使脱縫掖，著僧伽黎，奉香火於半山寺，所謂報寧禪院者也。予之僧名曰紫琳，字清老。』清老無妻子之累，去作半山道人，不廢入俗，詼諧優游以卒歲，似不爲難，然生龜脱筒，亦難堪忍。後數年見之，儒冠自若也。」《苕溪漁隱叢話》前集卷三十七。

2 〔俞紫芝之弟〕澹，字清老，亦不娶，滑稽善諧謔，洞曉音律，能歌。荆公亦善之，晚年作《漁家傲》等樂府數闋，每山行，即使澹歌之。然澹使酒好駡，不若秀老之恬静。一日見公云：「我欲去爲浮圖，但貧無錢買祠部爾。」公欣然爲置祠部，澹約日祝髮。既過期，寂無耗，公問其然，澹徐曰：「我思僧亦不易爲，公所贈祠部，已送酒家償舊債矣。」公爲之大笑。黄魯直嘗作三詩贈澹，其一云：「有客夢超俗，去髮脱塵冠。平明視清鏡，正爾良獨難。」蓋述荆公事也。《石林詩話》卷中。《名賢氏族言行類稿》卷八。

3 〔俞〕紫芝之弟清老，欲爲僧，荆公名之曰紫琳，因手簡目之爲琳公，然清老卒未嘗祝髮也。《老學庵筆記》卷七。

蔡　肇

1　王荆公在鍾山，有馬甚惡，蹄齧不可近。一日，兩校牽至庭下告公，請鬻之。蔡天啓時在坐，曰：「世安有不可調之馬，第久不騎，驕耳！」即起捉其騣，一躍而上，不用銜勒，馳數十里而還。荆公大壯之，即作集句詩贈天啓，所謂「蔡子勇成癖，能騎生馬駒」者。後又有「身著青衫騎惡馬，日行三百尚嫌遲。心源落落堪爲將，卻是君王未備知」。士大夫自是盛傳荆公以將帥之材許天啓。紹聖初，章申公當國，首欲進天啓侍從，會執政有不悦者，乃出爲永興軍路提舉常平，因欲稍遷爲帥，會丁内艱，不果，猶是用荆公遺意也。《石林詩話》卷中。《堯山堂外紀》卷五十。《宋詩紀事》卷二十七。

2　蔡天啓肇嘗從王介甫游，一日語及盧仝《月蝕》詩，辭語奇嶮。介甫曰：「人少有誦得者。」天啓立誦之，不遺一字。一日，又與介甫同泛舟，適見群鳧數百掠舟而過，介甫戲曰：「子能數之乎？」天啓一閱即得其數。因遣人詢之放畜者，其數不差，可謂機警也。《庚溪詩話》卷下。《王直方詩話》。《苕溪漁隱叢話》前集卷三十七。《堯山堂外紀》卷五十。《宋詩紀事》卷二十七。

3　見王安石213。

4　見王安石215。

5　蔡天啓召試中書舍人，故事，宰相未上馬前，限三步成。天啓揮毫立就，文不加點，擬授節度使制曰：「嗚戲！千里繆之毫釐，朕不從中御也；萬世垂之竹帛，卿其以身任之。」張天覺讀之，擊節稱美。

《雲莊四六餘話》。《堯山堂外紀》卷五十。

蔡載

1 見錢紳1。

王介

1 王介，字中甫，衢州人，博學善譏謔。嘗舉制科不中，與王荆公游，甚欵曲，然未嘗降意少相下。熙寧初，荆公以翰林學士被召，前此屢召不起，至是始受命。介以詩寄云：「草廬三顧動幽蟄，蕙帳一空生曉寒。」用蕙帳事，蓋有所諷。荆公得之大笑。他日作詩，有「丈夫出處非無意，猿鶴從來自不知」之句，蓋爲介發也。《石林詩話》卷下。《玉照新志》卷一。《堯山堂外紀》卷五十。《宋詩紀事》卷十六。

2 見劉攽34、35。

3 王介性輕率，語言無倫，時人以爲心風。與王荆公舊交，公作詩曰：「吴興太守美如何？柳惲詩才未足多。遥想郡人臨下擔，白蘋洲上起風波。」其意以水值風即起波也。介諭其意，遂和十篇，盛氣而誦於荆公，其一曰：「吴興太守美如何？太守從來惡祝鮀。正直聰明神鬼畏，死時應合作閻羅。」荆公笑曰：「閻羅見闕，可速赴任也。」《東軒筆録》卷七。《宋朝事實類苑》卷六十六。《倦游雜録》。《續墨客揮犀》卷五。《五雜組》卷十六。《堯山堂外紀》卷五十。《堅瓠丙集》卷二。

4 詩話云：王介素與荆公不相能，荆公曾題《江寧道中驛舍》一聯云：「茅屋滄洲一酒旗，午煙孤起隔林炊。」介鄙之，書其末云：「金陵村裏王夫子，可是能吟富貴詩。」荆公見之，亦不屑意，乃續之云：「江晴日暖蘆花起，恰似春風柳絮時。」末句又譏介之輕狂也。《詩林廣記》後集卷二。《堯山堂外紀》卷五十。《堅瓠庚集》卷三。

5 〔王介〕平生所嗜唯書，不治他事。其談語多用故事，淺聞者未易曉。知湖州日，判司理請覆檢官狀，云：「督郵。」所由得此狀，遍尋督郵，無知者，乃復入白之。介曰：「督郵即録參也。據爾如此，全不讀書。」聞者皆笑。《明道雜志》。

孫侔

1 見王安石108。

王令

1 江南進士王令逢原少不羈，好爲狂詭之行，或跨驢入山，每以蒸餅十數掛驢項上。後改節，師事王介甫，介甫雅重之。《呂氏雜記》卷下。

2 王令逢原，廣陵人，既見知於王荆公，聲譽赫然，時附麗之徒，望風伺候，守牧冠蓋，日滿其門，進譽獻諂，初不及文字間也。逢原厭之，大署其門云：「紛紛閭巷士，看我復何爲？來則令我煩，去則我不思。」意有知恥者，而干謁不衰。《王直方詩話》。《詩話總龜》前集卷三十九。《苕溪漁隱叢話》前集卷三十七。

韋驤

1 韋驤，字子駿，錢塘人。生而警敏，年十有七，以文謁王安石，見其《借箸賦》，大奇之，曰：「吾行江南入吴越，見文士唯子與董顧行耳。」由是籍甚，每一賦成，學者傳誦。《咸淳臨安志》卷六十六。《宋史翼》卷二十六。

方惟深

1 方惟深，字子通，本莆田人。其父屯田公葬長洲縣，因家焉。最長於詩，嘗過黯淡灘，題一絶云：「溪流怪石礙通津，一一操舟若有神。自是世間無妙手，古來何事不由人。」王荆公見之大喜，欲收致門下。蓋荆公欲行新法，沮之者多，子通之詩，適有契於心，故爲其所喜也。……凡有所作，荆公讀之必稱善，謂深得唐人句法。嘗遺以書，曰：「君詩精淳警絶，雖元、白、皮、陸，有不可及。」子通游王氏之門，極蒙愛重，初無一毫迎合意，後以特奏名授興化軍助教。隱城東故廬，與樂圃先生皆爲一時所高。每部使者及守帥下車，必即其廬而見之。前後上章論薦者甚衆，子通竟無禄仕意，其於死生禍福之理，莫不超達。嘗造一園亭，不遇主人，自盤礴終日，因題於壁間云：「何年突兀庭前石，昔日何人種松柏。乘興閒來就榻眠，一枕春風君莫惜。城西今古陽山色，城中誰有千年宅？往來何必見主人，主人自是亭中客。」其灑落類如此。仲殊一日訪子通，有絶句云：「多年不見玉川翁，今日相逢小樹東。依舊清涼無長物，只餘松檜養秋風。」可見其清高矣。年八十三而卒。《中吴紀聞》卷三。《宋詩紀事》卷三十六。

2「客航收浦月黄昏，野店無燈欲閉門。倒出岸沙楓半死，繫舟猶有去年痕」。此詩荆公愛之，嘗書坐右，後人誤入荆公集中。《宋詩紀事》卷三十六引《莆陽文獻》。

3 方惟深子通隱於吴，吴人宗之。以詩行，其詩格高下似晚唐諸人，絶不喜蘇子瞻詩文，至云：「淫言褻語，使驢兒馬子決驟。」胡文仲連因語及蘇詩云：「清寒入山骨，草木盡堅瘦。」子通曰：「做多，自然有一句半句道得著也。」余問何至，曰：「子通及識蘇公，蘇公之譏評詩文，殆無逃者。子通必嘗見薄於蘇，故終身銜之。」《野老記聞》。

陳輔

1 陳輔之自號南郭先生，少從介甫游。介甫授以經旨，輔之曰：「天生相公，輔亦讀書；天不生相公，輔亦讀書，願自見也。」一日，謁公于定林不值，留詩壁間曰：「北山松粉未飄花，白下風高麥脚斜。正是舊時王謝燕，一年一度到君家。」介甫見之，笑謂龔深之曰：「此郎復以我爲尋常百姓矣。」後與丹陽郡守作詩争衡，爲守捃摭撻之，廢棄終身。《五總志》。

2 丹陽陳輔，每歲清明過金陵上冢，事畢，則過蔣山，謁湖陰先生，歲率爲常。元豐辛酉、癸亥兩歲，訪之不遇，因題一絶於門，云：「北山松粉未飄花，白下風輕麥脚斜。身似舊時王謝燕，一年一度到君家。」湖陰歸見其詩，吟賞久之，稱於荆公。荆公笑曰：「此正戲君爲尋常百姓耳。」湖陰亦大笑。蓋古詩云「舊時王謝堂前燕，飛入尋常百姓家」。《王直方詩話》。《苕溪漁隱叢話》前集卷五十四。《類説》卷五十七。《宋詩紀事》卷二十八。

3 陳輔輔之，丹陽人，能詩，荆公深愛之。嘗訪建康楊驥德逢，留詩壁間云：「北山松粉未飄花，白下風輕麥脚斜。身似舊時王謝燕，一年一度到君家。」荆公見之，笑謂德逢曰：「輔之駡君作尋常百姓也。」《墨莊漫録》卷四。

宋人軼事彙編卷十七

呂惠卿

1 呂惠卿未達時，歐陽公以學者罕能及，告之於朋友，以端雅之士薦之於朝廷，且云：「後有不如，甘與同罪。」《水東日記》卷七。

2 見王存1。

3 吴僧文捷，戒律精至。孫莘老知湖州日，問：「呂吉甫如何？」時吉甫在潤州持服。捷曰：「只三年，便在官家左右，更有一人白皙而肥，一人美髯而長。」後三年，吉甫果參大政，同列韓子華、馮當世，皆如捷所言。《孫公談圃》卷中。

4 見曾布6。

5 見司馬光29。

6 見王安國7、8。

7 見王安石81。

8 見王安石82。

9 見王安石83。

10 見王安石88。

11 呂惠卿附王介甫甚固。司馬公言：「利合必離。」後果發介甫手簡云「無使上知」。蘇子瞻改鑄顔淵之語曰：「吾聞覿君子者，問彫人不問彫木。」曰：「人可彫歟？」曰：「呂惠卿彫王安石。」《步里客談》卷上。

12 熙寧八年，呂惠卿爲參知政事，權傾天下。時元參政絳爲翰林學士、判群牧，常問三命僧化成曰：「呂參政早晚爲相？」化成曰：「呂給事爲參政，譬如草屋上置鴟吻耳。」元曰：「然則其不安乎？」成曰：「其黜免可立而待也。」是時春方半，元曰：「事應在何時？」成又消息曰：「在今年五月十七日。」元憮然不測，亦潛記之。既而呂權日盛，臺諫禁口，無敢指議之者。會五月十七日，元退朝，因語府界提舉蔡確曰：「化成言呂參政禍在今日，真漫浪之語也。」二公相視而笑，遂同還群牧，促召成而誚之。成曰：「言必無失，姑且俟之。」二公愈笑其術之非，既而化成告去，蔡亦上馬。是時，曾待制孝寬同判群牧，薄晚來過廳，方即坐，元因訪今日有何事。曾曰：「但聞御史蔡承禧入劄子，不知言何等事也。」語未已，內探報，今日蔡察院言呂參政兄弟。元聞之，大駭，乃以化成之言告曾公，既而呂罷政事，實始此日也。《東軒筆録》卷七。《宋稗類鈔》卷七。

13 王荆公退居鍾山，切切以呂吉甫爲恨。呂除母喪，時公弟和甫執政。呂意切憚之，乃過金陵以啟與公和，其啓曰：「合乃相從，豈有殊於天屬；析雖或使，殆不自於人爲。然以情論形，則已析者，難以復合；以道致命，則自天者，詎知其不人。如惠卿者，叨蒙一臂之援，謬意同心之列，忘懷履坦，失戒同巇。彎弓之泣非疏，輾足之辭亦已。而溢言皆達，茀氣竝生。既莫知其所終，前不疑於有敵。而門牆責善，雖移兩解之書；殿陛對揚，親奉再和之詔。固其願也，方且圖之。重罹苫塊之憂，遂稽竿牘之獻。然以言乎昔，則一朝之過，不足害平生之歡；以言乎今，則八年之間，亦已隨教化之改。内省涼薄，尚無細故之嫌；仰揆高明，夫何舊惡之念！恭惟觀文特進相公，知德之奧，達命之情。親疏冥於所同，憎愛融於不有。冰炭之息，豁然儻示於至慈；桑榆之收，繼此請圖於改事。側躬以俟，惟命之從。」公巽言謝之，其書曰：「與公同心，以至異意，豈有他哉！同朝紛紛，公獨助我，則我何憾於公？人或言公，吾無預焉，則公何尤於我？趨時便事，吾不知其説焉；考實論情，公宜昭其如此。開諭重悉，覽之悵然！昔之在我者，誠無細故之可疑；則今之在公者，尚何舊惡之足念？然公以壯烈，方進爲於聖世；而安石蕞爾衰疾，將待盡於山林。趨捨異路，則相煦以濕，不如相忘之爲愈也。趨召在朝夕，唯良食爲時自愛。」……公得此啟，再三披閱，讀至「殿陛對揚，親奉再和之詔」，顧客曰：「彼不著詔旨，亦何自復相聞，不爾，此亦不必還答。」又云：「終是會做文字。」蓋不以所甚惡而掩其所長，荆公醇德如此。《清波別志》卷中。

《東軒筆録》卷十四。《宋稗類鈔》卷六。

14 泰州徐二公者異人也，無家無子孫親屬，亦不知其何許人，日持一箒，以掃神祠佛殿，未嘗與人言，有問則不對而走，忽發一言，則應禍福。呂參政惠卿既除喪，將赴闕，便道訪二公，拜而問之，二公驚走，呂追之，忽回顧曰：「善守。」呂再拜而去，意謂俾其善守富貴也。及還朝，除知建州，徐禧、沈括新敗，懇辭不行，又乞與兩府同上殿，神宗怒，落資政殿學士、知單州，即單守之應也。《東軒筆録》卷十三。

15 呂太尉惠卿赴延安帥，道出西都。時程正叔居里中，謂門人曰：「吾聞呂吉甫之爲人久矣，而未識其面。明旦西去，必經吾門，我且一覘之。」迨旦，了無所聞，詢之行道之人，則曰過已久矣，而道旁多不聞者。正叔歎曰：「夫以從者數百人，馬數十，行道中，而能使悄然無聲，馭衆如此，可謂整肅矣。其立朝雖多可議，其才亦何可掩也。」《邵掃編》卷中。《識小録》卷一。《何氏語林》卷十七。《昨非庵日纂》卷十五。《宋稗類鈔》卷六。

16 子瞻與吉甫同在館中，吉甫既爲介甫腹心進用，而子瞻外補，遂爲仇讎矣。元祐初，子由作右司諫，論吉甫之罪，莫非蠹國殘民，至比之呂布，自資政殿大學士貶節度副使，安置建州。而子瞻作中書舍人，行謫詞又劇口詆之，號爲元凶。吉甫既至建州，謝表末曰：「龍鱗鳳翼，固絶望於攀援；蟲臂鼠肝，一冥心於造化。」以子瞻兄弟與我所争者蟲臂鼠肝而已。子瞻見此表於邸報，笑曰：「福建子難容，終會作文字。」《王公四六話》。

17 呂惠卿遭責，謝表云：「蟲臂鼠肝，悉冥心於造化。」東坡謂：「福建子亦會做文字。」「蟲臂鼠肝」，蓋譏二蘇。見東坡《論列子由行詞》。《密齋筆記》卷三。

18 元祐中，東坡行呂吉甫責詞，叙神考初用而中棄之曰：「先皇帝求賢如不及，從善若轉圜。始以帝堯之聰，姑試伯鯀；終焉孔子之聖，不信宰予。」又曰：「喜則摩足以相歡，怒則反目以相視。」既而語人云：「三十年作劊子，今日方剮得一個有肉漢。」《步里客談》卷上。

19 呂惠卿之謫也，詞頭始下，劉貢父當草制。東坡呼曰：「貢父平生作劊子，今日纔斬人也。」貢父急引疾而出。東坡一揮而就，不日傳都下，紙爲之貴。暨紹聖初，牽復知江寧府，惠卿所作到任謝表，句句論辨，惟至「發其私書」，則云：「自省於己，莫知其端。」當時讀者，莫不失笑。又自叙云：「顧惟妄論，何禆當日之朝廷；徒使煩言，有黷在天之君父。」或曰：「觀此一聯，其用心憸險如此，使其得志，必殺二蘇無疑矣。」蓋當時臺諫論列，多子由章疏，而謫辭東坡當筆故也。《曲洧舊聞》卷七。《何氏語林》卷十三。《宋稗類鈔》卷五。

20 呂吉甫問客：「蘇子瞻文辭似何人？」客揣摩其意，答之曰：「似蘇秦、張儀。」呂笑曰：「秦之文高矣，儀固不能望，子瞻亦不能也。」徐自誦其表語云：「面折馬光於講筵，廷辯韓琦之奏疏。」甚有自得之色，客不敢問而退。《老學庵筆記》卷八。

21 東坡帥揚州，曾旼罷州學教授，經真州，見呂惠卿。惠卿問：「軾何如人？」旼曰：「聰明人也。」惠卿怒曰：「堯聰明、舜聰明邪，大禹之聰明邪？」旼曰：「雖非三者之聰明，是亦聰明也。」惠卿曰：「軾學何人？」旼曰：「學孟子。」惠卿益怒，起立曰：「何言之不倫也？」旼曰：「孟子以『民爲重，社稷次之』，此所以知蘇公學孟子也。」惠卿默然。《邵氏聞見後録》卷二十一。

22 元祐間，東平王景亮與諸仕族無成子結爲一社，紀事嘲誚，士大夫無問賢愚，一經諸人之目，即被不雅之名，當時人號曰「猪嘴關」。呂惠卿察訪京東，呂天資清瘦，語話之際喜以雙手指畫，社人目之曰「説法馬留」。又凑爲七字曰：「説法馬留爲察訪。」社中彌歲不能對。一日，邵箎因上殿氣泄，出知東平，邵高鼻卷髯，社人目之爲「凑氛獅子」。仍對曰：「説法馬留爲察訪，凑氛獅子作知州。」惠卿銜之，諷部使者發以它事，舉社遂爲虀粉。《桐江詩話》。《苕溪漁隱叢話》前集卷五十五。《堯山堂外紀》卷五十。《宋稗類鈔》卷六。《堅瓠丙集》卷三。《宋詩紀事》卷一百。參見蔡京17。

23　呂太尉惠卿，元祐間貶建州，紹聖初復起。語人曰：「吾在謫籍九年，雖冷水亦不敢飲。設有疾病，則好事者必謂吾戚戚所致矣。」《卻掃編》卷下。《宋稗類鈔》卷一。

24　紹聖中，謫元祐大臣過嶺，呂吉甫聞之，嘻笑曰：「捕得黄巢，笞而遣之。」《老學庵筆記》卷四。

25　見宗澤1。

26　呂惠卿吉甫自負高才，久排擯在外，大觀中，始召至京師，爲太一宫使。時年八十歲矣。視宰輔貴臣皆晚進出己下者，意氣頗自得。一日延見衆客，有道士亦在其間，自稱宗人，禮數簡易。呂視之不平，因問其所能，曰：「能詩。」呂顧空中有紙鳶，即使賦之。道士應聲曰：「因風相激在雲端，擾擾兒童仰面看。莫爲絲多便高放，也防風緊卻收難。」呂知其譏己，有慚色，方顧他客，已失所在。其風骨如世之畫呂洞賓。《雞肋編》卷下。

27　呂吉甫自罷參知政事，最爲偃蹇。元祐間，貶爲散官，居于建州凡十年。再見紹聖，固當預政。章子厚、蔡元度先得路，百計逐之，老于爲帥。繼以蔡元長久據大位，以妖人事再貶武昌。至張天覺作相，始薦于上皇，召爲宫使，留京師。吉甫作謝表云：「歷官三十八任，受恩雖出于累朝；去國四十二年，留侍方從于今日。」徽廟大喜，甚有大拜意。一日，書于紙曰：「何執中除太傅平章事，張商英左僕射兼門下侍郎，呂惠卿右僕射兼中書侍郎。」既書之矣，適一士人獻《宫詞》百篇，其一首云：「先帝熙寧有舊臣，曾陪元宰轉洪鈞。嗣皇不減周文美，八十重來起渭濱。」徽宗改「不減」作「不啻」，御書二扇，一以賜吉甫。衆謂必相矣。然何執中、鄭居中方攻天覺，盡用其黨逐天覺門人，起大獄爲奇禍。而吉甫以腹疾乞致仕，卒于京師，其命矣乎！《默記》卷下。

28 見王安石220。

29 先鑑堂《朝野遺事》載：吕吉甫在趙韓王南園，京師匄人曰風乞兒者，持大扇造吕求詩。吕即書扇上：「無人肯作除非乞，没藥堪醫最是風。求乞害風都占斷，算來世上少如公。」《賓退録》卷三。

30 吕吉甫太尉自言其家不利女婿，不唯碌碌無用，如長倩余中，成婚二十餘年，元祐初觀望朝廷，上疏乞誅吕吉甫謝天下，後竟離婚。亦云祖塋三女山風水相刑也。余表姪李熙嘏，狂生登第，吉甫以孫女妻之，自延安帥遣人納吉，禮貌甚盛。熙嘏在京師，忽詣開封府投牒，願離婚。蔡元長尹京，驚問所以，並無違律及不争財物，熙嘏但言平生不喜與「福建子」交涉，元長怒叱出，卒成婚。時人謂吕家風水已應。中州人每爲閩人所窘，目爲「福建子」，畏而憎之之辭。吉甫、元長皆閩人，故熙嘏戲之耳。《萍洲可談》卷三。

31 揚州吕吉甫觀文宅，乃晉鎮西將軍謝仁祖宅也。在唐爲法雲寺，有雙檜存焉，猶當時物也。劉禹錫有詩。……吉甫家居時，檜尚依然。李之儀端叔用夢得詩韻云：「故迹悲涼古木奇，勢分庭下蔚相差。霜根半露出林虎，畫影全舒破賊旗。寶界曾回鋪地色，節旄遠映插雲枝。劉郎風韻知誰敵，儒帥端能表異時。」建炎兵火，樹遂亡矣。《墨莊漫録》卷六。

吕升卿

1 見宋神宗14。

2 見蔡京17。

3 吕升卿爲京東察訪使，游泰山，題名于真宗御製《封禪碑》之陰，刊刻搨本，傳于四方。後二年，升卿判國子監，會蔡承禧爲御史，言其題名事，以爲大不恭，遂罷升卿判監。《東軒筆録》卷五。

吕温卿

1 見釋道潛8。

陳升之

1 陳秀公升之，其所生母，初夢大白蛇入卧内，温柔宛轉。母寤，公乃生。後數日，於公卧席下，有白蛇蜕，甚異之。及公疾篤，家人見寢室中，有大蛇垂於榛木。既薨，大白蛇在墓側三日而去。《可書》。

2 見韓琦32。

3 見張昪3。

4 熙寧中，高麗入貢，所經州縣，悉要地圖，所至皆造送，山川道路，形勢險易，無不備載。至揚州，牒州取地圖，是時丞相陳秀公守揚，紿使者：「欲盡見兩浙所供圖，倣其規模供造。」及圖至，都聚而焚之，具以事聞。《夢溪筆談》卷十三。《宋稗類鈔》卷三。

5 見王安石121。

6 陳秀公知揚州，墳墓在潤。嘗請於朝，每歲寒食、十月旦，乞至郡展省，如所請。故林希後作公挽詩言：「傷心父老江津路，猶想當年上冢行。」《魏公譚訓》卷十。

7 丞相陳秀公治第於潤州，極爲閎壯，池館綿亘數百步。宅成，公已疾甚，唯肩輿一登西樓而已。人謂之「三不得」，居不得，修不得，賣不得。《夢溪筆談》卷二十五。《續墨客揮犀》卷七。《讀書鏡》卷四。《群書類編故事》卷十九。《昨非庵日纂》一集卷八。《宋稗類鈔》卷二。《宋詩紀事》卷二十二。

韓　絳

1 韓子華以辰年辰月辰日辰時生，亦異事也。陸農師爲作挽章云：「非關庚子曾占鵩，自是辰年併值龍。」《能改齋漫録》卷十一。《玉芝堂談薈》卷五。案：《宋詩紀事》卷十七引《復齋漫録》「生」作「薨」。

2 韓康公行第三，發解、過省、殿試皆第三，以元祐三年三月薨，皆三數。故蘇子容作挽詩云：「三登慶曆三人第，四入熙寧四輔尊。」《梁溪漫志》卷九。《桐陰舊話》。《宋詩紀事》卷十七。

3 韓康公得解、過省、殿試，皆第三人。其後爲執政，自樞密副使、參知政事拜相，及再宰，四遷皆在熙寧中，此前輩所未有也。蘇子容輓辭曰：「三登慶曆三人第，四入熙寧四輔中。」《石林燕語》卷九。

4　吕溱榜試三年大聘，韓康公與其弟黄門及右相、姪柱皆高中。無名子嘲之曰：「府試三年大聘，昌黎四子登科。」以譏主司之有私意。《魏公譚訓》卷四。

5　韓子華爲閤長，一時名公如劉原父、王介甫之徒，皆在館職。介甫最爲子華所服，事多折衷於介甫。一日，館中會話，論及劉更生。介甫以當漢衰靡，王莽擅權，勢不復興，而更生嘵嘵强聒，近不知時。其中是非者相半。子華繼自外至，問曰：「諸公所談何事？」或以更生對。子華問介甫曰：「如何？」介甫具告。子華曰：「不然，更生同姓之卿，安得默默就斃哉！」一坐服子華至論。《過庭録》。

6　熙寧中有一朝士，齊人，知定平縣。韓子華宣撫經由，怪其縣印漫汗，因取觀之。宰公遽前曰：「此即鉎，故非是本縣鑄造。」子華曰：「何爲？」宰因陰指其題刻曰：「太平興國二年少府。以此知之。」子華顧幕府曰：「縣故正無有是也。」《畫墁録》。

7　宋韓絳行邊，聞夏人至，作書不知落筆處。《古事比》卷三十四。

8　元豐末，治神宗山陵，韓康公尹洛，凡上供之物皆預辦，雖中貴人不敢妄有所求。蓋公之子宗師從洛之賢士大夫游，有所聞，必白公施行之。……先是，神宗靈駕次永安，公迎於郊。朱太妃護駕於後，公亦迎之。太妃還禁中，偶爲宣仁太后言，宣仁怒曰：「韓某先朝老臣，汝安得當望塵之禮？」太妃泣謝。公之名重如此也。《邵氏聞見録》卷十四。

9　見韓億12。

10　韓康公絳子華謝事後，自潁入京看上元。至十六日，私第會從官九人，皆門生故吏，盡一時名德，如傅欽之、胡完夫、錢穆父、東坡、劉貢父、顧子敦，皆在坐。錢穆父知府至晚，子華不悦。坡云：「今日爲本殿燒香人多留住。」坐客大笑。錢形肖九子母丈夫也。方坐，出家妓十餘人，中燕後，子華新寵魯生舞罷，爲游蜂所螫，子華意不甚懌。久之，呼出，持白團扇從東坡乞詩。坡書云：「窗摇細浪魚吹日，舞罷花枝蜂繞衣。不覺南風吹酒醒，空教明月照人歸。」上句記姓，下句書蜂事。康公大喜。坡云：「惟恐他姬厮賴，故云耳。」客皆大笑。《侯鯖録》卷四。《堅瓠庚集》卷一。《宋詩紀事》卷二十一。

11 京師語曰：「宣醫喪命，勑葬破家。」蓋所遣醫官云：某奉勑來，須奏服藥加減次第。往往必令餌其藥，至死而後已。勑葬之家，使副洗手帨巾，每人白羅三匹，它物可知也。元祐中，韓康公病革，宣醫視之，進金液丹，雖暫能飲食，然公老年真氣衰，不能制客陽，竟以薨背。朝廷遣使問後事，病亂中誤諾勑葬，其後子侄辭焉。《孔氏談苑》卷一。

12 見吕惠卿3。

13 見曾布16、17。

14 韓子華、玉汝兄弟相繼命相。未幾，持國又拜門下侍郎，甚有爰立之望。其家搆堂，欲榜曰三相。俄持國罷政，遂請老。東坡聞之曰：「既不成三相堂，可即名二相公廟耳。」《調謔編》。《東臯雜録》。《苕溪漁隱叢話》後集卷二十二。

15 韓子華兄弟皆爲宰相。門有梧桐，京師人以桐木韓家呼之，以别魏公也。子華下世，陸農師作爲挽章云：「棠棣行中排宰相，梧桐名上識韓家。」皆紀其實也。子華，其家呼爲三相公，持國爲五相公。

16 元祐間，士大夫好事者取達官姓名爲詩謎，如「雪天晴色見虹蜺，千里江山遇帝畿，天子手中朝白玉，秀才不肯著麻衣。」謂韓公絳、馮公京、王公珪、曾公布也。《夷堅甲志》卷二。《能改齋漫録》卷十一。《宋稗類鈔》卷六。《宋詩紀事》卷十七。

韓維

1 宫師諱維，字持國。忠憲公嘗夢巨碑，中有宫師姓名，而爲金字，莫曉所謂，然亦意公必貴也。故公不出應科舉，忠憲公亦不强之，曰：「是兒當自致遠大。」其後公預元祐黨籍，蔡京請徽廟御書群臣姓名而金填之，或謂爲應。《桐陰舊話》。

2 韓持國維寶元間偕兄弟應進士舉，預南省奏名，而下第士子有韓家四子連名之嘲，蓋以其父忠憲公見在政路也。時殿試尚黜落，有司因故黜之。公後遂不復試，而兄弟皆再登第。《清波雜志》卷四。

3 韓持國既以忠憲任爲將作監主簿，少年清修，不復以軒冕爲意。將四十矣，猶未出仕。宋元憲欲薦孔寧極旼，偶觀其詩卷，迺得持國所和篇，誦之大喜，遂捨寧極而薦持國，繇是賜第入館。嘉祐中，與司馬文正、吕正獻、王荆公號爲四友。元祐初，登政府。後坐棄地，入黨籍，謫居均州。遇赦復官，以朝議大夫致仕。年八十四以卒。嘗語其婿王仲弓寔曰：「以昔日受命覃恩上課，計以歲月寄禄，恰及是官，復何憾邪？」《揮麈後録》卷六。

4 陳晉公恕知貢舉，精選文行之士，黜落極衆，省牓纔放七十二人，而韓忠憲公億預在高等。晉公之子楚國公執中，至和中再爲相，薦忠憲之孫宗彦爲館職，故翊世事契爲重。及楚公薨，忠憲之子維爲禮官，謚楚公爲榮靈，而謚議之中尤多詆毀。呂内翰溱常歎斯事，以爲風義之可惜。《東軒筆録》卷十三。

5　神宗開潁邸，英宗命韓魏公擇宫僚，用王陶、韓維、陳薦、孫固、孫思恭、邵亢，皆名儒厚德之士。王陶、韓維，進止有法。神宗内朝，拜稍急，維曰：「維下拜，王當效之。」諸公一日侍神宗坐，近侍以弓樣靴進。維曰：「王安用舞靴？」神宗有愧色，亟令毁去。其翊贊之功如此，故潁邸賓僚號天下選云。《邵氏聞見録》卷三。《宋名臣言行録》後集卷十。

6　王荆公議阿云按問自首法，舉朝紛紛，惟韓持國與公議同。一日晚，見持國歎曰：「此法至近而易知之事，乃與時議如此大異！」持國因曰：「此事維與介甫同，因夜來枕上不能寐，細思之亦有可議也。」荆公歎曰：「此一事安石理會來三十年矣，持國以一夕聰明勝之，不亦難乎！」《默記》卷中。

7　見王安石38。

8　見王安石46。

9　神宗嘗與公論天下事，語及功名，公曰：「聖人功名，因事始見，不可有功名心。」神宗拱手稱善。《宋名臣言行録》後集卷十。

10　韓持國爲〔許昌〕守，每入春，常日設十客之具于西湖，且以郡事委僚吏，即造湖上。使吏之湖門，有士大夫過即邀之入，滿九客而止，輒與樂飲終日，不問其何人也。曾存之常以問公曰：「無乃有不得已者乎？」公曰：「汝少年，安知此！吾老矣，未知復有幾春，若待可與飲者而飲，則吾之爲樂無幾，而春亦不吾待也。」《石林避暑録話》卷一。《澄懷録》卷上。

11 見時彦3。

12 見晏幾道3。

13 韓公持國閒居潁昌，伊川先生常自洛中往訪之，時范右丞彝叟純禮亦居潁昌。持國嘗戲作詩示二公云：「閉門讀《易》程夫子，清坐焚香范使君。顧我未能忘世味，緑尊紅芰對西曛。」《童蒙訓》卷上。《能改齋漫録》卷十一。《宋稗類鈔》卷四。

14 韓持國與伊川善。韓在潁昌，欲屈致伊川、明道，預戒諸子姪，使置一室，至於修治窗户，皆使親爲之，其誠敬如此。《二程外書》卷十二。

15 韓持國服義最不可得。一日，頤與持國、范夷叟泛舟於潁昌西湖。須臾，客將云：「有一官員上書謁見大資。」頤將謂有甚急切公事，乃是求知己。頤云：「大資居位却不求人，乃使人倒來求己，是甚道理？」夷叟云：「只爲正叔大執。求薦章，常事也。」頤云：「不然，只爲曾有不求者不與，求者與之，遂致人如此。」持國便服。《宋名臣言行録》後集卷十引《程氏遺書》，出《二程遺書》卷十九。

16 見程頤4。

17 孔旼寧極，有道之士也，視文正爲友婿，與忠宣、持國游。持國守許，孔居郊，常具車馬，邀致郡治之養真庵，同衾促膝，快論人間事，久而復歸。一夕大雨，孔告還，持國獨寢庵中，有詩寄云：「雨滴庵上茅，風亂窗前竹。繁聲互入耳，欲寐不得熟。緬懷田舍翁，石徑滑馬足。連山暗秋燈，一路何處宿。」《過庭録》。《宋詩紀事》卷十七。

18 韓持國許昌私第涼堂深七丈，每盛夏猶以爲不可居。常穎士適自郊居來，因問：「郊外涼乎？」持國詰其故，曰：「野人自知無修簷大厦，旦起不畏車馬衣冠之役，胸中復無他念。露顛挾扇持三尺木床，視木陰東摇則從東，西摇則從西耳。」語未竟，持國亟止之曰：「汝勿言，吾心亦涼矣。」《玉澗雜書》。《澄懷録》卷上。《昨非庵日纂》一集卷十九。

19 韓持國雖剛果特立，風節凛然，而情致風流，絶出流輩。許昌崔象之侍郎舊第，今爲杜君章家所有，廳後小亭僅丈餘，舊有海棠兩株，持國每花開時，輒載酒日飲其下，竟謝而去，歲以爲常，至今故老猶能言之。余嘗於小亭柱間得公二絶句，其一云：「濯錦江頭千萬枝，當年未解惜芳菲。而今得向君家見，不怕春寒雨溼衣。」尚可想見當時氣味。韓忠憲公嘗帥蜀，持國兄弟皆侍行，尚少，故前兩句云爾。其二云：「長條無風亦自動，柔艷著雨更相宜。」漫其後句，曾存之家。《石林詩話》卷上。

20 韓持國晚年守許，崔子厚爲酒官。值韓生辰，獻歌頌褒諛者甚衆，子厚獨以詩警之云：「衣錦榮名雖烜赫，掛冠高節莫因循。」韓得之，再三歎詠，曰：「非君誰爲我言！」於是以太子少師致仕。《過庭録》。

21 富韓公之薨也，訃聞，神宗對輔臣甚悼惜之，且曰：「富某平生强項，今死矣。志其墓者，亦必一强項之人也。卿等試揣之。」已而自曰：「方今强項者，莫知韓維，必維爲之矣。」時持國方知汝州，而其弟玉汝丞相以同知樞密院預奏事，具聞此語，汗流浹背。於是亟遣介走報持國於汝州，曰：「雖其家以是相囑，慎勿許之。不然，且獲罪。」先是，書未到，富氏果以墓志事囑持國，既諾之矣，乃復書曰：「吾平生受富公厚恩，常恨未有以報。今其家見託，義無以辭，且業已許之，不可食言。雖因此獲罪，所甘心也。」卒爲之。初，持國年幾四十，猶未出仕，會富公鎮并州，以帥幕辟之，遂起，其相知如此。《卻掃編》卷上。《何氏語林》卷十三。

22　韓持國爲人凝嚴方重，每兄弟聚話，玉汝、子華議論風生，持國未嘗有一言。《道山清話》。《昨非庵日纂》二集卷十二。

23　韓持國不服涼衫，不變於今。《愛日齋叢鈔》卷五。

24　韓黄門持國典藩，觴客，早食則凛然談經史節義及政事設施，晚集則命妓勸飲，盡歡而罷。雖簿尉小官，悉令登車上馬而去。《清波雜志》卷十。《宋稗類鈔》卷四。

25　韓持國喜聲樂，遇極暑輒求避，屢徙不如意，則卧一榻，使婢執板緩歌不絶聲，展轉徐聽，或頷首撫掌，與之相應，往往不復揮扇。《石林避暑録話》卷二。《何氏語林》卷十一。《宋稗類鈔》卷四。

26　韓少師持國，每酒後好謳柳三變一曲。其一句云：「多情到了多病。」有老婢每聽之輒云：「大官體中每與人别。我天將風雨，輒體中不佳。而貴人多晴致病耶？」《明道雜志》。

韓　縝

1　莊敏公諱縝，字玉汝。初，求字於歐陽文忠公，公以小合幅紙書「玉女」二字送來，莊敏大不樂。明日相見，猶有愠容。文忠公曰：「出處無點水也，君何怪耶？」取筆添女字三點，相與一笑。蓋《詩》中

「王欲玉女」但音發作「汝」也。《桐陰舊話》。《疑耀》卷一。《堯山堂外紀》卷四十九。《宋詩紀事》卷十七。《詞林紀事》卷四。

2 韓莊敏少時，與吴沖卿、王禹玉同詣天禄山人卦鋪。二人推莊敏先看命，云：「己未七月九日生。」禹玉驚云：「怎早知珪命？」莊敏云：「此是某命。」又云：「甚時？」莊敏云：「寅時。」禹玉云：「某是午時。」天禄皆云：「極貴。寅時者不作員外郎。」莊敏便作御史丞、臺，爲司封郎中，不作員外郎。三人皆宰相。《猗覺寮雜記》卷下。

3 韓縝爲秦州，以賊殺不辜去官。秦人語曰：「寧逢乳虎，莫逢韓玉汝。」孫臨最滑稽，或問：「莫逢韓玉汝，當以何對？」臨曰：「可怕李金吾。」天下以爲口實。《仇池筆記》卷上。《東坡志林》卷七。《苕溪漁隱叢話》前集卷二十八。《堯山堂外紀》卷四十九。《宋稗類鈔》卷六。《宋詩紀事》卷十七。《詞林紀事》卷四。

4 〔韓縝〕知秦州。指使傅勍夜被酒，誤隨入州宅，縝令軍校以鐵裹杖箠死。勍妻持血衣，撾登聞鼓院以訴，落職，分司南京。秦人語曰：「寧逢乳虎，莫逢玉汝。」其酷如此。《東都事略》卷五十八。

5 元豐初，虜人來議地界，韓丞相名縝自樞密院都承旨出分畫。玉汝有愛妾劉氏，將行，劇飲通夕，且作樂府詞留別。翼日，神宗已密知，忽中批步軍司遣兵爲搬家追送之。玉汝初莫測所因，久之，方知其自樂府發也。蓋上以恩澤待下，雖閨門之私，亦恤之如此，故中外士大夫無不樂盡其力。劉貢父，玉汝姻黨，即作小詩寄之以戲云：「嫖姚不復顧家爲，誰謂東山久不歸。卷耳幸容攜婉孌，皇華何啻有光輝。」玉汝之詞，由此亦遂盛傳於天下。《石林詩話》卷上。《堯山堂外紀》卷四十九。《堅瓠己集》卷三。《宋詩紀事》卷十六。

6 〔韓莊敏〕平生嚴毅，令行禁止。罷相之後，出鎮長安。時藩鎮庭參之儀久廢，唯初到日聊一講，韓令五日一爲之，僚吏厭苦。一日得小詩於屏上，其詞曰：「五日一庭趨，全如大起居。相公南面坐，只是欠山呼。」韓讀竟，略不動色，徐言：「却是我錯了。」於是改令每遇坐廳日則爲之，謗者亦息。人服其臨事不懼，堅彊有決云。《夷堅支志》丁卷一。

7 元祐中，韓丞相玉汝帥長安，修石橋，督責甚峻。村民急于應期，率皆磨石刻以代之，前人之碑盡矣。説者謂石刻之一厄會也。《能改齋漫録》卷十二。《負暄野録》卷上。

8 元祐中，韓相國玉汝帥長安，築通津大石梁，督責有司急，巨石無所出。忽夜夢一文面人自薦曰：「吾可應命。」詰其所來，曰：「吾青州石氏丈人也。居某所，以齊封人辱吾，文面之垢若干年矣。倘起吾泥塗，磨洗吾垢，與今相國任津梁，以濟世之病涉者，非吾之至幸與？」明日，抵某所，果見一穹碣在泥中，楊光遠碑，五代時事。丈之，應所科。磨其刻，輦至津所，柱於津，而梁落成。《湧幢小品》卷十五。

9 韓玉汝平生喜飾厨傳，一飲啖可兼數人。出帥長安，錢穆四行詞云：「喜廉頗之能飲。」玉汝不悦。《邵氏聞見後録》卷三十。

10 韓玉汝丞相喜事口腹，每食必殫極精侈。性嗜鴿，必白者而後食，或以他色者紿之，輒能辨其非。《曲洧舊聞》卷十。《南窗紀談》。《玉芝堂談薈》卷九。

11 韓莊敏丞相嗜食驢腸，每宴客必用之，或至於再三，欲其脆美，而腸入鼎過熟則靡爛，稍失節則堅韌。庖人畏刑責，但生縛驢於柱，才報酌酒，輒旋刺其腹，抽腸出洗治，略置湯中便取之，調劑五味以進。而持紙錢伺於門隙，俟食畢放箸無語，乃向空焚獻焉。在秦州日，一客中席起更衣，自公厨傍過。正見數驢咆頓柱下，皆已刳腸而未即死，爲之悚然。客生於關中，常食此肉，自此遂不復挂口。《夷堅支志》丁卷一。

韓宗武

1 韓康公子宗武文叔，賢而有才。康公有愛妾曰蟾奴，康公身後，家貲鉅萬，妾盡攜他適。文叔恬然不較，鄉里服焉。《過庭録》。

韓　皓

1 韓皓見素，持國姪孫也，寬仁有度。政和間，宰唐之桐柏。廣武堤決，勢逼都城，患在朝夕，朝廷檄郡縣收刷稻草，爲壅禦計，甚急。時中夏，舊草已盡，新禾未實，上下危懼失措。桐柏西城有朝廷樁草數十萬，李彦主其事，輒動者，流，不以蔭論，官吏睥睨，莫敢窺。見素呼耆老而告之曰：「今盛夏，新舊不相及，雖嚴督若曹，理難得草。而上危下迫，設如有所隳誤，吾曹何以生爲也？西城所樁，雖有大禁，吾願往取應急，得上寬主憂，下瘳民病，吾被重責無憾。」一境感泣從命。韓徑入西城倉取納，獨先諸所，水患賴平。李彦怒，欲削竄之。諸司知其心，遷延旬日。至秋，鄉民老弱皆晝夜刈生禾補納，西城倉盡爲新草。上責遂緩。見素解官歸許，邑人立亭城北，名曰思韓，歲時相率拜望焉。《過庭録》。

吴待問

1　吴侍郎待問，建安人。其父曰長者，平生惟訓童稚以自晦，里人以其長厚，目爲吴觀音。所生四子：參政育，樞密充，又京、方，並登進士，爲朝臣。諸孫數十，皆京秩。侍郎于京師，遇鄉人至，必命子孫出見而列侍焉。《能改齋漫録》卷十二。

2　見楊億56。

吴充

1　吴充病贅，仁宗見之掩鼻。既而諭執政者曰：「充病矣。」其後執政進擬差除，不敢公去充，但于姓名下小書「病」字，以是終仁宗世，充罕至京師。一旦神宗即位，充歷踐二府，日在上左右，其贅比舊加大，冗且腥甚，而上不惡焉。則夫命之至也，雖病也，有物蓋之矣。《孔氏談苑》卷三。《識小録》卷二。

2　慈聖光獻皇后嘗夢神人語云：「太平宰相項安節。」神宗密求諸朝臣，及遍詢吏部，無有是姓名者。久之，吴充爲上相，瘰癧生頸間，百藥不瘥。一日立朝，項上腫如拳，后見之告上曰：「此真項安癤也。」《萍洲可談》卷一。《宋稗類鈔》卷五。

3　神宗嘗夢入大府，有植碑，以金填字，曰「宰相項安節」。寤而求之，乃太學生也。慈聖解之曰：「項安節即吴充也。」於是正憲公爲相，頸有瘤焉，而項生布衣至今。《後山談叢》卷三。

4 宰執每歲有内侍省例賜新火冰之類，將命者曰「快行家」，皆以私錢一千贈之。元豐元年除日，神宗禁中忽得吴道子畫鍾馗像，因使鏤板賜二府。吴冲卿時爲相，欲贈以常例。王禹玉曰：「上前未有特賜，此出異恩，當稍增之。」乃贈五千。其後御藥院遂爲故事。明年除日，復賜冲卿，例復授五千，冲卿因戲同列曰：「一馗足矣。」衆皆大笑。《石林燕語》卷五。

5 神宗朝，詔修仁、英兩朝國史。開局日，詔史院賜筵。時吴冲卿爲首相，提舉二府及修史官就席上成詩賦。冲卿唱首云：「蘭臺開史局，玉斝賜君餘。賓友求三事，規摹本八書。汗青裁倣此，哀白盍歸歟。詔許從容會，何妨醉上車。」……可見一時人物之盛。真迹今藏禹玉孫曉處，嘗出以示明清。曉云：「史院賜燕唱和，國朝故事也。」《揮麈後録》卷一。《宋詩紀事》卷十四。

6 蘇子瞻自湖州以言語譏訕下獄。吴充方爲相，一日問上：「魏武何如人？」上曰：「何足道！」充曰：「陛下以堯、舜爲法，薄魏武固宜。然魏武猜忌如此，猶能容禰衡，陛下不能容一蘇軾何也？」上驚曰：「朕無他意，祇欲召他對獄，考覈是非耳！行將放出也。」《吕氏雜記》。

7 王荆公與吴冲卿丞相同年同歲，又修婚姻之好。熙寧中，越兩制舊人三十餘輩，用爲三司使、樞密使副。又薦代已爲相。已爲相，冲卿遂擺其跡，欲與荆公異力，薦與荆公論事貶斥之人如吕晦叔、李公擇、程伯淳還朝。又欲稍變新法，及力言荆公家事、荆公兄弟不和事。荆公去而不復召者，冲卿力也。公在金陵熟聞之。……未幾，冲卿薨於位。公作挽詞云「氣鍾舊國山川秀」者，譏其鄉里本建州也。《王公四六話》卷下。

8 故事：宰相薨，駕幸澆奠，褰帷視户，則所陳尚方金器盡賜其家，不舉帷則收去。宰相吴充，元豐間薨於私第，上幸焉，夫人李氏徒跣下堂，叩頭曰：「吴充貧，二子官六品，乞依兩制例持喪，仍支俸。」詔許之。然倉卒白事，不及褰帷。駕興，諸司斂器皿而去，計其所直，與二子特支俸頗相當。《萍洲可談》卷一。

9 歐陽公嘗得一古畫牡丹叢，其下有一猫，未知其精粗。丞相正肅吴公與歐公姻家，一見曰：「此正午牡丹也。何以明之？其花披哆而色燥，此日中時花也，猫眼黑睛如線，此正午猫眼也。有帶露花，則房斂而色澤。猫眼早暮則睛圓，日漸中狹長，正午則如一線耳。」此亦善求古人筆意也。《夢溪筆談》卷十七。《靖康緗素雜記》卷六。《墨客揮犀》卷一。《何氏語林》卷二十二。《佩文齋書畫譜》卷十五。《宋稗類鈔》卷八。

10 吴正憲夫人知識過人，見元祐初諸公進用人才之盛，歎曰：「先公作相，要進用一個好人，費盡無限氣力。如今日用人，可謂無遺才矣。」吴正憲作相時，蓋元豐間也。《紫微詩話》。

11 孔毅甫平仲學士，建中靖國間作吴正憲夫人輓詩云：「贊夫成相業，聽子得忠言。」其子蓋傳正安詩舍人也。傳正有賢行，紹聖初，以左史權中書舍人，欲論事而懼其親老未敢。夫人聞之，屢促其子論列時事，傳正由此遂貶，夫人不以爲恨也。輓詩乃蘇子由作。《紫微詩話》。

王珪

1 見韓縝2。

2 岐國公王珪在元豐中爲丞相，父準、祖贄、曾祖景圖，皆登進士第。其子仲修，元豐中登第。公有詩云：「三朝遇主惟文翰，十榜傳家有姓名。」注云：「自太平興國以來，四世凡十榜登科。」後姪仲原子耆、仲孜子昴相繼登科，昴又魁天下。《雞肋編》卷中。

3 王禹玉歷仁宗、英宗、神宗三朝，爲翰林學士，其家自太平興國至元豐十榜，皆有人登科。熙寧初，葉尚書祖洽牓，聞喜燕席上和范景仁詩云：「三朝遇主惟文翰，十榜傳家有姓名。」此事他人所無有也。《石林燕語》卷九。

4 見韓琦32。

5 歐公、王禹玉俱在翰苑，立春日當進詩貼子。會温成皇后薨，閤虚不進，有旨亦令進。歐公經營中，禹玉口占便寫，曰：「昔聞海上有三山，煙鎖樓臺日月閑。花似玉容長不老，只應春色勝人間。」歐公喜其敏速。禹玉，歐公門生也，而同局，近世盛事。《冷齋夜話》卷二。《臨漢隱居詩話》。《續墨客揮犀》卷四。《苕溪漁隱叢話》前集卷二十八。《宋詩紀事》卷十五。參見歐陽修77。

6 見歐陽修97。

7 見宋仁宗66。

8 王禹玉爲翰苑，治平三年二月十五日，召對蕊珠殿時，賜紫花墩，令坐蹁數刻方罷。明年，英廟上仙，珪作挽詞，有云：「曾陪蕊珠殿，獨賜紫花墩。」蓋謂是也。《墨莊漫録》卷四。

9 神廟時，每夕有赤氣見西北隅，如火，至人定後乃滅。人以爲皇子生之祥。故禹玉作《大燕樂詞》云：「未曉清風生殿閣，經旬赤氣照乾坤。」未幾，皇子生，大燕群臣于集英殿。《宋詩紀事》卷十五引《王文正公日録》。

10 熙寧三年，曾宣靖爲昭文相，以疾乞解機政。久之，除守司空、侍中、河陽三城節度使、集禧觀使。王文恭爲内相，當制，進草。神宗讀至「高旗鉅節，遥臨踐土之邦；閒館珍臺，獨揖浮丘之袂」，顧文恭笑云：「此句甚熟，想備下多時。」文恭云：「誠如聖訓。」歸語其子仲修云：「吾自聞魯公丐去，即辦此一聯。」歎服上之精鑒如此。《揮麈餘話》卷一。

11 王岐公在翰苑，凡十七八年，三爲主文。常在試闈，戲書考簿後云：「黄州才藻舊詞臣，幾歎門生未有人。自笑晚游金馬客，曾來三鏁貢闈春。」《墨莊漫録》卷十。

12 京師春秋社祭，多差兩制攝事。王僕射珪爲内外制十五年，祭社者屢矣。熙寧四年，復以翰林承旨攝太尉，因作詩曰：「雞聲初動曉驂催，又向靈壇飲福盃。自笑怡怡不辭醉，明年强健更須來。」是冬，遂參知政事。《東軒筆録》卷六。《倦游雜録》。《宋朝事實類苑》卷三十六。

13 岐公在翰苑時，中秋有月，上問：「當直學士是誰？」左右以姓名對。命小殿對設二位，召來賜酒。公至殿側侍班，俄頃女童小樂引步輦至，宣學士就坐。公奏：「故事，無君臣對坐之禮，乞正其席。」上云：「天下無事，月色清美，與其醉聲色，何如與學士論文。若要正席，則外廷賜宴。正欲略去苛禮，放懷飲酒。」公固請不已，再拜就坐。上引謝莊賦、李白詩，稱美其才。又出御製詩示公，公歎仰聖學高妙。每起謝，必敕内侍扶掖，不令下拜。夜漏下三鼓，上悦甚，令左右宫嬪各取領巾裙帶，或團扇手帕求詩。内侍舉牙牀，以金相水晶硯、珊瑚筆格、玉管筆，皆上所用者於公前。來者應之，略不停綴，都不蹈襲前人，盡出一時新意，仍稱其所長，如美貌者必及其容色，人人得其歡心，悉以進呈。上云：「豈可虛辱，須與學士潤筆。」遂各取頭上珠花一朵裝公幞頭，簪不盡者，置公服袖中。宮人旋取針綫縫聯袖口。宴罷，月將西沉，上命撤金蓮燭，令內侍扶掖歸院。……都下盛傳天子請客。《錢氏私志》。《玉芝堂談薈》卷七。《堯山堂外紀》卷五十一。《宋稗類鈔》卷一。《堅瓠丁集》卷二。

14　韓康公、王荆公之拜相也，王岐公爲翰林學士，被召命詞。既授旨，神宗因出手札示之曰：「已除卿參知政事矣。」國朝以來，因命相而遂用草制學士補其處……世謂之「潤筆執政」。《卻掃編》卷上。

15　荆公、禹玉，熙寧中同在相府。一日，同侍朝，忽有虱自荆公襦領而上，直緣其鬚。上顧之笑，公不自知也。朝退，禹玉指以告公，公命從者去之，禹玉曰：「未可輕去。輒獻一言，以頌虱之功。」公曰：「如何？」禹玉笑而應曰：「屢游相鬚，曾經御覽。」荆公亦爲之解頤。《遯齋閒覽》。《墨客揮犀》卷四。《堯山堂外紀》卷五十一。《疑耀》卷四。《宋稗類鈔》卷六。《堅瓠丙集》卷三。

16　熙寧中年，王禹玉丞相奏亡妻慶國夫人鄭氏臨終遺言，乞度爲女真。勑特許披戴，賜名希真，仍賜紫衣，號沖靜大師。《倦游雜録》。《宋朝事實類苑》卷四十三。

17　見王雱8。

18　〔熙寧九年〕修國史，開局日賜李廷珪墨，子承晏「笏挺」、「雙脊龍」，張遇丸墨，澄心堂紙。及對，上曰：「禁中自此少矣，宜寶之。」王岐公爲相，先留數丸，笑曰：「所謂搯尖。」《魏公譚訓》卷二。

19　〔王珪禹玉〕在相位無所建明，人目爲「三旨」：於上前曰取聖旨，曰領聖旨，退謂吏則曰已得旨。

《直齋書録解題》卷十七。

20 見蘇軾71。

21 見蘇軾103。

22 元豐初，蔡確排吳充罷相，指王珪爲充黨，欲并逐之。珪畏確，引用爲執政。時珪獨相久，神宗厭薄之，珪不悟。確機警，覺之，一日密問珪曰：「近上意於公厚薄何如？」珪曰：「無他。」確曰：「上厭公矣！」珪曰：「奈何？」確曰：「上久欲收復靈武，患無任責者。公能任責，則相位可保也。」珪喜謝之。適江東漕張琬有違法事，帝語珪欲遣官按治，珪以帝意告都檢正俞充。充與琬善，以書告琬。琬上章自辯，帝問珪曰：「張琬事唯語卿，琬何從知？」珪以漏上語，退朝甚憂，召俞充問之，充對以實。珪曰：「某與君俱得罪矣。然有一策，當除君帥環慶，亟上取靈武之章，上喜之可免。」乃除充待制，帥環慶，充果建取靈武之章。未幾，充暴卒，以高遵裕代之。有旨以遵裕節度五路大兵，爲靈武之役。……夏人大集，決黄河水以灌我師，凍餒沉溺不戰而死者十餘萬人。遵裕狼狽以遁。……推其兵端，由王珪避漏泄上語之罪所致。《邵氏聞見録》卷十三。

23 見蔡確19。

24 元豐既行官制，準唐故事，定宰相上事儀，以御史中丞押百官班，拜於階下，宰相答拜於阼階上。時王禹玉除左僕射，蔡持正右僕射，神宗命即尚書省行之。二人力辭，帝不可，曰：「既以董正治官，不得不正其名分於始，此國體，非爲卿設也。」二人乃受命。時元厚之已致仕居吳，以詩賀王禹玉，有「前殿聽宣中禁制，南宫看集外朝班。星辰影落三階下，桃李陰成四海間」之句，時最爲盛事。自是相繼入相者，皆不復再講此禮，信不可常行也。《石林詩話》卷下。

25 元豐中，裕陵以元夕御樓，宰臣、親王觀燈，有御製，令從臣和進。王禹玉爲左相，蔡持正爲右相。蔡密叩王云：「應制上元詩，如何使事？」禹玉曰：「鼇山鳳輦外，不可使。」章子厚時爲黄門侍郎，面笑之，云：「此誰不知。」十七日登對，裕陵獨賞禹玉詩，云：「妙於使事。」詩云：「雪消華月滿仙臺，萬燭當樓寶扇開。雙鳳雲中扶輦下，六鼇海上駕山來。鎬京春酒霑周燕，汾水秋風陋漢才。一曲昇平人共樂，君王又進紫霞杯。」是夕以高麗進樂，又添一杯。《侯鯖録》卷二。《孔氏談苑》卷四。《苕溪漁隱叢話》前集卷二十八。《貴耳集》卷上。《宋詩紀事》卷十五引《韻語陽秋》。《黄嬭餘話》卷八。

26 王相珪當國，有故人至政事堂，公問勞甚厚。其人宦游不遂，有憔悴可憐之色。時用郊恩改章服，公曰：「吾友蹇連歲久，且喜近錫章服。」故人笑曰：「某舊著緑時，只是清貧，自著緋後，轉更赤窮。」諸公鬨堂，爲之絶倒。《高齋漫録》。

27 王禹玉詩，世號至寶丹，以其多使珍寶，如黄金必以白玉爲對。有人云：「詩能窮人，且試强作富貴語看如何？」其人數日搜索，方止得一聯：「脛挺化爲紅玳瑁，眼睛變作碧琉璃。」爲之絶倒。《王直方詩話》。《類説》卷五十七。《苕溪漁隱叢話》前集卷二十六。《宋稗類鈔》卷六。

28 王岐公詩喜用金玉珠璧，以爲富貴，而其兄謂之「至寶丹」。《後山詩話》。《宋詩紀事》卷十五引《瀛奎律髓》。

29 見文彦博43。

30 王禹玉作《龐潁公神道碑》，其家送潤筆金帛外，參以古書名畫三十種，杜荀鶴及第時試卷，亦是一種。《石林燕語》卷十。《宋稗類鈔》卷八。

31 見韓絳13。

32 王禹玉既亡，有無名子作詩嘲之云：「太師因被子孫煎，身後無名只有錢。」啱啱咥翻王介甫，奇奇噉動宋昭宣。嘗言井口難爲戲，獨坐中書不計年。東府近來無土地，便應正授不須權。」其家經府指言是張山人作。府中追張山人至，曰：「你怎生作詩嘲他大臣。」張山人曰：「某自來多作十七十六字詩，似恁着題詩某吟不得。」府尹笑而遣之。《王直方詩話》。《類説》卷五十七。《苕溪漁隱叢話》前集卷二十八。《堯山堂外紀》卷五十一。《堅瓠癸集》卷一。《宋詩紀事》卷九十六。

王仲薿

1 王仲薿，字豐父，岐公暮子。有風采，善詞翰，四六尤工，以名字典郡。政和末，爲中大夫，守會稽，頗著績效。如乾湖爲田，導水入海是也。童貫時方用事，貫苦脚氣，或云楊梅仁可療是疾，豐父裒五十石以獻之，才可知矣。……建炎初，知袁州。虜人寇江西，坐失守削籍，與馬子約皆寓居永嘉。豐父兄仲山同時牧臨川，以城降坐廢。子約酒酣，戲之云：「平原太守，吾兄也。」後秦會之再入相，會之，仲山婿也。豐父以啓懇之云：「黄紙除書，久無心於夢寐；青氊舊物，尚有意於陶鎔。」會之爲開陳，詔復元官。奉祠放行。……年八十餘卒。《揮麈餘話》卷二。

2〔童〕貫欲自謂韓魏公之出子，數以言動吏部侍郎韓粹彦。粹彦毅然曰：「先公平昔無兹事。」於是王仲嶷者久依貫，聞是語而自詣貫識之，以爲珪之子也。貫大喜，故王氏於政和以後恩數乃褒詔，悉貫之力。《三朝北盟會編》卷五十二。

蔡確

1 蔡持正少於泗州道中山寺讀書，僧厭其久。書舍有竹，書一絶壁間云：「窗前翠竹兩三竿，瀟灑風吹滿院寒。常在眼前君莫厭，化成龍去見應難。」已有宰相氣味。蔡作相，其詩尚存。《遇庭録》。

2 蔡持正居宛邱，一日雪作，與里人黄好謙游一倡家，入門見其肴醴特盛。他時有美少年青巾白裘據席而坐，蔡、黄方引去，少年亟俾倡邀二公，欣然就席。酒酣，少年顧持正曰：「君正如李德裕。」顧黄曰：「君俟此公貴，憑藉亦顯。」語畢，少年亦引去。二公叩倡何人也，倡曰：「朝來齎錢具飲，亦不知誰氏也。」後如其言。持正爲侍御史，薦黄爲御史云。《隨手雜録》。

3 蔡新州確、黄大夫好謙爲陳諸生，聞楊山人之善相人也，過使相之，曰：「蔡君宰相也，似丁晉公，然丁還而君死也。黄君一散郎爾，然家口四十，則蔡貶矣。」元豐末，蔡爲相，黄由尚書郎出爲蔡州，過蔡而别，問其家，曰：「四十口矣。」蔡大駭曰：「楊生之言驗矣！」其後有新州之禍。《後山談叢》卷二。

4〔蔡〕持正年二十許歲時，家苦貧，衣服稍敝。一日與郡士人張湜師是同行，張亦貧儒也。俄有道人至，注視持正久之，因謾問曰：「先生能相乎？」曰：「然。」又問曰：「何如？」曰：「先輩狀貌極似李德裕。」持正以爲戲己，因戲問曰：「爲相乎？」曰：「然。」「南遷乎？」曰：「然。」復相師是，曰：「當爲卿監，家五十口時……」指持正云：「公當死矣。」道人既去，二人大笑曰：「狂哉！道人以吾二人貧儒，故相戲耳。」後持正謫新州，凡五年。一日，得師是書云：「以爲司農無補，然闔門五十口，居京師食貧，近蒙恩守汝州。」持正讀至此，忽憶道人之言，遂不復讀。數日得疾而卒。《嬾真子録》卷三。《宋稗類鈔》卷一。

5 陳州有顓頊廟。狄青知州日，夢廟中有榜，題曰「宰相蔡確」。確是時方爲舉人，青訪知姓字，召見之，語以所夢，云善自愛。確後果相神宗皇帝。《孔氏談苑》卷二。

6 蔡忠懷確持正，少年嘗夢爲執政。仍有人告之曰：「竢汝父作狀元時，汝爲執政也。」持正覺而笑曰：「鬼物乃相戲乎？吾父老矣，方致仕閑居。乃云作狀元，何也？」後持正果作執政。一日侍殿上，聽唱進士第，狀元乃黄裳也。持正不覺失驚，且歎夢之可信也。持正父名黄裳，乃泉州人。《嬾真子録》卷三。《夷堅支志》癸卷十。《宋稗類鈔》卷一。

7 見陳執中23。

8 蔡丞相持正爲府界提舉日，有人夢至一官居，堂宇高邃，上有具袞冕而坐者四人，傍有指謂之曰：「此宋朝宰相次第所坐也。」及仰視之，末乃持正也。既寤，了不解。至公有新州之命，始悟過嶺宰相盧、寇、丁，至公爲四也。《春渚紀聞》卷一。《甲申雜記》。《宋稗類鈔》卷一。

9 元豐末，中書檢正官王陟臣希叔，一夕輒夢東華門外有天部儀衛一金朱車，訊云：「宋朝第四宰相。」再訊之，云：「丁丑人。」希叔蓋生丁丑，喜而前瞻，見車上一金字牌，乃清源蔡確持正也，同生丁丑。

元豐己未入參大政，辛酉登右揆，乙丑爲首台，元祐戊辰以謫官守安陸。嘗吟詩，言者以爲謗訕，貶英州別駕，新州安置，竟不還。識者以本朝宰相南行者，自盧、寇、丁至蔡，乃第四矣。《塵史》卷中。

10 蔡確持正始爲京兆府司理參軍，會韓子華建節出鎮，初到設燕，蔡作口號，有「儒苑昔推唐吏部，將壇今拜漢將軍」之句，公喜薦之，改京秩。元豐中，致位宰相。元祐初，責知安州，後圃有浮雲樓，樓下臨涢河，嘗賦十詩，有「葉底出巢黄口鬧，溪邊逐隊小魚忙」之句。又一絶云：「矯矯名臣郝甑山，忠言直節上元間。釣臺蕪没知何處，歎息斯公撫碧灣。」時宣仁聖烈皇后聽政，知漢陽軍吴處厚皆注釋以進，坐謗訕貶新州而死。其始終盛衰皆以詩句，亦可異也。《雞肋編》卷下。

11 蔡忠懷公持正爲某州司理日，韓康公宣撫陝右河東，道出其境，太守具宴，委蔡撰樂語口號，一聯云：「文價早歸唐吏部，將壇今拜漢淮陰。」康公極喜，請相見。觀其人物高爽，議論不凡，謂群將曰：「蔡司理非池中物。」因相與薦之改秩，已而薦與弟持國。時持國知開封府，初置八廂，乃辟爲都廂。暇日相見，頗加禮接，後已舉爲府曹。持國既入翰苑，劉彦尹京，趨上幕府階墀，持正獨否。劉大怒，奏聞。得旨取勘，持正不答，乞移棘寺，乃供狀云：「京朝官著令無階墀，蓋太宗、真宗爲牧時講此禮。今輦轂之下，比肩事主，雖故事，不可用，而開封府尚仍舊例，未當。」大理卿求對，特袖蔡所供呈奏。裕陵喜曰：「蔡確知典故，何得作幕府？可除館職。」到館，復進《百官圖》，識者云：「此生看看待作宰相。」久之果然。《西塘集耆舊續聞》卷十。《清波雜志》卷十一。

12 汪輔之登第，熙寧中，爲職方郎中、廣南轉運使。蔡持正爲御史知雜，摭其謝上表有「清時有味，白首無能」，以謂言涉譏訕，坐降知虔州以卒。有文集三十卷，行於世。後數年興東坡之獄，蓋始於此，而持正竟以詩讁死嶺外。《揮麈後録》卷六。

13 王荆公再罷政事，吴丞相充代其任。時沈括爲三司使，密條常平役法之不便者數事，獻于吴公。吴公得之，袖以呈上，上始惡括之爲人。而蔡確爲御史知雜，上疏言：「新法始行，朝廷恐有未便，故諸路各出察訪，以視民之願否。是時沈括實爲兩浙路察訪使，還，盛言新法可行，百姓悦從，朝廷以其言爲信，故推行無疑。今王安石出，吴充爲相，括乃徇時好惡，詆毀良法，考其前後之言，自相背戾如此。況括身爲近侍，日對清光，事有可言，自當面奏，豈可以朝廷公議私於宰相，乃挾邪害正之人，不可置在侍從。」疏奏，落括翰林學士、知制誥，以本官知宣州。《東軒筆録》卷六。

14 蔡確鞫相州獄，朝士被繫者，確令獄卒與之同室而處，同席而寢，飲食旋溷，共在一室。置大盆於前，諸家饋食者，羹飰餅餌，悉投其中，以杓攪匀而分飼之。累旬不問，幸得其問，無罪不承。《温公瑣語》。《邵氏聞見録》卷十三。

15 見王珪22。

16 見司馬光66。

17 元豐四年，官制書成，神宗自禁中帖定圖本出，先謂宰輔曰：「官制將行，欲取新舊人兩用之。」又曰：「御史大夫非司馬光不可。」蔡確進曰：「國是方定，願少遲之。」王珪亦助之。又有旨：范純仁、李常除太常少卿，珪、確奏曰：「純仁已病，止用李常。」後純仁弟純粹自京東提舉常平移陝西轉運判官，上殿，帝問：「純仁無恙？」純粹曰：「臣兄純仁無恙。」帝方悟。時純仁爲西京留臺，尋除直龍圖閣、知河南府，擢慶陽帥。珪、確知帝欲用之，故不令入朝。嗚呼！王珪、蔡確者不能將順神宗美意，取新舊人兼用之，遂起朋黨之禍，蓋其罪大矣。《邵氏聞見録》卷十一。

18 蔡持正罷相知陳州，只帶本官、觀文殿大學士，除張蓋許同使相，餘無恩數。自上章七日而得請，自謂受遺策，立有大勳勞，不甚樂。已，輔臣請其不進官之由，乃曰：「人言甚衆，所以爾也。」《月河所聞集》。

19 蔡持正既孤居陳州，鄭毅夫冠多士，通判州事，從毅夫作賦。吴處厚與毅夫同年，得汀州司理，來謁毅夫，間與持正游。明年，持正登科，寖顯於朝矣。……持正登庸，處厚乞憐頗甚……然持正終無汲引之意。是時王、蔡並相，禹玉薦處厚作大理寺丞。會尚書左丞王和甫與御史中丞舒亶有隙。元豐初改官制，天子勵精政事，初嚴六察。亶彈擊大吏，無復畏避，最後糾和甫尚書省不用例事，以侵和甫。和甫復言亶以中丞兼直學士院，在官制既行之後，祇合一處請給，今亶仍舊用學士院厨錢蠟燭爲贓罪。亶奏事殿中，神宗面喻亶，亶力請付有司推治，詔送大理寺。……處厚在大理，適當推治。……當處厚執議也，持正密遣達意救亶，處厚不從。……而持正大怒處厚小官規動朝聽，離間大臣。欲黜之，未果。會皇嗣屢夭，處厚論程嬰、公孫杵臼存趙孤事，乞訪其墳墓。神宗喜，禹玉請擢處厚館職。持正言反覆小人，不可近。禹玉每挽之，憚持正輒止，終神宗之世不用。哲宗即位，禹玉爲山陵使，辟處厚掌牋表。禹玉薨，持正代爲山陵使，首罷處厚。山陵畢事，處厚言嘗到局，乞用衆例遷官，不許，出知通利軍。後以賈種民知漢陽軍，種民言母老不習南方水土，詔與處厚兩易其任。處厚詣政事堂言：「通利軍人使路已借紫矣，改漢陽則奪之，一等作郡，請仍舊。」持正笑曰：「君能作真知州，安用假紫邪！」處厚積怒而去。其後，持正罷相守陳，又移安州。有静江指揮卒當出戍漢陽，持正以無兵，留不遣，處厚移文督之。持正寓書荆南帥唐義問固留之，義問令無出戍。處厚大怒曰：「汝昔居廟堂，固能害我，今貶斥，同作郡耳，尚敢爾耶！」會漢陽僚吏至安州者，持正問處厚近耗，吏誦處厚《秋興亭》近詩云：「雲共去時天杳杳，雁連來處水茫茫。」持正笑曰：「猶亂道如此。」吏歸以告處厚，處厚曰：「我文章，蔡確乃敢譏笑耶！」未幾，安州舉子吴擴自漢江販米至漢陽，而郡遣縣令陳當至漢口和糴。吴袖刺謁當，規欲免糴，且言近離鄉里時，蔡丞相作《車蓋亭》十詩，舟中有本，續以寫呈，既歸舟，以詩送之。當方盤量，不暇讀，姑置懷袖。處厚晚置酒秋興亭，遣介亟召當，當自漢口馳往。既解帶，處厚問：「懷中何書？」當曰：「適一安州舉人遺蔡丞相近詩也。」處厚亟請取讀，篇篇稱善而已，蓋已貯於心矣。明日，於公宇冬青堂箋注上之。後兩日，其子柔嘉登第，授太原司户。至侍下，處厚迎謂曰：「我二十年深仇，今報之矣。」柔嘉問知其詳，泣曰：「此非人所爲。大人平生學業如此，今何爲此？將何以立於世？柔嘉爲大人子，亦無容迹於天地之間矣。」處厚悔悟，遣數健步剩給緡錢追之，馳至進邸，云邸吏方往閤門投文書，適校俄頃時爾。《揮麈三録》卷一。

20 蔡確拜左僕射，其弟碩贓敗，確謫守安州。夏日登車蓋亭十絶句，知漢陽軍吴處厚箋注以聞，其略云：「五篇涉譏諷。『何處機心驚白鳥，誰人怒劍逐青蠅』，以譏讒譖之人。『葉底出巢黄口鬧，波間逐隊小魚忙』，譏新進用事，别無謗訕君上。『睡起莞然成獨笑』，方今朝廷清明，不知確獨笑何事？『矯矯名臣郝甑山，忠言直節上元間』，按郝處俊安陸人，封甑山公，唐高宗欲遜位天后，處俊上疏……諫此事，正在上元三年，即上元間也。皇太后垂簾，遵用章獻、明肅故事，確指武后以比太母。……『沈沈滄海會揚塵』，謂人壽幾何，尤非佳語。」宣仁盛怒，令確分析，終不自明。……持正坐貶新州。《古今事文類聚》前集卷三十一。《堯山堂外紀》卷五十一。《宋詩紀事》卷二十二。

21 初，吴處厚箋蔡持正詩進于朝，邸官已傳本報之，凡進入三日而寂無聞。執政因奏事稟于簾前，宣仁云：「甚詩？未嘗見也。」執政云：「已進入，未降出。」簾中云：「待取看。」至午間，遣中使語執政曰：「已降出矣。」三省皆云不曾承領，上下疑之。明日，乃在章奏房，與通封常程文字共爲一複，蓋初進入亦通封也。明日，進呈，殊不怒色，但云：「執政自商量。」繼而處厚復有疏，執政請送蔡確分析，諫官吴安詩、劉安世論列。而分析未上間，會梁燾自潞州召爲諫議大夫，至京，曰：「比過河陽，邢恕極論蔡確有策立勳，社稷臣也。」同諫官以恕之言論之，日益切直，宣仁始怒焉，泣諭執政曰：「當時誰曾有異議，官家豈不記得？但問他太妃。」遂擬蔡相謫命，執政議太常少卿、分司南京。議未決，會分析至，確盛言有策立之勳。諫官繼登論之益苦。明日，執政對，簾中忽語曰：「蔡確可英州別駕，新州安置。」諸公驚退，悉力開陳，久之，劉莘老曰：「蔡確母老。」引柳宗元乞與劉禹錫换播州事。呂微仲曰：「蔡確，先帝大臣，乞如劉摯所論，移一近裏州郡。」簾中曰：「山可移，此不可移也。」范堯夫揖王正仲，留身論之，意不解。……已而堯夫、正仲與不論確事臺官皆罷去。初，處厚繳詩至京，莘老嘗問予曰：「如何施行？」余曰：「此難行，前日諸公自罪李定以詩罪人矣。」莘老曰：「豈可已乎？」余曰：「一則收殺，一則劄與蔡確知。」堯夫亦以見問，余語如前。堯夫曰：「吾弟更語莘老，曰『次第須謫，重則分司，輕則小州』。」余曰：「必若謫之，當與處厚竝命，此風不可長也。」後一日，莘老召余入密室，見其顔色慘怛，曰：「九重之内，安知有英州、新州？此必有博士。」又曰：「今日進呈，此老斥罵，却不入來。」指文潞公也。余意以莘老賣潞公，遂往見潞公，問余曰：「近事如何？」余答曰：「蔡確，外議以謂過當。」潞公聲色皆厲曰：「見無禮於其君者，如鷹鸇之逐鳥雀。」又曰：「曾見司馬康否？」余曰：「見之。」潞公曰：「前日被旨召梁燾、司馬康，與執政面問邢恕語言。梁燾言與司馬康同坐，聞恕言蔡確社稷臣事。康乃曰：『不聽得。』燾曰：『時第三杯矣。』康曰：『時飢貪食肚羹，不聽得。』康如此不肖耶！」余曰：「司馬康，温公子也。温公，道德人也。康不證人於罪，真肖矣。」潞公即索湯，余引去，始知莘老之言不妄。《隨手雜録》。

22　哲宗嗣統，宣仁權同聽斷。蔡持正以故相典安陸，暇日偶作小詩數篇。朝散郎吴處厚守漢陽，鄰封也。平日深嫌蔡秉政時不相推引，購得詩本，輒以己意曲加注釋，以爲意在怨訕，如其私説，飛驛上聞。禍起不測，遂竄嶺外。時上相吕大防等居輔弼之地，皆緘默顧忌，無所論辯，奉行而已。惟右揆范堯夫奏疏理列，又與王正仲簾前再三爲之辯解，不克回已行之制，而二公亦各罷去，天下士論靡不賢其人也。《珍席放談》卷下。

23　蔡確守安州，夏日登車蓋亭，作十絶句，爲吴處厚箋注，得罪謫新州，其間一絶云：「公事無多客亦稀，朱衣小吏不須隨。溪潭直上虚亭裏，卧展柴桑處士詩。」殊有閑適自在之意。《苕溪漁隱叢話》前集卷六十。

《宋詩紀事》卷二十二。

24 蔡忠愍既以詩得罪，遂以言爲戒。其往新州，止携一愛妾，號琵琶姐。又蓄一鸚䳇，甚慧。每呼其妾，亦不言，止擊小鐘，鸚䳇聞之，即傳呼琵琶姐。未幾，其妾瘴癘而死，自是不復擊鐘。一日因聖節開啟，遂服冠裳，而帶尾誤擊鐘有聲，鸚䳇遂呼琵琶姐，公大感愴，因賦詩云：「鸚䳇聲猶在，琵琶事已非。堪傷江漢水，同去不同歸。」自是鬱鬱成病，以致不起。《雞肋編》卷下。《侯鯖録》卷二。《堯山堂外紀》卷五十一。《宋稗類鈔》卷八。《宋詩紀事》卷二十二。

25 歐陽大春，湖南人，元祐初爲廣州幕官。嘗夢入一僧舍，稍新潔，有大榜題其西室曰：「宰相蔡確死于此室。」既寤，不曉其旨。時持正尚在相位。未幾，聞外補，而大春以漕檄權知新州。一日，入僧舍，宛然夢中所見。又有西室，亦如夢也。方歎息與同官言之。未幾，持正責新州。州無它僧寺，竟居於此寺，而所卒之地，悉如前夢。又何異也。《默記》卷上。參見劉摯8。

26 見劉摯7。

27 劉貢父呼蔡確爲「倒懸蛤蜊」，蓋蛤蜊一名「殼菜」也。確深銜之。《邵氏聞見後録》卷三十。《古事比》卷二十。

蔡懋

1 蔡懋爲馮公京之婿。馮薨於位，泰陵車駕臨奠，懋衰絰雜於馮氏子弟間，厲聲呼曰：「陛下，臣父屈死。」上驚愕，問之，乃懋。自是知持正之寃而惜其死。《高齋漫録》。

2　蔡確之子懋，宣和末爲同知樞密院事。因奏事，言及確南遷時事，云：「蘇軾有章救先臣確，臣家嘗傳録。」因袖出章進上。上皇云：「蘇軾無此章。軾在哲宗朝所上章，哲宗以一旋風册子手自録次，今在宫中，無此章也。」懋悵然而退。《退齋筆録》。《蓼花洲閒録》。

趙抃

1　會稽山爲東南巨鎮，周廻六十里，北出數壠，葬者紛紛，得正壠者趙、陸二祖墳而已。二墳同一山，下瞰鑑湖，湖外有山，横抱如几案，案外尖峯名梅李尖，地里家謂之筆案。陸氏葬後六十年生孫佃，爲尚書左丞。趙氏葬八十年生曾孫抃，爲太子太師。自是陸公贈太保，趙公贈少保。《泊宅編》十卷本卷二，又三卷本卷上。

2　趙清獻公未第時，鄉之户家陳氏，延之教子，其母歲與新履。公鄉薦，陳厚贐其行。……一舉及第，仕寖顯。陳之子後因人命事繫獄，或曰：「爾家昔作館趙秀才，今顯宦於朝，可以爲援。」陳乃謀諸婦，婦曰：「翁當親行，我仍製履送之。」翁至汴，閽人不爲通。翁俟朝回，揖於馬前，公命之入，即送其履。公持而入，良久，乃濯足穿以出。叩其來意，翁言其故，公曰：「且留書院。」經旬餘，不答所言，乃申之，唯唯而已。月餘告歸，公曰：「且寬心。」兩閱月，公以翁家問示之，其子已貸命矣。公但使親僕至衢，日送飯獄中，主者聞之，得從末減。《庶齋老學叢談》卷四。

3　趙清獻初入京赴試，每經場務，同行者皆欲隱税過，清獻不可以，謂爲士人已欺官，况他日在仕路乎？竟税之。《北窗炙輠録》卷上。

4〔趙抃〕爲武安軍節度推官。民有僞造印者，吏皆以爲當死，公獨曰：「造在赦前，而用在赦後。赦前不用，赦後不造，法皆不死。」遂以疑讞之，卒免死，一府皆服。《蘇軾文集》卷十七《趙清獻公神道碑》。《名臣碑傳琬琰集》上卷八。《仕學規範》卷十七。《折獄龜鑑》卷四。

5 趙清獻公通判泗州，泗守昏不事事，監司欲罷遣之，公獨左右其政，而諱其所以然，使若權不已出者，守得以善罷。《仕學規範》卷二十二。《言行龜鑑》卷二。

6〔趙抃〕爲殿中侍御史，彈劾不避權倖，京師號「鐵面御史」。《東都事略》卷七十三。《名臣碑傳琬琰集》上卷八。《仕學規範》卷十七。《自警編》卷四。《言行龜鑑》卷六。《堯山堂外紀》卷四十七。《玉芝堂談薈》卷七。

7 至和中，范景仁爲諫官，趙閲道爲御史，以論陳恭公事有隙。熙寧中，介甫執政，恨景仁，數訐之於上，且曰：「陛下問趙抃，即知其爲人。」他日，上以問閲道，對曰：「忠臣。」上曰：「卿何以知忠？」對曰：「嘉祐初，仁宗違豫，鎮首請立皇嗣以安社稷，豈非忠乎？」既退，介甫謂閲道曰：「公不與景仁有隙乎？」閲道曰：「不敢以私害公。」《涑水記聞》卷十四。《宋朝事實類苑》卷十七。《宋名臣言行録》後集卷五。《自警編》卷四。《厚德録》卷二。《何氏語林》卷十三。《昨非庵日纂》二集卷十。《宋稗類鈔》卷三。

8 趙清獻爲御史，力攻陳恭公，范蜀公知諫院，獨救之。清獻遂併劾蜀公黨宰相，懷其私恩。蜀公復論御史以陰事誣人，是妄加人以死罪，請下詔斬之，以示天下。熙寧初，蜀公以時論不合求致仕，或欲遂謫之，清獻不從。或曰：「彼不嘗欲斬公者耶？」清獻曰：「吾方論國事，何暇恤私怨。」方蜀公辯恭公時，世固不以爲過，至清獻之言，聞者尤歎服云。《石林燕語》卷七。

9　趙閱道爲成都轉運使，出行部内，唯攜一琴一鶴，坐則看鶴鼓琴。嘗過青城山，遇雪，舍於逆旅。逆旅之人不知其使者也，或慢狎之，公頹然鼓琴不問。《夢溪筆談》卷九。《墨客揮犀》卷十。《何氏語林》卷十四。《古事比》卷三十七。

10　〔趙抃〕知成都府。抃前使蜀時，言蜀人有以妖祀聚衆爲不法者，其首既死，其爲從者宜特黥配。及爲成都，適有此獄，其人皆懼，意抃必盡用法。抃察其無他，曰：「此特坐樽酒至此耳。」刑其爲首者，餘皆釋去，蜀人歡服。《東都事略》卷七十三。

11　趙清獻帥蜀日，有妓戴杏花，清獻喜之，戲謂之曰：「頭上杏花真可幸。」妓應聲曰：「枝間梅子豈無媒？」趙益喜，夜謂直宿老兵曰：「汝識某妓所居乎？」曰：「識之。」曰：「爲我呼來。」去幾二鼓，不至。復令人速之，旋又令止之。老兵忽自幕後出，公怪問之，兵曰：「某度相公不過一個時辰，此念息矣。雖承命，實未往。」《青泥蓮花記》卷十二引鄭景望《紀聞》。《堯山堂外紀》卷四十七。《昨非庵日纂》一集卷十三。《宋稗類鈔》卷三。

12　張忠定帥蜀時，擇良家處子十人，執浣濯紉綴之役。張始不肯用，既而恐不便於後人，遂留之執事。偶悦一姬，中夜心動而起，繞屋而行，但云：「張詠小人，張詠小人。」後趙清獻繼之，慕其風，然已不敢親近，置之他所，有宴集則呼之。一日，偶喜其中一人，酒罷留之外舍。公先入宅，曰：「俟來呼汝則入。」女不勝喜。孔目官以下皆通名謁見，求庇覆矣。公入不出，或覘之，則周行室中，連聲自叱其名曰：「趙抃不得無禮。」如是一時頃，乃呼吏云：「適間女子，可支錢五百千，明日便令嫁人。」毛義夫云：「清獻公既留此女，入而濯足，且將復出。天大寒，熾炭，命老兵持盆水至，忽舉盆澆炭上，煙火飛揚滿室。公悟，乃遣女去。」《宋稗類鈔》卷三。

13 趙參政抃悦道，初好神仙術。在成都，有僧上詩云：「須向維摩頂上行。」悦道遂悟。後有道士獻紫金盂，悦道拒不受，道士求金三兩易之。悦道曰：「吾以三兩凡金換奇金，不可。」在青州，有何郎中相傳晉時人，公招之至，則鬢髮皓白，肌膚如槁木，龍鍾幾不能步，而飲啖自若。悦道憫其羸，使兩吏扶掖而出，至門外，則行步如飛。吏還報，悦道大駭，使健步追之，已失所在。悦道後歸鄉里，一日，忽遍辭親友，其子屼怪其形色異常，問後事，悦道厲聲斥之，少頃，趺坐而化。《孫公談圃》卷上。

14 韓魏公自外上章，歷數王荆公新法害天下之狀，神宗感悟，諭執政亟罷之。荆公方在告，乞分司。趙清獻公參政事，曰：「欲俟王安石出，令自罷之。」荆公既出，疏駁魏公之章，持其法益堅，卒至敗亂天下。識者於清獻公有遺恨焉。《邵氏聞見後録》卷二十一。

15 見王安石54。

16 見王安石58。

17 〔趙抃〕以資政殿大學士知杭州。細民聞抃寬大，多駢聚爲盗，抃捕獲其情重者，黥配他州，法禁嚴肅，盗遂遁去，境内以清。《西湖游覽志餘》卷七。

18 趙清獻平生留意釋氏，嘗參圓照，所至以寬慈爲治。晚歲自鄉里宫祠起知杭州。杭人以其鄰邦大老，又素長者，頗喜其來，父老出數百里迓之。既至，治以嚴肅，不可忤犯，鞭扑無所容貸，官吏不少假借。

杭人大失望，不知公意如何。或曰：「亦如王肅三返。」《魏公譚訓》卷五。

19　趙清獻公以清德服一世，平生畜雷氏琴一張，鶴與白龜各一，所向與之俱。始除帥成都，蜀風素侈，公單馬就道，以琴、鶴、龜自隨。蜀人安其政，治聲藉甚。元豐間，既罷政事守越，復自越再移蜀，時公將老矣。過泗州渡淮，前己放鶴，至是復以龜投淮中。既入見，先帝問：「卿前以匹馬入蜀，所攜琴、鶴，廉者固如是乎？」公頓首謝。故其詩有云「馬尋舊路如歸去，龜放長淮不再來」者，自紀其實也。《石林詩話》卷上。《苕溪漁隱叢話》前集卷二十八。《堯山堂外紀》卷四十七。《宋詩紀事》卷十一。

20　趙清獻公初任成都，攜一龜一鶴以行，其再任也，屏去龜鶴，止一蒼頭執事。張公裕學士送以詩云：「馬諳舊路行來滑，龜放長河不共來。」《宋名臣言行録》後集卷五。《自警編》卷二。《言行龜鑑》卷二。

21　趙閱道爲人清素，好養生，知成都，獨與一道人及大龜偕行。後知成都，并二侍者無矣。《涑水記聞》卷十四。

22　治平初，龍圖閣直學士趙公抃鎮成都。有張山人者，不知所居，數至李道士舍。一日，語李曰：「白龍圖公促治裝，行當入覲，且參大政矣。」趙聞而異之，喻李令與俱來。及再至，李邀欲同見公，張固辭曰：「與公相見自有期，今未可也。」……未幾，果膺召命，乃參政柄。及出鎮青社，熙寧五年，張遺書云：「當來相見。」公大喜，語賓佐曰：「張山人且來矣。」久之，無耗。至秋，公奉詔再領成都，方悟曰：「山人言來，乃吾當往也。」故將行，先寄張詩，有「不同參政初時入，謂呂餘慶。也學尚書兩度來。謂張乖崖。到日先生應笑我，白頭猶自走塵埃。」《澠水燕談録》卷四。《宋朝事實類苑》卷四十六。《新編分門古今類事》卷十二。《宋詩紀事》卷十一。

23 趙閱道抃，熙寧中以資政殿大學士知越州。兩浙旱蝗，米價踊貴，餓死者十五六。諸州皆牓衢路，立賞禁人增米價，閱道獨牓衢路，令有米者任增價糶之。於是，諸州米商輻湊詣越，米價更賤，民無餓死者。閱道治民，所至有聲，在成都、杭、越尤著。《涑水記聞》卷十四。《宋朝事實類苑》卷二十三。《自警編》卷八。《言行龜鑑》卷七。《昨非庵日纂》一集卷一。

24 趙閱道少保，寬厚長者，與物無忤。家於三衢，所居甚隘。弟侄有悦公意者，厚以直易鄰翁之居，以廣公第。公聞不樂，曰：「吾與此翁，三世爲鄰矣，忍棄之乎！」命亟還翁居，而不追其直。常知越州，值歲大歉。公召州之富民畢集，勸誘以賑濟之義，即自解腰間金帶置庭下。於是施者雲集，所全活十數萬人。《厚德録》卷一引《遯齋閒覽》。《自警編》卷三。《言行龜鑑》卷二。《昨非庵日纂》一集卷三。《識小録》卷一。

25 元豐初，趙清獻守杭，趙康靖自南都來，年八十一，共游湖山，爲《二老圖》。清獻時七十一，程給事師孟守越，又減清獻一歲，嘗同唱和。清獻謝事過之，因增程公爲《三老圖》。《愛日齋叢抄》卷二。

26 〔趙清獻〕既治第衢州，臨大溪，其傍不遠數步，亦有山麓屹然而起，即作別館其上，亦名高齋。既歸，唯居此館，不復與家人相接，但子弟晨昏時至。以二净人、一老兵爲役。早不茹葷，以一净人治膳於外……晚乃略取鮓脯於家，蓋不能終日食素。老兵供掃除之役，事已即去，唯一净人執事其傍，暮以一風罏置大鐵湯缾，可貯斗水，及列盥漱之具，亦去。公燕坐至初夜就寢，雞鳴，净人治佛室香火，三擊磬，公乃起，自以缾水頮面，趨佛室。暮年尚能禮佛百拜，誦經至辰時。《石林避暑録話》卷二。《何氏語林》卷三。

27 趙悦道休官歸三衢，作高齋而居之，禪誦精嚴，如老爛頭陀。與鍾山佛慧禪師爲方外友，唱酬妙語，照映叢林。性喜食素，日須延一僧對飯。《冷齋夜話》卷十。

28 〔清獻公〕年四十餘，擯去聲色，繫心宗教，會佛慧來居衢之南禪，公日親之，慧未嘗容措一詞。後典青州，政事之餘，多宴坐，忽大雷震驚，即契悟，作偈曰：「默坐公堂虚隱幾，心源不動湛如水。一聲霹靂頂門開，唤起從前自家底。」……公年七十有二，以太子少保致仕而歸。親舊里民，遇之如故。作高齋以自適，題偈見意曰：「腰佩黄金已退藏，個中消息也尋常。世人欲識高齋老，祇是柯村趙五郎。」復曰：「切忌錯認。」《五燈會元》卷十六。《堯山堂外紀》卷四十七。

29 〔趙清獻〕元豐間以太子少保歸三衢，與里民不間位貌，名所居爲高齋，有詩見意曰：「腰佩黄金已退藏，箇中消息也尋常。時人要識高齋老，只是阿村趙四郎。」《羅湖野録》卷一。

30 趙抃退居於衢，有溪石松竹之勝，與山僧野老游，不復有軒冕志，故詩曰：「軒外長溪溪外山，捲簾空曠水雲間。高齋有問如何答，清夜安眠白晝閑。」《昨非庵日纂》一集卷十九。《堯山堂外紀》卷四十七。

31 閑堂，舊在方圓庵東。趙閲道致政過訪元浄寓此，稱「二閑人」。因以名堂。《湖山便覽》卷九。

32 趙清獻公閑堂在方圓庵東，清獻公既掛冠，而辯才法師亦退居此山，因以名之。《咸淳臨安志》卷七十八。

33 趙清獻公既致政歸，其清修益至。每浣中衣，不敢懸之空室，曰：「恐穢觸神靈。」乃掛於牀，使陰乾。《北窗炙輠録》卷下。《茶香室三鈔》卷二十五。

34 趙悦道罷政閒居，每見僧至，接之甚有禮。一日，一士人以書贄見，公讀之終卷，正色謂士人曰：

「朝廷有學校，有科舉，何不勉以卒業，卻與閒退之人，說他朝廷利害？」士人皇恐而退。後再往，門下人不爲通。士人謂閽者曰：「參政便直得如此敬重和尚。」閽者曰：「尋常來相見者，僧亦只是平平人，但相公道只是重他袈裟。」士人者笑曰：「我這領白襴，直是不直錢財？」閽者曰：「也半看佛面。」士人曰：「更那輟不得些少來看孔夫子面。」人傳以爲笑。《道山清話》。《拊掌録》。《何氏語林》卷二十七。《讀書鏡》卷一。

35 趙清獻公家居，其子屼倅温州，迎以就養，作堂名「戲彩堂」，取老萊子戲彩之義。清獻題詩堂中云：「我想堂中樂可知，優游逾月意忘歸。老萊不及吾兒少，且着朱衣勝彩衣。」《堯山堂外紀》卷四十七。

36 趙清獻年五十九，聞雷而得道，自號「知非子」。《石林避暑録話》卷四。

37 趙悦道止一子，守成都日化去。得訃，寫「寃家」字於書背，制服哀慟。已而無復悲思。《珍席放談》卷下。

38 趙清獻公每夜常燒天香，必擎爐默告，若有所祕祝者然。客有疑而問公，公曰：「無他，吾自少晝日所爲，夜必哀歛，奏知上帝。」已而復曰：「蒼蒼渺冥，吾一夫區區之誠，安知必能盡達？姑亦自防檢，使不可奏者如有所畏，不敢爲耳。」《石林燕語》卷十。《宋稗類鈔》卷四。

39 趙清獻每夜靜焚香于庭，具言自晨興至夕，凡與人言及所奏事，與其所爲事，諄諄以告諸天。或問之，則曰：「苟欺其心，則靦于語言，其敢告諸上帝乎？」乃所以自警察也。《甲申雜記》。

40 趙清獻公平生日所爲事，夜必衣冠，露香，九拜手，告於天，應不可告者，則不敢爲也。《邵氏聞見後録》卷二十。《宋名臣言行録》後集卷五。《仕學規範》卷八。《自警編》卷二。《言行龜鑑》卷二。

41 趙清獻好焚香，尤喜薰衣。所居既去，輒數月香不滅。衣未嘗置于籠，爲一大焙，方五六尺，設薰爐其下，常不絶煙，每解衣投其間。《石林避暑録話》卷二。《宋稗類鈔》卷四。

42 趙清獻本朝一名臣，欲絶慾不能，乃掛父母之畫像於卧牀中，且以偃卧其下，而使父母具冠裳監視。《元城語録》卷上。《自警編》卷二。

43 清獻公平時類蔬食，不得已，止一肉。及對賓客，殽核皆豐。《北窗炙輠録》卷下。

44 趙閲道謚清獻，而趙正夫挺之謚清憲，則幾于珷玞亂美玉矣。《賓退録》卷三。

45 宋趙清獻公抃墓在衢州府城東北四十五里。宋景定間，林存爲潭州帥罷歸，道衢，調千夫荷擔，經墓旁，疲甚，因相與語：「趙清獻公抃一琴一鶴，那有許耶？」或聞之，題詩驛舍曰：「千夫荷擔在山阿，膏血如何有許多？不若扁舟徑歸去，休從清獻墓前過。」《蓉塘詩話》卷一。《堯山堂外紀》卷四十七。《宋詩紀事》卷九。

馮　京

1 馮京，字當世，鄂州咸寧人。其父商也，壯歲無子。將如京師，其妻授以白金數笏曰：「君未有子，可以此爲買妾之資。」及至京師，買一妾，立券償錢矣，問妾所自來，涕泣不肯言，固問之，乃言其父有官，因綱運欠折，鬻妾以爲賠償之計。遂惻然不忍犯，遣還其父，不索其錢。及歸，妻問買妾安在，具告以故。妻曰：「君用心如此，何患無子！」居數月，妻有娠，將誕，里中人皆夢鼓吹喧闐迎狀元，京乃生。《鶴林玉露》乙編卷四。案：此下記《偷狗賦》事，實滕元發之事。兹不録。參見滕元發2。

2 馮當世參政之父式，爲左侍禁以終。當世幼時，取其所讀書，題其後曰：「將仕郎、守將作監丞、通判荆南軍府事、借緋馮京。」式既没十一年，當世狀元及第，爲荆南通判。視其所題，無一字差者。《東齋記事》卷五。《宋朝事實類苑》卷四十五。《東都事略》卷八十一。《名賢氏族言行類稿》卷一。《堯山堂外紀》卷四十八。

3 馮當世少孤，寓武昌，縱飲不羈。一夕，醉卧郊外溪邊。有漁者罷漁，艤舟困眠，有人叱之曰：「馮侍中在此，安得不避！」漁者驚起，步月岸上，一人衣冠熟寢草間，詢之，知爲馮也，即拜曰：「秀才他日貴顯，幸勿忘。」具以夢告，因請卧舟中，以避風露。馮睡至曉，與其載入郡。其後馮貴，使訪漁舟，不復見。《澠水燕談録》卷六。《新編分門古今類事》卷三。

4 丞相馮當世，少嘗薄游里巷，爲街卒所縶，鄂守王素見而釋之。及使關中，素方帥渭，與之燕犒，歡甚。貽之以詩曰：「吞炭難酧當日事，積薪深愧後來思。」爲吕獻可所劾，云：「京所至嗜利，西人目爲金毛鼠。」以其外文采而中實貪穢也。《能改齋漫録》卷十一。《清波别志》卷下。《堯山堂外紀》卷四十八。

5 馮當世未第時，客餘杭縣，爲官逋拘窘，計無所出，題小詩於所寓寺壁。一胥魁范生見之，爲白令，丐寬假。令疑胥受賕游説。胥云：「馮秀才甚貧，某但見其所留詩，知他日必顯。」出其詩，令笑釋之。「韓信棲遲項羽窮，手提長劍喝秋風。吁嗟天下蒼生眼，不識男兒未濟中。」《泊宅編》十卷本卷一。《堯山堂外紀》卷四十八。《堅瓠乙集》卷二。

6 馮大參當世公始求薦於武昌，會小宗者庸謬寡鑒，堅欲黜落，又欲置於末綴。時鄂倅南宮誠監試，當拆封定卷，大不平，奮臂力主之，須俾魁送。小宗者理沮，不免以公冠於鄉版，果取大魁，釋褐除荆南倅。南宫遷潭倅，公以詩寄謝曰：「嘗思鵬海隔飛翻，曾得天風送羽翰。恩比丘山何以戴，心同金石欲移難。經年空嘆音題絶，千里長思道義懽。每向江陵訪遺治，邑人猶指縣題看。」《湘山野録》卷中。《詩話總龜》前集卷二十七。《唐宋分門名賢詩話》卷四。《宋詩紀事》卷十八。

7 參知政事馮京，慶曆八年秋鄂州首預鄉薦。即日赴闕，以俟春試。北至大江，風濤汹涌，衆不敢臨岸。公特令整棹，遽然升舟。傾危之甚，殆於沈没。憂懼終日，方濟北岸。舟人曰：「君行之速，幾累我等。異日過此，君宜慎焉。」公至來春，名魁南省。及奏賦宸廷，爲天下第一。公受恩還鄂，復過大江。風微浪穩，舟楫安然，移刻已濟岸矣。公乃題詩於江亭云：「江神也世情，爲我風色好。」《雲齋廣録》卷二。

8 予讀《唐文粹》，見施肩吾及第後《過揚子江》詩云：「憶昔將貢年，抱愁此江邊。魚龍互閃爍，黑浪高于天。今日步春草，復來經此道。江神也世情，爲我風色好。」乃知當世取肩吾末句題于江亭耳，非自作也。《能改齋漫録》卷三。《苕溪漁隱叢話》後集卷三十五。

9 馮京，字當世，鄂州人，府解、貢院、殿庭皆第一。《涑水記聞》卷九。

10 〔馮京〕喜讀書，領舉爲解元，省試爲省元，登第爲狀元，世號爲馮三元。《湖海新聞夷堅續志》前集卷二。

11 馮當世文簡公初登第，張侍中耆倚外戚，欲妻以女。使吏卒擁至其家，頃中人以酒肴至，且示以奩具甚厚，馮固辭曰：「老母已許王氏矣。」嘗過外兄朱适，詢其婢，乃同年進士妻也，亟請於朱爲嫁之。《清波别志》卷下。《仕學規範》卷五引《哲宗朝名臣傳》。案：張侍中耆，《仕學規範》作張堯佐，是。

12 〔馮京〕爲將作監丞、通判荆南，時張堯佐欲妻以女，不肯就，富弼以女妻之。再娶，則晏殊女也。

當時有曰：「兩娶相家之女，三魁天下之儒。」《堯山堂外紀》卷四十八。

13 科場中進士程文多可笑者。治平中，國學試策，問體貌大臣，進士對策曰：「若文相公、富相公皆大臣之有體者。馮當世、沈文通皆大臣之有貌者。」意謂文、富豐碩，馮、沈美少也。劉原父遂目沈、馮爲「有貌大臣」。《倦游雜録》。《宋朝事實類苑》卷六十六。《續墨客揮犀》卷七。《拊掌録》。

14 見張舜民2。

15 見王安國13。

16 王定國素爲馮當世所知，而荆公絶不樂之。一日，當世力薦于神祖，荆公即曰：「此孺子耳。」當世忿曰：「王鞏戊子生，安得謂之孺子！」蓋鞏之生與同天節同日也。荆公愕然，不覺退立。《老學庵筆記》卷四。

17 馮公京爲樞密使，嘗薦王鞏可用。王荆公安石曰：「鞏止是一小男女，陪陟馮京，故薦之。」馮公曰：「王鞏與臣陪陟，誠如安石所言。若以爲小男女，則鞏戊子生。」上變色久之。神宗皇帝戊子生故也。《高齋漫録》。

18 馮京與呂惠卿同爲參知政事，呂每有所爲，馮雖不抑，而心不以爲善，至於議事，亦多矛盾。會鄭俠獄起，言事者以俠嘗游京之門，推劾百端，馮竟以本官知亳州。歲餘，加資政殿學士，知渭州。舍人錢藻當制，有「大臣進退，繫時安危」，及「持正莫回，一節不撓」之語。中丞鄧綰懼馮再入，又將希合呂公，遽言：「馮京預政日久，殊無補益，而曰『繫時安危』；京朋邪徇俗，懷利私己，而曰『持正不撓』。乞罷錢藻,以諭中外。」而藻竟罷直院。《東軒筆録》卷五。《温公瑣語》。

19 馮大參京,嘗患傷寒,已死,家中哭之。已而忽甦云:「適往五臺山,見昔爲僧時室中之物皆在,有言我俗緣未盡,故遣歸。」因作文記之,屬其子他日勿載墓志中。《孫公談圃》卷中。《堯山堂外紀》卷四十六。

20 見吕惠卿3。

21 見韓絳13。

元　絳

1 大參元厚之公成童時,侍錢塘府君於荆南,每從學於龍安僧舍。後三十年,公以龍圖、貳卿帥於府,昔之老僧猶有在者,引旌鉞訪舊齋,而門徑窗扉及泉池釣游之迹,歷歷如昨。公感之,因構一巨堂,榜曰「碧落」。手寫詩於堂,詩有「九重侍從三明主,四紀乾坤一老臣」,及「過廬都失眼前人」之句。雖向老,而男子雄贍之氣殊未衰歇。未幾,果以翰林召歸爲學士。俄而又參熙寧天子大政,真所謂乾坤老臣也。《湘山野録》卷上。《宋朝事實類苑》卷十一。

2 元絳與堂叔來赴省試,既至都下,叔因疾委頓,厚之已爲營幹凶具矣。經久復蘇,乃云:「冥中曾到一官府,殿閣甚多,金碧相照。俄過一堂,上有榜云『侍中堂』,俯而窺,則字皆黄金。又以青紗覆之,其人姓名有四,曰趙普,曰丁謂,曰馮拯,曰韓某。」厚之即書其事於紙。公時未第,人亦莫知有公姓名,後省榜出,忽見之,人猶戲相謂曰:「元氏之夢,非此人乎?」既而唱名,公亞榜首,聞時事者,固已異之。既授監丞通判，詣朝堂，過正衙時，朝堂中數朝士，見一衣朱少年同坐，未甚禮焉。及相問姓名，乃云：「近有人夢君爲侍中，知否？」公遜謝不敢當。後推考本朝爲真侍中者，惟此四人而已。《宋朝事實類苑》卷四十八引《魏王别録》。

3 福州閩縣東十五里鳳池山，其上有池，冬夏不涸。……其南鼓山，山之半有涌泉寺，鳳池隸焉。熙寧中，元章簡公絳出守，訪之。鼓山寺僧憚其數至爲擾，嫁其名於北山報慈院。主僧頗黠，逢元公之意，刻木作鳳，立之小沼上，以喙吐水。公至，大喜，爲賦詩。數年間參大政，鳳池之事，遂成先兆。《夷堅甲志》卷六。

4 元厚之熙寧中知福州，有吏白事，公問如何行遣。對曰：「合依元降指揮。」公曰：「元絳未嘗指揮。」吏悚而退，終不罪也。《類説》卷四十七引《遯齋閒覽》。《閒燕常談》。《何氏語林》卷十四。《堯山堂外紀》卷五十一。《昨非庵日纂》二集卷十。

5 元厚之作參知政事日，有下狀陳乞恩例者，啓曰：「爲部中不肯依元降指揮。」厚之亦怒曰：「止爲汝不依元絳指揮耳。」《揮麈後録》卷六。

6 元厚之生平嗜富貴，不喜處外，而轉徙牧守，意多觖望。比再領長樂，親舊祖道都門，勉以東閩盛府，百僚所聚，且壑源之茗，泉南之甘，烏石之荔子，珍絶天下，溪山風物，足以游衍。厚之下車，寄詩謝之：「丹荔黄甘北苑茶，勞君誘我向天涯。爭如太液樓邊看，池北池南總是花。」《西清詩話》卷中。《蓬窗日録》卷七。

7 元厚之少以文字自許，屢以贄歐陽文忠，卒不見録。故在嘉祐初、治平間，雖爲從官，但多歷監司帥守。熙寧初，荆公當國，獨知之，始薦以爲知制誥，神宗猶未以爲然。會廣西儂智高後，復傳溪峒有警，選可以經略者，乃自南京遷知廣州。既至，邊事乃誤傳，其《謝上表》云：「横水明光之甲，得自虚傳；雲中赤白之囊，唱爲危事。」蓋用澤潞李文饒及《丙吉傳》中事。神宗覽之，大稱善，後遂自荆南召爲翰林學士。《石林燕語》卷九。

8 王荆公父名益，以都官員外郎通守金陵，而元厚之作金陵幕官，其契分久矣。荆公既相神宗，欲慎選翰林學士，時厚之久在外，老於從官。荆公對曰：「有真翰林學士，但恐陛下不能用耳。」上固問之，因道姓名，上久之曰：「元絳在外久，不以文稱，且令爲知制誥如何？」荆公曰：「陛下果不能用爾，況已作龍圖閣直學士，難下遷知制誥。」遂自外徑除翰林學士，中外大驚。既就列，有稱職之譽，不久，遂參大政。故厚之深德荆公，其後荆公居金陵，厚之以太子少保致仕，歸平江，以啓謝荆公曰：「眷林泉之樂，方遂乞骸；望衮繡之歸，徒深引脰。」《王公四六話》卷上。

9 荆公尤工於四六。……吕吉甫監杭州酒務，時元厚之自侍從出守，每過之，必論文至通夕。他日，吉甫見荆公。問：「錢塘往來之衝，有佳士子乎？」吉甫曰：「才士極難得，如元某，好箇翰林學士。」公曰：「有甚製作？」吉甫乃於書瓮中出其一編，皆元所爲文也。荆公熟味甚喜。已而元爲詞臣，多士猶未深知之。及荆公除昭文相，制麻云：「若礪與舟，世莫先於汝作；惟衮及繡，人久佇於公歸。」於是衆皆歎服。《西塘集耆舊續聞》卷六。

10 元厚之少時，曾夢人告之，異日當爲翰林學士，須兄弟數人同在禁林。厚之自思素無兄弟，疑此夢爲不然。熙寧中，厚之除學士，同時相先後入學士院：一人韓持國維，一陳和叔繹，一鄧文約綰，一楊元素繪，并厚之名絳，五人名皆從「糸」，始悟弟兄之說。《夢溪筆談》卷二十一。《孔氏談苑》卷四。《宋朝事實類苑》卷四十六。《續墨客揮犀》卷五。《愛日齋叢鈔》卷二。《新編分門古今類事》卷七。《宋稗類鈔》卷一。

11 元厚之知荆南，嘗夢至仙府，與三人者聯書名，旁有告之曰：「君三人蓋兄弟也。」覺而思之，莫知所謂。未幾，召入爲學士。時韓持國維、楊元素繪先已在院，一日因書奏列名，三人名皆從絞絲，始悟夢中兄弟之意。豈造物以是爲戲邪！已而持國、元素皆外補，厚之尹京。後三年，復與元素還職，而鄧文約相繼爲直院，則三人之名又皆從絞絲。蓋終始皆同，決非偶然。以此推之，仕宦升沉進退，亦何可以人力計。許大夫選嘗作《四翰林詩》記其事，厚之和云：「聯名適似三株樹，傳玩驚看五朶雲。」此亦一時之異也。《石林詩話》卷下。《中吴紀聞》。《愛日齋叢鈔》卷二。《堯山堂外紀》卷五十一。《宋稗類鈔》卷一。《宋詩紀事》卷十三。

12 宋元憲晚歲有詩云：「老矣師丹多忘事，少之燭武不如人。」其後元厚之作執政，參知政事，一日奏事差誤，神宗顧謂曰：「卿如此忘事耶？」明日乞退，遂用元憲語作乞致仕表云：「少之燭武，尚不如人；老矣師丹，仍多忘事。」神宗讀表至此，憐其意而留之。《王公四六話》卷上。

13 神宗自潁王即位，元豐中陞潁州爲順昌軍節鎮。時元厚之罷參政，作潁守，令郡中老儒士胡士彦作謝表，公覽之，以筆抹去，疾書其紙背，一揮而成。略曰：「肅土立社，是開王者之封；乘龍御天，厥應聖人之作。按圖雖舊，錫命惟新。」又曰：「興言駿命之慶基，宜建中軍之望府。謂文武之德聖而順，唐虞之道明而昌，合爲嘉名，以侈舊服。」《王公四六話》卷下。

14 陳秀公丞相與元參政厚之同日得疾。陳忽寄聲問元安否，曰：「參政之疾，當即痊矣。某雖小愈，亦非久世者。」續請其説，秀公曰：「某病中夢至一所，金碧焕目，室間羅列甕器甚多，上皆以青帛羃之，且題曰『元參政香飯』也，某問其故，有守者謂某曰，元公自少至老，每食，度不能盡，則分減别器，未嘗殘一食也。此甕所貯，皆其餘也。世人每食不盡，則狼籍委棄，皆爲掠剩，所罰至於減算奪禄，無有免者。今元公由此當更延十年福算也。」後數月，而秀公薨，元果安享耆壽。《春渚紀聞》卷一。

15 〔元絳〕居帶城橋……後以太子少保致仕，還吴中，與程公闢諸公爲九老會。鄉人號其居曰「衮繡坊」。《吴郡志》卷二十五。

薛向

1 〔吕〕晦叔與〔薛〕師正並命入樞府，師正事晦叔甚恭，久之，晦叔亦稍親之，議事頗相佐佑。閤門副使韓存寶將陜西兵討戎瀘蠻，拔數栅，斬首數百級。上欲優進官秩，以勸立功者，師正曰：「戎瀘本無事，今優賞存寶，後有立功大於此者，何以加之？」晦叔曰：「薛向言是也。」乃除四方館使。《涑水記聞》卷十四。《宋朝事實類苑》卷十七引《澠水燕談録》。

2 元豐三年，開封府界提點陳向建議，令民貲及三千緡者養戰馬一匹，民甚苦之。薛師正時爲樞密副使，初無異議，及事已施行，向詣樞密院白事，師正欲壓衆議，折難甚苦。向怒，以告諫官舒亶，劾奏師正爲大臣，事有不可，不面陳而背誹以盗名。由是罷爲正議大夫、知潁州。諫官又言其罷黜之後，不杜門省愆念咎，而賓客集其門日以百數，對客有怨憤語，改知隨州。《涑水記聞》卷十五。

張璪

1 元祐末，宇文昌齡命稱聘契丹皇城使，張璪介焉。張頹齡，樞府難其行，璪哀請。故事，死於北，朝廷恩數甚渥，北虜棺銀裝校三百兩。既行，璪飲冷食生無忌，昌齡戒之，不納。既至虜境，益甚，昌齡頗患之，禁從者無供。璪怒駡不足。果病噤，不納粥藥，至十許日。一行人病之，既而三病三愈，竟不復命。登對進前，上面哂之，退語近臣曰：「張璪生還，奈何？」詣政堂，諸公大笑。昌齡直被他害殺，每夜使人防視，若有些好惡，只是自家不了。至其家，婦孫睥睨，阿翁剗地又却來也。《畫墁録》。

蒲宗孟

1 見王安禮2。

2 蒲傳正知杭州，有術士請謁，蓋年踰九十而猶有嬰兒之色。傳正接之甚歡，因訪以長年之術，答曰：「某術甚簡而易行，它無所忌，唯當絶色慾耳。」傳正俯思良久，曰：「若然，則壽雖千歲何益？」《遯齋閒覽》。《類説》卷四十七。《墨客揮犀》卷六。

3 蒲恭敏宗孟知鄆州日，有盜黄麻胡者，劫良民，使自掘地，倒埋之，覩其足動，以爲戲樂。恭敏獲其黨，先剔去足筋，然後置于法。先是，寇依梁山濼，縣官有用長梯窺蒲葦間者，恭敏下令，禁毋得乘小舟出入灤中。賊既絶食，遂散去。公爲憲日一倚恭敏，凡獲盜，即日輦金至市中行賞，以故人人用力，斬捕略盡。《孫公談圃》卷下。

4 蘇過叔黨言，其堂姊嫁蒲澈。澈，資政傳正〔宗孟〕之子也。傳正守長安日，澈之婦閉户不治一事，惟滴酥爲花果等物。每請客，一客二十飣，皆工巧，盡力爲之者。只用一次。復速客，則更之。以此諸婦日夜滴酥不輟。《師友談記》。

5 蒲公有大洗面、小洗面、大濯足、小濯足、大澡浴、小澡浴。蓋一日兩洗面、兩濯足，間日則浴焉。小洗面，一易湯，用二人，惟頮其面而已。大洗面，三易湯，用五人，肩頸及焉。小濯足，一易湯，用二人，惟踵踝而已。大濯足，三易湯，用四人，膝股及焉。小澡浴，則湯用三斛，人用五六。大澡浴，則湯用三斛，人用八九。口脂、面藥、薰爐、妙香次第用之，人以爲勞，公不憚也。蓋公以文章顯用，爲時大臣，志氣磊落，奉養雅潔故也。《師友談記》。《密齋筆記》卷四。《宋稗類鈔》卷四。

安燾

1 見胡瑗9。

2 胡先生瑗判國子監，其教育諸生皆有法。安厚卿樞密在其席下。厚卿苦痼疾，凡聚立廡下、升堂聽講説，人衆，疾輒作。先生使人掖之以歸，調護甚至。厚卿登科，疾良愈。或以與王文康公少苦淋疾，及爲樞密使，疾自平正同。蓋人之疾病隨血氣之通塞，氣血既快，疾亦自愈也。《邵氏聞見録》卷八。

3 見呂大防10。

4 安厚卿樞密逾二紀無功緦之戚，乃近歲事也。《老學庵筆記》卷四。

李清臣

1 李先生清臣者，北人也。方束髮即才俊，警句驚人，老儒輩莫不心服。一日，薄游定州，時韓魏公知定州，先生攜刺往謁見其太祝，吏曰：「太祝方寢。」先生求筆爲詩一絶，書於刺，仍授其吏曰：「太祝覺而投之。」詩曰：「公子乘閒卧絳厨，白衣老吏慢寒儒。不知夢見周公否，曾説當時吐哺無？」後魏公見詩云：「吾知此人久矣。」竟有東牀之選。《青瑣高議》前集卷五。《堯山堂外紀》卷四。《蓬窗日録》卷七。《堅瓠乙集》卷三。《宋詩紀事》卷二十。

2 李資政邦直，有與韓魏公書云：「前書戲問玉梳、金篦者，侍白鬚翁，幾欲淡死矣。然常山頗多老伶人，吹彈甚熟。日使教此五六人，近稍便串。異時願侍飲，期一釂觴也。」玉梳、金篦，蓋邦直之侍姬也。人或問命名之意，邦直笑曰：「此俗所謂和尚置梳篦也。」又有與魏公書云：「舊日梳、篦固無恙，亦嘗增添三兩人，更似和尚撮頭帶子爾。」《墨莊漫録》卷七。《宋詩紀事》卷二十。

3 見韓琦85。

4 見程頤29。

5 見韓忠彦2。

6 李邦直作門下侍郎日，忽夢一石室，有石牀，李披髮坐於上，旁有人曰：「此王陵舍也。」夢中因爲一詞，既覺書之，因示韓治循之，其詞曰：「楊花落，燕子穿高閣。長恨春醪如水薄，閒愁無處著。去年今日王陵舍，鼓角秋風。千歲遼東，回首人間萬事空。」後李出北都，逾年而卒。《塵史》卷中。《侯鯖録》卷七。

案：《全宋詞》云：此首詞調名《楊花落》，乃賀鑄作，見《陽春白雪》卷一。

7 李清臣邦直平生罕作詞，唯晚年赴大名道中作一詞云：「去年曾宿黄陵浦，鼓角秋風。海鶴遼東，回首紅塵一夢中。」竟死不返。亦爲詩讖也。《過庭録》。

蔡抗

1 蔡子直識英宗皇帝於藩邸，爲最舊，既即位，久之，以樞密直學士知秦州，英宗上仙，不及見。一日夢宣召賜對，又賜茶，既而辭出，因留之曰：「只住此，更毋得去。」寤而記憶，乃靈駕發引日，因大慟哭，遂得疾，日中而卒。《職官分紀》卷十五引《東齋記事》。《類説》卷二十二。

蔡挺

1 蔡挺爲江東提點刑獄，有虔州職官譖本州幕掾姦利事，蔡留職官於坐，呼掾面證之，而初無是事，職官慚懼辭伏，蔡責之曰：「汝小人也，吾雖可欺，奈何譖無過之人乎？」叱去之，自是無復譖毁，而人伏其不可欺也。《東軒筆録》卷十。《苕溪漁隱叢話》前集卷五十八。《自警編》卷四。《宋稗類鈔》卷一。

2 見王詔2。

3 見韓琦92。

4 熙寧中，蔡敏肅挺以樞密直學士帥平涼。初冬，置酒郡齋，偶成《喜遷鶯》一闋：「霜天清曉。望紫塞古壘，寒雲衰草。汗馬嘶風，邊鴻翻月，壟上鐵衣寒早。劍歌騎曲悲壯，盡道君恩難報。塞垣樂，盡雙鞬錦帶，山西年少。　談笑。刁斗静，烽火一把，常送平安耗。聖主憂邊，威靈遐布，驕虜且寬天討。歲華向晚愁思，誰念玉關人老。太平也，且歡娛，不惜金尊頻倒。」詞成，閑步後園，以示其子朦。朦寘之袖中，偶遺墜，爲應門老卒得之。老卒不識字，持令筆吏辨之。適郡之娼魁素與筆吏洽，因授之。會賜衣襖中使至，敏肅開燕，娼尊前執板歌此。敏肅怒，送獄根治。倡之儕類祈哀于中使，爲援于敏肅。敏肅舍之，復令謳焉。中使得其本以歸，達于禁中，宫女輩但見「太平也」三字，争相傳授，歌聲遍掖庭，遂徹于宸聽。詰其從來，迺知敏肅所製。裕陵即索紙批出云：「『玉關人老』，朕甚念之。樞管有闕，留以待汝。」以賜敏肅。未幾，遂拜樞密副使。御筆見藏其孫積家。《揮麈餘話》卷一。《倦游雜録》。《東軒筆録》卷六。《宋朝事實類苑》卷三。《堯山堂外紀》卷五十一。《宋稗類鈔》卷一。《詞林紀事》卷四。

5 挺爲人有智，計多詭譎。自以有勞久留邊，作爲歌詞，有「應念玉關人老」之句，因中使以達於禁中。神宗憫之，遂召用云。《名賢氏族言行類稿》卷四十四。

6 熙寧六年，有司言日當食四月朔，上爲徹膳避殿。一夕微雨，明日不見日食。是日有皇子之慶，百官入賀。蔡子正爲樞副，獻詩，前四句云：「昨日薰風入舜韶，君王未御正衙朝。陽輝已得前星助，陰沴潛隨夜雨消。」其叙四月一日避殿，皇子慶誕，雲陰不見日食，四句盡之，當時無能過之者。《西塘集耆舊續聞》卷十。《宋朝事實類苑》卷三十五。《宋詩紀事》卷二十。

王韶

1 王公韶少日，讀書於廬山東林裕老庵，庵前有老松，因賦詩云：「緑皮皴剥玉嶙峋，高節分明似古人。解與乾坤生氣概，幾因風雨長精神。裝添景物年年别，擺捭窮愁日日新。惟有碧霄雲裏月，共君孤影最相親。」王荆公爲憲江東，過而見之，大加稱賞，遂爲知己。《苕溪漁隱叢話》後集卷三十六。《詩人玉屑》卷二十一引《復齋漫録》。《宋詩紀事》卷三十一。

2 王觀文韶始爲建昌軍司理參軍，時蔡樞密挺提點江西刑獄，一見知其必貴，顧待甚厚。數年，蔡知慶州，王調官關中，遂謁蔡於慶陽，且言將應制科，欲知西事本末。蔡遂以前後士大夫之言，及邊事者皆示之，其間有向寶議洮河一説，王悦之，以爲可行。後掌秦州機宜，遂乞復洮河故地。《東軒筆録》卷五。

3 郭逵爲西帥，王韶初以措置西事至邊。逵知其必生邊患，用備邊財賦連及商賈，移牒取問。韶讀之，怒形顔色，擲牒于地者久之，乃徐取納懷中，入而復出，對使者碎之。逵奏其事，上以問韶，韶以元牒繳進，無一字損壞也。上不悟韶計，不直逵言。自後逵論韶，並不報，而韶遂得志矣。《曲洧舊聞》卷二。《宋稗類鈔》卷四。

4 王韶在熙河多殺伐。晚年乃出知洪州，頗多恨悔，棲心空寂，冀有以洗滌之。嘗請佛印元公升座，元知其意，炷香曰：「此香奉爲殺人不睫眼上將軍，立地成佛大居士。」于時一衆莫不稱善，韶聽之，亦悠然意消。後疑心未歇，又問黃龍心老曰：「昔未聞道，罪障固多。今聞道矣，罪障滅乎？」心老曰：「譬如有人貧時負債，及富而遇債主，其必償乎否也？」韶曰：「必償。」曰：「然則雖聞道矣，奈債主不相放耶？」韶自是怏怏不悦，未幾，疽發背而卒。《捫蝨新話》卷十四。《東軒筆録》卷十五。《萍洲可談》卷三。《高齋漫録》。《可書》。

5　王韶晚年頗悔取熙河時事。嘗游金山寺，以因果問衆長老。皆言以王法殺人，如舟行壓殺螺蚌，自是無心。韶猶疑之。時有刁景純者，比韶爲前輩，亦學佛，多在金山。忽一日與韶邂逅于長老坐間，韶復舉前話以問，衆答如初，刁獨無語。韶曰：「十八丈以爲如何？」刁曰：「但打得過賢心下否？」韶曰：「不知十八丈以爲打得過否？」刁曰：「以某所見，賢打過不得。」曰：「何以知之？」曰：「若打得過，自不問也。」韶益不自安。後數歲，發背，終日闔眼。醫者告之曰：「看病亦當看眼色，樞密試開眼看。」韶曰：「安敢開眼？斬頭截脚人有許多在前。」月餘病劇，遂卒。韶未發背前，涇原知縣王直温，一夕已就寢矣，中夜有人叩衙門甚急，曰：「請知縣斷遣一公事。」直温起，燃燭坐廳，明見一吏抱文案，并見數卒領一罪人至，白直温曰：「奉天勑令知縣斷此王韶公事。」直温熟視罪人，頗殷肥矬矮，其吏宣判將王韶決脊杖配洪州。斷訖，直温復歸寢，忽驚覺，問其妻曰：「我曾起否？」妻曰：「爾睡甚快，不曾出。」直温曰：「豈乃夢耶。」悟不復道。……未幾，果聞王韶罷樞密，謫官洪州，發背而卒。《樂善録》卷四。《昨非庵日纂》一集卷十六。《宋稗類鈔》卷七。

6　王韶罷樞密副使，以禮部侍郎知鄂州。一日宴客，出家妓奏樂。入夜，席客張績沉醉，挽家妓不前，遽將擁之。家妓泣訴於韶，坐客皆失色。韶徐曰：「比出爾曹以娛賓，而乃令坐客失歡。」命取大杯罰家妓，既而容色不動，談笑如故，人亦伏其量也。《東軒筆録》卷七。《何氏語林》卷二十五。《昨非庵日纂》二集卷十。

王厚

1 王厚，韶之長子，位至節度使，爲邊帥，晚年歸京師。一日家集，菜楪内蘿蔔數十莖忽起立，須臾行於案上，衆皆愕然。厚怒形於色，悉撮食之，登時嘔吐，明日死。《夷堅丁志》卷七。

王寀

1 樞密王公子純攻洮州，坐于城下，議欲屠城。忽牆圮，有二戎卒操刀嚮公。遽執而戮之，屠城之謀遂決。將及半，有小兒飲乳于亡母之側，公惻然傷悼，禁戢其事，僅免屠焉。是年寀生。《能改齋漫録》卷十三。

2 神宗朝，王襄敏韶在京師，會元夕張燈，金吾弛夜，家人皆步出將帷觀焉。幼子寀第十三，方能言，珠帽襐服，馮肩以從。至宣德門，上方御樓，薌雲綵鼇，簫吹雷動，士女仰視，喧擁闐咽，轉盼已失所在，騶馭皆恇擾不知所爲。家人不復至帷次，狼狽歸，未敢白請捕。襄敏訝其反之亟，問知其爲南陔也，曰：「他子當遂訪，若吾十三，必能自歸。」恬然不復求。咸叵測。居旬日，内出犢車至第，有中大人下宣旨，抱南陔以出諸車，家人驚喜，迎拜天語。既定，問南陔以所之。乃知是夕也，姦人利其服裝，自襄敏第中已竊跡其後。既負而趨，南陔覺負己者之異也，亟納珠帽于懷。適内家車數乘將入東華，南陔過之，攀幰呼焉。中大人悦其韶秀，抱寘之膝。翌早，擁至上閤，以爲宜男之祥。上問以誰氏，竦然對曰：「兒乃韶之幼子也。」具道所以，上顧以占對不凡，且歎其早惠，曰：「是有子矣。」令暫留，欽聖鞠視。密詔開封捕賊以聞，既獲，盡戮之。乃命載以歸，且以具獄示襄敏，賜壓驚金犀錢果，直鉅萬。其機警見於幼年者已如此。南陔，寀自號。《桯史》卷一。

3 崇寧初建三衛府，多大臣與勳戚子弟。一日衆坐共談西漢事有雋不疑者，其人曰：「彼何故不來見大臣？」於是一時大傳爲口實。然不至是，此特王輔道寀輕薄造以爲笑。寀有逸才，時爲三衛中郎，後遭極刑。《鐵圍山叢談》卷三。

4 王寀輔道，樞密韶之子。少豪邁有父風，早中甲科，善議論，工詞翰。曾文肅、蔡元長薦入館爲郎，後以直祕閣知汝州，考滿守陝，年未三十，輕財喜士，賓客多歸之。坐不覺察盜鑄免官。自負其材，受辱不羞。是時羽流林靈素以善役鬼神得幸，而輔道之客冀其復用，乘時所好，昌言輔道有術可致天神，出靈素上，抳不得施。蓋其客亦能請紫姑作詩詞，而已非林之比。輔道固所不解，然實不知客有此語也。輔道嘗對別客謂：「靈素太誕妄，安得爲上言之？」其言適與前客語偶合。工部尚書劉炳子蒙者，輔道母夫人之姪孫也，及其弟焕子宣，俱長從班，歆豔一時。時開封尹盛章新用事，忌炳兄弟進，思有以害其寵，未得也。……前客語既達靈素，靈素忿怒，泣請于上。……上令逮捕輔道與所言客姚坦之、王大年，以其事下開封府。使者至，輔道自謂無它，亦不以介意，語家人曰：「辯數乃置，無以爲念也。」至獄中，刻木皆出紙求書，且謂輔道曰：「昔蘇學士坐繫烏臺時，衛獄吏實某等之父祖。蘇學士既出，後每恨不從其乞翰墨也。」輔道喜，作歌行以贈之，處之甚怡然。而盛章以炳之故，得以甘心矣。因上言詞語有連及炳者，乞併治之。上曰：『炳從臣也，有罪未宜草草。』炳既聞上語，不疑其他。一日，上幸寶籙，駐蹕齋宮，從官皆在焉。炳越班面奏簾外曰：『臣猥以無狀，待罪邇列。適有中傷者，非陛下保全，已虀粉矣。』再拜而退。炳既謝已，舉首始見章在側注目瞪視，惶駭失措，深以爲悔。翌日，章以急速請對，因言：『寀與炳腹心，誹謗事驗明白，今對衆越次，上以欺罔陛下，下以營惑群臣，禍將有不勝言者。幸陛下裁之。』上始怒，是日有旨，内侍省不得收接劉炳文字。炳猶未知之，以謂事平矣，故不復閑防。章既歸，遣開封府司録孟彦弼攜捕吏竇鑒等數人，即訊炳於家。炳因服出見，分賓主而坐，詞氣慷慨，無服辭。彦弼既見其不屈，欲歸，而竇鑒者語彦弼曰：「尚書几間得寀一紙字，足以成案矣。」遂亂抽架上書，適有炳著撰藁草，翻之至底，見炳和輔道詩，尚未成，首云：「白水之年大道盛，掃除荆棘奉高真。」詩意謂輔道嘗有嫉惡之意，時尚道，目上爲高真爾。鑒得之，以爲奇貨，歸以授章。章命其子并釋以進，云：「白水謂來年庚子，寀舉事之時。炳指寀爲高真，不知以何人爲荆棘？將寘陛下於何地？豈非所謂大逆不道乎！」但以此坐輔道與客皆極刑。炳以官高得弗誅，削籍竄海外。煥責授團練副使，黄州安置。凡王、劉親屬等第斥謫之。并擢爲祕書省正字，數日而死。出現其父，已爲蛇矣。《揮麈後録》卷三。

5　王寀輔道在徽宗朝，嘗奏天神降其家。徽宗欲出幸，左右奏恐有不測，宜有以審其真僞。既中使至其家，無有也，因坐誣以死。世謂輔道乃曉人，不應爾。蓋輔道，韶之子，韶熙河用兵，其濫殺者多，故冤以致其禍耳。《能改齋漫録》卷十七。《宋稗類鈔》卷五。

宋人軼事彙編卷十八

常　秩

1　常待制秩，居汝陰，與王深父皆有盛名於嘉祐、治平之間，屢召不至，雖歐陽文忠公亦重推禮之，其詩所謂「笑殺潁川常處士，十年騎馬聽朝雞」者是也。熙寧初，荆公當國，力致之，遂起判國子監太常禮院，聲譽稍減於前。嘗一日大雪趨朝，與百官待門於仗舍，時秩已衰，寒甚不可忍，喟然若有所恨者，乃舉文忠詩以自戲曰：「凍殺潁川常處士，也來騎馬聽朝雞。」《石林詩話》卷中。《堯山堂外紀》卷五十。《宋詩紀事》卷二十三。

2　潁上常夷甫處士，以行義爲士大夫所推。近臣屢薦之，朝廷命之官，不起。歐陽公晚年治第于潁，久參政柄，將乞身以去，顧未得謝，而思潁之心日切，嘗自爲詩云：「笑殺汝陰常處士，十年騎馬聽朝雞。」後，公既還政，而處士被召赴闕，爲天章閣待制，日奉朝請。有輕薄子改公詩以戲之，曰：「却笑汝陰歐少保，新來處士聽朝雞。」《澠水燕談録》卷十。《宋朝事實類苑》卷六十三。《東軒筆録》卷十一。

3　少保歐陽公永叔在政府，將求引去，先一詩寄潁陰隱士常秩，其略曰：「笑殺汝陰常處士，十年騎馬聽朝雞。」及公致仕還潁，有詩贈秩曰：「賴有東鄰常處士，披蓑戴笠伴春鋤。」既而王丞相介甫秉政，遂以右正言、直史館召秩，而秩遂起。先是歐公既致政，凡有賓客上謁，率以道服華陽巾便坐延見。至是秩授官來謝，公乃披衣束帶，正寢見之。明年，秩拜侍講，判國子監，尋有無名子改前詩，作秩寄歐公詩曰：「笑殺汝陰歐少保，新來處士聽朝雞。」又曰：「昔日潁陰常處士，却來馬上聽朝雞。」《墨客揮犀》卷七。《倦游雜録》。《邵氏聞見後録》卷二十二。《堅瓠壬集》卷二。

4　常秩舊好治《春秋》，凡著書講解，僅數十卷，自謂聖人之意，皆在是矣。及詔起，而王丞相介甫不好《春秋》，遂盡諱所學。熙寧六年，兩河荒歉，有旨令所在散青苗本錢，權行倚閣。王平甫戲秩曰：「公之《春秋》，亦權倚閣乎？」秩色頗赭。《倦游雜録》。《宋朝事實類苑》卷六十五。《墨客揮犀》卷七。《邵氏聞見後録》卷二十二。《堯山堂外紀》卷五十。《香祖筆記》卷十。

5　常秩以處士起爲左正言，直集賢院，判國子監。不踰年，待制寶文閣，兼判太常寺。中間謁告歸汝陰時，主上特降詔起之，降詔自秩始也。會放進士徐鐸榜，秩密以太學生之薄於行者，籍名於方册，貯懷袖間，每唱名有之，則揭册指名進呈，乞賜黜落，如是者三四。上方披閲試卷，或與執政語，往往不省秩言，秩大以爲阻，遂謁告不朝。一日，翰林學士楊繪方坐禁中，俄有報太常寺吏人到院者，繪昔常判寺，立命至前，乃故吏也。詢其來之故，即云：「常待制以謁告月餘，未有詔起，令探刺消息。」楊曰：「此禁中，汝得妄入乎？我若置汝於法，則連及待制，汝速出，無取禍也。」先是，秩未謁告時，差護向經葬事，至是經葬有日。上親奠祭，護葬官例合迎駕，秩不候朝參而出，迎駕於經門。上祭奠畢，登輦而去，亦不顧秩，秩愈不得意。或告以不朝參而出就職，又嘗私覘禁中，臺官欲有言者，秩大恐，遂以病還汝陰，既而卒。或云：方卒時，狂亂若心疾，將自殺者，然未得其詳。《東軒筆録》卷四。《宋朝事實類苑》卷七十。

鄧綰

1 見王安石96。

李定

1 潘子賤《題蔡奴傳神》云：「嘉祐中，風塵中人亦如此。嗚呼盛哉！」然蔡實元豐間人也。仇氏初在民間，生子爲浮屠，曰了元，所謂佛印禪師也。已而爲廣陵人國子博士李問妾，生定，出嫁郜氏，生蔡奴。故京師人謂蔡奴爲郜六。《老學庵筆記》卷一。《宋詩紀事》卷二十二。

2 見劉几3。

3 王安石薦李定，陳襄彈之未得，擢太子中允。宋次道封還詞頭，翌日辭職。又下，次直李大臨、蘇子容相繼封還。更奏復下，至於七八。子容、大臨俱落職，名譽赫然。此乃祖宗德澤，百餘年養成風俗。公論之不屈如是，與齊太史書崔杼弑君，殺三人而執筆如初何異。其後攝官修起居注章衡行之。賢不肖於此可見。《元城語録》。

4 司農少卿朱壽昌，方在襁褓，而所生母被出。及長，仕於四方，孜孜尋訪不逮。治平中，官至正郎矣。或傳其母嫁於關中民爲妻，壽昌即棄官入關中，得母於陝州。士大夫嘉其孝節，多以歌詩美之。蘇子瞻爲作詩序，且譏激世人之不養母者。李定見其序，大惋恨，會定爲中丞，劾軾嘗作詩謗訕朝廷。事下御史府鞫劾，將致不測，賴上保持之，止黜軾黄州團練副使。《東軒筆録》卷十。《宋詩紀事》卷二十二。

5 朱壽昌者，少不知母所在，棄官走天下求之，刺血書佛經，志甚苦。熙寧初見於同州，迎以歸，朝士多以詩美之。蘇内翰子瞻詩云：「感君離合我酸辛，此事今無古或聞。」王荆公薦李定爲臺官，定嘗不持母服，臺諫、給、舍俱論其不孝，不可用。内翰因壽昌作詩貶定，故曰「此事今無古或聞」也。後定爲御史中丞，言内翰多作詩訕上。内翰自知湖州赴詔獄。《邵氏聞見録》卷十三。

6 李承之奉世知南京，嘗謂余曰：「昨在侍從班時，李定資深鞫蘇子瞻獄，雖同列不敢輒啓問，一日資深於崇政殿門，忽謂諸人曰：『蘇軾誠奇才也！』衆莫敢對。已而曰：『雖二三十年所作文字、詩句，引證經傳，隨問即答，無一字差舛，誠天下之奇才也。』歎息不已。」《甲申雜記》。《邵氏聞見後録》卷二十一。

7 杜太監植少子灼，爲李定所捃。定曰：「莫要剥了緑衫。」灼從容對曰：「緑衫未剥，恐先剥了紫衫。」定大怒，枷送司理院。求其贓罪不得，以它事坐之，衝替而已。定未幾果以不持所生母仇氏服，貶官而死。《孫公談圃》卷上。

舒亶

1 舒亶，字信道，慈溪人，生而魁梧，博聞强記，爲文不立稿。……授台州臨海縣尉。縣負山瀕海，其民慓悍，盗奪成俗。有使酒逐其叔之妻者，至亶前，命執之，不服，即斷其首，以令投檄而去，留詩云：

「一鋒不斷奸兇首，千古焉知將相材。」丞相王安石聞而異之，欲召用，會丁父憂，服闋乃除。《寶慶四明志》卷八。《名賢氏族言行類稿》卷八。《堯山堂外紀》卷五十一。

2 見張商英4。

3 舒亶爲臨海尉，弓手醉呼於庭，舒笞之，不受，乃加大杖；益厲聲願杖脊，舒叱吏決脊；又大呼「爾不敢斬我」，舒即起刃斷其頭。被劾，案上，朝廷方求人材，頗壯之，令都省審察。舒狀貌甚偉，博學有口辯，王荆公一見大喜，薦對稱旨，驟擢，未幾至御史中丞，彈擊不少恕。宰相王珪自京尹執政，曾攜官浴桶入東府，舒文致以爲之罪。後舒敗坐獄，以用臺中官燭於私室計贓，神考薄其罪，因言：「亶豈盜此？」或對云：「舒亶不愛蠟燭，王珪豈愛木桶！」乃抵罪除名勒停。居鄉里，甚貧，聚徒教授，資束脯以營伏臘，凡十八年。中間元祐政出帷箔，務姑息，置訴理所，湔滌先朝嘗得罪者。群小競自辨，不逞之人，至於指斥熙、豐濫刑，以迎合國政。舒獨無一言辨雪，坐此久廢。紹聖復辟，稍還舒官，又爲群怨所沮。庚辰龍飛，始得軍壘，會荆蠻作過，乃移南郡帥、徐待制，未受而卒。《萍洲可談》卷一。

4 元豐間，御史中丞舒亶以罪除名勒停，及僦客舟東歸，時有詔召僧慈本住慧林，許馳驛，輕薄者以「中丞賃航船出京，和尚乘遞馬赴闕」爲對，以見異事。《萍洲可談》卷一。《續墨客揮犀》卷六。《類説》卷四十七引《遯齋閒覽》。

5 舒信道中丞宅在明州，負城瀕湖，繞屋皆古木茂竹，蕭森如山麓間。其中便坐曰「懶堂」，背有大池，子弟群處講習，外客不得至。《夷堅志補》卷二十二。

6 舒信道謫居四明，幾二十年，獨以詩爲樂。嘗得句云：「春禽得意千般語，澗草無名百種香。」自喜之，既而曰：「此聯可入箋注，不可以示人。」遂改去，不用之。《墨莊漫録》卷二。

王廣淵

1 見宋英宗18。

2 王廣淵識英宗於潛邸，及即位，欲大用之，不果，然中外之事莫不以聞。又論宰執專權，須收主威。英、神二朝俱主其説，時宰患之，無如之何，乃反間諫官司馬君實，力言其姦邪不可近。章至八九上，廣淵竟出外。世徒知君實言廣淵，而不知宰相之反間也。然則陰諷臺諫，以逐人主親臣，古今之所不免。其後神宗時，君實言楊繪不當言曾公亮事。神宗御批與滕元發，令諭繪云：「光醇儒少智，未必不爲人陰使之耳。」蓋廣淵被逐，嘗言君實純直，受人風指之誤而云耳。《默記》卷上。

3 見滕元發11。

鄧潤甫

1 見劉敞6。

2 鄧潤甫聖求，元豐中爲中書舍人兼太子詹事。泰陵嗣位，以甘盤之舊，入翰林爲學士。及以事外補，林子中希爲中丞，上章營救，其略曰：「先帝西垣之詞客，十載于兹；陛下東宮之舊臣，一人而已。」

上不聽。後數年，召爲兵部尚書。時范純夫祖禹爲内相，蔚有時望，與鄧公同知貢舉，引試第二場間，忽有中使宣押學士拜尚書左丞。范公方冠帶迎肅，中使曰：「宣押鄧學士，非范學士也。」鄧俄頃上馬，迴鞭揖諸公，頗有得色。數日，以病卒于位。黄道夫嘗爲祭文云：「中臺三月，功名已遂於推揚；東府數宵，魂魄俄歸於寂寞。」道夫自謂精切，戲曰：「此文可書之聖求門右。」章子厚惇笑曰：「聖求生爲執政，死乃作桃符矣！」當時傳以爲笑。《高齋漫録》。

陳繹

1 陳繹奉親至孝，嘗作慶老堂以娱其母。王介甫贈之詩云：「種竹常疑出冬筍，開池故合涌寒泉。」《韻語陽秋》卷十。《名賢氏族言行類稿》卷十一。

2 陳繹晚爲敦朴之狀，時謂之「熱熟顔回」。熙寧中，台州推官孔文仲舉制科，庭試對策，言時事有可痛哭太息者，執政惡而黜之。繹時爲翰林學士，語於衆曰：「文仲狂躁，乃杜園賈誼也。」王平甫笑曰：「『杜園賈誼』可對『熱熟顔回』。」合座大噱，繹有慙色。杜園、熱熟，皆當時鄙語。《東軒筆記》卷六。《宋朝事實類苑》卷六十六。《倦游雜録》。《古今合璧事類》續集卷三十九。《讀書鏡》卷三。《何氏語林》卷二十七。《堯山堂外紀》卷五十。《宋稗類鈔》卷六。《堅瓠乙集》卷一。《宋詩紀事》卷一百。

3 陳繹爲前知廣州日，將造到公使庫檀木觀音，將松木觀音换檀木觀音入己，并將公使錢糴糧餵飼自己白鷳，并役使土丁槍手修築廨宇内地基，及并將官乳香於神寺獨自焚燒。《熙豐日曆》。

王陶

1 王觀文樂道未遇時，與〔姜〕子發交游甚善。樂道苦貧，教小學京師，居州西，子發居州東，相去遠。一日大雪，子發念樂道與其母寒饑，自荷一鍤，剗雪以行。至樂道之居，扣門，久之方應。樂道同母凍坐，日已過高，未飯。子發惻然，亟出買酒肉薪炭，往復同樂道母子附火飲食。樂道覺子發衣單，問之，以綿衣質錢買飯食也。子發説《論語》，士人樂聽之，爲一講會，得錢數百千，爲樂道娶妻。樂道登第，調睦州判官。妻卒，子發又爲求范文正公夫人姪汶陽李氏以繼，其負義如此。熙寧初，樂道以翰林侍讀學士爲西京留守，子發老益貧，且喪明，自新鄉駕小車來見樂道，意樂道哀之也。樂道遺酒三十壺而已，子發殊悵然。《邵氏聞見録》卷十八。

2 范文正公鎮餘杭，今侍讀王樂道公在幕。楊内翰隱甫公察謫信州，未幾，召還赴闕，過杭，公厚遇之，特排日遣樂吏往察判廳請樂辭，樂道叱之不作。來日，酒數行，遣吏投書於席，大概言「陶之學先王之道也，未始游心於優笑之藝。始某從事於幕，天下之士識與不識皆以陶爲賀。蓋今巖穴蟠潛修立之士，無不由明公之門翦擢至於華顯者。獨以某不幸吏於左右，公未嘗訓之以道德，摩之以仁義，反以伎戲之事委之，非其素望也。且金華楊公亦吾儒高第之一人爾，苟某始者躐巍等，歷清秩，過執事之境，必不肯以優伶之辭爲託也」云云。公以書示隱甫，隱甫笑曰：「波及當司，尤無謂也。」公頗動。既而移鎮青社，樂道少安。《湘山野録》卷上。

3 韓魏公秉鈞時，王陶游其門，公亦素器之，累歷從官。及爲中丞，未登二府，怏怏有望於公。因撫細故，奏疏詆公，由此出守轉郡。謝上表，尤肆狂訐，詞皆浮實，至舉丁朱崖以況公，悖妄弗顧於理甚矣。《珍席放談》卷下。

4 神宗朝，王文恪公陶爲御史中丞，論宰相韓魏公不押常朝班，至詆爲跋扈。韓公力請去位，王公亦出爲郡。或謂王公之語太過，予以爲尊君重朝廷，固當防微杜漸如此，使爲宰相者，人人皆忠賢如魏公，雖不押常朝班，未爲過也。不幸而有懷奸藏禍之臣，廢法而逼上，則將有御史抨彈之所不能正者矣。抑《春秋》之義，責備於賢者，如魏公名德之重，蓋可以責備矣，王公待之不輕也。予從其家得其《申中書狀》，尚可以想見其風采。《寓簡》卷四。

5 韓子華丞相兄弟將相貴仕，爲潁川甲族，罷相後，得帥鄉郡，文恪《賀啓》曰：「夙推荀氏之龍，重致潁川之鳳。」謂荀氏八龍及黃霸守潁川致鳳凰之瑞也。《王公四六話》。

6 見王禹偁30。

7 王陶樂道，哲廟居東宮時師傅也。哲廟登極時，王退閑，上力欲召用，陶表謝云：「羽翼已成，四皓不聞於再起；田園粗足，兩疏那見於復來。」遂不出。又有《謝賜夏藥表》云：「陛下樂忠良之諫，而臣無入告之嘉猷；陛下錫藥石之良，而臣無盡言之苦口。」一時稱之。陶美姿而長身，時謂之「没興真武」。與文正長子監簿爲友婿，范氏處長。後其室死，而監簿亦亡，復續長姨，忠宣因此疏之。《過庭録》。

王寔　王寧

1 王樂道二子，寔字仲弓，寧字幼安，卜居許昌。仲弓與光禄行游，淳厚博學君子也。好客喜酒，先子、叔父常請見之，必委曲留連飲食教誨而歸。……平居未嘗釋卷。先子一日劇暑中，迫昏會歸，皆已大醉，偶遺衣，後往取之，見仲弓披衣執策，就視之，乃《禮記疏》也。其精勤如此。鄉人敬其德。幼安晚以上書闕元祐得幸，致身台輔。李彦西城事興，幼安以竹園爲獻。後，彦道許，幼安郊迎至府治，讓彦上坐，彦曰：「某何人，樞密過禮如此。」幼安拱手應曰：「某西城竹園户爾。」時曾存之在許，謝客，獨以聲妓自奉。仲弓嘗曰：「若存之之富，舍弟之貴，寔寔不愛。」蓋仲弓口吃也。《過庭録》。

吴處厚

1 見宋神宗31。

2 見蔡確19。

3 見蔡確20。

4 見蔡確21。

5 蔡忠懷秉政日，吴處厚數干以差遣，得知漢陽，不如意。忠懷俄出守安陸，賦詩十絶。處厚乃箋注，文致其怨望，疏于朝。宣仁大怒，遂竄新州。處厚改知衛州，素餌硫黄，至是疽發于腦，自嚼其舌斷而死。《苕溪漁隱叢話》後集卷三十五引《東皋雜録》。

6 吴處厚嘗作《剪刀賦》，第五聯對：「去爪爲犧，救湯王之旱歲；斷鬚燒藥，活唐帝之功臣。」當時屢竄易，「唐帝」上一字不妥帖，因看游鱗，頓悟「活」字，不覺手舞足蹈。《螢雪叢説》卷上。《宋四六話》卷十。

7 吴處厚善屬辭，知漢陽軍，每謂鸚鵡洲、沔鄂佳處，欲賦詩未就。一日視事，綱吏來告覆舟，吴問所在，吏曰：「在鸕鷀堰。」吴拊案連唱大奇，徐曰：「吾一年爲鸚鵡洲尋一對不得，天庇汝也。」因得末減。《萍洲可談》卷一。《堅瓠戊集》卷三。《宋詩紀事》卷十九。

8 〔樞密邵公亢〕常謂余詩淺切，有似白樂天。一日，閱相國寺書肆，得馮瀛王詩一帙而歸，以語之，公曰：「子詩格似白樂天，今又愛馮瀛王，將來捻取箇豁達李老。」慶曆中，京師有民自號「豁達李老」，每好吟詩，而詞多鄙俚，故公以戲之。遂皆大笑。《青箱雜記》卷二。

9 見王安國17。

鞏申

1 光禄卿鞏申，佞而好進，老爲省判，趨附不已。王荆公爲相，每生日，朝士獻詩頌，僧道獻功德疏以爲壽，輿皂走卒皆籠雀鴿，就宅放之，謂之放生。申既不閑詩什，又不能誦經，於是以大籠貯雀，詣客次，搢笏開籠，且祝曰：「願相公一百二十歲。」時有邊塞之主帥妻病，而虞候割股以獻者，天下駭笑。或對曰：「虞候爲縣君割股，大卿與丞相放生。」《東軒筆録》卷十。《宋朝事實類苑》卷七十三。《倦游雜録》。《墨客揮犀》卷六。《群書類編故事》卷十八。《何氏語林》卷三十。《堯山堂外紀》卷五十。《昨非庵日纂》二集卷八。《宋稗類鈔》卷二。《堅瓠丙集》卷一。

李大臨

1 見宋敏求2。

鄭獬

1 鄭内翰獬，未貴時，嘗病瘟疫，數日未愈，甚困。俄夢至一處，若宫闕，有吏迎謁甚恭。公謂吏曰：「吾病甚倦，煩熱，思得凉浴，以清其肌。」吏云：「已爲公辦浴久矣。」吏引公至一室中，有小池，方闊數尺，甃以明玉，水光瀲灩，以手測之，清冷可愛。公乃坐甃上以水泛身。俄視兩臂，已生白鱗，視水中影，則頭已角出。公驚，遽出。吏云：「此玉龍池也。惜乎公不入其水中，入則爲輔宰。」乃覺，少選出汗。公後登第爲第一人，爲詩戲友人，云：「文闈數戰奪先鋒，變化須知自古同。霹靂一聲從地起，到頭身是白龍翁。」《古今詩話》。《詩話總龜》前集卷三十六。《新編分門古今類事》卷八引《幕府燕閒録》。《堯山堂外紀》卷四十八。《玉芝堂談薈》卷二。

2 余少時同伯氏從學於里人鄭毅夫，假館京師景德寺之白土院。皇祐壬辰，是歲秋賦，鄭與予兄弟皆舉國學進士，時已差考試官矣。一日，院僧德珍者言：「昨夢院内南忽有池水中一龍躍而起，與空中龍鬬，池龍勝而歸。其時旁院書生有曰：『某當作狀元。』毅夫微笑曰：『狀元當出此院。』於是伯氏書僧夢與日月在於寢室門，時八月也。明年癸巳春殿，鄭公果狀元。《麈史》卷中。

3　鄭獬夫自負時名，國子監以第五人選，意甚不平。謝主司啟詞，有「李廣事業，自謂無雙；杜牧文章，止得第五」之句。又云：「騏驥已老，甘駑馬以先之；巨鼇不靈，因頑石之在上。」主司深銜之。他日廷策，主司復爲考官，必欲黜落，以報其不遜。有試業似獬者，枉遭斥逐，既而發考卷，則獬乃第一人及第。《夢溪筆談》卷九。《堯山堂外紀》卷四十八。《宋稗類鈔》卷二。

4　内翰鄭毅夫久負魁望，而滕甫元發名亦不在其下。暨試禮闈，鄭爲南宫第四場魁，滕爲南廟別頭魁。及入殿試《圓丘象天賦》，未入殿門，已風聞此題，遂同論議，下筆皆得意。時留後李公端夢滕作第三人，服緋牙繫鞋來謝。而鄭亦有白龍之夢。將唱名，二公相遇，各舉程文。滕破題云：「大禮必簡，圓丘自然。」及聞鄭賦「禮大必簡，丘圓自然」，滕即歎服曰：「公在我先矣。」然未忘魁望，預爲笏記云：「朝廷取士，唯求一日之長；畎畝望君，咸務積年之學。」及唱第，鄭果第一，滕果第三，皆如素望。鄭卻無陛謝之備，遂用滕記。《能改齋漫録》卷十四。《直齋書録解題》卷十七。

5　鄭毅夫廷試日，曾明仲爲巡察官。方往來之際，見毅夫筆不停綴，而試卷展其前，不畏人竊窺，意甚自得。明仲從旁見其破題兩句云：「大禮必簡，圜丘自然。」因低語曰：「乙起著！乙起著！」毅夫驚顧，知是明仲，乃徐讀其賦，便悟明仲之意，乙起「大禮」「圜丘」二字，自覺破題更有精神，至唱名，果以此擅場。《曲洧舊聞》卷三。

6　鄭内翰久游場屋，辭藻振時，唱名之日，同試進士皆懽曰：「好狀元。」神文爲之慰悦。《塵史》卷上。

7　鄭翰林獬，郎官紓之子也。獬雖負時名，然累赴殿試、省試，俱不利。紓爲狄青征廣南辟客。是時儂智高鴟張，未知勝負，留家在雍丘舟中。而獬赴殿試罷，在京師候唱名。其母與盡室憂紓從軍未知吉音，又憂獬仍舊黜于殿試。一家屏默惶惑之次，忽舟尾晨炊釜鳴，聲甚厲，震動兩岸，舉家不知所爲。釜鳴未定，忽岸上亟尋鄭郎中船，乃報捷者南來，且附紓書云：「已破儂賊，殺戮殆盡，走入溪洞，且議賞超遷矣。」語次，又有北來報榜者馳至云：「二秀才昨日唱名而出，已狀元及第矣。」釜鳴蓋有爲吉者。《默記》卷中。

8　西方琥，東州人，鄭毅夫榜登第。期集處，告毅夫曰：「榜中琥最少年，乞作探花郎。」毅夫云：「已差二人。」琥曰：「此無定員，添一員何損？」公吏曰：「前日琥第三甲，合出鋪地錢二十緡，若作職事，則不出錢。」琥曰：「願出錢。」毅夫從其請。琥已受符，不出緡錢，毅夫切責之，而倍其罰。琥白毅夫曰：「晚進未嘗工詩，願狀元先爲之，以爲楷式。」毅夫曰：「緑袍不怕露痕濕，直入鬧花深處來。」他日復見毅夫曰：「一見雅詩，不敢下筆，翌日當再進詩，願公代之。」毅夫復云：「朝來已與碧桃約，留住春風不放歸。」聞者歎服。《詩話總龜》前集卷十引《翰府名談》。《唐宋分門名賢詩話》卷七。

9　見王安石32。

10　〔荆公〕嘗見鄭毅夫《夢仙》詩曰：「授我碧簡書，奇篆蟠丹砂。讀之不可識，翻身凌紫霞。」大笑曰：「此人不識字，不勘自承。」毅夫曰：「不然，吾乃用太白詩語也。」公又笑曰：「自首減等。」《老學庵筆記》卷一。《何氏語林》卷二十八。《堯山堂外紀》卷四十八。《宋稗類鈔》卷六。

11　鄭内翰毅夫公知荆南，一日，虎入市齧數人，郡大駭，競修浮圖法禳之。鄭公諭士民曰：「惟城隍廟在子城東北，實閭井係焉，荒頽久不葺，汝曹盍以齋金修之。」獨一豪陳務成者前對曰：「某願獨葺，不須齋金也。」因修之，换一巨梁，背鑿一竅，闢一版於竅中，字在其下，宛若新墨，云「惟大周廣順二年，歲次壬子五月某日建」。其傍大題四字，曰「遇陳則修」。陳氏以緹巾襲之獻於府。鄭公奇之，特爲刊其事於新梁之脅，其末云：「噫！此能以物之極理推而至於斯乎，寧得先知之神乎？可疑者，何古人獨能而今人不能。治平丁未歲十月，安陸鄭獬於荆南畫堂記之。」後，今大參元公鎮荆，文瑩因道其事，願以其文刻於廟，求公一後序，以必信於世，公欣然諾之。未幾，以翰林召歸爲學士，逮參大政，兹事因寢，尚鬱於心。《湘山野録》卷中。

12 鄭毅夫公入翰林爲學士，後數月，今左揆王相國繼入。其玉堂故事，以先入者班列居上。鄭公奏曰：「臣德業學術及天下士論皆在王某之下，今班列翻居其上，臣所不遑，欲乞在下。」主上面諭之，揆相固辭曰：「豈可徇鄭某謙抑而變祖宗典故耶？」又數日，鄭公乞罷禁林以避之，主上特傳聖語：「王某班列在鄭某之上，不得爲永例。」後揆相爲鄭父紓志其墓，語筆優重，至挽詞有「欲知陰德事，看取玉堂人」之句，佳其謙也。《湘山野録》卷中。《宋朝事實類苑》卷十。

13 神宗首用富鄭公作上相，以司空、侍中爲昭文館大學士也。制乃翰林學士鄭毅夫所草，末云：「上理乎天工，則日月星辰以之順；下遂乎物宜，則山川草木以之蕃。近則諸夏仰德以承流，遠則四夷傾心而待命。」毅夫自負此文敏贍，因爲詩曰：「中使傳宣内翰家，君王令草侍中麻。紫泥金印封題了，紅燭才燒一寸花。」《王公四六話》卷下。

14 王荆公素不樂滕元發、鄭毅夫，目爲「滕屠鄭酤」。然二公資豪邁，殊不病其言。毅夫爲内相，一日送客出郊，過朱亥冢，俗謂之屠兒原者，作詩云：「高論唐虞儒者事，賣交負國豈勝言。憑君莫笑金槌陋，卻是屠酤解報恩。」《老學庵筆記》卷七。《堅瓠丁集》卷一。《宋稗類鈔》卷六。

15 〔鄭獬〕與滕達道少相善，並嗜酒，落魄無檢操，人目之爲「滕屠鄭沽」。《郡齋讀書志》卷十九。《宋詩紀事》卷十九。

16 鄭毅夫罷禁林，行次南都，《遇雨》二篇云：「雨聲飄斷忽南去，雲勢旋生從北流。料得涼風消息近，蕭蕭已在柳梢頭。」又云：「老火燒空未擬收，忽驚快雨破新秋。晚雲濃淡落日下，只到楚江南岸頭。」荆僧文瑩頗訝其氣不振。後解杭麾赴青社，舟泊楚岸，卒于舟中。時人謂「只到楚江南岸頭」，乃詩讖也。《新編分門古今類事》卷十三引《澠水燕談録》。

17 鄭毅夫詩格飄放，晚年爲《雨》詩曰：「老火燒空未肯休，忽驚快雨破新秋。晚雲濃淡白日下，只在楚江南岸頭。」未幾，自杭移青，道病，泊舟高郵亭下，乃卒。《澠水燕談録》卷七。《宋朝事實類苑》卷四十六。

18 鄭毅夫内相再黜於有司，已而病傷寒，忽一夕夢化爲龍而無角，浴於池中，鱗甲皆水出，蓋汗也。展轉間，張大夫問曰：「君已安否？」曰：「我不是龍。」張以爲譫言。既覺，猶若曳尾不收。夢中但聞池上人皆曰：「白龍公來也。」士大夫於内相挽詞多用「白龍公」者，蓋本此耳。《麈史》卷下。

19 鄭毅夫未第時，夢浴池中化爲大龍，池邊小兒數十，拍手呼爲龍公來，既覺，猶見其尾曳牀間。卒于安州，十年貧不克葬。滕元發爲郡，一日，夢毅夫來，但見轎中一白龍身，首即毅夫也。元發因出俸營窆。《孫公談圃》卷上。《玉芝堂談薈》卷十一。

方勉妻許氏

1 方勉，字及甫，娶許虞部女，好學能詩。勉嘗同妻夜看《晁錯傳》，許氏有詩云：「匣劍未磨晁錯血，已聞刺客殺袁絲。到頭昧卻人心處，便是欺他天道時。痛矣一言偷害正，戮之萬段始爲宜。鄧公墳墓知何處，空對斯文有淚垂。」勉後與故人飲于市，醉犯夜禁，囚於府庭。時鄭穀夫作尹，許氏獻書援其夫，並投詩云：「時時樂事輸詩酒，帝里風光剩占春。況是白衣重得侶，不堪青旆自招人。早知玉漏催三鼓，不把金貂換百巡。大抵仁人憐氣類，不教孤客作囚身。」遂釋其夫。《詩話總龜》前集卷十九。《堯山堂外紀》卷四十八。《宋詩紀事》卷八十七。

羅愷

1 羅愷初及第，鄭獬在翰林，以詩賀之。愷以公狀爲謝具位詩一篇：「右伏蒙尊慈，特有寵惠，感荷之至，但切下情。」鄭云：「賴此詩不是公用。」都下莫不傳以爲笑也。《文昌雜録》卷一。

劉述

1 劉孝叔吏部公述深味道腴，東吴端清之士也。方强仕之際，已恬於進。撰一闋以見志，曰：「掛冠歸去舊煙蘿。閒身健，養天和。功名富貴非由我，莫貪他。這岐路，足風波。　水晶宫裏家山好，物外勝游多。晴溪短棹，時時醉唱裏稜羅。天公奈我何？」後將引年，方得請爲三茅宮僚，始有養天和之漸，夫何已先朝露，歌此闋幾三十年。信乎！一林泉與軒冕，難爲必期。《湘山野録》卷中。《宋朝事實類苑》卷四十一。

孫　洙

1　孫洙，字巨源，年十四，隨父錫官京東。嘗至登州謁東海廟，密禱于神，欲知它日科第及爵位所至。夜夢有告之者曰：「汝當一舉成名，位在雜學士上。」既覺，頗喜。然年尚幼，未識雜學士何等官，問諸人，人曰：「吉夢也。子必且爲龍圖閣學士。」後擢第入朝。《夷堅甲志》卷四。

2　孫洙巨源，博學長才，初舉賢良方正，奏論五十篇，皆陳祖宗政事，指切治體，推往驗今，著見得失，天下争傳寫之，目曰《經緯集》。韓魏公覽而歎曰：「慟哭太息以論天下事，今賈誼也。」《澠水燕談録》卷六。《東都事略》卷八十五。

3　孫巨源内翰從貢父求墨，而吏送達孫莘老中丞。巨源以其求而未得讓劉，劉曰：「已嘗送君矣。」已而知莘老誤留也，以其皆姓孫而爲館職，故吏輩莫得而别焉。劉曰：「何不取其髯爲别？」吏曰：「皆髯，而莫能分也。」劉曰：「既是皆髯，何不以其身之大小爲别？」吏曰：「諾。」於是館中以莘老爲大髯孫學士，巨源爲小髯孫學士。《師友談記》。《捫掌録》。《何氏語林》卷二十七。《堯山堂外紀》卷四十九。

4　孫〔巨源〕公在時，嘗一日鎖院，宣召者至其家，則已出。數十輩蹤跡之，得於李端愿太尉家。時李新納妾，能琵琶。孫飲不肯去，而迫於宣命，不敢留。遂入院，草三制罷，復作長短句，寄恨恨之意。遲明，遣示李，其詞曰：「樓頭尚有三通鼓，何須抵死催人去。上馬苦匆匆，琵琶曲未終。回頭凝望處，那更廉纖雨。漫道玉爲堂，玉堂今夜長。」或以爲孫將亡時所作，非也。《夷堅甲志》卷四。《苕溪漁隱叢話》前集卷五十九。《詩話總龜》後集卷三十二。《堯山堂外紀》卷四十九。《詞苑叢談》卷七。《詞林紀事》卷七。

5 李端愿宫保，文和長子，治園池延賓客，不替父風。每休沐，必置酒高會，延侍從館閣，率以爲例。……元豐中會佳客，坐中忽召學士將鎖院，孫巨源適當制，甚怏怏不欲去，李飭侍妾取羅巾求長短句。巨源援筆欲書，從者告以將掩門矣，草草作數語云：「城頭上有三鼕鼓，何須抵死催人去。上馬苦匆匆，琵琶曲未終。回頭腸斷處，卻更廉纖雨。漫道玉爲堂，玉堂今夜長。」李邦直在坐，頗以卒章非佳語。巨源是夕得疾於玉堂，後六日卒。《南游記舊》。《堅瓠庚集》卷三。

錢公輔

1 錢公輔與王荆公坐，忽語荆公曰：「周武王真聖人也。」荆公曰：「何以言之？」公輔曰：「武王年八十，猶爲太子，非聖人誰能如是？」荆公曰：「是時文王尚在，安得不爲太子也？」《東軒筆録》卷十五。《宋朝事實類苑》卷十五。

2 錢君倚學士服除，知江寧府。常州有無賴男子來謁，曰：「我乃先公故侶也。先公嘗貸我二十萬錢，幸見還。」君倚愀然變色，起謝之，延饌，送保寧館留，且將聚貲償之。常有老先生數人，聞之俱至，責無賴子曰：

「舍人方起復，貧甚，奈何以其親爲言，欺取無券質之財？」父老俱白君倚，請卻逐之。君倚笑曰：「豈可！彼以吾父有所貸未償爲請，公輔爲之子，何敢不償哉！」於是償之遣去。無賴至常州，人人聚罵，遂自縊而死。《墨客揮犀》卷二。

鄭俠

1 西塘先生鄭俠，字介夫，福州福清人。父監江寧府稅時，先生就清凉寺讀書，不交人事，惟正旦至日一歸省親。時荆公以舍人居憂，聞而奇之。有楊驥者，自鄱陽來學於荆公，公使依先生學。一夕大雪，先生讀書過夜半，寒甚，呼驥起飲。酒酣登樓，觀雪賦詩，氣宇浩然。詩云：「濃雪暴寒齋，寒齋豈怕哉！漏隨書卷盡，春逐酒瓶開。一酌招孔孟，再斟留賜回。醺酣入詩句，同上玉樓臺。」他日驥謁荆公，語次誦先生詩，公歎賞曰：「真好學者。」累誦其「漏隨書卷盡，春逐酒瓶開」之句。先生將應舉，因贄所業謁荆公，公益稱奬。既而登進士甲科，年二十四釋褐，授將仕郎，試祕書省校書郎，調光州法曹。熙寧間，監安上門，時天久不雨，河北、陜西飢民皆流入京城，而京城外飢民尤多。公畫而爲圖，且上書曰：「臣謹按安上門逐日所見，繪成一圖，百不及一。但經聖眼，亦可流涕，況於千萬里之外哉！」歷言大旱及青苗、免役等事。上出俠圖及疏示輔臣，問安石曰：「識俠否？」安石曰：「嘗從臣學。」固乞避位。俠未幾下臺獄，竄汀州，又改英州，由是直聲聞天下。《梅磵詩話》卷上。《藏一話腴》甲集卷上。

2 鄭俠，閩人，進士及第。熙寧七年春，上以旱災，下詔聽吏民直言得失，俠以選人監安上門，上言：「新制，使選人監京城門，民所齎物，無細大皆征之，使貧民愁怨。人主居深宫，或不知之，乃畫圖并進之。」朝廷以爲狂，笑而不問。會王介甫請罷相，上未之許，俠上言：「天旱由安石所致。若罷安石，天必雨。」既而介甫出知江寧府，是日雨，俠自以爲所言中，於是屢上疏論事，皆不省。是歲冬，俠上疏幾五千言，極陳時政得失、民間疾苦，且言：「王安石作新法，爲民害；吕惠卿朋黨姦邪，壅蔽聰明；獨馮京時立異與之校計。請黜惠卿，進用馮京。」吕吉甫大怒，白上，奪俠官，汀州編管。俠貧甚，士大夫及吏民多憐之，或遺之錢米。《涑水記聞》卷十六。

3 〔鄭〕俠素師事王雱，而議論常與雱異，與王安國同非新法，安國親厚之。俠既上疏，安國索其草視之，俠不與，安國曰：「家兄爲政，必使天下共怨怒，然後行之。子今言之甚善，然能言之者子也，能揄揚流布於人者我也，子必以其草示我。」俠曰：「已焚之矣。」《涑水記聞》卷十六。

4 鄭俠辭膴仕，就監門，上書力言新法斂民，安石不報。會亢旱，民物嗷嗷。乃以本門所見，三路流離之民，質妻鬻兒，啼饑號凍，至身被鎖械，而負瓦揭木，賣以償官者，悉畫一圖，發馬遞以進。當事者以是罪之，浩然而歸。歸囊只一拂，因自號一拂居士。嘗語人曰：「無功於國，無德於民，若華衣美食，與盜何異？」公少讀書清涼山，閩人因就其地祠之。葉文忠公向高，榜其聯曰：「諫草數千言，自信丹青能悟主；歸裝惟一拂，可知琴鶴亦妨人。」《昨非庵日纂》二集卷二。

5 鄭介夫喜作詩，多至數千篇。謫英州，遇赦得歸，有句云：「未言路上舟車費，尚欠城中酒藥錢。」絶似王元之也。《老學庵筆記》卷九。

6 鄭介夫俠，福州福清人。熙寧中，以直諫貶英州。元祐初，東坡公薦之復官。紹聖初，再謫英。時坡公貶惠州，始與相遇，一見如故交。政和戊戌，介夫在福清，夢客至，自通「鐵冠道士」，遺詩一章，視之，乃坡公也。坡在海上嘗自稱「鐵冠道人」，時下世十七年矣。其詩曰：「人間真實人，取次不離真。官爲憂君失，家因好禮貧。門闌多杞菊，亭檻盡松筠。我友迂疎者，相從恨不頻。」又曰：「介夫不久須當來。」寤而歎曰：「吾將逝矣。」時年七十八。明年秋被疾，語其孫嘉正曰：「人之一身，四大合成，四者若散，此身何有！」口占一詩曰：「似此平生只藉天，還如過鳥在雲邊。如今身畔渾無物，贏得虚堂一枕眠。」數日而卒。《夷堅丙志》卷十三。

7 見唐介18。

鮮于侁

1 鮮于侁知揚州，蘇軾自湖被譴，親朋皆與絶交。道出廣陵，侁獨往見，或勸其將平日往來文字書問焚之不留，侁曰：「欺君欺友，吾不忍；以忠義分譴，則所願也。」《西園聞見録》卷六。

孫覺

1 孫覺龍圖未第時，家高郵，與士大夫講學於郊外別墅。一夕晦夜，忽月光入窗隙。孫異之，與同舍望光所在。行二十里餘，見大珠浮游湖面上，其光屬天，旁照遠近。有崔伯易者作《感珠賦》記之。熙寧初，孫登科爲河南縣主簿。《邵氏聞見録》卷十六。

2 秘書少監孫莘老莊居在高郵新開湖邊。嘗一夕陰晦，莊客報湖中珠見。與數同人行小草徑中，至水際，見微有光彩。俄而光明如月，陰霧中人面相覩。忽見蚌蛤如蘆蓆大，一殻浮水上，一殻如張帆狀，其疾如風。舟子飛小艇競逐之，終不可及，既遠乃没。《文昌雜録》卷四。

3 見孫洙3。

4 見劉攽31。

5 孫莘老知福州時，民有欠市易錢，繫獄甚衆。有富人出錢五百萬葺佛殿，請于莘老，莘老徐曰：「汝輩所以施錢者，何也？」衆曰：「願得福耳。」莘老曰：「佛殿未甚壞，佛又無露坐者，孰若以錢爲獄囚償官逋，使數百人釋枷鎖之苦，其得福，豈不多乎？」富人不得已，諾之。即日輸錢，囹圄遂空。《孫公談圃》卷上。《仕學規範》卷二十四。《厚德録》卷二。《自警編》卷八。《言行龜鑑》卷七。《昨非庵日纂》卷十一。

6 見吕同1。

7 孫莘老爲御史中丞，不甚言事，以疾辭位得宫觀。劉貢父作告詞云：「未得聞生之奇論，今乃以疾而固辭。」蓋譏之也。《孔氏談苑》卷二。

8 孫龍圖莘老喜讀書，晚年病目，乃擇卒伍中識字稍解事者二人，使其子端取《西漢》。《左氏》等數書，授以句讀。每瞑目危坐室中，命二人更讀于旁，終一策則易一人，飲之酒一杯，使退。卒亦自喜，不爲難。《石林避暑録話》卷二。《何氏語林》卷十一。

9 見李常7。

唐坰

1 唐坰對兩府彈介甫云：「呂惠卿、曾布，安石之腹心；王珪、元絳，安石之僕隸。」且曰：「珪奴事安石，尤懼不了。」《温公瑣語》。

2 唐坰知諫院，成都人費孝先爲作卦影，畫一人衣金紫，持弓箭，射落一鷄。坰語人曰：「持弓者我也，王丞相生於辛酉，即鷄也，必因我射而去位，則我亦從而貴矣。」翌日，抗疏以彈荆公，又乞留班，頗諠於殿陛。上怒，降坰爲太常寺太祝、監廣州軍資庫，以是年八月被責，坰歎曰：「射落之鷄乃我也。」《東軒筆録》卷十一。《宋朝事實類苑》卷四十八。

3 唐坰與祖肅、父詢、叔介、兄淑，稱五豸。《小學紺珠》卷七。

楊繪

1 見劉摯3。

2 有王永年者，娶宗室女，得右班殿直，監汝州税。時竇卞通判汝州，與之接熟，爾後，卞知深州，永年復爲州監押，益相親暱，遂至通家。既而卞在京師，永年求監金曜門書庫，卞爲干提舉監司楊繪，繪遂薦之。永年置酒延卞、繪於私室，出其妻間坐，妻以左右手掬酒以飲卞、繪，謂之「白玉蓮花盃」，其褻狎至是。後永年盗賣庫書，事發下獄，永年引卞、繪受其饋送，及嘗納璣貝於兩家，方窮治未竟，而永年死獄中。朝議以兩制交通匪人，至爲姦利，落繪翰林學士知制誥，降爲荆南副使；落卞待制，降監舒州靈仙觀。明年，卞卒於貶所。繪性少慎，無檢操，居荆南，日事游宴，往往與小人接。一日，出家妓筵客夜飲，有選人胡師文預會，師文本鄂州豪民子，及第爲荆南府學教授，尤少士檢。半醉，狎侮繪之家妓，無所不至。繪妻自屏後窺之，大以爲耻，叱妓入，撻於屏後。師文離席排繪，使呼妓出，繪媿於其妻，遽欲徹席。師文狂怒，奮拳毆繪，賴衆客救之，幾至委頓。近臣不自重，至爲小人凌暴，士論尤鄙之。《東軒筆録》卷七。《宋朝事實類苑》卷七十、卷七十三。《宋稗類鈔》卷二。參見王永年2。

3 見滕元發18。

4 見蘇軾43。

王永年

1 三班使臣王永年者，宗室之婿，自南方罷官，押錢綱數千緡詣京師，私用千餘緡，冀妻家償之，其妻父叔皮不爲償。三司督之急。永年知叔皮嘗於上元夜微步游閭里，乃夜叩東府門告變：「叔皮及弟叔敖私詣卜者，云已有天命，謀作亂，密造乘輿服御物已具。」敕開封府判官吴幾復按驗，皆無狀，永年引虚，病死獄中，方免叔皮。《涑水記聞》卷十六。

2 王永年，宗室叔皮之婿也，監金耀門文書庫。翰林學士楊繪、待制竇卞皆嘗舉之。永年盗賣官文書，得錢，費於娼家，畏其妻知之，僞立簿云：「買金銀若干遺楊内翰，若干遺竇待制。」亦嘗買繒帛及酒遺繪、卞及提舉京百司、集賢修撰張芻；繪受之，卞止受其酒，芻俱不受。又嘗召繪、卞飲於其家，令縣主手掬酒以飲卞、繪。縣主以永年盗官文書事白父叔皮，叔皮白宗正司，牒按其事，永年夜叩八位門告變，詔吳幾復按之。永年告變事今已明白，其盗官文書等事請付三司結絶。既而三司使沈括奏：「事涉兩制，請付御史臺窮治。」皆奉旨依。知雜御史蔡確奏：「幾復不發摘卞、繪等贓汙，避事惜情。」熙寧十年五月，繪責授荆南節度副使，卞落職管勾靈仙觀，吳幾復知唐州。上以芻獨不受其饋遺，未幾，遷諫議大夫、知鄧州。《涑水記聞》卷十六。參見楊繪2。

3 唐來鵬有《觀儀會美人》詩云：「回眸緑水波初起，合掌白蓮花未開。」嘉祐中，有王永年者，取宗女，求舉於竇卞、楊繪，得監金耀門書庫。永年嘗置酒延卞、繪，出其妻間坐，妻以左右手掬酒以飲卞、繪，謂之白玉蓮花盞，可謂善體物者也，然意亦取鵬之詩云。《墨莊漫録》卷二。《宋詩紀事》卷十九。

王　汾

1 見王禹偁38。

2 王彦祖，初名亢宗，慶歷二年，方勝冠，廷試《應天以實不以文賦》罷，寢旅舍，夢一人告之曰：「君今年未當中第。」彦祖尤不平，且責之曰：「子未嘗見予程文，又未始知予生月，何從而知未中第？」其人笑曰：「君若中選，賦題『天』字在下，君當三中選，皆然。今題『天』字在上第二字，是以知其未也。」及唱名，果不預選。次舉春試，不利於禮部。八年，再預廷試，蓋《軫象天地賦》，又復黜。至皇祐五年，免解赴禮部。前以臥疾困眠，夢至一大府，見二人，因懇求生平禄命，二人笑不答。再叩來年得失，其人指面前池水曰：「待此水分流，君即登第也。」覺，以爲池水不能分流，決無中第望矣。久之，乃寤，即更名汾，以符水分之兆。及試禮部《嚴父莫大於配天賦》，廷試《圓丘象天》，皆中高選。其後召試學士院，又賦《明王謹於事天》，得貼館職。皆符夢中之言也。《澠水燕談録》卷六。

3 王彦祖學士自言：初到南省，試《天子金玉賦》，夢中有人告之云：「天字在上不順，天字在下則順矣，須三次如此。」是歲省下第。後過省，乃《嚴父莫大于配天賦》，及第乃《圓丘象天賦》。又二十七年，自嶺南知雷州，召爲館職，試《明王謹于尊天賦》。凡三次題目，皆天字在下。《孔氏談苑》卷一。

4 王汾作館職，忤王荆公意，判鼓院，凡四年，家貧俸薄，累乞外任，不許。一夕，夢神告之曰：「子欲得郡，須求元公。」是時元厚之爲參知政事。汾亟往禱之，厚之云：「荆公意思不婉順，未可議也。然荆公屢争事不合，恐旦夕出矣，姑少俟之。」未幾，荆公果出金陵。吴沖卿當國，汾又禱，即日得兖州。到官數月，尋繹此夢，所謂元公乃兖州也。《孔氏談苑》卷二。《文昌雜録》。

5 見劉攽4。

6 見劉攽5。

7 見劉攽6。

高遵裕

1 熙河之役，高遵裕爲總管。有高學究者，以宗人謁遵裕，因隸名軍中。會王觀文詔以兵攻香子城，學究從行。是日合戰大勝，至晚旋師，寨中官吏及召募人等皆賀，獨不見高學究。遵裕歎曰：「高生且死於敵矣。」已而士卒獻俘馘於庭，以燭視之，則學究之首在焉。遵裕大駭，即推究所斬之人，有軍士遽伏罪曰：「是軍回日暮，見高生獨騎，遂斬以冒賞。」詔大怒，磔軍士于轅門。《東軒筆録》卷七。

2 元豐四年冬，朝廷大舉討夏國。十一月，環慶都總管高遵裕出旱海，皇城使、涇原副都總管劉昌祚出胡盧河，共趣靈州，詔昌祚受遵裕節制。昌祚上言軍事不稱旨，上賜遵裕書云：「昌祚所言迂闊，必若不任事者，宜擇人代之。」遵裕由是輕昌祚。既而昌祚先至靈武城下，或傳昌祚已克靈武城，遵裕在道中聞之，即上表賀曰：「臣遣昌祚進攻，已克其城。」既而所傳皆虛。遵裕至靈武城，以爲城朝夕可下，徙昌祚軍於閑地，自以環慶兵攻之。時軍中皆無攻具，亦無知其法者，遵裕旋令採木造之，皆細小樸拙不可用。又造土囊，欲以填塹。又欲以軍法斬昌祚，衆共救解之。昌祚憂恚成疾，涇原軍士皆憤怒。轉運判官范純粹謂遵裕曰：「兩軍不叶，恐生他變。」力勸遵裕詣昌祚營問疾，以和解之。遵裕又使呼城上人曰：「何不亟降？」其人曰：「我未嘗戰，何謂降也？」《涑水記聞》卷十四。《宋朝事實類苑》卷七十二。

3 高遵裕之爲將取靈州也，范純粹、胡僧孺爲轉運使。既至軍前，大陳軍儀，會將校。二漕同稟：

「此行軍糧多少月日？」遵裕撚鬚熟計久之，反覆思索而言曰：「且安排一月。」二漕應諾，對遵裕呼書吏取紙，自書一月軍糧狀，遵裕判押照會訖迺罷。其後靈州城下軍潰乏食，死亡幾半。朝廷罪遵裕，遵裕以乏食自解。置獄華州，二漕使出遵裕所押一月軍令狀自解，故遵裕深責，而二漕止降一官。以此二者觀之，大帥之語默舉措可以見成敗矣。《默記》卷上。

徐禧

1 李撰、徐禧爲同人時，善景德寺嚴法華，嚴死，又與小法華善。一日，法華引禧、撰往相國寺小巷中，至一茅茨間，見一老人藉薦而坐。老人見撰曰：「華山童子也，得也得。」次見禧，詫曰：「許真君兒，五代時宰相，殺人多，減三品。」後禧敗永樂，以給事中贈金紫光禄大夫，果第四品也。禧，洪州人，家住許真君觀後。《孫公談圃》卷上。

2 進士葉適試補監生第一，介甫愛其所對策；布衣徐禧得洪州進士黄雍所著書，竊其語，上書褒美新法，介甫亦賞其言；皆奏除官，令於中書習學檢正。及介甫出知金陵，吉甫薦二人皆安石素所器重，上召見，適奏對不稱旨，上以介甫故，除光禄寺丞、館閣校勘檢正官，月餘而卒；禧稱旨。禧無學術，而辨口，揚眉奮髯，足以移人意。上或問以故事，禧對此非臣所學云云，其説皆雍語也。而蔡承禧收得雍草封上之。承禧又言：「禧母及妻，皆非良家，禧與其妻先姦後婚，妻恃此淫佚自恣，禧不敢禁。」又言：「禧前居父喪而博，爲吏所捕，因亡命詣闕上書。」《涑水記聞》卷十六。

3 見曾鞏9、10。

4 徐禧自御史中丞以母喪還洪府日，洪有媪，善以三世禄命書言人吉凶，德占俾占之，媪曰：「當與兵死。」徐氏皆怒之。媪曰：「無煩怒也。其書，古人所記，其變具存。」以其書示之，畫一僵尸，身首異處，血污狼籍，而烏烏啄之。徐氏猶欲以妖言將檄有司笞之，媪以衆解得免。後禧將數萬人守永樂，夏兵圍之數重，軍大渴，開城飲濠，城破被害，正符媪說。《師友談記》。《密齋筆記》卷五。

5 徐龍圖禧，元豐五年自右正言出知渭州。既歸分寧，請黄龍晦堂和尚就雲巖爲衆説法，有疏曰：……黄太史爲擘窠大書，鑱于翠琰，高照千古，爲叢林盛事之傳。《羅湖野録》卷二。

6 徐禧在鄜延，乘勢使氣，常言：「用此精兵，破彼羸虜，左縈右拂，直前刺之，一步可取三級。」諸將有獻策者，禧輒大笑曰：「妄語可斬。」虜陣未成，高永能請擊之，禧曰：「王者之師，豈可以狙詐取勝邪？」由是遂敗。《涑水記聞》卷十四。

7 徐禧之妻，黄魯直之堂妹也。故禧死，魯直祭文有「文足以經邦，武足以定難」之語。禧之没，朝廷厚其贈典，至金紫光禄大夫、吏部尚書，謚忠愍。官其子弟八人。禧止有一子，甚幼，曰俯，遂獨受其遺澤，至通直郎，今上即位，覃恩轉奉議郎，今年才十有六歲矣。近娶吕温卿之女，蓋吕吉甫與禧厚善故也。每讀責吕吉甫誥，至於「力引狂生之謀，馴至永樂之禍」，未嘗不泣涕也。《師友談記》。

8 〔徐禧〕文字甚好。二蘇之文未出，學者争傳誦之。《朱子語類》卷一百三十三。《宋稗類鈔》卷八。

姚福進

1 姚福進者，兕、麟之祖也，德順軍人，以挽强名於秦隴間。至今西人謂其族爲「姚硬弓家」。《老學庵筆記》卷五。

姚麟

1 姚麟爲殿帥，王荆公當軸，一日折簡召麟，麟不即往。荆公因奏事白之裕陵，裕陵詢之。麟對曰：「臣職掌禁旅，宰相非時以片紙召臣，臣不知其意，故不敢擅往。」裕陵是之。又有語麟馭下過嚴者，裕陵亦因事勵之，麟恐，伏而對曰：「誠如聖訓，然臣自行列，蒙陛下拔擢，使掌衛兵於殿庭之間，此豈臣當以私恩結下爲身計耶！」裕陵是之。《春渚紀聞》卷一。《居易録》卷二十五。

姚雄

1 姚雄初爲將，以女議定一寨主之子。無何，寨主物故，妻及子皆淪落。後雄以邊帥赴闕奏計，呼一嫗浣衣，喜其有士人家風，問所從來。嫗云：「昔良人官守邊寨，有將姚其姓者，許以女歸妾子。今夫既喪，無以自存，子方貨餅餌以自給。」姚曰：「爾向記姚形容否？」嫗曰：「流落困苦，不復省記。」姚曰：「雄是也。女自許歸之後，不與他族，日望壻來，豈以父之存没爲問耶？」嫗泣下，氣咽不語者久之。因留嫗，并呼其子，易以新衣。俱載還鎮，遂畢其禮。《能改齋漫録》卷十三。

桑　湜

1 熙寧中，王韶開熙河，諸將皆以功遷官，皇城使、知原州桑湜獨辭不受，曰：「羌虜畏國威靈，不戰而降，臣何功而遷官？」執政曰：「衆人皆受，獨君不受，何也？」對曰：「衆人皆受，必有功也。湜自知無功，故不受。」竟辭之。時人重其知恥。《涑水記聞》卷十四。《宋朝事實類苑》卷十三。《仕學規範》卷六引《皇朝名臣四科事實》。

宋守約

1 宋守約爲殿帥，自入夏日，輪軍校十數輩捕蟬，不使得聞聲。有鳴於前者，皆重笞之，人頗不堪，故言守約惡聞蟬聲。神宗一日以問守約，曰：「然。」上以爲過。守約曰：「臣豈不知此非理？但軍中以號令爲先。臣承平總兵殿陛，無所信其號令，故寓以捕蟬耳。蟬鳴固難禁，而臣能使必去，若陛下誤令守一障，臣庶幾或可使人。」上以爲然。《石林燕語》卷十。《宋稗類鈔》卷一。

劉舜卿

1 元豐間，劉舜卿知雄州，虜寇夜竊其關鎖去，吏密以聞。舜卿亦不問，但使易其門鍵大之。後數日，虜牒送盗者併以鎖至。舜卿曰：「吾未嘗亡鎖。」命加於門，則大數寸，併盗還之。敵大慚沮，盗者亦得罪。《石林燕語》卷十。《宋稗類鈔》卷一。

韓存寶

1 韓存寶，本西羌熟户，少負才勇，喜功名，累立戰功，年未四十，爲四方館使、涇原總管。一日，郡僚繪其像渭州僧舍，或爲其色不類，令以粉筆塗其面，將别圖貌。未及，促詔赴闕，命經制戎、瀘賊寇。人覩其無首，咸以爲不祥。明年，存寶果以奏功不實伏誅。《澠水燕談録》卷六。

王中正　李舜舉

1 元豐間，有俞充者，諂事中官王中正，中正每極口稱之。一日，充死，中正輒侍神廟言：「充非獨吏事過人遠甚，參禪亦超然悟解。今談笑而終，略無疾恙。」上亦稱歎，以語中官李舜舉。舜舉素敢言，對曰：「以臣觀之，止是猝死耳。」人重其直。《老學庵筆記》卷十。

劉　几

1 劉伯壽少年不羈，其父曄尹京，每旦父趨郡，隨馬而出，簿佐偵伺父還，先入，其日課書史從容無闕。一旦早至白礬樓下，天未明，獨坐茶坊中。有一老人繼入就坐，因相問勞，共茶。老人曰：「少年能飲酒乎？」伯壽曰：「性不能飲酒。」老人曰：「少年不能飲，老夫自飲。可同登此樓乎？」伯壽欣然從之。既上，間無一人，老人一舉已斗餘矣。熟視伯壽曰：「少年人清氣足可以致神僊，然肩骨低一指，猶位躋三品，至耄年，文武雙全，子孫蕃衍。」乃授以丹術。元豐二年冬，予自蒲中之京師，訪伯壽於高陽，是時年七十有四矣。同登峻極，行步如飛。予與登封令龐元常、杜子春明經，奔喘不及。伯壽顧而笑曰：「三年少乃爾耶？」袒露髀股示人，皆無肉，皮裹骨，毛長數寸，扣之有聲，光彩爛然。足未歇，歌所爲大曲略數千言，響振山谷，累夕對榻，竟旦不眠。至元祐初方卒，無疾也。《畫墁録》。

2 劉祕監几，字伯壽，磊落有氣節，善飲酒，洞曉音律。知保州，方春，大集賓客，飲至夜分，忽告外有卒謀爲變者，几不問，益令折花，勸坐客盡戴，益酒行，密令人分捕。有頃，皆捻至。几遂極飲達旦，人皆服之，號「戴花劉使」。几本進士，元豐間换文資，以中大夫致仕，居洛中。平時，劉挾女奴五七輩，載酒持被囊，往來嵩、少間。初不爲定所，遇得意處，即解囊藉地，傾壺引滿，旋度新聲自爲辭，使女奴共歌之。醉則就卧不去，雖暴露不顧也。嘗召至京師議大樂，旦以朝服趨局，暮則易布裘，徒步市廛間，或娼優所集處，率以爲常，神宗亦不之責。《石林燕語》卷十。

3 劉几，在神宗時與范蜀公重定大樂。洛陽花品曰狀元紅，爲一時之冠；樂工花日新，能爲新聲；汴妓郜懿，以色著；祕監致仕劉伯壽，尤精音律。熙寧中，几攜花日新就郜懿歡飲，填詞以贈之云：「三春向暮，萬卉成陰，有嘉艷方拆。嬌恣嫩質，冠群品，共賞傾城傾國。上苑晴晝暄，千素萬紅猶奇特。綺筵開，會詠歌才子，壓倒元白。别有芳幽苞小，步帳華絲，綺軒油壁。與紫鴛鴦，素蛺蝶，自清旦、往往連夕。巧鶯喧脆管，嬌燕語、雕梁留客。武陵人，念夢役意濃，堪遺情溺。」郜懿第六，即蔡奴之母也。李定之父與郜六游，生定而郜六死，定不之知也。及王荆公爲宰相，擢用李定，言官交攻，以爲母死不持服，爲此。《花草粹編》卷十一。《詞苑叢談》卷七。《詞林紀事》卷四引《避暑録話》。

4 祕書監劉几好音，與國工花日新游，是時監貴幸，其弟衛卿諫，不用，乃戒門下勿通。監約鳴管以自通，卿又使他工横吹於門以誤之。凡數奏而不出。卿又告之，監曰：「非也。」語次而工至，横管一鳴，監笑曰：「此是也。」乃走出。《後山談叢》卷四。《朱子語類》卷九十二。

5 見种諤1。

6 劉温叟以父名岳，終身不聽樂。至其孫几，乃自度曲，預修《樂書》，可笑。《揮麈録》卷三。

7 劉几秘監食物尤薄，僅飽即止，亦年八十而卒。劉監尤喜飲酒，每飲酒，更不食物，啖少菓實而已。《明道雜志》。

8 〔劉几〕登進士高科，後换武官，數守邊，號知兵。某尉河南壽安時，遇几，時年已七十餘，精神不衰，體幹輕健，猶劇飲，無日不飲酒，聽其論事有過人者。余素聞其善養生，又見其年老不衰，因問諮之。几挈余手曰：「我有術，欲授子以是房中補導之術。」余應之曰：「方困小官，家惟一婦，何地施此？」遂不復授。……几有子婿陳令者，佳士也，頗知其婦翁之術，曰：「暖外腎而已。」其法以兩手下而暖之，默坐調息，至千息，兩腎融液如泥，淪入腰間，此術至妙。《續明道雜志》。

9 劉伯壽，洛陽九老中一老也。築室嵩山下，每登高頂回，則於峻極中院援筆記歲月。捐館之年，題云：予今年若干歲，登頂凡七十四次矣，精力雖疲，而心猶未足也。王輔道學士與其孫宣義郎字元静游嵩，至中院，作一絶句示宣義君，云：「爛紅一點出浮漚，夜坐嵩峯頂上頭。笑對僧窗談祖德，當年七十四回游。」伯壽既結庵玉華峯下，號玉華庵主。有妾名萱草、芳草，皆秀麗而善音律，伯壽出入乘牛，吹鐵笛，二草以蘄笛和之，聲滿山谷。出門不言所之，牛行即行，牛止即止，其止也必命壺觴，盡醉而歸。嵩前人以爲地仙云。《風月堂詩話》卷下。《堅瓠丁集》卷三。《宋詩紀事》卷三十六載前半事，卷十二載後半事。

劉忱

1　劉忱過鳴犢鎮，見所由張秀，問其年甲，與忱同辛酉八月二十四日生，劉午時，秀巳時。後秀陝西効用有功，累官至團練使卒。卒之年，忱任利路運使，因出巡乘轎，撲落崖，亦幾於死。《青箱雜記》卷四。《宋朝事實類苑》卷四十九。

滕元發

1　滕元發少居鄉里寺中修業，一日，烹寺犬食之。僧笑曰：「能作《滕先生偷狗賦》，即不申理。」其破題云：「僧惟不净，狗也宜偷。餅餌引來，猶掉續貂之尾；索綯牽去，難回顧兔之頭。」又云：「既欲思於實腹，遂乃設於空喉。」即日傳播諸郡。空喉，取狗器也。《侯鯖録》卷七。《堯山堂外紀》卷四十八。

2　舊傳滕達道未遇時，與諸生講學于僧舍。主僧出，諸生夜盜其犬而烹之，事聞，有司欲治其罪，滕公爲丐免。守素聞其能賦，因諭之曰：「如能爲《盜犬賦》，則將釋之。」滕公即口占其詞曰：「僧既無狀，犬誠可偷。輟藍宫之夜吠，充絳帳之晨羞。摶飯引來，猶掉續貂之尾；索綯牽去，難回顧兔之頭。」守大笑，即置不問。今人相傳爲口實。《梁溪漫志》卷十。《宋稗類鈔》卷五。《宋詩紀事》卷十九。參見劉沆2。案：《鶴林玉露》乙編卷四誤作馮京之事。

3 滕甫元發視文正爲皇考舅，自少侍文正側。文正愛其才，待如子。視忠宣爲叔，每恃才好勝，忠宣未嘗與較。皇祐元年，同忠宣貢京師。忠宣篋中物，滕嘗自取之付酒，或濟困乏者，忠宣初不問也。是年，忠宣登第，滕失意歸，文正責怒滕，欲夏楚，其無間如此。愛擊角毬，文正每戒之，不聽。一日，文正尋大郎肄業，乃擊毬于外，文正怒，命取毬，令小吏直面以鐵槌碎之。毬爲鐵所擊起，中小吏之額，小吏護痛間，滕在旁拱手微言曰：「快哉！」文正亦優之。至登第仕宦，始去。後四十年，忠宣自右相出帥太原，與滕爲代。將行，滕設宴津館，會忠宣及魏國夫人，慷慨道昔日事，痛飲達旦。滕手作數語，云：「當年風月，共游王謝之庭。」又云：「道四十年之舊話，曷盡歡情。」其詩云：「負鼎早爲湯右相，有文今作魯夫人。」蓋魏時封魯國，一時傳其精確。《過庭録》。

4 滕達道爲范文正公門客，文正奇其才，謂他日必能爲帥，乃以將略授之，達道亦不辭。然任氣使酒，頡頏公前，無所顧避。久之，猶遨游無度，侵夜歸，必被酒。文正雖意不甚樂，終不禁也。一日，伺其出，先坐書室中，熒然一燈，取《漢書》默讀，意將以媿之。有頃，達道自外至，已大醉，見公長揖曰：「讀何書？」公曰：「《漢書》。」即舉手攘袂曰：「高皇帝何如人也？」公微笑，徐引去。然愛之如故。《石林避暑録話》卷一。《卻掃編》卷中。《何氏語林》卷二十一。《堯山堂外紀》卷四十八。《讀書鏡》卷九。《宋稗類鈔》卷四。

5 滕達道爲范文正公客，公鎮南陽，每宴客，達道必出追妓。文正雖不樂，終不禁也。《清波雜志》卷四。

6 滕章敏公慷慨豪邁，不拘小節。少嗜酒，浮湛里市，與鄭獬毅夫爲忘形友，議論風采，照映一世。嘗與毅夫及楊繪元素同試京師，自謂必魁天下，與二公約，若其言不驗，當厚致其罰。已而鄭居榜首，楊次之，公在第三，二公責所約之金，答曰：「一人解，一人會，吾安得不居第三？」俱一笑而散。公平生不妄交游，嘗作《結客詩》云：「結客結英豪，休同兒女曹。黄金裝箭鏃，猛獸畫旗旄。北闕芒星落，中原王氣高。終令賀蘭賊，不著赭黄袍。」其立志可見矣。《中吴紀聞》卷四。《堯山堂外紀》卷四十八。《宋稗類鈔》卷四。

7 滕元發始至殿前，已取作第三人，以犯諱見黜。後復至殿前，仍居第三。時鄭獬殿頭，楊繪第二人。或問元發曰：「公平生以大魁自負，今止得第三，何其次也？」元發曰：「只爲鄭的獬，楊的繪也。」《北窗炙輠録》卷下。

8 見鄭獬4。

9 滕達道、錢醇老、孫莘老、孫巨源，治平初同在館中。花時，人各歷數京師花最盛處，滕曰：「不足道。」約旬休日率同舍游三人者如其言。達道前行，出封丘門，入一小巷中，行數步，至一門，陋甚。又數步，至大門，特壯麗，造廳下馬。主人戴道帽，衣紫半臂，徐步而出，達道素識之，因曰：「今日風埃。」主人曰：「此中不覺，諸公宜往小廳。」至則雜花盛開，雕欄畫楯，樓觀甚麗，水陸畢陳，皆京師所未嘗見。主人云：「此未足佳。」頤指開後堂門，坐上已聞樂聲矣。時在諒闇中，莘老辭之，衆遂去。莘老嘗語人：「平生看花，只此一處。」《孫公談圃》卷中。

10 王荆公爲館職，與滕甫同爲開封試官，甫屢稱一試卷，荆公重違其言，寘在高等。及拆封，乃王觀也。觀平日與甫親善，其爲人薄於行，荆公素惡之，至是疑爲滕所賣，公見於辭色。滕遽操俚言以自辨，且曰：「苟有意賣公者，令甫老母下世。」荆公怏然答曰：「公何不愷悌？凡事須權輕重，豈可以太夫人爲呪也。」荆公又不喜鄭獬，至是目爲「滕屠鄭沽」。《東軒筆録》卷十一。《宋朝事實類苑》卷六十七。《何氏語林》卷二十八。參見鄭獬14。

11 司馬温公屢言王廣淵，章八九上，留身，乞誅之以謝天下，聲震殿廷。是時，滕元發爲起居注，侍立殿坳。既歸，廣淵來問元發：「早來司馬君實上殿，聞乞斬某以謝天下，元發在螭坳，不知聖語如何？」元發戲云：「只我聽得聖語云：『依卿所奏。』」《默記》卷上。《捫掌録》。《堯山堂外紀》卷四十八。

12 神宗《祭狄青文》，中丞滕達道所作也。《建炎以來朝野雜記》乙集卷十一。

13 滕章敏公知安州。侍郎韓丕旅殯於安五十年矣。學士鄭獬，安人也，既没十年，貧不克葬。甫皆葬之。《仕學規範》卷二十九引《本朝名臣傳》。參見鄭獬19。

14 滕正議甫知安州，苦風眩，久不差。有一道人贈藥方，名筠遇丹。因修合服之，舊恙頓愈。自此遂常服。既罷官，赴闕，至都城，久之未有除授。因旦服筠遇丹，謂其門人云：「久服此藥，豈非得筠州邪？」不數日，遂知筠州。《文昌雜録》卷五。

15 東坡云：「久在江湖，不見偉人。在金山，見滕元發乘小舟、破巨波來相見。出船巍然，使人神聳。好一箇没興底張鎬相公，且爲我致意。別後酒狂，甚長進也。」杜甫詩云：「張公一生江海客，身長九尺鬚眉蒼。」謂張鎬也。《侯鯖録》卷三。《宋稗類鈔》卷五。

16 滕達道帥真定，朝中送詩者數十人，臨行啓之曰：「某以糧裹未辦，凡送詩者願假以十千。如送到錢，其詩候到任日與免上石。」《五總志》。《茶香室四鈔》卷十。

17 滕甫之父名高，官止州縣。甫之弟申狠暴無禮，其母尤篤愛，用是每凌侮其兄，而閫政多紊，人譏笑不一。章門下惇與甫游舊，多戲玩，一日語之曰：「公多類虞舜，然亦有不似者。」滕究其說，章曰：「類者父頑、母嚚、象傲，不似者克諧以孝耳。」《東軒筆録》卷十一。《宋朝事實類苑》卷六。《何氏語林》卷二十七。

18 元豐中，先祖訪滕章敏公元發於池陽。時楊元素過郡，二公同年生，款留甚懽。一日，元素忽問公曰：「令弟賊漢在否？」先祖坐間甚訝其語，伺小間因啓公，公曰：「熙寧初，甫與元素俱受主上東知非常，並居臺諫，偶同上殿，陳于上曰：『曾公亮久在相位，有妨賢路。』上曰：『然卿等何故都未有文字來？』明日相約再對。草疏已畢，舍弟申見之，夜馳密以告曾。暨至榻前，未出奏牘，上怒曰：『豈非欲言某人耶？其中事悉先來辯析，文字見留此。卿等爲朕耳目之官，不慎密乃爾！』言遂不行，吾二人繇此失眷。元素所以深恨之。」……滕公奮身寒苦，兄弟三人，誓不異居，而有象傲之弟，即申焉。恃其愛，無所不至，公一切置之。元祐中，公自高陽易鎮維揚，道卒。喪次國門，先祖自陳留來會哭，朝士皆集舟次。秦少游時在館中。少游辱公之知最早，吊畢，來見先祖于舟，因爲少游言其弟凌蔑諸孤狀。少游不平，策馬而去。翌日，方欲解維，開封府遣人尋滕光禄舟甚急。乃御史中丞蘇轍劄子，言元發昔事先帝，早蒙知遇，有弟申，從來無行，今元發既死，或恐從此凌暴諸孤，不得安居。緣元發出自孤貧，兄弟别無合分財産，欲乞特降旨揮，在京及沿路至蘇州已來官司，不得申干預家事及奏薦恩澤，仍常覺察。奉聖旨令開封府備坐榜舟次。詢之，乃少游昨日徑往見子由，爲言其事，所以然耳。昔人篤於風誼乃爾。今蘇黄門章疏中，備載其劄子。《揮麈後録》卷六。

19 真松煤遠煙馥然，自有龍麝氣，初不假二物也。世之嗜者，如滕達道、蘇浩然、吕行甫，暇日晴暖，研墨水數合，弄筆之餘乃啜飲之。《東坡志林》卷十。《仇池筆記》卷上。

許　幾

1 世有自諱其名者。……許先之監左藏庫，方請衣，人衆，有武臣親往懇之曰：「某無使令，故躬來請，乞先支給。」許允之，久之未到。再往叩之云：「適蒙許先支，今尚未得。」許諭曰：「公可少待。」遂至暮不及而去。《雞肋編》卷中。

沈　括

1 見王存1。

2 〔沈〕括素與蘇軾同在館閣。軾論事與時異，補外。括察訪兩浙，陛辭，神宗語括曰：「蘇軾通判杭州，卿其善遇之。」括至杭，與軾論舊，求手録近詩一通。歸即籤貼以進，云詞皆訕懟。軾聞之，復寄詩。

劉恕戲曰：「不憂進了也？」其後李定、舒亶論軾詩置獄，實本於括云。元祐中，軾知杭州，括閒廢在潤，往來迎謁恭甚。軾益薄其爲人。《續資治通鑑長編》卷三百一引王銍《元祐補録》。

3 熙寧年，邊吏報北虜將入寇。亟遣中貴人取兩河民車，以爲戰備。民大驚擾。自宰執以下言不便者牆進，俱不省。時沈括存中爲記注。一日，侍筆立御座側，上顧曰：「卿知籍車之事乎？」括曰：「未知。車將何用？」上曰：「北虜以多馬取勝，唯車可以當之。」括曰：「胡之來，民父子墳墓田廬皆當棄去，復暇卹車乎？朝廷姑籍其數而未取，何傷？」上喜曰：「卿言有理。何論者之紛紛也？」括曰：「車戰之利，見於歷史。巫臣教吴子以車戰，遂霸中國；李靖用偏箱鹿角車，以擒頡利。臣但未知一事，古人所謂輕車者，兵車也，五御折旋，利於輕速；今之民間錙車，重大椎樸，以牛挽之，日不能行三十里，少蒙雨雪，則跬步不進，故俗謂之太平車，或可施於無事之日，恐兵間不可用耳。」上益喜曰：「無人如此作口者，朕當更思之。」明日，遂罷籍民車。執政問括曰：「君以何術，而立談罷此事，上甚多太平車之説也。」括曰：「聖主可以理奪，不可以言争，若車可用，其敢以爲非。」括未幾遷知制誥。《邵氏聞見後録》卷二十二。

4 沈存中元豐中入翰林爲學士，有《開元樂詞》四首，裕陵賞愛之。詞云：「鸖鵲樓頭日暖，蓬萊殿裹花香。草緑煙迷步輦，天高日近龍牀。」「樓上正臨宫外，人間不見仙家。寒食輕煙薄霧，滿城明月梨花。」「按舞驪山影裹，回鑾渭水光中。玉笛一天明月，翠華滿陌東風。」「殿後春旗簇杖，樓前御隊穿花。一片紅雲鬧處，外人遥認官家。」《侯鯖録》卷七。

5 見蔡確13。

6 三司使宅本印經院，熙寧中，更造三司宅，自薛師政經始。宅成，日官周琮曰：「此宅前河，後直太社，不利居者。」始自元厚之自拜日入居之，不久，厚之謫去。而曾子宣繼之，子宣亦謫去。子厚居之，子厚又逐。而予爲三司使，亦以罪去。李奉世繼爲之，而奉世又謫。皆不緣三司職事，悉以他坐褫削。奉世去，安厚卿主計，而三司官廢，宅毁爲官寺，厚卿亦不終任。《夢溪筆談》卷二十一。

7 〔沈存中〕晚娶張氏，悍虐，存中不能制，時被箠駡，捽鬚墮地，兒女號泣而拾之，鬚上有血肉者，又相與號慟，張終不恕。余仲姊嫁其子清直，張出也。存中長子博毅，前妻兒，張逐出之。存中時往賙給，張知輒怒，因誣長子凶逆暗昧事，存中責安置秀州。……存中投閑十餘年，紹聖初復官，領宫祠。張忽病死，人皆爲存中賀，而存中恍惚不安。船過揚子江，遂欲投水，左右挽持之，得無患，未幾不禄。《萍洲可談》卷三。

8 沈存中宅，在朱方門外。存中嘗夢至一處小山，花如覆錦，喬木覆其上，山之下有水，夢中樂之，將謀居焉。後守宣城，有道人無外者，爲存中言京口山川之盛，且云郡人有地求售，存中以錢三十萬得之。又六年，因邊議，坐謫官，乃廬于潯陽。元祐初，過京口，登道人所買之地，即夢中所游處。存中歎曰：「吾緣在是矣。」遂築室焉，因名曰「夢溪」。《方輿勝覽》卷三。《六研齋三筆》卷二。《樵書》初編卷一。《宋詩紀事》卷二十二。《詞林紀事》卷五。

9 沈存中帥鄜延，以石燭煙作墨，堅重而黑，在松煙之上。《東坡志林》十二卷本之卷五。

王　泰

1 〔王〕介甫秉政，鳳翔民獻策云：「陝州南有澗水，西流入河，若疏導使深，又鑿硤石山使通穀水，因導大河東流入穀水，自穀入洛，至鞏復會於河，以通漕運，可以免砥柱之險。」介甫以爲然，勅下京西、陝西轉運司差官相度。京西差河南府户曹王泰。王泰欲言不便，則恐忤朝廷獲罪，欲言便，又恐爲人笑，乃申牒言：「今至穀水上流相度，若疎引大河水，得至澠池縣境，導之入穀水，委實利便可行。」蓋出澠池縣境則硤石大山，屬陝西路故也。陝西言不可行，乃止。《涑水記聞》卷十五。

程師孟

1 程光禄自幼穎悟，年五六歲時，戲劇竈下，家奴嫚之曰：「汝能狹劣爾，豈解爲文章邪？」公怒曰：「吾豈不能！」家奴曰：「試爲我吟一燒火詩。」即應聲曰：「吹火鶯唇斂，投柴玉腕斜。回看煙裏面，恰似霧中花。」甫冠登第。《中吴紀聞》卷四。参見趙元老1。

2 熙寧中，閩越地多植榕樹，其木擁腫，不中繩墨。郡守程師孟命閩人多植之，自爲詩曰：「三樓相望枕城隅，臨去重栽木萬枝。試問國人行住處，不知還憶使君無。」至今目爲榕城。《堅瓠戊集》卷四。

3 諫議大夫程師孟嘗請於介甫曰：「公文章命世，師孟多幸，生與公同時，願得公爲墓志，庶傳不朽，惟公矜許。」介甫問：「先正何官？」師孟曰：「非也，師孟恐不得常侍左右，自欲豫求墓志，俟死而刻之耳。」介甫雖笑不許，而心憐之。及王雱死，有習學檢正張安國者，被髮藉草，哭於柩前，曰：「公不幸，未有子，今郡君妊娠，安國願死，托生爲公嗣。」京師爲之語曰：「程師孟生求速死，張安國死願托生。」《涑水記聞》卷十六。《宋朝事實類苑》卷七十二。《何氏語林》卷三十。《堯山堂外紀》卷五十。《昨非庵日纂》二集卷八。《宋稗類鈔》卷二。

4　有善謏者，熙寧中曾以先光禄卿薦守番禺，嘗啓王介甫丞相曰：「某所恨，微軀日益安健，惟願早就木，冀得丞相一埋銘，庶幾名附雄文，不磨滅于後世也。」《倦游雜録》。《宋朝事實類苑》卷七十二、卷七十三同引《倦游雜録》，指明爲程師孟。

5　程師孟知洪州，於府中作静堂，自愛之，無日不到，作詩題于石曰：「每日更忙須一到，夜深常是點燈來。」李元規見而笑曰：「此無乃是登溷之詩乎！」《東軒筆録》卷十五。《五雜組》卷十六。《堅瓠已集》卷三。《宋稗類鈔》卷一。

6　程光禄師孟，吴下人。樂易純質，喜爲詩，效白樂天而尤簡直，至老不改吴語。與王荆公有場屋之舊，荆公頗喜之，晚相遇，猶如布衣時。自洪州致仕歸吴，過荆公蔣山，留數日。時已年七十餘，荆公戲之曰：「公尚欲仕乎？」曰：「猶可作一郡。」荆公大笑，知其無隱情也。《石林避暑録話》卷三。《吴中舊事》。

7　元豐間，道士陳景元博學多聞，藏書數萬卷，士大夫樂從之游。身短小而傴。師孟嘗從求《相鶴經》，得之，甚喜，作詩親攜往謝，末云：「收得一般瀟灑物，龜形人送鶴書來。」徐舉首操吴音吟諷之，諸弟子在旁皆忍笑不能禁。時王侍郎仲至在坐，顧景元不覺失聲，幾仆地。《石林避暑録話》卷三。

盧秉

1 盧龍圖秉少豪逸，熙寧初游京師，久不得調，嘗作詩曰：「青衫白髮病參軍，旋糶黄粱置酒樽。但得有錢留客醉，何須騎馬傍人門？」荆公一見，曰：「此亦非碌碌者。」即薦用之。前此蓋未嘗相識也。《蔡寬夫詩話》。《苕溪漁隱叢話》後集卷三十六。《詩人玉屑》卷十。《墨客揮犀》卷十。《珊瑚鉤詩話》卷二。《何氏語林》卷十一。《宋稗類鈔》卷四。《宋詩紀事》卷十。

2 江淮發運使盧秉，元祐初發解赴闕。至泗州，夜夢肩輿詣郡守而回過漕司，有頂帽執檛，而督視工役丹飾門牆者，問之，云：「修此以俟新官也。」盧曰：「新官爲誰？」執檛者厲聲而對曰「盧秉」。秉意甚怒其以名呼。既覺，以語其室，亦云：「我亦夢君得此官，即入新宇，而二小女在輿前，嘗聞入新舍恐有所犯，小兒不可令前，因呼令後，即夢覺。」繼曉，未及盥濯，而郡將公文一角至，即除盧領大漕事。匆遽交職而趨漕衙，所監視執檛者，與其室呼女之事，皆與夢無差也。《春渚紀聞》卷二。

3 盧龍圖秉居奉其親八十餘，名德慶坊。《石林避暑録話》卷三。

劉庠

1 熙寧元年，劉司諫庠將使契丹。刑部覆官十餘人謁辭，庠于廣坐揚言曰：「七十致仕，禮之正也，當自大臣爲始。」又言魯公之短，且曰：「俟還日，當併言之。」庠還，未至京師，一日，加集賢殿修撰，充河東轉運使，即無言矣。《能改齋漫録》卷十三。

王居卿

1 市易司法，聽人賒貸縣官貨財，以田宅或金帛爲抵當，無抵當者，三人相保則給之，皆出息十分之二，過期不輸，息外每月更加罰錢百分之二。貪人及無賴子弟，多取官貸，不能償，積息、罰愈滋，囚繫督責，徒存虚數，實不可得。刑部郎中王居卿初提舉市易司，奏以田宅金帛抵當者，減其息；無抵當徒相保者，不復給。自元豐二年正月七日以前，本息之外，所負罰錢悉蠲之，凡數十萬緡；負本息者，延期半年。衆議頗以爲愜。《涑水記聞》卷十四。《宋朝事實類苑》卷二十三。

馬默

1 見劉攽37、38。

2 舊制：沙門島黥卒溢額，取一人投於海。殊失朝廷寬貸之意。乞後溢額，選年深至配所不作過者，移本州。神宗深然之，著爲定制。乃馬默知登州日建明也。……馬夢有告之者：「爾本無子，且無壽，上帝以爾請貸罪人，賜一子，且益壽云。」《清波雜志》卷二。《甲申雜記》。《揮麈後録》卷十一。《宋稗類鈔》卷七。

馬純

1 馬子約純負材自任，好面折人，人敬長之。建炎中，吕元直作相，子約求郡，元直拒之，徐云：「有英州見闕，公可往否？」子約曰：「領鈞旨，待先去爲相公蓋一宅子奉候。」《揮麈餘話》卷二。《宋稗類鈔》卷六。

2 馬子約純紹興中爲江西漕，時梁企道揚祖爲帥，每强盜敕下貸命必配潮州，諭部吏至郊外即投之江中，如此者屢矣。子約云：「使其合死，則自正刑典。以其罪止於流，故赦其生，猶或自新。既斷之後，即平人爾。倘如此，與殺無罪之人何以異乎？」二公由此不咸。後以他事交訴於朝，俱罷去。《揮麈後録》卷十一。

3 僧宗昂住會稽能仁寺，有故相寓寺中，已而復相，宗昂被敕住持，郎官馬子約題詩法堂壁上，云：「十年哀病卧林泉，鵷鷺群飛競刺天。黄紙除書猶到汝，固知清世不遺賢。」《嘉泰會稽志》卷二十。《宋詩紀事》卷四十六

李稷

1 韓魏公留守北京，李稷以國子博士爲漕，頗慢公。公不爲較，待之甚禮。俄潞公代魏公爲留守，未至，揚言云：「李稷之父絢，我門下士也。聞稷敢慢魏公，必以父死失教至此。吾視稷猶子也，果不悛，將庭訓之。」公至北京，李稷謁見，坐客次，久之，公着道服出，語之曰：「而父吾客也，只八拜。」稷不獲

已，如數拜之。稷後移陜漕，方五路興兵取靈武，稷隨軍，威勢益盛。一日早作，入鄜延軍營，軍士鳴鼓聲喏。帥种諤卧帳中未興，諤怪之，出，對稷呼鼓角將問曰：「軍有幾帥？」曰：「太尉耳。」曰：「帥未升帳，輒爲轉運糧草官鳴鼓聲喏，何也？借汝之頭以代運使者。」叱出斬之。稷倉皇引去，怖甚，不能上馬，自此不敢入諤軍。《邵氏聞見録》卷十。《宋名臣言行録》後集卷三。《群書類編故事》卷四。《何氏語林》卷十三。《讀書鏡》卷一。

李　察

1 見文彦博40。

杜　常

1 杜常少年時，夢泛河至橋間，有自岸而呼者。其岸高峻，常凡再躍始及岸。一人引至大木間，見偉丈夫衰服而坐，人指之曰：「天帝也。」拜之。常起，帝召常，與錢二百文，曰：「此爾及第人數。」再請之，則曰：「過此，天機不可泄也。」常後應舉，累不第。嘉祐末間歲科舉，放登第者二百人，常遂中甲科。時英宗在諒陰中，木者，廟諱也。《隨手雜録》。

2 杜常，昭憲太后之族子也。神宗聞憲之門有登甲科者，深喜之，有旨上殿。翌日喻執政曰：「杜常第四人及第，卻一雙鬼眼，可提舉農田水利。」《畫墁録》。《宋詩紀事》卷二十九。

江公著

1　江公著初任洛陽尉，久旱微雨，作詩云：「雲葉紛紛雨脚匀，亂花柔草長精神。雷車却碾前山過，不洒原頭陌上塵。」司馬文正公于士人家見之，借紙筆修刺謁江，且爲稱薦，由是知名。《能改齋漫録》卷十一。《苕溪漁隱叢話》後集卷二十二。《宋稗類鈔》卷六。《宋詩紀事》卷二十三。

喬執中

1　喬執中未過省時，父竦素事普照像甚嚴，日夕禱之。夜夢一紫衣僧至堦前，指庭之東，見日初出甚近，而光明不可正視。後英廟登極，遂中第，御名從日也。《孫公談圃》卷中。

李南公

1　李南公知長沙縣，有鬭者，甲强乙弱，各有青赤。南公召使前，自以指捏之，曰：「乙真甲僞也。」詰之，果服。蓋南方有櫸柳，以葉塗膚，則青赤如毆傷者，剥其皮，横置膚上，以火熨之，則如棓傷者，水洗不落。南公曰：「毆傷者血聚而内硬，僞者不然，故知之。」《涑水記聞》卷十四。《宋朝事實類苑》卷二十三。《仕學規範》卷二十。《棠陰比事》。《折獄龜鑑》卷六。

2　有一村多豪户，税不可督，所差户長輒逃去。南公曰：「然則此村無用户長，知縣自督之。」書其村名，帖之於柱。豪右皆懼，是歲初限未滿，此村税最先集。又諸村多詭名，税存户亡，每歲户長代納，亦不可差。南公悉召其村豪右，謂之曰：「此田不過汝曹所典買耳，與汝期一月，爲我推究，不則汝曹均分輸之。」及期，盡得冒佃之人，使各承其税。《涑水記聞》卷十四。《宋朝事實類苑》卷十四。

3 河北提點刑獄有班行犯罪，下獄按之，不服，閉口不食百餘日，獄吏不敢考訊，甚患之。南公曰：「吾立能使之食。」引出，問曰：「吾欲以一物塞君鼻，君能終不食乎？」其人懼，即食，且服罪。人問其故，南公曰：「彼必善服氣者，以物塞鼻則氣結，故懼。」《涑水記聞》卷十四。《宋朝事實類苑》卷二十三。《棠陰比事》。《折獄龜鑑》卷三。

4 李南公寢室中，張燈炷香通夕。宴坐郡樓上，皷番漏水，歷歷分明，儻一刻差誤，公必詰之。守籖者指名伏辜，謂公爲神明，公曰：「皷角爲中軍號令，號令在前，尚不分明，其餘外事，將如何也？」《仕學規範》卷二十。

汪輔之

1 汪輔之，宣州人，少年有俊聲。皇祐中，覓舉開封，以「周以宗强」爲賦題，場中大得意。既出，宣言于衆，必爲解魁。偶與數客飲于都城所謂壽州王氏酒樓，聞隣閤有吴音士人，亦同場試者，誦其所作。輔之方舉酒，失措墜杯，即就約共坐。詢其姓氏，乃云湖州進士沈初也。輔之云：「適聞公程文，必奪我首薦，然我亦須作第二人。」後數日榜出，果然是。《揮麈後録》卷六。

2　見文彦博38。

3　杜牧詩：「清時有味是無能，閒愛孤雲静愛僧。擬把一麾江海去，樂游原上望昭陵。」此蓋不滿於當時，故末有「望昭陵」之句。汪輔之在場屋，能作賦，略與鄭毅夫、滕達道齊名，以意氣自負。既登第，久不得志，常鬱鬱不樂，語多譏刺。元豐初，始爲河北轉運使，未幾，坐累謫官累年，遇赦幸，復知處州，謝表有云：「清時有味，白首無能。」蔡持正爲侍御史，引杜牧詩爲證，以爲怨望，遂復罷。《石林詩話》卷中。

4　汪輔之爲河北監司，坐輕躁得罪，勒令分司，久之，除知虔州。到官日，上表云：「清時有味，白首無成。」又云：「插筆有風，空囹無日。」或解之曰：「杜牧詩云：『清時有味是無能，閑愛孤雲静愛僧。欲把一麾江海去，樂游原上望昭陵。』屬意怨望。」有旨，復令分司。《涑水記聞》卷十四。

5　見蔡確12。

藍　丞

1　藍大卿丞知吉州日，朝廷議行新法，自念年老，乞致仕。忽有相手紋者曰：「大卿正做官，何故要閑？」藍驚曰：「吾雖有意，而未發言，何以知之？」相者曰：「只爲手中一道紋分明。」《孫公談圃》卷下。

章　岵

1　章岵，元豐中以朝議大夫守郡，剛介不可屈，人目之曰「章硬頸」。《吴郡志》卷十一。

2 元豐四年，資政殿學士、太子少保魏公絳，正議大夫、集賢殿修撰程公師孟，相繼請老居吴中，二公交契最密，又同還里第。時太守朝議章公岵，亦平昔僚舊，於是良辰美景，往來置酒，以相娱樂。又嘗盛集諸老，以繼會昌洛中之宴，作新詞以歌焉。《吴郡圖經續記》卷下。

劉彝

1 見胡瑗3。

2 劉彝所至多善政，其知虔州也，會江西饑歉，民多棄子於道上。彝揭榜通衢，召人收養，日給廣惠倉米二升，每月一次抱至官中看視。又推行於縣鎮，細民利二升之給，皆爲子養，故一境凡棄子無夭閼者。一日，謁曾魯公公亮，魯公曰：「久知都官治狀，屢欲進擢，然議論有所不合，姑少遲之，吾終不忘也。」彝曰：「士之淹速詘伸，亦皆有命。今姓名已蒙記懷，而尚屈於不合之論，亦某之命也。」魯公歎曰：「比來士大夫見執政，未始不有求，求而不得，即多歸怨，而君乃引命自安。吾待罪政府行十年，未見如君之言。」《東軒筆録》卷九。《厚德録》卷一。

王延禧

1 王延禧朝議初爲岳州沅江令，歲饑盗起，親獲十餘人。贓皆應死，法得遷官，延禧歎曰：「是皆良民，窮而爲盗，令既無以業之，又利其死以爲己功，亦何忍哉！」諭被盗者悉裁其贓，盗得不死。《折獄龜鑑》卷八。《仕學規範》卷二十八。

侯叔獻

1 侯叔獻爲汜縣尉，有逃佃及户絶没官田最多，雖累經檢估，或云定價不均。内有一李誠莊，方圓十里，河貫其中，尤爲膏腴，有佃户百家，歲納租課，亦皆奧族矣。前已估及一萬伍千貫，未有人承買者。賈魏公當國，欲添爲二萬貫賣之，遂命陳道古銜命計會本縣令佐，視田美惡而增損其價。道古至汜，閲視諸田，而議增李田之直。叔獻曰：「李田本以價高，故無人承買，今又增五千貫，何也？」堅持不可。道古雅知叔獻不可欺，因以其事語之，叔獻歎曰：「郎中知此田本末乎？李誠者，太祖時爲邑酒務專知官，以汴水溢，不能救護官物，遂估所損物直計五千貫，勒誠償之。是時朝廷出度支使錢，俵民間預買箭桿鵰翎弓弩之材。未幾，李重進叛，王師征淮南，而預買翎桿未集，太祖大怒，一應欠負官錢者，田産並令籍没，誠非預買之人，而當時官吏，畏懼不敢開析，故此田亦在籍没。今誠有子孫，見居邑中，相國縱未能恤其無辜而以田給之，莫若損五千貫，俾誠孫買之爲便。」道古大驚曰：「始實不知，但受命而來，審如是，君言爲當，而吾亦有以報相國矣。」即損五千貫而去。叔獻乃召誠孫，俾買其田，誠孫曰：「實荷公惠，奈甚貧何？」叔獻曰：「吾有策矣。」即召見佃田户，諭之曰：「汝輩本皆下户，因佃李莊之利，今皆建大第高廩，更爲豪民。今李孫欲買田，而患無力，若使他人得之，必遣汝輩矣。汝輩必毁宅撤廩，離業而去，不免流離失職。何若醵錢借與誠孫，俾得此田，而汝輩常爲佃户，不失居業，而兩獲所利耶？」皆拜曰：

「願如公言。」由是誠孫卒得此田矣。叔獻之爲尉，與管界巡檢者相善。縣多盜賊，巡檢每與叔獻約，聞盜起，當急相報。一旦，有强盜十六人經其邑，叔獻盡擒之，既而歎曰：「巡檢豈以我爲負約耶？機會之速不及報耳，然不可專其功也。」於是盡推捕盜之勞於其下，而竟不受賞。當其獲盜時，叔獻躬押至開封府，府尹李絢謂曰：「子之才能，吾深知之。子可一見本府推官、判官，吾當率以同狀薦子也。」叔獻辭曰：「本以公事至府，事畢歸邑。若投謁以求薦，非我志也。」竟不面推官、判官而去。《東軒筆録》卷八。《宋朝事實類苑》卷二十二。《仕學規範》卷六引《皇朝名臣四科事實》。

2 熙寧九年，太皇生辰，教坊例有獻香雜劇。時判都水監侯叔獻新卒。伶人丁仙見假爲一道士善出神，一僧善入定。或詰其出神何所見，道士云：「近曾至大羅，見玉皇殿上有一人，披金紫，熟視之，乃本朝韓侍中也，手捧一物。竊問傍立者，云：『韓侍中獻國家金枝玉葉萬世不絶圖。』」僧曰：「近入定到地獄，見閻羅殿側有一人，衣緋垂魚，細視之，乃判都水監侯工部也，手中亦擎一物。竊問左右，云：『爲奈何水淺，獻圖，欲别開河道耳。』」時叔獻興水利，以圖恩賞，百姓苦之，故伶人乃有此語。《倦游雜録》。《宋朝事實類苑》卷六十五。

3 見王雱7、8。

陳軒

1 陳軒，字元輿，建之建陽人。嘉祐中廷試，名冠多士。有司以其賦用韻失次，欲黜之，有中旨降第二。先是進士賜袍笏，例於廷下脱白服，緣軒衣如懸鶉焉，上惻然，解黃衣賜之。至今賜袍笏有淡黄衫自軒始。初調平江軍節度推官，後知汀州，元祐初除祠部郎中。黄庭堅贈之詩，有曰：「平生所聞陳汀州，蝗不入境年屢豐。」《名賢氏族言行類稿》卷十一。

徐師閔

1　徐師閔，字聖徒，仕至朝議大夫。退老于家，日治園亭，以文酒自娱樂。時太子少保元公絳、正議大夫程公師孟、朝議大夫閭丘公孝終，亦以安車歸老，因相與繼會昌洛中故事，作九老會。章岵爲郡守，大置酒合樂，會諸老於廣化寺。又有朝請大夫王琉、承議郎通判蘇湜與焉。公賦詩爲倡，諸公皆屬而和之，以爲吴門盛事。《中吴紀聞》卷四。《宋詩紀事》卷十三。

胡收

1　職方郎中胡收，判吏部南曹歲滿，除知興元府。先是，由判曹得監司者甚衆，收素有此望，洎得郡，殊自失，歷干執政，皆不允。時陳升之知樞密院，收往謁求薦，陳公辭以備位執政，不當私薦一士。收愀然歎息曰：「興元道遠，收本浙人，家貧無力之任，惟有兩女，當賣人爲婢，庶得貲以行耳。」陳公鄙其言，遽索湯使起，收得湯，三奠於地，而辭去，陳大駭。是時，收將還浙右待闕，已登舟，其日作詩書于船窗云：「西梁萬里何時到？争似懷沙入九泉。」是夕，溺死汴水。《東軒筆録》卷五。

孔嗣宗

1 熙寧新法行，督責監司尤切，兩浙路張靚、王庭老、潘良器等因閱兵赴妓樂筵席侵夜，皆黜責。又有因借同寮般家而坐計傭者，有作絲鞋而坐剩利者，降斥紛紛。是時孔嗣宗爲河北路提點刑獄，求分司而去。嗣宗性滑稽，作啓事，叙其意，略曰：「弊屋數椽，聊避風雨；先疇二頃，粗足衣糧。這回自在赴筵，到席不妨聽樂。借得王郎伴舅，且免計傭；賣了黑黍新絲，不憂剩利。」蓋謂是也。《東軒筆録》卷十一。

毛亢

1 毛亢，兩浙人，由進士登第，所至稱爲能官。後授江左令。洪州有溪曰長溪，其水深數丈，長五十里，彼人尤重溪魚。溪歲出魚數千緡，爲二李所有，彼人呼爲東李、西李家，皆豪常交競，此溪不爲東李家所有，即爲西李家所奪，凡數十年，互相争訴，官莫能平其事。一旦，東李詣闕匭函陳狀，英廟勅本路定奪，歸著明白，不得别致争訟。漕憲持麾下清幹使，皆曰非毛亢不可。亢受命。既往，召二李謂之曰：「此溪汝争之近百年矣，若不以券契文字爲之據，無所憑也。如有據，多者即與之也。」二李竟取其家所有，致于亢前，堆積莫知其數。命取火爇之，乃于狀後判曰：「獸生于山，魚生于水。蓋自天然，固非人力。宜與衆共，安可獨專？」漕使以亢狀奏聞，英廟爲特改一官。亢由此累歷漕憲。《續墨客揮犀》卷九。

畢仲游

1 見張懷素[1]。

方資

1 先子晚官鄧州，一日秋風起，思吴中山水，嘗信筆作長短句，名《黄鶴引》，遂致仕。其序曰：予生浙東，世業農。總角失所天，稍從里閈儒者游。年十八，婺以充貢。凡八至禮部，始得一青衫。間關二十年，仕不過縣令，擢才南陽教授。紹聖改元，實六十五歲矣。秋風忽起，亟告老於有司，適所願也。謂同志曰：「仕無補於上下，而退號朝士，婚姻既畢，公私無虞。將買舟放浪江湖中，浮家泛宅，誓以此生，非太平之幸民而何？」因閲阮田曹所製《黄鶴引》，愛其詞調清高，寄爲一闋，命稚子歌之，以侑樽焉。詞曰：「生逢垂拱。不識干戈免田隴。士林書圃終年，庸非天寵。才初闒茸。老去支離何用。浩然歸弄。似黄鶴、秋風相送。塵事塞翁心，浮世莊生夢。漾舟遥指煙波，群山森動。神閒意聳。回首利韁名鞚。此情誰共。問幾許、淋浪春甕。」《泊宅編》三卷本卷上。

2 見鮑當[4]。

黎　錞

1　吾故人黎錞，字希聲，治《春秋》有家法，歐陽文忠公喜之。然爲人質木遲緩，劉貢父戲之爲「黎檬子」，以謂指其德，不知果木中真有是也。一日聯騎出，聞市人有唱是果鬻之者，大笑，幾落馬。今吾謫海南，所居有此，霜實纍纍，然二君皆入鬼録。《東坡志林》卷一。

練亨甫

1　練葆光亨甫年八歲，侍伯父出游。葆光以手搔頭，伯父戲之曰：「猴悲摸索頭。」葆光應聲曰：「虎怒縱横步。」又指道傍松曰：「喬松天矯龍蛇勢。」葆光曰：「怪石巉巖虎豹形。」年十四，以所業見王安石。王喜之，呼爲小友。《堅瓠己集》卷一。

2　見王安石96。

3　均州奏：爲本州編管前漳州軍事判官練亨甫，逐次與兄練劼、弟練沖甫，往女弟子魯麗華家踰濫，後收養在寳林院郭和尚房下，令求食。因探見魯麗華與百姓王尢在店飲酒，唤歸寺，毆打魯麗華致欒。磬將申舉，已送司理院。《熙豐日曆》。

闞　瀣

1 闞瀣，子容推官，才俊而容止不揚。時服中過南徐，客次，見一緋魚朝士倨坐，闞揖而問之。彼疑闞爲攫徒，因謔闞曰：「太子洗馬高垂魚。」良久，復詢闞。闞答以某之官乃是「皇后騎牛低釣鼇」。朝士駭曰：「是何官位？」闞笑曰：「且欲與君對偶精切。」《古今事文類聚》别集卷二十。《堯山堂外紀》卷五十六。

黄嗣徽

1 黄嗣徽少年時，讀書有俊聲，不幸爲後母訴於官，隸軍籍。王岐公丞相宣籍得之，聞其識字，使抄書。一日，觀宋復古郎中所畫山水，使子弟賦詩，嗣徽亦請賦，公頷之。頃刻成一絶句曰：「匣有瑶琴篋有書，棲遲猶未卜吾廬。主人况是丹青手，乞取生涯似畫圖。」岐公大嗟賞之，及問知曲折，以故人子奏於朝，乞以門客恩澤承務郎特補之。命下之日，暴卒，窮命如此哉！《彦周詩話》。

龔　程

1 叔祖諱程，字信民，剛正自守，不惑於禍福。嘗憤聖道不明，欲排異端之學，家不置釋、老像，祭祀未嘗焚紙錢，儒家甚宗之。自幼讀書於南峯山先都官墓廬，攻苦食淡，手未嘗釋卷。記問精確，經傳子史，無不通貫，鄉人號爲「有脚書厨」。嘗題一絶於壁間云：「月度疎櫺起更慵，坐聽澄照五更鐘。卻思潮上西興急，風遶山前萬箇松。」登熙寧六年進士第。《中吴紀聞》卷三。《吴郡志》卷二十五。《宋詩紀事》卷二十五。

章辟光

1 〔王〕介甫初參大政，章辟光上言：「岐王、嘉王不宜居禁中，請使出居於外。」太后怒，與上言：「辟光離間兄弟，宜加誅竄。」辟光揚言：「王參政、呂惠卿來教我上此書，今朝廷若深罪我，我終不置此二人者。」惠卿懼，以告介甫。上欲竄辟光於嶺南，介甫力營救，止降監當而已。呂獻可攻介甫，引辟光之言以聞於上，獻可坐罷中丞、知鄧州。蘇子容當制，曾魯公召諭之曰：「辟光治平四年上書，當是時介甫猶在金陵，惠卿監杭州酒，安得而教之？」故其制詞云：「黨小人交搆之言，肆罔上無根之語。」制出，士大夫頗以子容制詞爲非，子容以魯公之言告，乃知治平四年辟光所上言他事，非言岐、嘉者也。子容深悔之，嘗謂人曰：「介甫雖黜逐我，我怨之不若曾公之深也。」《涑水記聞》卷十五。

廖恩

1 熙寧間，福建賊廖恩攻剽數郡，殺害捕盜官，東南爲之騷然。凡恩所經涉，監司守將皆坐貶徙，其餘相連得罪者不可勝計。既乃招降予官，朝廷以其悍勇，頗任使之。一旦，恩至三班院供家狀云：「自出身歷任以來，並無公私過犯。」有一班行李師益亦同供家狀，乃云：「前任信州巡檢，爲廖恩事勒停。」

都下相傳以爲笑焉。《孔氏談苑》卷三。

2　熙寧中，福建賊廖恩聚群黨於山林，招撫久之，方出降。朝廷赦其罪，授右班殿直。既至，有司供脚色一項云：「歷任以來，並無公私過犯。」見者無不笑之。《文昌雜録》卷四。《夢溪筆談》卷二十五。《宋稗類鈔》卷二。

宋人軼事彙編卷十九

邵雍

1 伯温曾祖母張夫人御祖母李夫人嚴甚，李夫人不能堪。一夕，欲自盡，夢神人令以玉箸食羹一杯，告曰：「無自盡，當生佳兒。」夫人信之。後夫人病瘦，醫者既投藥，又夢寢堂門之左右木瓜二株，左者俱已結，右者已枯，因爲大父言。大父遽取藥令覆之。及期，生康節公，同墮一死胎，女也。《邵氏聞見録》卷十八。

2 伊川丈人與李夫人因山行，於雲霧間見大黑猿有感，夫人遂孕。臨蓐時，慈烏滿庭，人以爲瑞，是生康節公。公初生，髮被面，有齒，能呼母。七歲戲於庭，從蟻穴中豁然别見天日，雲氣往來。久之以告夫人，夫人至無所見，禁勿言。既長，游學，夜行晉州山路，馬突因墜深澗中。從者攀緣下尋公，無所傷，唯壞一帽。《邵氏聞見録》卷十八。《七修類稿》卷四十八。《茶香室三鈔》卷八。

3 康節先公少日游學，先祖母李夫人思之恍惚，至倒誦佛書。康節亟歸，不復出。夫人捐館，康節持喪毁甚，躬自爨以養。祖父置家蘇門山下，康節獨築室於百源之上。時李成之子挺之，東方大儒也，權共城縣令，一見康節心相契，授以《大學》。康節益自克勵，三年不設榻，晝夜危坐以思。寫《周易》一部，貼屋壁間，日誦數十遍。聞汾州任先生者有《易》學，又往質之。挺之去爲河陽司户曹，康節亦從之，寓州學，貧甚，以飲食易油貯燈讀書。一日有將校自京師出代者，見康節曰：「誰苦學如秀才者！」以紙百幅、筆十枝爲獻。康節辭而後受。每舉此語先夫人曰：「吾少日艱難如此，當爲子孫言之。」康節又嘗謂伯温曰：「吾早歲徒步游學，至有所立，艱哉。」《邵氏聞見録》卷十八。

4　康節邵先生之學受于李挺之，而今世少知挺之者。晁以道説之嘗爲作傳曰：……挺之初爲衛州獲嘉縣主簿、權共城令。所謂康節先生邵堯夫者，時居母憂于蘇門山百源之上，布裘菜食，且躬爨以養其父。挺之叩門上謁，勞苦之曰：「好學篤志果何似？」康節曰：「簡策迹外，未有適也。」挺之曰：「君非迹簡策者，其如物理之學何？」他日則又曰：「物理之學，學矣；不有性命之學乎？」康節謹再拜，悉受業。《賓退録》卷二。

5　堯夫初學於李挺之，師禮甚嚴，雖在一野店，飯必襴，坐必拜。《上蔡語録》卷三。

6　先生始學於百原，堅苦刻厲，冬不爐，夏不扇，夜不就席者數年，衛人賢之。《名臣碑傳琬琰集》中卷三十四。

7　〔邵雍〕世謂其能窮作《易》之本原，前知來物。其始學之時，睡不施枕者三十年。《郡齋讀書志》卷一。

8　邵堯夫精于易數，推往測來，其驗如神。其母自江鄰幾家得此書，出爲民妾而生堯夫。嘗云其學惟先丞相申公與司馬温公二人可傳，先丞相以敏，温公以專。數皆以四，木火土石爲四行，以謂金水皆出於石也。《槁簡贅筆》。

9　邵雍謂今五行之外，復有先天五行，其説皆有條理，而雍用之，可以逆知來事，其言屢驗。……雍此學無所從授，而心自得也。或言雍父得江鄰幾學士家婢而生雍，婢攜江氏家書數編來邵氏，雍取而讀之，乃得此學。《續明道雜志》。

10 邵康節先天學，自李挺之、穆伯長相授。《墓志》中云：「推其源流，遠有端緒。其實自陳希夷來。」嘗云：「天下聰明過人惟程伯淳、正叔，其次則章惇、邢恕，可傳此學。」程先生問：「幾年可成？」曰：「二十年。」先生曰：「某兄弟無此等閒工夫。」章、邢聞康節語，遂來。康節視之，曰：「章子厚、邢和叔心術不正，挾此將何所不爲？」終不與之。故先天之學不傳。嘗爲章子厚筮一卦，平生不差一字。《步里客談》卷上。

11 邵康節居衛州之共城，後居洛陽。有商州太守趙郎中者，康節與之有舊，常往從之。時章惇子厚作令商州，趙厚遇之。一日，趙請康節與章同會，章豪俊自許，論議縱横，不知敬康節也。語次因及洛中牡丹之盛，趙守因謂章曰：「先生洛人也，知花爲甚詳。」康節因言：「洛人以見根撥而知花高下者，知花之上也；見枝葉而知高下者，知花之次也；見蓓蕾而知高下者，知花之下也。如長官所説，乃知花之下也。」章默然慚服。趙因謂章：「先生學問淵源，世之師表，公不惜從之學，則日有進益矣。」章因從先生游，欲傳數學。先生謂章：「須十年不仕宦，乃可學。」蓋不之許也。《童蒙訓》卷上。《苕溪漁隱叢話》後集卷二十二。

12 康節先公慶曆間過洛，館於水北湯氏，愛其山水風俗之美，始有卜築之意。至皇祐元年，自衛州共城奉大父伊川丈人遷居焉。門生懷州武陟知縣侯紹曾字孝傑助其行。初寓天宮寺三學院。……洛人爲買宅於履道坊西天慶觀東，趙諫議借田於汝州葉縣，後王不疑、周鄉又買田於河南延秋村。康節復還葉縣之田。嘉祐七年，王宣徽尹洛，就天宫寺西天津橋南五代節度使安審琦宅故基，以郭崇韜廢宅餘材爲屋三十間，請康節遷居之。富韓公命其客孟約買對宅一園，皆有水竹花木之勝。熙寧初，行買官田之法。天津之居亦官地，牓三月，人不忍買。諸公曰：「使先生之宅他人居之，吾輩蒙恥矣。」司馬温公而下，集錢買之。……今宅契，司馬温公户名；園契，富韓公户名；莊契，王郎中户名。康節初不改也。《邵氏聞見録》卷十八。《清波雜志》卷十二。

13　太學博士姜愚，字子發，京師人，長康節先公一歲，從康節學，稱門生。先公年四十五未娶。潞州張仲賓太博，字穆之，未第，亦從康節學。二君同白康節曰：「不孝有三，無後爲大。先生年踰四十不娶，親老無子，恐未足以爲高。」康節曰：「貧不能娶，非爲高也。」子發曰：「某同學生王允修頗樂善，有妹甚賢，似足以當先生。」穆之曰：「先生如婚，則某備聘，令子發與王允修言之。」康節遂娶先夫人。《邵氏聞見録》卷十八。

14　康節先公嘉祐中朝廷以遺逸命官，辭之不從。河南尹遣官就第送告勑朝章，康節服以謝，即褐衣如初。至熙寧初，再命官，三辭，又不從。再以朝章謝，且曰：「吾不復仕矣。」始爲隱者之服，烏帽縚褐，見卿相不易也。司馬温公依《禮記》作深衣、冠簪、幅巾、縉帶。每出，朝服乘馬，用皮匣貯深衣隨其後，入獨樂園則衣之。常謂康節曰：「先生可衣此乎？」康節曰：「某爲今人，當服今時之衣。」温公歎其言合理。《邵氏聞見録》卷十九。《宋名臣言行録》外集卷五。《寓簡》卷五。《古事比》卷五十。

15 洛中邵康節先生術數既高，而心術亦自過人。所居有圭竇、甕牖。圭竇者，牆上鑿門，上鋭下方，如圭之狀。甕牖者，以敗甕口安於室之東西，用赤白紙糊之，象日月也。其所居謂之「安樂窩」。先生以春秋天色温凉之時乘安車，駕黄牛，出游於諸公家。諸公皆欲其來，各置「安樂窩」一所。先生將至其家，無老少婦女良賤咸迓於門，迎入窩，争前問勞，且聽先生之言。凡其家婦姑、妯娌、婢妾有争競，經時不能決者，自陳於前。先生逐一爲分别之，人人皆得其懽心。於是酒殽競進，厭飲數日。徐游一家，月餘乃歸。非獨見其心術之妙，亦可想見洛中士風之美。《孏真子録》卷三。《宋稗類鈔》卷四。

16 康節先公居洛，凡交游年長者拜之，年等者與之爲朋友，年少者以子弟待之，未嘗少異於人，故得人之歡心。每歲春二月出，四月天漸熱即止；八月出，十一月天漸寒即止。故有詩云：「時有四不出，大風、大雨、大寒、大暑。會有四不赴。公會、葬會、生會、醵會。」每出，人皆倒屣迎致，雖兒童、奴隸皆知尊奉。每到一家，子弟家人争具酒饌，問其所欲，不復呼姓，但名曰：「吾家先生至也。」雖閨門骨肉間事，有未決者，亦求教，康節先公以至誠爲之開論，莫不悦服。十餘家如康節先公所居安樂窩起屋，以待其來，謂之「行窩」。故康節先公没，鄉人挽詩有云：「春風秋月嬉游處，冷落行窩十二家。」《邵氏聞見録》卷二十。《宋名臣言行録》外集卷五。《堯山堂外紀》卷四十七。

17 邵堯夫居洛四十年，安貧樂道，自云未嘗皺眉，故詩云：「平生不作皺眉事，世上應無切齒人。」所居寢息處爲安樂窩，自號爲安樂先生。其西爲甕牖，讀書燕居。旦則焚香獨坐，晡時飲酒三四甌，微醺便止，不使至醉也。嘗有詩云：「斟有淺深存燮理，飲無多少繫經綸。莫道山翁拙於用，也能康濟自家身。」喜吟詩，作大字書，然遇興則爲之，不牽强也。大寒暑則不出，每出則乘小車，爲詩以自詠曰：「花似錦時高閣望，草如茵處小車行。」温公贈以詩曰：「林間高閣望已久，花外小車猶未來。」堯夫每出，隨意所之，遇主人喜客則留三五宿，又之一家，亦如之，或經月忘返。雖性高潔，而對賓客接人，無賢不肖貴賤，皆歡然相親，自言：「若至重疾，自不能支，其有小疾，有客對話，不自覺疾之去體也。」學者從之問經義，精深浩博，應對不窮，思致幽遠，妙極道數。間有相知之深者，開口論天下事，雖久存心世務者不能及也。《苕溪漁隱叢話》後集卷二十二。《詩話總龜》後集卷七。《宋名臣言行録》外集卷五。《伊洛淵源録》卷五。

18 邵康節曾有四不赴，謂官府公會、不相識會、大衆廣會、勸酒醉會。又有四不出，謂大寒、大暑、大雨、大風。有五樂，謂樂生中國、樂爲男子、樂爲士人、樂見太平、樂聞道義。有五喜，謂喜見善人、喜見好事、喜見美物、喜見嘉景、喜見大禮。有四幸，謂幸長年爲壽域、幸豐年爲樂國、幸清閒爲福德、幸安康爲福力。有三惑，謂年老不歇爲一惑，安而不樂爲二惑，閒而不清爲三惑。《堅瓠丙集》卷二。

19 康節先公與富文忠公早相知。文忠初入相，謂門下士田棐大卿曰：「爲我問邵堯夫，可出，當以官職起之；不，即命爲先生處士，以遂隱居之志。」田大卿爲康節言，康節不答，以詩二章謝之曰：「相招多謝不相遺，將爲胸中有所施。若進豈能禁吏意，既閑安用更名爲？願同巢許稱臣日，甘老唐虞比屋時。滿眼清賢在朝列，病夫無以繫安危。」又云：「欲遂終焉老閑計，未知天意果如何。幾重軒冕酬身貴，得此雲山到眼多。好景未嘗無興詠，壯心都已入消磨。鷦鴻自有江湖樂，安用區區設網羅。」文忠公終不相忘。《邵氏聞見録》卷十八。《宋名臣言行録》外集卷五。

20 見富弼61。

21 見富弼62。

22 一日薄暮，司馬温公見康節曰：「明日僧顯修開堂説法，富公、吕晦叔欲偕往聽之。晦叔貪佛已不可勸，富公果往，於理未便。某後進，不敢言，先生曷止之？」康節曰：「恨聞之晚矣。」明日，〔富〕公果往。後康節因見公，謂公曰：「聞上欲用裴晉公禮起公。」公笑曰：「先生以爲某衰病能起否？」康節曰：「固也。或人言上命公，公不起，一僧開堂，公乃出，無乃不可乎？」公驚曰：「我未之思也。」公與康節食筍，康節曰：「筍味甚美。」公曰：「未如中堂骨頭之美也。」康節曰：「野人林下食筍三十年，未嘗爲人所奪。公今日可食以中堂骨頭乎？」公笑而止。《邵氏聞見録》卷十八。

23 富鄭公晚居西都，嘗會客于第中，邵康節與焉。因食羊肉，鄭公顧康節云：「羡羊惟堂中爲勝，堯夫所未知也。」康節曰：「野人豈識堂食之味，但林下蔬筍，則常喫耳。」鄭公赧然曰：「弼失言。」《揮麈後録》卷二。《宋稗類鈔》卷六。

24 〔富韓〕公嘗令二青衣、蒼頭掖之以行。一日，與康節會後園中，因康節論天下事，公喜甚，不覺獨步下堂。康節不爲起，徐指二蒼頭戲公曰：「忘卻拄杖矣。」富公深居，託疾謝客，而嘗苦氣痞。康節曰：「好事到手畏甚？不爲他人做了，鬱鬱何益？」公笑曰：「此事未易言也。」蓋爲嘉祐建儲耳。《邵氏聞見録》卷十八。

25 富韓公謝事居洛，一日，邵康節來謁。公已不通客，但戒門者曰：「邵先生來，無早晚入報。」是日，公適病足，卧小室，延康節至卧牀前，康節笑曰：「他客得至此邪！」公亦笑指康節所坐胡牀，曰：「病中心怦怦，雖兒子來，立語遣去。此一胡牀惟待君耳！」康節顧左右曰：「更取一胡牀來。」公問故，答曰：「日正中，當有一緑衣少年，騎白馬候公，公雖病，强見之。公薨後，此人當秉史筆記公事。」公素敬康節，神其言，因戒閽人曰：「今日客至，無貴賤，立爲通。」既午，果范祖禹夢得來。遂延入，問勞稠疊，且曰：「老病即死，念平生碌碌無足言，然麤懷樸忠，他時筆削必累君，願少留意。」夢得惶恐叵測，避席謝。後十餘年，修《裕陵實録》，夢得竟爲修撰韓公傳。《清尊録》。

26〔富〕公雖剛勇，遇事詳審，不萬全不發，康節因戲之。公一日有憂色，康節問之，公曰：「先生度某之憂安在？」康節曰：「豈以王安石罷相，吕惠卿參知政事，惠卿凶暴過安石乎？」公曰：「然。」康節曰：「公無憂。安石、惠卿本以勢利合。惠卿、安石勢利相敵，將自爲仇矣，不暇害他人也。」未幾，惠卿果叛安石。《邵氏聞見録》卷十八。

27 見司馬光50。

28 見吕公著11。

29 熙寧初，王宣徽之子名正甫，字茂直，監西京糧料院。一日，約康節先公同吴處厚、王平甫會飯，康節辭以疾。明日，茂直來，康節謂曰：「某之辭會有以，姑聽之。吴處厚者好議論，平甫者介甫之弟。介甫方執政行新法，處厚每議刺之；平甫雖不甚主其兄，若人面駡之則亦不堪矣，此某所以辭會也。」茂直笑曰：「先生料事之審如此。昨處厚席間毀介甫，平甫作色，欲列其事於府，某解之甚苦，乃已。」《邵氏聞見録》卷十九。《言行龜鑑》卷二。《宋稗類鈔》卷三。

30 熙寧三年四月，朝廷初行新法，所遣使者皆新進少年，遇事風生，天下騷然，州縣始不可爲矣。康節先公閑居林下，門生故舊仕宦四方者，皆欲投劾而歸，以書問康節先公。康節先公答曰：「正賢者當盡力之時，新法固嚴，能寬一分則民受一分之賜矣。投劾而去何益？」《邵氏聞見録》卷二十。《言行龜鑑》卷七。《昨非庵日纂》一集卷一。

31 康節先公過士友家晝卧，見其枕屏畫小兒迷藏，以詩題其上云：「遂令高卧人，欹枕看兒戲。」蓋熙寧間也。《邵氏聞見録》卷二十。《宋名臣言行録》外集卷五。

32 温公與堯夫水北閒步，見人家造屋，堯夫指曰：「此三間，某年某月當自倒。」又指曰：「此三間，某年某月爲水所壞。」温公歸，因筆此事於所著文稾之後，久而忘之。因過水北，忽省堯夫所説，視其屋，則爲瓦礫之場矣。問於人，皆如堯夫言。歸考其事，亦同。《曲洧舊聞》卷二。

33 康節與客游嵩山。中途，客指所憩樹問曰：「此何日枯悴？」先生久不對，客疑焉。曰：「非不答，吾有所俟日。」俄一葉墜，先生曰：「比吾二人還，亡矣。」既回，樹已爲人伐去。《玉堂嘉話》卷四。《茶香室四鈔》卷七。

34 富鄭公留守西京日，因府園牡丹盛開，召文潞公、司馬端明、楚建中、劉几、邵先生同會。是時，牡丹一欄凡數百本。座客曰：「此花有數乎？且請先生筮之。」既畢，曰：「凡若干朶。」使人數之，如先生言。又問曰：「此花幾時開盡？請再筮之。」先生再三揲蓍，座客固已疑之。先生沉吟良久，曰：

「此花命盡來日午時。」座客皆不答。温公神色尤不佳，但仰視屋。鄭公因曰：「來日食後，可會於此，以驗先生之言。」座客曰：「諾。」次日食罷，花尚無恙。洎烹茶之際，忽然群馬廄中逸出，與座客馬相踶嚙，奔出花叢中。既定，花盡毁折矣。於是洛中愈伏先生之言。《嬾真子録》卷三。《群書類編故事》卷二十三。《堯山堂外紀》卷四十七。

35 康節邵先生堯夫在洛中，嘗與司馬温公論《易》數，推園中牡丹云：「某日某時當毁。」是日，温公命數客以觀。日向午，花方穠盛，客頗疑之。斯須兩馬相踶，絶銜斷轡，自外突入，馳驟欄上，花果壞焉。嘗言天下可傳此者，司馬君實、章子厚耳。而君實不肯學，子厚不可學也。臨終，焚其書，不傳。祇以《皇極經世》行於世。《墨莊漫録》卷二。《宋稗類鈔》卷七。

36 邵康節先生至京師，士大夫多謁之，請問休咎。有一人獨問國家運數，先生喜曰：「他人所問皆爲己事，子何獨上念國家？」再三稱歎，謂之曰：「予某日歸，子可於某處相候。」至期，其人往候，先生與叙別，就肩輿取緘封文字一卷，授之曰：「毋即觀，候至家發之，視畢焚之。」其人奉教，歸而發視，則《五代史·晉書》帝紀也。《同話録》。

37 熙寧中，有一道人，無目，以錢置手掌中，即知正背年號，人皆異之。康節先公問曰：「以錢置爾之足，亦能知之乎？」道人答曰：「此吾師之言也。」愧謝而去。《邵氏聞見録》卷二十。

38 〔康節先公〕治平間與客散步天津橋上，聞杜鵑聲，慘然不樂。客問其故，則曰：「洛陽舊無杜鵑，今始至，有所主。」客問：「何也？」康節先公曰：「不三五年，上用南士爲相，多引南人，專務變更，天下自此多事矣！」客曰：「聞杜鵑何以知此？」康節先公曰：「天下將治，地氣自北而南；將亂，自南而北。今南方地氣至矣，禽鳥飛類，得氣之先者也……」至熙寧初，其言乃驗，異哉！《邵氏聞見録》卷十九。《賓退録》卷十。

39 邵先生名雍，字堯夫。傳《易》學，尤精於數。居洛中，昭陵末年，聞鳥聲，驚曰：「此越鳥也，孰爲而來哉？」因以《易》占之，謂人曰：「後二十年，有一南方人作宰相，自此蒼生無寧歲。君等志之。」《曲洧舊聞》卷二。

40 熙寧戊申，邵堯夫聞杜鵑啼，不樂。或問之，曰：「將有人起東南爲相，以文教亂天下，此禍非六十年不已。」未幾，王介甫召自江寧。《步里客談》卷上。

41 歐陽文忠公爲參知政事，遣其子棐叔弼來洛省王宣徽夫人之疾。將行，語叔弼曰：「到洛唯可見邵先生，爲致吾鄉慕之意。」康節先生既見叔弼，從容與語平生出處以及學術大概。臨別猶曰：「其無忘鄙野之人於異日。」後十年，康節先公捐館，又十年，韓康公尹洛，請謚於朝。叔弼偶爲太常博士，次當謚議，叔弼嘗謂晁説之以道云：「棐作邵先生謚議，皆往昔親聞於先生者。當時少年，先生一見忻然延接。語及平生學術出處之大，故得其詳如此。豈非先生學道絶世，前知來物，預以告耶？」蓋驗於二十年之後。《邵氏聞見録》卷二十。《曲洧舊聞》卷二。

42 見張載1。

43 康節病，伊川訪之。先生舉兩手示之曰：「眼前路逕令放寬，窄則自無著身處，如何使人行？」先生垂没，外面人言皆聽得。伊川曰：「此只是心無念、慮不昏爾。」《吹劍四録》。

44 熙寧十年，公年六十七矣。夏六月，屬微疾，一日晝睡，覺且言曰：「吾夢旌旗鶴雁自空而下，下導吾行亂山中，與司馬君實、吕晦叔諸公相分别於一驛亭。回視其壁間，有大書四字曰『千秋萬歲』。吾神往矣，無以醫藥相逼也！」《邵氏聞見録》卷十八。《七修類稿》卷四十八。

45 邵堯夫臨終時，只是諧謔，須臾而去。《二程遺書》卷十八。《伊洛淵源録》卷五。

46 熙寧十年夏，康節先生感微疾，氣日益耗，神日益明，笑謂司馬温公曰：「某欲觀化一巡，如何？」温公曰：「先生未應至此。」康節先生曰：「死生常事耳。」張横渠先生喜論命，來問疾，因曰：「先生論命，來當推之。」康節先公曰：「若天命則知之，世俗所謂命則不知也。」横渠曰：「先生知天命矣，某尚何言？」程伊川曰：「先生至此，它人無以爲力，願自主張。」康節先公曰：「平生學道，豈不知此？然亦無可主張。」時康節正寢，諸公議後事於外，有欲葬近洛城者。康節先公已知，呼伯温入曰：「諸公欲以近城地葬我，不可，當從伊川先塋耳。」七月初四日，大書詩一章曰：「生於太平世，長於太平世，死於太平世。客問年幾何？六十有七歲。俯仰天地間，浩然獨無愧。」以是夜五更捐館。《邵氏聞見録》卷二十。

47 煇嘗過庭，聞祖父奉直得於陸農卿左丞：歐陽文忠公有一記事册子，親題：「丙午年不入蜀則入吴。」後見洪成季文憲公之孫，言文憲嘗問邵澤民：「康節知數，公所聞如何？」曰：「無他語，臨終但云：丁未歲子孫可入蜀。」然建炎初吴地亦不免被兵，獨西蜀全盛，迄今爲東南屏蔽，益信斯言。康節先天之數，世可希萬一耶？《清波雜志》卷六。

48 康節先生嘗誦希夷先生之語曰：「得便宜事不可再作，得便宜處不可再去。」又曰：「落便宜是得便宜。」故康節詩云：「珍重至人嘗有語，落便宜是得便宜。」蓋可終身行之也。《邵氏聞見録》卷七。

49 康節先公出行不擇日，或告之以不利則不行。蓋曰：人未言則不知，既言則有知，知而必行，則與鬼神敵也。春秋祭祀，約古今禮行之，亦焚楮錢。程伊川怪問之，則曰：「明器之義也。脱有一非，豈孝子慈孫之心乎？」又曰：「吾高曾今時人，以籩豆簠簋薦牲不可也。」《邵氏聞見録》卷十九。參見宋孝宗32。

50 堯夫豪傑之士，根本不帖帖地。伯淳嘗戲以「亂世之姦雄中，道學之有所得者」。《二程遺書》卷二上。

51 康節手寫《易》、《書》、《詩》、《春秋》，字端勁，無一誤失。《邵氏聞見後録》卷五。

52 康節先生赴河南尹李君錫會，投壺，君錫末箭中耳。君錫曰：「偶爾中耳。」康節應聲曰：「幾乎敗壺。」坐客以爲的對。《邵氏聞見録》卷十八。《堯山堂外紀》卷四十七。

53 伯温少時，因讀《文中子》，至「使諸葛武侯無死，禮樂其有興乎？」因著論，以謂武侯霸者之佐，恐於禮樂未能興也。康節先公見之，怒曰：「汝如武侯，猶不可妄論，況萬萬相遠乎？以武侯之賢，安知不能興禮樂也？後生輒議先賢，亦不韙矣。」伯温自此於先達不敢妄論。《邵氏聞見録》卷二十。《讀書鏡》卷五。

54 邵堯夫之弟名睦者，無疾而化。前此有《重九》詩云：「擬問東籬事，東籬事渺茫。」後果殯于東籬之下。故堯夫哭之云：「自兹明月清風夜，蕭索東籬看斷腸。」又云：「腸斷東籬何所尋？東籬從此事沉沉。」《王直方詩話》。《詩話總龜》前集卷四十五。

邵伯温

1　見邵雍53。

2　邵伯温子文，康節先生子也，才而有文。爲陝西宣撫司書寫機宜文字，與路鈐李君交往甚熟。李家有數侍婢，每遇歌宴，子文必預。後十餘年，子文與李氏邂逅長安，而李君已死，適值其妻生辰，命子姪宴子文於書舍，遣舊婢出舞。酒酣，子文感愴宿昔，即席作詞，末章云：「翩翩繡袖上紅裀，舞姬猶是舊精神。坐中莫怪無歡意，我與將軍是故人。」諸子得之，入呈其母，皆感泣不自勝，乃令謂子文曰：「宅中得公佳詞，情緒作惡，難復行酒，即容別日款會。」子文不終席而退。《過庭録》。《宋詩紀事》卷三十五。

3　熙寧八年秋，余與士人十餘輩講學於洛陽建春門廣愛寺端像院，以待試。一夕，夢至殿庭唱第，望殿上，女主也。覺謂同舍言之，皆不曉。至元祐二年秋，以經行薦，明年春唱名集英殿，宣仁太后垂簾聽政也。《邵氏聞見録》卷二十。

4　見章惇7。

邵　溥

1　靖康之變，金人欲盡得宗室。獻計者謂宗正寺玉牒可按名而得。酋長立命取之。吏持籍至，會酋以事暫去，户部邵澤民溥索觀，每三兩板，掣其一投之火，歎曰：「不能遍活也。」《鬠槎蠡説》卷六。

邵博

1 邵康節之孫博公濟守眉日，〔程〕子山與之不咸，廉得其罪狀，用疋絹大書，櫝盛之，遣介持抵成都帥府治之前逆旅舍，委之而去。逆旅人得之以告，帥蕭振德起得之，以爲奇貨，逮公濟赴成都獄，嚴鞫之。獄吏知其冤，遂教公濟一切承之，不然，死無以自明，公濟悟，如其教，不復辯。獄上，朝論以爲匿名書，法不當受，而制司非得旨，不應擅逮守臣，遂皆罷之。公濟雖得弗問，而憤憤不能堪，訴之於天，許黄籙十壇，至其子始償如訴。《齊東野語》卷十三。

2 邵博，字公濟，康節先生之孫，紹興二十年爲眉州守。郡有貴客，素以持郡縣長短通賕謝爲業，二千石來者多委曲結奉。邵雖外盡禮，而凡以事來請，輒不答，客銜之。會轉運副使吴君從襄陽來，多以襄人自隨，分屬州取俸給，邵獨不與。客知吴已怒，乃誣邵過惡數十條以啗。吴大喜，立劾奏之。未得報，即逮邵繫成都獄。司理參軍韓抃懦不能事，吴擇深刻吏僉判楊均主鞫之。時二十二年，眉州都監鄧安民以謹力得邵意，主倉庾之出入。首録置獄中，數日掠死，其家乞收葬，不許，裸其尸驗之。邵懼，每問即承。如是十月許，凡眉之吏民，連繫者數百，而死者且十輩。提點刑獄縉雲周彦約綰知其冤，亟自嘉州親詣獄疏決，邵乃得出。閲實其罪無有也，但得其以酒餽游客，使用官紙札過數等事。《夷堅甲志》卷二十。

道山公子

1 成都富春坊，群倡所聚。一夕遺火，黎明有釘一牌，大書絶句詩於其上：「夜來燒了富春坊，可是天公忒四行。只恐夜深花睡去，高燒銀燭照紅粧。」乃伊洛名德之後，號道山公子者所作。又有小詞一編，皆艷語。煇嘗得其一啓，乃代其弟上周彦約侍郎，其略云：「惟曾祖受三天子聘賢之禮數，在先朝爲九老人受道之師承。繼巢、由之高蹤，辭夔、龍之盛舉。惟君子之澤未斬，而聖人之道必傳。」文采典重如此，豈可以一時諧謔之跡而加訾議？《清波雜志》卷八。

周敦頤

1 天聖己巳，年十三，志趣高遠。濂溪舊有小橋亭，先生常釣游其上，吟風弄月，至今父老能言之。《宋名臣言行録》外集卷一。

2 〔先生〕爲南安司理，時郡獄適有囚法不當死，運使王逵欲深治之。先生獨力争，不聽，置手板歸，取告身委之而去，曰：「如此尚可仕乎？殺人以媚人，吾不爲也。」逵感悟，囚得不死。《宋名臣言行録》外集卷一。

3 〔嘉祐〕五年東歸，王荆公江東提刑，與先生相遇，語連日夜。荆公退而精思，至忘寢食。六年，倅虔州，趙清獻爲守，熟視其所爲，乃寤，執其手曰：「幾失君矣，今日乃知周茂叔也。」《宋名臣言行録》外集卷一。

4 濂溪先生，道州人，寓居永州，及先隴爲水所嚙，遂歸守墳墓，不復出仕。《吹劍三録》。

5〔先生〕嘗得疾，更一晝夜始甦。友人潘興嗣視其家，服御之物止一弊篋，錢不滿數百。《宋名臣言行録》外集卷一。

張載

1 横渠張先生名載字子厚，弟戩字天祺，爲二程先生之表叔。子厚少豪其才，欲結客取熙河、鄯鄯之地。范文正公帥延安，聞之，館於府第，俾修制科，與天祺皆登進士第。方同二程先生修《中庸》、《大學》之道，尤深於《禮》。熙寧初，子厚爲崇文院校書，天祺與伯淳同爲監察御史。時介甫行新法，伯淳自條例司官爲御史，與臺諫官論其不便，俱罷。上猶主伯淳，介甫亦不深怒之。除京西北路提點，伯淳力辭，乞與同列俱貶，改澶州簽判。天祺尤不屈，一日至政事堂言新法不便，介甫不答，以扇障面而笑。天祺怒曰：「參政笑某，不知天下人笑參政也。」趙清獻公同參大政，從旁解之，天祺曰：「公亦不可謂無罪。」清獻有愧色。謫監鳳翔府司竹監，舉家不食筍，其清如此。未幾，卒於官。子厚亦求去。熙寧十年，吴充丞相當國，復召還館。康節已病，子厚知醫，亦喜談命，診康節脈曰：「先生之疾無慮。」又曰：「頗信命否？」康節曰：「天命某自知之，世俗所謂命，某不知也。」子厚曰：「先生知天命矣，尚何言。」子厚入館數月，以病歸，過洛，康節已捐館，折簡慰撫伯温勤甚。見二程先生曰：「某之病必不起，尚可及長安也。」行至臨潼縣，沐浴更衣而寢，及旦視之，亡矣。門生衰絰挽車，葬鳳翔之横渠，是謂横渠先生。《邵氏聞見録》卷十五。

2　先生少孤自立，志氣不群，喜談兵，因與邠人焦寅游。當康定用兵時，年十八，慨然以功名自許，欲結客取洮西之地，上書謁范文正公。公知其遠器，責之曰：「儒者自有名教可樂，何事于兵！」手《中庸》一編授焉，遂翻然志于道。已求諸釋、老，乃反求之六經。《宋元學案》卷十七。

3　張横渠先生少年，注《尉繚子》一卷。《静修先生文集》卷九。《太平清話》卷下。

4　張戩天祺，與弟載子厚，關中人也，關中謂之二張。篤行不苟，一時師表，二程之表叔也。子厚惟明聖學，亦多資于二程。吕大臨與叔兄弟，後來蘇昞等從之學，學者號子厚爲横渠先生。……二程與横渠，從學者既盛，當時名其學爲張、程。《能改齋漫録》卷十二。

5　横渠昔在京師，坐虎皮，説《周易》，聽從甚衆。一夕，二程先生至，論《易》。次日，横渠撤去虎皮曰：「吾平日爲諸公説者，皆亂道。有二程近到，深明《易》道，吾所弗及，汝輩可師之。」横渠乃歸陜西。《二程外書》卷十二。

6　先生在渭，渭帥蔡公子正特所尊禮，軍府之政，小大咨之。先生夙夜從事，所以贊助之力爲多。並塞之民，常苦乏食而貸于官帑，不能足，又屬歲旱，先生力言于府，取軍儲數十萬以救之。《宋元學案》卷十八。

7　張横渠著《正蒙》時，處處置硯筆，得意即書。伯淳云：「子厚卻如此不熟。」《上蔡語録》卷三。《二程外書》卷十二。《宋元學案》卷十八。

8　先生嘗銘其書室之兩牖，東曰《砭愚》，西曰《訂頑》。伊川曰：「是起争端，不若曰《東銘》、《西銘》。」二銘雖同作于一時，而《西銘》旨意更純粹廣大。程子曰：「《訂頑》之言，極純無雜，秦、漢以來學者所未到。意極完備，乃仁之體也。」又曰：「《訂頑》立心，便可達天德。」朱子曰：「程門專以《西銘》開示學者。」《宋元學案》卷十七。

9〔朱子〕曰：横渠教人道：「夜間自不合睡。只爲無可應接，他人皆睡了，己不得不睡。」他做《正蒙》時，或夜裏默坐徹曉。他直是恁地勇，方做得。因舉曾子「任重道遠」一段曰：「子思、曾子直恁地，方被他打得透！」《宋元學案》卷十八。

張戩

1 見張載1。

2 張戩嘗於政事堂與介甫争辨事，因舉經語引證，介甫乃曰：「安石卻不會讀書，賢卻會讀書。」戩不能答。先生因云：「卻不向道，只這個便是不會讀書。」《二程遺書》卷十九。

程珦

1 見劉沆12。

程顥

1 明道元年始生，神氣秀爽，異於諸兒。未能言，叔母侯氏抱之，不知其釵墜，後數日方求之，先生以手指，隨其所指而往，果得釵，人皆驚異。《宋名臣言行録》外集卷二。

2　先生母夫人有知人之鑒。二先生幼時，勉之讀書，因書牋帖上曰「我惜勤讀書兒。」又並書二行，前曰：「殿前及第程延壽明道幼時名。」次曰：「處士。」後皆驗，夫人已知之於童稚中矣。《宋名臣言行録》外集卷三。

3　明道先生年十六七時，好田獵，後自謂今無此好。周茂叔曰：「何言之易也。但此心潛隱未發，一日萌動，復如前矣。」後十二年，暮歸，在田野間見田獵者，不覺有喜心，乃知果未無也。《言行龜鑑》卷二。

4　〔調鄠縣簿〕鄠令以先生年少，未之知。民有借其兄宅以居者，發地中藏錢，兄之子訴曰：「父所藏也。」令以無證佐難決，先生問其人曰：「藏幾何時矣。」曰：「四十年矣。」「借宅居幾何時？」曰：「二十年矣。」取錢視之，謂借宅者曰：「今官所鑄錢，不五六年即遍天下。此錢皆前數十年所鑄，何也？」其人遂服，令大奇之。《宋名臣言行録》外集卷二。《伊洛淵源録》卷二。《仕學規範》卷二。《昨非庵日纂》一集卷十五。

5　鄠縣有稅官，以賄播聞，然怙力文身，自號能殺人，衆皆憚之，雖監司州將未敢發。先生至，其人心不自安，輒爲言曰：「外人謂某自盜官錢，新主簿將發之，某勢窮必殺人。」言未訖，先生笑曰：「人之爲言，一至於此。足下食君之禄，詎肯爲盜？萬一有之，將救死不暇，安能殺人？」。其人嘿不敢言，後亦私償其所盜。《宋名臣言行録》外集卷二。《二程遺書》附録引游酢《書行狀後》。《昨非庵日纂》一集卷十五。

6　程顥鄠縣簿，張少甫武功簿，朱光庭萬年簿，關中號爲「三傑」。《小學紺珠》卷六。《七修類稿》卷二十三。《堅瓠庚集》卷二。《古事比》卷二十。

7　明道主簿上元時，謝師直爲江東轉運判官。師宰來省其兄，嘗從明道假公僕掘桑白皮。明道問之曰：「漕司役卒甚多，何爲不使？」曰：「《本草》説，桑白皮出土見日者殺人，以伯淳所使人不欺，故假之耳。」師宰之相信如此。《家世舊事》。《吹劍四録》。

8 程顥察院知澤州晉城縣時，有富民張氏子，其父死未幾，晨起有老父在門曰：「我汝父也，來就汝居。」具陳其由。張氏子驚疑莫測，相與詣縣請辨之。老父曰：「業醫遠出治疾，妻生子，貧不能養，以與張氏。某年月日某人抱去，某人見之。」顥謂：「歲月久矣，爾何説之詳也？」老父曰：「某歸而知之，書於藥法册後。」因懷中取册以進。其記曰：「某年月日，某人抱兒與張三翁」。顥問張氏子：「爾年幾何？」曰：「三十六。」「爾父在年幾何？」曰：「七十六。」謂老父曰：「是子之生，其父年四十，人已謂之三翁乎？」老父驚駭服罪。《折獄龜鑑》卷六。《仕學規範》卷二十八。

9 明道在邑中，視其民如家人。或有所訴，至有不持牒竟造庭口述者，邑中事无晨夜得以聞。嘗夜半有殺人者，明道驚曰：「吾邑中安得有此事？」已而思之曰：「當是某村某人也。」問之，果然。皆大驚以問明道，明道曰：「曩者，吾嘗行諸鄉，遍閲諸鄉人，惟此人有悖戾氣，是以知之。」其明察如此。《北窗炙輠録》卷下。

10 明道先生作縣，凡坐處皆書「視民如傷」四字，常曰：「顥常愧此四字。」《二程外書》卷十二。《伊洛淵源録》卷三。《童蒙訓》卷中。《自警編》卷八。《仕學規範》卷二十三。《言行龜鑑》卷六。

11 承議郎程顥權監察御史，神宗素知先生名，期以大用。一日論議甚久，日官報午正，先生遽求退。庭中中人相謂曰：「御史不知上未食邪？」《仕學規範》卷十七引《皇朝名臣四科事實》。

12　承議郎程顥被薦爲御史，神宗召對，問所以爲御史，對曰：「使臣拾遺補闕，裨贊朝廷，則可；使臣掇拾臣下短長，以沽直名，則不能。」神宗歎賞，以爲得御史體。《仕學規範》卷十七引《皇朝名臣四科事實》。《東山談苑》卷三。

13　見王雱4。

14　伯淳在澶州日，修橋少一長梁，曾博求之民間。後因出入，見林木之佳者，必起計度之心。因語以戒學者，心不可有一事。《二程遺書》卷三。《仕學規範》卷一。

15　見富弼67。

16　元豐八年三月五日，神宗升遐，遺詔至洛，故相韓康公爲留守。程宗丞伯淳自御史出爲汝州監酒官，會以檄來，舉哀於府第。既罷，謂康公之子宗師兵部曰：「某以言新法不便，忤大臣，同列皆謫官，某獨除監司。某不敢當，辭之。念先帝見知之恩，終無以報。」已而泣。兵部曰：「今日朝廷之事何如？」宗丞曰：「司馬君實、吕晦叔作相矣。」兵部曰：「二公果作相，當何如？」宗丞曰：「當與元豐大臣同，若先分黨與，他日可憂。」兵部曰：「何憂？」宗丞曰：「元豐大臣皆嗜利者，若使自變已甚害民之法則善矣。不然，衣冠之禍未艾也。君實忠直，難與議，晦叔解事，恐力不足耳。」既二公果並相，召宗丞。未行，以疾卒。《邵氏聞見録》卷十三。《二程外書》卷十二。《宋稗類鈔》卷十。

17　見張載4。

18　明道先生于寺廟布席，令勿背佛像。語門人云：「凡具人形者，皆當以人禮待之。」又與伊川同入廟，明道見佛揖而進，伊川則否。門人問之，明道曰：「但論年齒，他也比我多幾歲，一揖何妨。」《茶餘客話》卷十四。

19 明道先生嘗至禪寺，方飯，見趨進揖遜之盛，歎曰：「三代威儀，盡在是矣。」《童蒙訓》卷上。《二程外書》卷十二。《能改齋漫録》卷十二。《讀書鏡》卷三。《何氏語林》卷十七。《宋稗類鈔》卷六。

20 南山有石佛，歲傳其首放光，遠近男女聚觀，晝夜雜處，莫敢禁止。先生戒寺僧曰：「俟復現，必先白吾，不能往，當取其首就觀之。」自是不復有光。《宋名臣言行録》外集卷二。

21 明道先生兄弟，每見人静坐，便歎其善學。謝顯道從明道先生於扶溝，明道一日謂之曰：「爾輩在此相從，只是學某言語，故其學心口不相應，盍若行之？」請問焉，曰：「且静坐。」顯道云：「明道先生坐如泥塑人，接人則渾是一團和氣。」《言行龜鑑》卷一。《宋名臣言行録》外集卷二。

22 朱公掞來見明道于汝，歸謂人曰：「光庭在春風中坐了一個月。」《二程外書》卷十二。《言行龜鑑》卷二。

23 伊川謂明道曰：「吾兄弟近日説話太多。」明道曰：「使見呂晦叔則不得不少，見司馬君實則不得不多。」《二程外書》卷十二。

24 山谷稱周濂溪胸次如光風霽月，又云：「西風壯士淚，多爲程顥滴。」東坡爲濂溪詩云：「夫子豈我輩，造物乃其徒。」蓋蘇氏師友未嘗不起敬於周、程如此，惜乎後因嘻笑而成仇敵也。《林下偶談》卷四。《宋詩紀事》卷二十二。

25 兩程夫子赴宴，有妓侑觴，伊川拂衣起，明道盡歡而罷。次日伊川愠猶未解，明道曰：「昨日座中有妓，吾心中卻無妓。今日齋中無妓，汝心中卻有妓。」伊川自謂不及。《昨非庵日纂》一集卷十。

26　先生平生與人交無隱情，雖僮僕必託以忠信，故人亦不忍欺之。嘗自澶淵遣奴持金詣京師貿用物，計金之數可當二百千，奴無父母妻子。同列聞之，莫不駭且誚。既而奴持物如期而歸，衆始歎服。《二程遺書》附録引游酢《書行狀後》。

27　明道先生嘗憩一僧寺，夜聞窸窣有聲，命火燭之，乃鼠於佛臍中銜一書欲出。先生取視之，乃丹書也。即手抄，而納舊本佛腹。明日，召塑工補其孔。先生後如其法鍊月餘，人見其屋有光，以爲火，競趨撲之，非火也，遂不復鍊。以將成之丹塗銀器，所塗處即成金。或諷先生服之，先生曰：「吾腹中安可着此？」一道士擬傳之。比至，先生已易簀矣。《霏雪録》卷上。《宋稗類鈔》卷三。參見程頤44。

程　頤

1　二程隨侍太中知漢州，宿一僧寺。明道入門而右，從者皆隨之；伊川入門而左，獨行。至法堂上相會，伊川自謂：「此是某不及家兄處。」蓋明道和易，人皆親近；伊川嚴重，人不敢近也。《宋名臣言行録》外集卷三。

2　見范純仁12。

3　見范純仁13。

4　韓維與二先生善，屈致于潁昌。暇日同游西湖，命諸子侍行次，有言貌不莊敬者，伊川回視，厲聲叱之曰：「汝輩從長者行，敢笑語如此？韓氏孝謹之風衰矣。」韓遂皆逐去之。《宋名臣言行録》外集卷三。《伊洛淵源録》卷四。《二程外書》卷十二。

5 見韓維15。

6 伊川與韓持國善，嘗約候韓年八十一往見之。□□間，正月一日，因弟子賀正，乃曰：「某今年有一債未還，春中須當暫往潁昌見韓持國。」……韓早晚伴食，體貌加敬。一日，韓密謂子彬叔曰：「先生遠來，無以爲意。我有黄金藥楪一，重二十兩，似可爲先生壽，然未敢遽言。我當以他事使子侍食，因從容道吾意。」彬叔侍食如所戒，試啟之。先生曰：「某與乃翁道義交，故不遠而來，奚以是爲？」詰朝遂歸。韓謂彬叔曰：「我不敢面言，正謂此爾。」再三謝過而別。《二程外書》卷十二。《伊洛淵源録》卷四。《仕學規範》卷十。

7 司馬文正公在洛陽修史日，伊川先生程頤正叔爲布衣，年尚少，其見亦有時。今爲伊川學者以《文正齋記》中有曰「正叔」云，以爲字伊川者，非也，楚正議建中字正叔耳。然伊川後用文正薦，勸講禁中，未幾罷去。……孔文仲論曰：「頤在經筵僭横，造請權勢，騰口間亂，以償恩讎，致市井之間，目爲五鬼之魁。……」劉器之論曰：「程頤、歐陽棐、畢仲游、楊國寶、孫朴交結執政子弟，搢紳之間號五鬼。」《邵氏聞見後録》卷二十二。

8 忠宣守洛。游師雄景叔，忠宣門生也，赴陝漕任，過洛，留數日。啓行，忠宣餞于郊，拉程正叔會，而使妓侑酒，蓋忘正叔之來，旋悔之，無及。景叔以正叔年德高，讓居上坐，正叔亦不辭。酒數行，景叔啓白忠宣曰：「數妓遠出頗勞，某願各酬一杯。」遂執爵遍勸諸妓。正叔不樂，忠宣甚惶怖。勸將畢，正叔厲言曰：「景叔，願公愛陝之百姓亦如此。」景叔執爵，從容操西音，言曰：「覆侍講，只有此一勺裏。」正叔亦爲一嗤，忠宣意遂解。《過庭録》。

9　見游酢2。

10　元祐初，哲宗幼冲，起文潞公以平章軍國重事，召程頤正叔爲崇政殿説書。正叔以師道自居，每侍上講，色甚莊，繼以諷諫，上畏之。潞公對上恭甚，進士唱名，侍立終日，上屢曰：「太師少休。」公頓首謝，立不去，時公年九十矣。或謂正叔曰：「君之倨，視潞公之恭，議者爲未盡。」正叔曰：「潞公三朝大臣，事幼主，不得不恭。吾以布衣爲上師傅，其敢不自重？吾與潞公所以不同也。」識者服其言。《邵氏聞見録》卷十四。《宋名臣言行録》外集卷三。《二程外書》卷十二。《仕學規範》卷二十六。《愛日齋叢鈔》卷二。《宋稗類鈔》卷三。

11　伊川講南容三復白圭，内侍告曰：「容字，上舊名也。」不聽。講畢曰：「昔仁宗時，宮嬪謂正月爲初月，餅之蒸者爲炊，天下以爲非。嫌名、舊名，請勿諱。」《齊東野語》卷四。

12　嘗聞上在宮中起行，漱水必避螻蟻，因請之曰：「有是乎？」上曰：「然，誠恐傷之爾。」先生曰：「願陛下推此心以及四海，則天下幸甚。」一日，講罷未退，上忽起，憑檻戲折柳枝。先生進曰：「方春發生，不可無故摧折。」上不悦。《宋名臣言行録》外集卷三。

13　哲宗御講筵所，手折一柏枝玩。程頤爲講官，奏曰：「方春萬物發生之時，不可非時毀折。」哲宗亟擲于地，終講，有不樂之色。太后聞之，歎曰：「怪鬼壞事！」吕晦叔亦不樂其言也，云：「不須得如此。」《道山清話》。《何氏語林》卷二十八。《宋稗類鈔》卷六。

14 一日赴講會，上瘡疹不坐已累日。先生退詣宰臣問：「上不御殿，知否？」曰：「不知。」先生曰：「二聖臨朝，上不御殿，太皇不當獨坐，且人主有疾而大臣不知，可乎？」翌日，宰臣以先生言奏請問疾，由是大臣亦多不悦。而諫議孔文仲因奏先生「汙下憸巧，素無鄉行。經筵陳説，僭横忘分。遍謁貴臣，歷造臺諫，騰口間亂，以償恩讎」。致市井目爲五鬼之魁。《宋名臣言行録》外集卷三。

15 經筵承受張茂則，嘗招講官啜茶觀畫，先生曰：「吾平生不啜茶，亦不識畫。」竟不往。《宋名臣言行録》外集卷三。

16 見范祖禹9。

17 張子厚知太常禮院，定龍女衣冠，以其封善濟夫人，故依夫人品。程正叔以爲不然，曰：「龍既不當被人衣冠。矧大河之塞，本上天降祐，宗社之靈，朝廷之德，吏士之勞，龍何功之有？又聞龍女有五十三廟，皆三娘子。一龍邪？五十三龍邪？一龍則不應有五十三廟，五十三龍則不應盡爲三娘子也。」子厚默然。《雞肋編》卷下。

18 伊川與君實語終日，無一句相合。《伊洛淵源録》卷三。《二程外書》卷十二。

19 司馬温公之薨，當明堂大享，朝臣以致齋不及奠。肆赦畢，蘇子瞻率同輩以往，而程頤固争，引《論語》「子於是日哭則不歌」。子瞻曰：「明堂乃吉禮，不可謂歌則不哭也。」頤又諭司馬諸孤不得受弔，子瞻戲曰：「頤可謂燠糟鄙俚叔孫通。」聞者笑之。《孫公談圃》卷上。《何氏語林》卷二十八。《宋稗類鈔》卷六。

20 温公薨，朝廷命伊川先生主其喪事。是日也，祀明堂，禮成，而二蘇往哭温公，道遇朱公掞，問之，公掞曰：「往哭温公，而程先生以爲慶弔不同日。」二蘇悵然而反，曰：「鏖糟陂裏叔孫通也。」自是時時謔伊川。他日國忌，禱於相國寺，伊川令供素饌，子瞻詰之曰：「正叔不好佛，胡爲食素？」正叔曰：「禮，居喪不飲酒食肉。忌日，喪之餘也。」子瞻令具肉食，曰：「爲劉氏者左袒。」於是范淳夫輩食素，秦、黄輩食肉。《二程外書》卷十一。

21 司馬丞相薨於位，程伊川主喪事，專用古禮。將祀明堂，東坡自使所來弔，伊川止之曰：「公方預吉禮，非『哭則不歌』之義，不可入。」東坡不顧以入，曰：「聞『哭則不歌』，不聞『歌則不哭』也。」伊川不能敵其辯也。《邵氏聞見後録》卷二十。

22 温公之薨也，上方祀明堂，禮成，肆赦，百官稱賀。而兩省官欲往奠温公，「伊川」先生止之曰：「子於是日哭則不歌，豈有賀赦甫畢乃往弔喪。」坐客有曰：「聞哭則不歌，不聞歌則不哭。」蘇公遂以鄙語戲先生。《道命録》卷一。

23 元祐初，司馬公薨，東坡欲主喪，遂爲伊川所先，東坡不滿意。伊川以古禮斂，用錦囊囊其尸，東坡見而指之曰：「欠一件物事，當寫作信物一角，送上閻羅大王。」東坡由是與伊川失歡。《貴耳集》卷上。

24 温公薨時，程頤以臆説斂，如封角狀。蘇東坡嫉其怪妄，因怒詆曰：「此豈信物一角附上閻羅大王者耶？」《寓簡》卷十。《堯山堂外紀》卷四十七。《何氏語林》卷二十八。《宋稗類鈔》卷六。

25 程、蘇當致齋，廚稟造食葷素。蘇令辦葷，程令辦素，蘇謂致齋在心，豈拘葷素，爲劉者左袒。時館中附蘇者令辦葷，附程者令辦素。《鼠璞》卷下。

26 吕汲公以百縑遺伊川，伊川辭之。時族兄子公孫在旁，謂伊川曰：「勿爲已甚，姑受之。」伊川曰：「公之所以遺頤者，以頤貧也。公爲宰相，能進天下之賢，隨材而任之，則天下受其賜也。何獨頤貧也，天下貧者亦衆矣。公帛固多，恐公不能周也。」《宋名臣言行録》外集卷三。

27 道學黨禁，始於元祐間。伊川出入吕申公之門，東坡導諫議孔文仲奏頤爲「吕門五鬼」之魁，編管涪州。《吹劍四録》。

28 李先之、周恭叔皆從伊川學問，而學東坡文辭以文之，世固多譏之者矣。《東萊吕紫微師友雜志》。

29 先生被謫時，李邦直尹洛，令都監來見伊川。才出見之，便請上轎，先生欲略見叔母，亦不許，莫知朝命云何。是夜宿於都監廳，明日差人管押成行。至龍門，邦直遣人賷金百星，先生不受。既歸，門人問先生：「臨行時諸公賷行皆受，邦直亦是親戚，何爲不受？」先生曰：「與頤相知即可受，渠是時已與頤不相知，豈可受耶？」《伊洛淵源録》卷四。《宋名臣言行録》外集卷三。

30 先生離京，曾面言，令光庭説與淳夫，爲資善堂見畜小魚，恐近冬難畜，託淳夫取來，投之河中。《二程外書》卷十二。

31 程伊川先生言：昔貶涪州，過漢江。中流，船幾覆，舉舟之人皆號泣。伊川但正襟安坐，心存誠敬。已而船及岸，於同舟衆人中有老父問伊川曰：「當船危時，君正坐色甚莊，何以？」伊川曰：「心存誠敬耳。」老父曰：「心守誠敬固善，不若無心。」伊川尚欲與之言，因忽不見。《邵氏聞見録》卷十九。《二程外書》卷十二。《伊洛淵源録》卷四。《宋名臣言行録》外集卷三。《群書類編故事》卷三。《鶴林玉露》甲編卷五。《東山談苑》卷二。

32 伊川先生自涪州順流而歸，峽江峻急，風作浪湧。舟人皆失色，而先生端坐不動。岸旁有問者云：「達後如此？舍後如此？」伊川先生意其非凡人也，欲起揖之，而舟去遠矣。《二程外書》卷十二。

33 伊川先生自涪州歸，過襄州，楊畏爲守，待之甚厚。先生曰：「某罪戾之餘，安敢當此？」畏曰：「今時事已變。」先生曰：「時事雖變，某安敢變？」《二程外書》卷十二。

34 程伯淳、正叔兄弟，嘗事周敦頤。後與關中諸張爲友，大勝敦頤，人以爲青出于藍。《侍講日記》。

35 見張載4。

36 〔邵堯夫先生〕欲傳其學於伊川，伊川不肯。一日，與伊川同坐，聞雷聲，問伊川曰：「雷從何方起？」伊川云：「從起處起。」蓋不領其意。《童蒙訓》卷上。

37 伊川生日，致齋恭肅，不事飲燕歌樂，蓋念劬勞之力。《螢雪叢説》卷下。

38 門弟子請問《易傳》事，雖有一字之疑，伊川必再三喻之，蓋其潛心甚久，未嘗容易下一字也。《二程外書》卷十二。

39 見范祖禹21。

40 見秦觀38。

41 伊川常服蠒袍，高帽簷劣半寸，繫絛，曰：「此野人之服也。」《伊洛淵源録》卷四。

42 伊川常愛衣皂，或博褐紬襖，其袖如常人。所戴紗巾，背後望之如鐘形，其製乃似今道士，謂之「仙桃巾」者。《伊洛淵源録》卷四。

43 見司馬光111。

44 伊川因遠行，晚憩一古寺，設卧具於佛座前。未寢，聞若鼠囓聲，熟視之，果有鼠在佛腹小竅中，銜一文字，欲出復入。伊川起視之，則見佛腹竅中有文字一卷，取而讀之，乃丹方，而其首曰「不换世間術」。伊川過目，悉能了其意，遂録一本，仍以原紙納竅中。後因郊居，嘗煅此丹，其法火養四十九日乃成煅，近三十日，遇夜，則四野來問之：「宅中不遺火，某等皆見火發。」如此數四。恐驚衆，遂取出焚，試以粟粒置銀盂中，凡丹到處，皆成黄金。《席上腐談》卷下。參見程顥27。

45 程源爲伊川嫡孫，無聊殊甚，嘗鬻米于臨安新門之草橋。後有教之以干當路者，著爲《道學正統圖》，自考亭之後勦入當路姓名，遂特授初品，因除二令，又以輪對改合入官，遷寺監丞。《四朝聞見録》乙集。

46 伊川先生六代孫淮，咸淳間爲安慶倅。……淮之族尚蕃居池陽，婦人不纏足，不貫耳，至今守之。《湛淵静語》卷一。

姜愚

1 見王陶1。

2 見邵雍13。

周長孺

1　周長孺，字士彦，澶淵人，楊寘牓登第，爲渭州共城縣令。得師曰邵康節先生。士彦事先生以古弟子禮，先生告以先天之學。士彦性剛，遇事輒發，既從先生，即淡然若無意於世者。其季直孺怪問之，士彦慨然曰：「此吾得於先生者。」士彦在共城獵近郊，有兔起草間，自射中之，即其處不復見兔，得石刻，其文曰「士彦當都而卒」。後士彦每至京師必遽歸，不敢留。治平末，以都官員外郎知劍州普城縣，卒。《邵氏聞見録》卷十六。

李平

1　李平，字初平，爲郴州守。時濂溪先生爲桂陽令，初平知先生之賢，與之語，歎曰：「吾欲讀書何如？」先生曰：「公老無及矣，某請得爲公言之。」於是初平日聽先生語，二年果有悟。《言行龜鑑》卷一。

劉絢

1　劉質夫絢，自髫齔即事明道先生，天性孝悌，樂善而不爲異端所惑，氣和而體莊，持論不苟合，跬步不離學。每瞀悶時，正氣端襟，意氣即下。既卒，明道以文哭之曰：「游吾門者衆矣，而信之篤，得之多，行之果，守之固，若子者幾希。」侯師聖稱之曰：「明道平和簡易，惟劉絢近之。」《言行龜鑑》卷二。

謝良佐

1 上蔡先生初造程子，程子以客肅之，辭曰：「爲求師而來，願執弟子禮。」程子受之，館於門側。上漏旁穿，天大風雪，宵無燭，晝無炭，市飯不得温。程子弗問，謝處安焉。如是逾月，豁然有省，然後程子與之語。《困學紀聞》卷十五。

2 見楊時1。

3 四先生：謝良佐顯道、游酢定夫、吕大臨與叔、楊時中立。二程先生門人。《小學紺珠》卷五。

游酢

1 游、楊來見伊川。一日，先生坐而瞑目，二子立侍，不敢去。久之，先生乃顧曰：「二子猶在此乎？日暮矣，姑就舍。」二子者退，則門外雪深尺餘矣。《宋名臣言行録》外集卷三。《二程外書》卷十二引《侯子雅言》。《言行龜鑑》卷一。

2 游定夫忽自太學歸蔡，過扶溝伊川，伊川問：「試有期，何以歸也？」定夫曰：「某讀《禮》，太學以是應試者多，而鄉舉者實少。」伊川笑之。定夫請問，伊川曰：「是未知學也，豈無義無命乎？」定夫即復歸太學，是歲登第。《二程外書》卷十二。

3 游公定夫，其子性剛，名之以損，且曰：「損，君子以懲忿窒欲。」《步里客談》卷上。

4　見謝良佐3。

楊時

1　楊中立時調官京師，往潁昌，從學于明道。南方高弟，惟游定夫、謝顯道與公三人。伊川自涪歸，見學者凋落，多從異學，獨楊、謝不變。因歎曰：「學者皆流于異端，惟楊、謝二君長進。」中立歸，明道送之出門，因謂坐客曰：「吾道南矣。」《言行龜鑑》卷一。《宋名臣言行録》外集卷八。

2　見游酢1。

3　崇寧初，始聞楊時中立之賢於關沼止叔，久方見之，而獲從游焉。止叔嘗稱楊丈之語，以爲「世人畏死，特以衆人共畏之耳。如使人皆不畏死，則死爲不足畏矣。」止叔以楊丈實能不畏死也。《東萊呂紫微師友雜志》。

4　〔龜山〕年七十，以宰相王黼薦，除祕書郎。召至闕，遷著作郎，累遷給事中。紹興初，爲工部侍郎。卒，志銘及言行録，皆爲魯諱，不敢言所薦。《吹劍四録》。

5　楊龜山見李伯紀責降中造宅，謂人曰：「李三好閑不得。」《野老記聞》。

6　胡文定云：「楊先生卻是聰明過人，伊川纔舉起新説，有害道處，楊節節推出來。」伊川云：「楊某煞聰明。」《宋名臣言行録》外集卷八。

7　胡澹庵見楊龜山，龜山舉兩肘示之曰：「吾此肘不離案三十年，然後於道有進。」《鶴林玉露》甲編卷一。

《東山談苑》卷三。《宋稗類鈔》卷五。《古事比》卷三十。

8 見趙鼎8。

9 楊龜山廟祀在常州，有豪家欲奪其地者，郡守知之，行香日，題詩壁間，豪家媿而寢焉。詩曰：「瓣香覓路拜龜山，獨立斜陽未忍還。廟貌儼如生氣在，斷碑惟見蘚痕斑。道傳伊洛名千古，跡寄毘陵屋半間。黄鳥不知誰是主，隔林猶自語間關。」《堅瓠己集》卷二。

尹焞

1 尹焞年二十始登先生之門，嘗得朱公掞所論《雜説》呈先生，問先生：「此書可觀否？」先生留半月。一日，請曰：「前日所呈《雜説》如何？」先生曰：「某在，何必觀此？若不得頤心，只是記得他意。」焞自此不敢復讀。《宋名臣言行録》外集卷三。

2 待制尹德充焞，幼事伊川先生。初業進士應舉，策問議欲誅元祐名公卿得罪于朝者。尹歎息曰：「尚可以干禄乎哉！」不終對而出，且告于程氏曰：「焞不復應進士舉矣。」《能改齋漫録》卷十三。《言行龜鑑》卷二。

3 大觀中，新學日興，有言者曰：「程頤倡爲異端，尹焞、張繹爲之左右。」先生遂不欲仕，而聲聞益盛，德益成。同門之士皆尊畏之，伊川曰：「我死而不失其正者，尹氏子也。」《宋名臣言行録》外集卷九。

4 伊川自涪陵歸，《易傳》已成，未嘗示人。門弟子請益，有及《易》書者，方命小奴取書篋以出，身自發之，以示門弟子，非所請，不敢多閲。一日出《易傳》序示門弟子，先生受之歸，伏讀數日。後見伊川，伊川問所見，先生曰：「某固欲有所問，然不敢發。」伊川曰：「何事也？」先生曰：「至微者，理也。至著者，象也。『體用一源，顯微無間』，似太露天機也。」伊川歎美曰：「近日學者，何嘗及此？某亦不得已而言焉耳。」《二程外書》卷十二。

5 和靖在瀘州一室名曰遂志齋，取《易》「致命遂志」之義。在涪陵縣所居名曰習堂，取「學而時習之」之義。在千福院一室名曰六有齋，取横渠先生所謂「言有教，動有法，晝有爲，宵有得，息有養，瞬有存」之意。一室名曰三畏齋，取「畏天命，畏大人，畏聖人之言」之意。《伊洛淵源録》卷十一引《涪陵記善録》。《宋名臣言行録》外集卷九。

6 紹興五年，侍講范公沖舉先生自代，高宗謂侍臣曰：「昔召程頤，自布衣除崇政殿説書。焞可依例，令宣撫司津遣赴行在所。」先生累辭不得，設祭于伊川，乃上道。《宋元學案》卷五十七。

7 先是，伊川先生謫居于涪，涪人立祠于北巖，先生避地，偶亦居焉。至是以文告辭曰：「焞甲寅孟秋，始居涪陵。己卯孟冬，誤辱召命。繼下除書，實嗣講事。人微望輕，敢紹前躅？辭不獲命，勉赴行在。有補于世，則未有也；不辱其門，則有之。今兹啓行，惟先生有以鑒之。」《伊洛淵源録》卷十一。

8 尹和靖在平江累年，凡百嚴整有常，遇飲酒聽樂，但拱手安足處，終日未嘗動。平江有僧見之，曰：「吾不知儒家所謂周孔爲如何，恐亦只如此也。」《讀書鏡》卷三。

9 先是，靖康元年秋，种師道同知樞密院事，薦先生學行可備勸講。召至京師，先生不欲留，賜號「和靖處士」。户部尚書孫傅伯野、御史中丞吕好問舜徒、户部侍郎邵溥澤民、中書舍人胡安國康侯以爲未副求賢之意，乞特加識擢。會圍城，不果召。金陷河南，先生妻子皆死于賊。先生死而復蘇，竄朝安山谷中。劉豫僭立，命僞帥趙彬厚禮聘之。先生逃去，夜涉渭川，間道奔蜀。張忠獻爲宣撫處置使，招與相見。已而自閬之涪，依其子婿以居。紹興四年春，趙公、張公並相。五月，范元長除徽猷閣待制兼侍講。元長奏先生「誠明之學，實有淵源，直方之行，動合規矩，舉以代臣，允愜公議」。有旨召赴行在。宣撫司劄下涪州，知州事李瞻申宣撫司云：「尹處士雖寓本州，獨處一室，邦人莫見其面，恐非有司文移可致。乞自使司專差官一員，以禮津遣。」權宣撫副史邵溥從之。先生再辭，有旨授右宣教郎充崇政殿説書，令宣撫司加禮敦遣赴行在。范侍講又奏：「乞令夔路漕臣一員往涪州敦遣，仍差撥舟船及兵士二十人，給中金五百兩爲行費。俟至荆南，令本路帥漕司敦遣。」皆從之。六年九月，先生離涪。十二月，趙公免相，元長繼罷。諫官陳公輔乞禁伊川學，張公從之。七年二月，先生至江州，以病少留。先已七上章辭説書之命，至是復引程學爲言，乞自便。張公恥之，乃顯薦先生避僞之節，且言其所學所養有大過人者，乞令江州守臣疾速以禮敦遣。有旨依奏。九月，先生至國門，力辭新命，詔不允。會張公罷，趙公復相。先生猶以疾丐免。上賜金帛，命趙公存問慰勞，須病愈入見。先生又辭，凡二十狀，不允，乃受命。既對，又辭于上前，上曰：「朕渴卿久矣。……」先生不得辭，遂就職，時年六十有七矣。《道命録》卷三。

10 先是，陳公輔請禁伊川之學，事雖行，趙忠簡再入，公輔旋亦罷。八年，趙公免，秦檜獨相，以趙公之門多善士，已深忌之，及決屈己和戎之議，而一時仁賢争之尤力。檜大怒，遂盡斥之。蓋檜初非知道學者，始特竊其名以傾呂元直，終則没其實以害趙忠簡，是以若是其紛紛也。和静先生聞和議成，病中上疏，極諫以爲不可墮虜計，陛下此膝一屈，不可復伸。又以書切責檜，檜大怒。先生因力辭禮部侍郎恩命，章十上，迄不就職，乃得在外宫觀，尋得請致仕。時先生子婿程暐爲桐廬縣令，因往依之。暐則伊川先生之孫也。又有婿邢純爲浙東安撫司準備差遣，先生復往視之。遂以十二年十一月五日卒于紹興。《道命録》卷四。

楊國寶

1　楊應之兄弟皆安貧樂道，未嘗少屈於人。元豐間親喪，服除，至京師，寓於予家榆林舊第。日以粗飯置一盆，又以一盆盛菜蔬，兄弟分食之，甘如飴蜜。《伊洛淵源録》卷七引《吕氏雜志》。

2　楊十七學士〔應之〕嘗題所居壁云：「有竹百竿，有香一爐，有書千卷，有酒一壺，如是足矣。」伊川先生常以爲交游中惟楊應之有英氣。《伊洛淵源録》卷七。

3　楊十七學士應之國賓力行苦節，學問贍博，而弘致遠識，特異流俗。嘗題所居壁云：「有竹百竿，有香一爐，有書千卷，有酒一壺，如是足矣。」伊川正叔先生嘗以爲交游中惟楊應之有些英氣。《紫微詩話》。

案：國賓，爲「國寶」之誤。

李　潛

1　李君行自虔州入京師，至泗上，其子弟請先行，君行問其故，曰：「科場近，先欲至京師，貫開封户籍取應。」君行不許，曰：「汝虔州人而貫開封，欲求事君而先欺君，可乎？寧遲數年，不可行也。」《童蒙詩訓》。《苕溪漁隱叢話》後集卷二十二。《言行龜鑑》卷四。

陳君行

1 〔陳君行〕嘗自處州入京師，至泗州，其子弟請先行。君行問其故，曰：「科場近，欲先至京師，貫開封府户取應。」君行不許，曰：「汝處州人，而户貫開封，欲求事君，而先欺君乎？寧遲數年，不可行也。」《能改齋漫録》卷十二。

朱光庭

1 〔公掞〕簿萬年，數假邑事，邑人謂之明鏡。時程伯淳簿鄠縣，張山甫簿武功，皆以才名稱，關中謂之三傑。《宋名臣言行録》外集卷六。

2 見程顥22。

劉　恕

1 道原少顯悟俊拔，讀書過目即成誦。年四歲，坐客有言「孔子無兄弟」者，道原應聲曰：「以其兄之子妻之。」一坐驚異。十二三謁丞相晏公，問以事，道原反覆詰難，公不能對。《名臣碑傳琬琰集》中卷三十八。

《名賢氏族言行類稿》卷三十。

2 見劉攽10。

3 〔劉道原〕在洛陽，與〔司馬〕光偕如萬安山，道旁有碑，讀之，乃五代列將，人所不稱道者。道原即能言其行事終始。歸驗於舊史，信然。宋次道知亳州，家多書，道原枉道就借觀之。次道日具酒饌爲主人禮，道原曰：「此非吾所爲來也，殊廢吾事，願悉撤去。」獨閉閣晝夜讀且鈔，留旬日，盡其書而去。目爲之翳。《宋名臣言行録》後集卷十四引《十國紀年序》。《何氏語林》卷九。

4 劉道原恕，家貧不能自給，一毫不妄取於人。其自洛陽南歸也，時已十月，無寒具，司馬温公以衣襪二事及舊貂褥贐之，固辭，强與之。行之潁州，悉封而還之。司馬温公曰：「於光不受，他人可知。」《言行龜鑑》卷二。《宋名臣言行録》後集卷十四引《十國紀年序》。《何氏語林》卷三。

5 方介甫用事，呼吸成禍福，凡有施置舉，天下莫能奪。高論之士始異而終附之，面譽而背毁之，口是而心非之者，比肩是也。道原獨奮厲不顧，直指其事，是曰是，非曰非。或面刺介甫，至變色如鐵。或稠人廣坐，介甫之人滿側，道原公議其得失，無所隱。惡之者側目，愛之者寒心，至掩耳起避之，而道原曾不以爲意。《宋名臣言行録》後集卷十四引《十國紀年序》。《言行龜鑑》卷三。

6 劉道原恕嘗面折王介甫，故子瞻送之詩云：「孔融不肯讓曹操，汲黯本自輕張湯。」此語蓋詆介甫也。《步里客談》卷上。

7 荆公笑道原耽史而不窮經，相見必戲之曰：「道原讀到漢八年未？」而道原歷詆荆公之學，士子有談新經者，道原怒形於色，曰：「此人口出妖言，面帶妖氣。」《宋名臣言行録》後集卷十四引《范太史遺事》。

8 見晁説之14。

9 劉道原爲人强記，紀傳之外，閭里所録私記雜説無所不覽。坐聽其談，衮衮無窮，上下數千載間，細大之事如指掌。《宋名臣言行録》後集卷十四引《十國紀年序》。

趙彦若

1 趙元考彦若，周翰之子也，無書不記，世謂「著脚書樓」。然性不伐，而尤恭謹。館中諸公方論藥方，有一藥不知所出，雖掌禹錫大卿曾經修《本草》，亦不能省。或云：「元考安在？但問之，渠必能記也。」時元考在下坐，對曰：在幾卷，附某藥下，在第幾葉第幾行，其説云云。檢之果驗。然衆怪之，曰：「諸公紛紛，而子獨不言，何也？」元考曰：「諸公不見問，某所以不敢言耳。」元豐間，三韓人使在四明唱和詩，奏到御前，其詩序有「慚非《白雪》之詞，輒效青唇之唱」之句。神宗問「青唇」事，近臣皆不知，因薦元考。元考對：「在某小説中。然君臣間難言也，容臣寫本上進。」本入，上覽之，止是夫婦相酬答言語。因問大臣：「趙彦若何以不肯面對？」或對曰：「彦若素純謹，僚友不曾見其惰容，在君父前，宜其恭謹如此也。」上嘉歎焉。《曲洧舊聞》卷二。參見趙元老1。

趙元老

1 元豐中，高麗使朴寅亮至明州，象山尉張中以詩送之，寅亮答詩序有「花面艷吹，愧鄰婦青唇之斂；桑間陋曲，續郢人白雪之音」之語。有司劾：中小官，不當外交夷使。奏上，神宗顧左右「青唇」何事，皆不能對，乃以問趙元老，元老奏：「不經之語，不敢以聞。」神宗再諭之，元老誦《太平廣記》云：「有靚鄰夫見其婦吹火，贈詩云：『吹火朱唇動，添薪玉腕斜。遥看煙裏面，恰似霧中花。』其婦告其夫曰：『君豈不能學也？』夫曰：『汝當吹火，吾亦效之。』夫乃爲詩云：『吹火青唇動，添薪墨腕斜。遥看煙裏面，恰似鳩槃茶。』」元老之强記如此，雖怪僻小說，無不該覽。《澠水燕談録》卷九。《宋朝事實類苑》卷十六。參見程師孟1。案：元老，似「元考」之誤，即趙彦若。

朱壽昌

1 朱壽昌，刑部朱侍郎巽之子。其母微，壽昌流落貧家，十餘歲方得歸，遂失母所在，壽昌哀慕不已。及長，乃解官訪母，遍走四方，備歷艱難，見者莫不憐之。聞佛書有水懺者，其說謂欲見父母者，誦之當獲所願，壽昌乃晝夜誦持，仍刺血書懺，摹板印施於人，唯願見母，歷年甚多。忽一日至河中府，遂得其母，相持慟絶，感動行路。乃迎以歸，事母至孝。復出從仕，今爲司農少卿。士人爲之傳者數人，丞相荆公而下，皆有《朱孝子詩》數百篇。《夢溪筆談》卷九。

2 朱壽昌，字康叔，揚州天長人也。生七歲，父守長安，出其母劉氏嫁民間，母子不相知者五十年。壽昌既仕，而念母之不見也。行四方求之，不置飲食，罕御酒肉，與人言輒流涕，以浮屠法灼臂燒頂，刺血寫佛書，冀遂其志。熙寧初，棄官入秦，與家人訣誓，不見母，不復還。行次同州，得焉，劉氏時年七十餘矣。由是天下皆知其孝。壽昌始以母故，通判河中府，迎其同母弟妹以歸。居數歲，母卒，泣涕幾喪明，有白烏集其墓上。《名賢氏族言行類稿》卷五。《東軒筆録》卷十。《仕學規範》卷五引《哲宗朝名臣傳》。《湖海新聞夷堅續志》前集卷一。

張介

1 番陽張吉父介，方娠時，父去客東西川不還。張君自爲兒時，已愴然有感。其言語食息，未嘗不在蜀也。與尚書彭公器資同學，作詩云：「應是子規啼不到，致令我父未歸家。」聞者皆憐之。既長，走蜀，父初無還意。乃歸省母，復至涪閬，往返者三。其父遂以熙寧十年三月至自蜀，鄉人迎謁歎息，或爲感泣。一時名士，咸賦詩以紀其事。……張君自其父歸，又作軒以安之，而名之曰怡軒，器資爲之記云。《能改齋漫録》卷十一。《宋詩紀事》卷二十七。

姚勔

1 鄉人姚待制輝中勔，嘉祐四年進士及第。年三十爲縣令，以母老疾，遂求致仕，冀亟得朝官封其母。母卒，輝中哀毀瀕死，屏居窮巷者十五年。歲時上冢，終身常徒步往返，且行且泣，路人見者，皆爲感動。《家世舊聞》卷下。

張亶

1 張亶誠甫，洛陽人，仕熙寧中，超詣不群。一日，病得愈，夢行太空中，聞天風海濤，聲震林木。徐見海中樓闕金碧，半雲霞中，覺髫髮皆爽氣。頃列瓊裾琅珮者數百人，相與間坐，揖亶，出軸紙請賦。視筆硯，皆碧玉色。且誡曰：「此間文章，要似隱起鸞鳳，當與織女機杼分巧，過是乃人間語耳。」亶成一絶：「天風吹散赤城霞，染出連雲萬樹花。誤入醉鄉迷去路，傍人應笑亦忘家。」群仙駢首伸紙爭玩味。一人曰：「子詩佳絶，未免近凡。」酌酒一杯，極甘寒，忽覺身墮千仞之山，恍然而寤。《西清詩話》卷中。《苕溪漁隱叢話》前集卷五十八。案：後出文獻或記作舒亶事，誤。

王觀

1 見滕元發10。

2 王觀恃才放誕，陸子履慎默於事，無所可否。觀嘗以方直少之，然二人極相善也。觀寢疾，子履往候之。觀惡寒，以方帽包裹坐複帳中。子履笑曰：「體中少不佳，何至是？所謂王三惜命也。」觀應聲，復曰：「王三惜命，何如六四括囊？」當時聞者莫不大笑。《曲洧舊聞》卷六。《何氏語林》卷二十七。《堯山堂外紀》卷五十一。《宋稗類鈔》卷六。

3 王觀與章子厚友善，俱以疎散稱，時號「觀三惇七」，各言其第也。子厚執政，觀蹭蹬不達，至堂見子厚，邀至閤中話舊。欲去，子厚令引馬就登，觀上馬，對衆，顧謂子厚曰：「相公莫要忘了觀三。」子厚頗有慚色。《過庭録》。

4 王觀學士嘗應制撰《清平樂》詞云：「黄金殿裏，燭影雙龍戲。勸得官家真箇醉，進酒猶呼萬歲。折旋舞徹伊州，君恩與整搔頭。一夜御前宣住，六宫多少人愁。」高太后以爲媟瀆神宗，翌日罷職，世遂有逐客之號。《能改齋漫録》卷十七。《詞林紀事》卷五。

5 〔王觀通叟〕號王逐客。世傳「霜瓦鴛鴦」，其作也。詞格不高，以「冠柳」自名，則可見矣。《直齋書録解題》卷二十一。

6 王通叟名觀，有《冠柳集》，序者稱其高於柳詞，故曰《冠柳》。《唐宋諸賢絶妙詞選》卷五。

王　覿

1 見劉攽9。

陳大雅

1 外祖陳公大雅，爲人剛果，文章似之。再舉不第，裂冠文身，示不復踐場屋。能詩，爲清獻趙公所知。逾八十乃死。死翌日，復蘇，索筆題詩曰：「胡柳陂中過，令人念戰功。兵交千騎没，血染一川紅。朱氏皆豚犬，唐家盡虎龍。壯圖成慷慨，擲劍向西風。」題畢乃逝。味其言，豈葛從周、王彦章之徒與？

英雄之氣，毅然猶在也。《珊瑚鉤詩話》卷二。《宋詩紀事》卷二十三。

徐積

1 徐績父名石，平生不用石器，遇石不踐，遇橋則令人負之而過。《齊東野語》卷四。《吹劍四録》。《五雜組》卷十三。《古事比》卷十四。案：徐績，爲「徐積」之誤。

2 山陽徐積仲車，博學志行。父石少亡，積終身不登山，行遇石，必避之。嘗冒暑，道遇奔喪者，輟馬以遺之，徒行還家。憩户外，風乘之，得聾疾，年僅四十。勉從母命作詩賦，一舉登進士第。久之，喪母，哀毁過人，鄉里化之。葬母，助葬者數千人。《澠水燕談録》卷三。《宋朝事實類苑》卷五十三。

3 徐仲車貧甚，事母至孝。父早棄家，不知所終，乃盡力于母。既死，圖其像日祭之，飲食皆持匕箸舉進于像上，若食之者。像率淋漓霑污。父名石，每行山間，或庭宇遇有石，輒躍以過，偶誤踐，必嗚咽流涕。好作詩，頗豪怪，日未嘗輟，有六千餘篇。每客至，不暇見，必辭以作詩忙。終于家。蘇子瞻往來淮甸，亦致禮，以爲獨行君子也。《石林避暑録話》卷四。

4 徐仲車先生少年時爲母置膳，先過一賣肉家，中心欲買他肉，遂先於市中買他物，而别路於歸途爲順，且亦有賣肉者，因自念言：心中已許買他家肉，若捨而之他，能不欺心乎？遂迂道買肉而歸。且云已之行信自此始也。又言：少年時逐日以衫帽揖母。一日，當見貴官，乃用幞頭襴衫，因自念言：天下之尊，無逾父母，今反不若見貴官。自明日以幞頭襴衫往揖母焉。家人之見者，莫不笑之。既久，亦不笑也。且云己之行敬自此始也。《童蒙訓》卷下。《鶴林玉露》乙編卷一。

5 先生事母謹嚴，非有大故未嘗去其側。日具太夫人所嗜，或不獲，即奔走闤市，人或慕其純孝，損值以售之。太夫人飲食時，率家人在左右爲兒戲，或謳歌以説之。故太夫人雖在窮巷，而奉養與富貴家等，無須臾不快也。《宋名臣言行録》後集卷十四。《自警編》卷三。

6 見胡瑗5。

7 徐積仲車先生，山陽人，小許榜登科。初從安定胡先生學，潛心力行，不復仕進。……先生自言：初見安定先生，退，頭容少偏。安定忽厲聲云：「頭容直。」某因自思：不獨頭容直，心亦要直也。自此不敢有邪心。後因具公裳以見貴官，又自思云：「見貴官尚必用公裳，豈有朝夕見母而不具公裳者乎？」遂晨夕具公裳揖母。先生事母至孝，山陽人化之。《童蒙訓》卷上。《宋名臣言行録》後集卷十四。《言行龜鑑》卷一。

8 徐積仲車居山陽，以疾不仕，而士大夫稱其高風籍甚。其家節序享祀，動遵禮法，然唯祀母，而不祀父。《泊宅編》十卷本卷九。

9 徐積，字仲車，古之獨行也。耳聵甚，畫地爲字乃始通語。終日面壁坐，不與人接，而四方事無不周知其詳，雖新且密，無不先知。《東坡志林》十二卷本之卷二。《仇池筆記》卷下。

10 徐仲車先生畜犬，孳生至數十，不肯與人。或問之，云：「不忍使其母子相離。」《童蒙訓》卷中。

潘興嗣

1　清逸居士潘興嗣，字延之，初調德化縣尉。同郡許瑊，始拜江州，潘往見之，瑊不爲禮，遂懷刺歸。歸竟不之官，問道於黄龍南禪師，獲其印可。嘗曰「我清世之逸民」，故自號焉。嘉祐以來，公卿交薦，章數十上，既以筠州軍事推官起之，辭不就。隱居豫章東湖上，琴書自娱。一日，南公高弟潛庵源禪師訪之，見其拂琴次，源曰：「老老大大，猶弄箇綫索在。」對曰：「也要彈教響。」源曰：「也不少。」對曰：「知心能幾人？」寂音題其畫像曰：「毗盧無生之藏，震旦有道之器。談妙義借身爲舌，擘大千以手爲地。機鋒不減龐蘊，而解文字禪；行藏大類孺子，而值休明世。舒王强之而不可，神考致之而不起。此天下士大夫所共聞。然公豈止于是而已哉。嗚呼！」《羅湖野録》卷二。

2　見郭祥正2。

李彦高

1　熙寧辛亥、壬子間武侯李，忘其名，以供奉官爲衡州管界巡檢。一日，捕盜入九疑山，深歷巖洞，人跡罕到，忽瞻絶嶺，路窮不可上。徘徊民舍，遥見嶺中間有青煙一點，了然可辨。指以示村民，云：「居常見之，但不知爲何人所燎，樵夫牧子皆不能到也。」李侯識其處，歸以告同姓李君彦高者。李君業文，志未就，嘗以養生不死爲意，每聞有方士異人，必訪之。與游處者，皆此類，恨未有得也。聞侯言，頗喜。即裹糧，假倈所與同行從者一人，往詣之。至其所，則獨尋路望青煙處，攀緣藤而上，嶮危備歷。忽得平地，有草堂三數間。叩門而入，見一老人燕坐其中。忽覩李君，驚相謂曰：「何爲至此？此非人迹可到也。」李揖前，叙以久慕仙道，聞所聞而來。老人笑揖，與之坐。李問老人姓名，曰：「吾唐末人，因離亂避世，隱歷名山，來此亦三五十春秋矣。姓邢氏，名字不必問，吾亦不欲聞於世。」……又指面前二小池，仍有竹筒作刻漏狀，曰：「從來甲子日辰，吾盡知之今日乃何日。所不知者國姓、年號耳。」李因盡告以熙寧天子姓號，傳序年月。仙老頷之而已。李又問：「仙翁居此既久，曾略下山乎？」曰：「從來此，凡三因取水到半山下，他時未嘗出也。」因叩以仙經道術要訣，則曰：「此當修養自到，難以口耳傳授。」但以修心治性，凡爲人倫、慈愛、忠孝事告之。李不得問，糧盡乃歸。又數日，即爲五日糧裹之而去，復至其所。其人笑喜問勞，李遂留五日。復叩之，則告以吐納鍊養之事。每坐語倦，則援琵鼓之，其聲韻非世間之音。李絕不能辨其曲操，但覺草堂中逡巡如驚雷怒濤之聲，既罷，而餘韻不絕也。左右凡四窗，皆長。几上文史如世間書，李竊視之，皆墨字天篆古文，間以朱字，如刊正校讎者，李皆不能曉。五日糧盡，又歸。歸數日，又攜五日糧以往，仙翁復笑延之如故，漸無間矣。李復叩之，遂以内丹真訣語之。……因贈李十二詩，臨行又書一絕，皆天篆古文，李初莫能識。其後竟不復往，莫知所之也。李得詩，凡與同志或吾徒中善隸篆者討尋十八年，方盡識十三篇，遂以傳世。李今在衡、汾、湘間，頗有所得，但人無知者耳。《玉照新志》卷五。

周貫

1 周貫者，不知何許人，雅自號木鴈子。治平、熙寧間，往來西山，時時至高安，與予大父善，日酣飲，畜一大瓢，行旅夜以爲溺器。工作詩，詩成癖，嘗宿奉新龍泉觀，半夜搥門，道士驚，科髮披衣，啓問其故。貫笑曰：「偶得句當奉。」道士殊不意，已問之，因使口誦。貫以手指畫，吟曰：「彈琴傷指甲，蓋席損髭鬚。」是夜貫寒甚，以席自覆故爾。又至袁州，見市井李生者有秀韻，欲攜以同歸林下。而李嗜酒色，意欲無行，貫指畫藥鐺作偈示之，曰：「頑鈍天教合作鐺，縱生三脚豈能行。雖然有耳不聽法，只愛人間戀火坑。」尋死于西山，方將化，人問其幾何歲，貫曰：「八十西山作酒仙，麻鞋軋斷布衣穿。相逢甲子君休問，太極光陰不計年。」後有人見于京師橋，付書與袁州李生，云：「我明年中秋夕時，當上謁也。」至時，果造李生，生時以事出，乃以白土大書其門而去，曰：「今年中秋夕，來赴去年約。不見破鐵鐺，彈指空剥剥。」李生後竟墮馬，折一足。《冷齋夜話》卷八。《宋詩紀事》卷九十。

2 周貫，自言膠東人，常稱木雁子。善屬文，游於洪州西山，嗜酒不羈。布褐粗全。人或贈之，則詣酒家取一醉，餘皆散墜不顧。西山人見貫往來者五十餘年，而顏色如故。有以道術訪之，則必報以惡聲，使人親近不得也。熙寧元年，至豫章石頭市，遇故人張生，因託宿焉。生爲具酒食而卧。中夜，逆旅之主人，聞户外有車馬合沓聲，起而視之，無有也。惟貫所卧室户正開，猶奄奄然喘息。就而察之，貫已死矣。明日，告新建縣，尉吴杲卿往案之，柔潔如生。扶而轉之，腹中汩汩如浪鳴焉。縣主簿劉純臣使人棺殮，埋於其地云。張生還家，其弟迎門曰：「周公淩晨見過，今往雙嶺矣。」衆乃知貫非實死者也。貫所著《華陽三篇》，坐卧不離懷袖，人莫得見者。死之日，純臣得而有之，稱其文險絶而有條理。純臣以詩紀之曰：「八十西山作酒仙，麻鞋孔斷布衣穿。形骸一脱塵緣盡，太極光陰不計年。」洪覺範《冷齋夜話》嘗言其略，然亦有不同也。《能改齋漫録》卷十八。

李士寧

1　李士寧者，蓬州人，自言學道，多詭數，善爲巧發奇中。目不識書，而能口占作詩，頗有才思，而詞理迂誕，有類讖語，專以妖妄惑人。周游四方及京師，公卿貴人多重之。人未嘗見其經營及有囊橐，而貲用常饒，猝有賓客十數，珍饌立具，皆以爲有歸錢術。王介甫尤信重之，熙寧中，介甫爲相，館士寧於東府且半歲，日與其子弟游。及介甫將出金陵，乃歸蓬州。宗室世居者，太祖之孫，頗好文學，結交士大夫，有名稱，士寧先亦私入睦親宅，與之游。士寧以爲太祖肇造，宗室子孫當享其祚。會仁宗有賜英宗母仙游縣君挽歌，微有傳後之意，士寧竊其中間四句，易其首尾四句，密言世居當受天命以贈之。世居喜，賂遺甚厚。《涑水記聞》卷十六。

2　李士寧者，蜀人，得導氣養生之術，又能言人休咎。王荆公與之有舊，每延於東府，迹甚熟。荆公鎮金陵，吕惠卿參大政，會山東告李逢、劉育之變，事連宗子世居，御史府、沂州各起獄推治之。劾者言士寧嘗預此謀，勑天下捕之，獄具，世居賜死，李逢、劉育磔于市，士寧决杖，流永州，連坐者甚衆。始興此獄，引士寧者，意欲有所誣衊，會荆公再入秉政，謀遂不行。《東軒筆録》卷五。

3 見王安石3。

4 李士寧緣以金鈒龍刀遺世居坐罪，許安世亦連坐焉。初，許既魁多士，其父許玩爲越州知録，往省覲。道出杭州，見沈文通。召食罷，延之書齋，玩好盡在，見此寶刀以金塗雙龍纏之，製作精巧，光芒射人。安世見而歎愛，且屢目之。文通曰：「少張喜此耶？通自得此刀，家間禍患相繼，每欲與人。今公方魁天下，福氣必能勝之，敢以爲贈。」安世得之，寶惜特甚。而士寧素爲安世所仰，一日以示，士寧見，遂拜曰：「此物乃在公所耶！此徐温所佩，有二刀焉，其雌者士寧已得之，此其雄也。士寧爲此刀親渡海，往外國求之而不得，今乃近在公處。」歎息驚駭久之。安世問其意，士寧密曰：「我大丹未成，不得仙去者，此刀未獲也。若得此二刀以鍊丹，不惟我受其功，藥成亦可分遺公矣。」安世素神信士寧，遂舉以與之。爾後寂然久之。至世居事作，此刀在焉，乃士寧私以遺世居也。士寧既坐私入宫贈詩與世居，又有龍刀，故坐罪配永州。而詢其所由，乃安世處得之，故亦坐貶。《默記》卷下。

5 李士寧道人，蓬州人，先得塗氏所藏軒轅山鏡，洞見遠近。蔡君謨學士以道自任，聞先生之名，望風惡之。君謨一夕夢爲虎所逼，有一人救之。虎既去，與之坐曰：「公貴人也，但頭骨不正。」乃以手爲按之曰：「頭骨已正矣。」夢覺，頭尚痛。翌日，先生謁君謨，謂曰：「夜夢頗驚惶否？」君謨愕然，視其狀，乃夢中逐虎正骨者，遂異之。後出守閩中，先生經由謁君謨，因告先生久患目疾不愈，昨夜夢龍樹菩薩。先生即於袖中出畫本，視之，一如夢中所見。先生乃瞠目視君謨，須臾，兩目豁然明快。《群書類編故事》

卷十四。

6 蜀人李士寧，好言鬼神詭異事。爲予言，嘗泛海值風，廣利王使存問己。又嘗一夜，有人傳相公命己，及往，燕設甚盛，飲食醉飽。既寤，乃在梁門外。疑所謂相公者，二相神也。人皆言士寧能佗心通。士寧過余，余故默作念，侮戲之竟日，士寧不知，烏在其通也！士大夫多遺其金帛錢物，士寧以是財用常饒足。人又以爲有術能歸錢，與李少君類矣。《中山詩話》。

曹 煥

1 曹煥游嵩山，中途遇道士盤礴石上，揖曰：「汝非蘇轍之婿曹煥乎！」顧其侶曰：「何人？」曰：「老劉道士寓此，未嘗與人語。」道士曰：「蘇轍，歐永叔門人。汝以永叔爲何等人？」煥曰：「文章、忠義爲天下第一。」道士曰：「所知者如是而已。我永叔同年也，此袍得之永叔。蓋嘗破而不補，未嘗垢而洗也。近得書甚安，汝豈不知神清洞事乎？汝與我以某年某月某日同集某處，我當以某月日化於石上。」復坐，不復語。煥亦行入山，果如期化於石上。《仇池筆記》卷下。

釋智緣

1 隨州僧智緣，嘗以醫術供奉仁宗、英宗。熙寧中，朝廷取青唐、武勝，緣遂因執政上言：「乞往鄯、廓，見董氈，説令納地。」上召見後苑，賜白金以遣行，遂自稱經略大師，深爲王韶所惡，罷歸。朝廷憐其意，猶得左街首座。《東軒筆録》卷七。

釋願成

1 越州僧願成客京師，能爲符籙禁呪，時王雱幼子夜啼，用神呪而止，雱雖德之，然性靳嗇。會章惇察訪荆湖南、北二路，朝廷有意經略溪洞，或云蠻人多行南法，畏符籙，雱即薦成於章。章至辰州，先遣張裕、李資、明夷中及成等，入南江受降。裕等至洞而穢亂蠻婦，酋田元猛不勝其憤，盡縛來使，刳斬于柱。次至成，成搏顙求哀，元猛素事佛，乃不殺，押而遣之。願成不以爲恥，乃更乘大馬擁撾斧以自從，稱察訪大師，猶以入洞之勞，得紫衣師號。《東軒筆録》卷七。

釋化成

1 見王安石106。
2 見王安國23。
3 見吕惠卿12。
4 見蔡京8。
5 見劉安世1。

釋重喜

1 會稽法雲長老重喜，爲童子時，初不識字，因埽寺廊，忽若有省，遂能詩。其警句云：「地爐無火客囊空，雪似楊花落歲窮。拾得斷麻縫壞衲，不知身在寂寥中。」程公闢修撰守會稽，聞喜名，一日召之與游蕺山上方院，索詩，喜即吟云：「行到寺中寺，坐觀山外山。」蓋戲用公闢體也。《老學庵筆記》卷四。

吴有方

1 見宋神宗20。

鄭叔熊

1 〔蘇頌〕爲館職時，嘗病寒，不知人。坐幃帳中，覆以衾，衣重裘，而戰慄不已，六七日幾絶。家人號泣，不知所爲。有鄭叔熊監簿者，泉州人，鄉里號神醫，適來京師，召使診視。鄭曰：「此中熱耳。」乃盡脱衣去衾，復使當軒設浴斛，坐於中，沃以冷水，寒慄不可奈，氣欲絶，懇求止水，不可，增之不已。久乃覺氣蒸鬱上騰，如發甑釜，乃使扶置卧榻，須臾大汗。數日良已。鄭豪邁如義俠，在中都果以醫顯。《魏公譚訓》卷九。

2 余一族子舊服芎藭，醫鄭叔熊見之云：「芎藭不可久服，多令人暴死。」後族子果無疾而卒。《夢溪筆談》卷十八。

王麻胡

1 〔元豐元年〕冬，太皇太后得水疾，御醫不能愈。會新知邠州薛昌期久病水疾，得老兵王麻胡療之，數日而愈。上聞之，遣中使召麻胡入禁中療太皇太后疾，亦愈。上喜，即除麻胡翰林醫官，賜金紫，仍賜金帛，直數千緡。《涑水記聞》卷十四。

葉祖洽

1 邵武俞翁者，善相人。……葉祖洽兒童時，好騎羊爲戲，翁見之曰：「郎君當魁天下士，勉之，無戲。」祖洽遂折節讀書。會黄右丞履丁内艱，鄉居，祖洽與邑子上官均執弟子禮，師事之。嘗過小山寺，遇翁，翁逆謂曰：「狀元、榜眼，何自來此？」二人相視而笑曰：「寧有是？」翁曰：「不特爾，又同年焉。吾爲子選一題，可預爲之備。」二人未之信，戲曰：「題目謂何？」翁指庭下竹一束曰：「當作此。」二人笑而去。熙寧三年，廷試進士，罷詩賦論三題，易以策問。祖洽遂首選，均次之。方悟竹一束，蓋策字也。《夷堅甲志》卷九。

2 熙寧二年，葉祖洽得國子學解。其兄著作佐郎誼知建昌軍南城縣，寄書與祖洽，託邑人免解進士傅翼持之。翼夜夢人頭在篋中，夕夕如此。乃徙誼書於別篋，則又夢人頭在其中。到京納書於祖洽，然後無復此夢。明年，祖洽狀元及第。《能改齋漫録》卷十八。

3 邵武郡庭，有石榴一株，士人視結實之多少，以爲登科之信。熙寧庚戌歲，有雙實於本末者，又有附枝而雙實者。是歲，葉祖洽、上官均名在一二，何與均兄弟同榜。祖洽有句云：「已分桂葉争雲路，不負榴花結露枝。」《宋詩紀事》卷二十四引《海録碎事》。

4 熙寧三年三月春放榜，韓秉國、吕惠卿初考，阿時者皆在高等，訐直者皆在下等；宋次道、劉貢父覆考，皆反之。吴冲卿、陳述古多從初考。葉祖洽策言：「祖宗多因循苟簡之政，陛下即位，革而新之。」冲卿等奏從初考，李才元、蘇子瞻編排上官均第一，祖洽第二，陸佃第三。上令陳相面讀均、祖洽策，擢祖洽第一。又問佃卷所在，佃者，佃卷號也，擢第三。子瞻退擬進士對策而獻之，且言：「祖洽詆祖宗以媚時君而魁多士，何以正風化？」《苕溪漁隱叢話》後集卷三十引《司馬文正公日録》。

上官均

1 見葉祖洽1。

余　中

1 見朱服2。

2 進士及第後，例期集一月，其醵罰錢，奏宴局什物皆請同年分掌，又選最年少者二人爲探花，使賦詩，世謂之探花郎，自唐以來榜榜有之。熙寧中，吴人余中爲狀元，首乞罷期集，廢宴席探花，以厚風俗，執政從之，既而擢中爲國子監直講，以爲斯人真可以厚風俗矣。未幾，坐受舉人賄賂而升名第，事下御史府，至荷校參對，獄具，停廢。《東軒筆録》卷六。

徐　鐸

1　興化楓亭，徐鐸狀元故居，手植荔枝，名延壽紅，至今尚存。《閩小記》卷下。

時　彦

1　時邦美，陽武人。父爲鄭州牙校，補軍將吏，部差押綱至成都，時年六十四，婦方四十餘，未有子，謂其夫曰：「我有白金百星，可攜行至蜀，求一妾歸，冀得子爲身後計。」父至成都輸納畢，訪牙儈，見一女甚端麗，詰其家世，不對，窺見以布總髮，怪問之，悲泣曰：「父本都下人，爲雅州掾官卒，扶護至此，不能歸，鬻妾欲辦裝耳。」父惻然，攜金往見其母，以助其行，又爲幹行計，同上道，路中謹事掾妻如部曲，至都下，僦居葴殯畢，方辭歸。妻迎問買妾狀，具以實告。未幾，妻有孕，一夕，夢有數人披衲襖，輿一金紫人留堂中。及旦，邦美生，後堂犬亦生九子，故小字十狗。後登進士第一，官至吏部尚書。《苕溪漁隱叢話》後集卷三十六引《東皋雜録》。

2　狀頭時彦，母懷之彌月，夢數人皂衣，肩輿一金紫人徑入房中。明日，犬生九子皆黑，晚遂生彦，故小名十狗。《同年録》見之。《泊宅編》十卷本卷四。

3 韓持國知潁川府，時彦以狀元及第，每稱狀元，持國怒曰：「狀元無官耶！」自此呼爲簽判。彦終身銜之。《東齋記事》卷三。《邵氏聞見録》卷十四。

4 時彦舉進士第一人，後爲江東小漕。因按部，舟行于大江，阻風繫舟僻左港汊一山下。因與同載二三舉人盡卻從者，上山閒步。山甚峻，披荒以行。及轉山背，忽一小寺出於山頂，已有一老僧下山迎問曰：「豈非時狀元乎？」彦既訝：了無從者，且非當路，何以知其至也？僧曰：「此寺佛殿後有人題壁曰：『某年月日，時狀元到寺。』某志之有年，今日乃其所記之日時也。某及時晨起，相望久矣。」彦始吐實，而未之信也。相與至佛殿後，旋掃去積塵，始見其字，皆如僧言。而別有題年月，則彦尚未生之前也。觀其旁又曰：「此去十三年，官終四品。」彦録之以歸，嘗以語於人。至大觀初，彦以吏部尚書卒，正四品。距見題字時，適十三年矣。《默記》卷中。

焦蹈

1 元豐八年，尚書户部侍郎李定權知貢舉。給事中兼侍講蔡卞、起居舍人朱服，同權知貢舉。其夜四鼓，開寶寺寓禮部貢院火。承議郎韓玉、冀王宫大小學教授兼穆親宅講書翟曼、奉議郎陳之方、宣德郎太學博士馬希孟，皆焚死。其後別更，得焦蹈爲魁。諺曰：「不因開寶火，安得狀元焦。」《能改齋漫録》卷十二。《宋詩紀事》卷一百。

2　見蔡卞4。

3　元豐八年，禮部貢院火，試官馬希孟燔死，蔡卞亦幾死。京方知開封，募力士踰牆入，挾卞以出，遂再引試。楚公知舉，取焦蹈爲第一。故當時諺云：「不因試官火，安得狀元焦。」《家世舊聞》卷上。《堯山堂外紀》卷四十八。

4　元豐中，姑蘇有一瞽者，號「草腰帶」，善揣骨聽聲。一日，王父呼至家……適有捷夫過門報省榜者，王父亟出問榜首姓名，云：「無爲人焦蹈。」既入告之，嗟惋不已。王父怪之，因問曰：「知此人聲骨否？」曰：「熟知之。」王父曰：「官職如何？」曰：「不能食禄，安問官職也！」衆皆以爲焦已爲大魁，術者之言必謬。經旬，有自京師來者云：「揭榜後六日，焦已死矣。」《中吴紀聞》卷五。

范　鏜

1　范竑父鏜，少年漂泊，嘗徒步過豫章村落中，日高未得食，至一山寺。有僧夢黑龍繞其居，既覺，閑步出户，見有窮士凄然坐于山門。僧邀入，解榻推食以待之，且問其所向。竑父曰：「某赴開封試，途窮不能前，奈何！」僧乃傾囊以濟其行，其徒且笑且排之。是歲首荐，明年登科，後以龍圖閣學士帥江西。其僧尚在，竑父厚報之。《投轄録》。

2　見王安石87。

呂同

1 孫莘老初爲太平令，有呂同者學於孫，一夕，夢試南宫，中高選，主人，孫也，衣緋魚。覺以告孫，孫曰：「子學已充，料不日取高第，而某方仕州縣，何事文衡？況朱衣豈主文服耶！」熙寧初，呂赴禮部試，孫以記注、知諫院同知貢舉，尚衣緋。呂大喜，必在高等。俄又被黜，大悵恨，自放江湖，無復仕宦意。元豐初，呂以五舉免解，再赴禮部。孫以祕書少監知舉，尚衣五品服。牓出，呂預高薦。及贄謝，孫廳宇侍執，宛如平昔之夢。《澠水燕談録》卷六。

張諤

1 見張方平24。

王獻可

1 馮翊士人王獻可，字君和。元豐中，試京師，待榜次，一日晨起，市人擕新魚至，擲骰錢賭之。君和祝骰錢以卜前程，一擲得魚，市人拊膺曰：「我家數口，絶食已二日，就一熟分人賒此魚，望獲數錢，以爲舉家之食，子乃一擲勝之，我家食禄盡矣。」君和惻然哀之，不取魚，又以數錢遺之，市人謝而去。及下第西歸，路經澠池，早發山谷間，猝爲群盗所執，下路十數里，天明，閲客行囊，一少年忽直前問君和：「非京師邸中乞我魚不取者乎？今日乃相見於此。」再三慰謝，並同行皆免。《續夷堅志》卷四。

饒餗

1 撫人饒餗者，馳辨逞才，素捭闔於都下。熙寧初，免解到闕，因又失意。當朝廷始立青苗，方沮議交上，大丞相閉門不視事之際，生將出闕，以詩投相閤，曰：「又還垂翅下煙霄，歸指臨川去路遥。二畝荒田須賣却，要錢準備納青苗。」丞相亦以十金贐之。生少與劉史館相公沖之有素，時劉相館職知衡州，生假道封下，因謁之。公覩名紙，已顣額不悦，生趨前亟曰：「某此行有少急幹，不可暫緩，行李已出南關，又不敢望旌麾濳過，須一拜見，但乞一飯而去。」公既聞不肯少留，遂開懷待之。問曰：「塗中無闕否？」生曰：「並無，惟乏好酒爾。」遂贈佳醞一擔。拜别，鞭馬遂行，公頗幸其去。至耒陽，密覘其令譽不甚謹，遽謁之曰：「知郡學士甚託致意，有雙壺，乃兵厨精醞，仗某攜至奉贈，請具書謝之。」其令聞以書爲謝，必非詎詐。又幸其以酒令故人送至，其勢可持，大喜之。急戒刻木，數刻間，釀金半鍰贐之，瞥然遂去。後數日，劉公得謝醞書方寤，寤已噬臍矣。又一歲，下第出京，庇巨商厚貨以免征算，自撰除目一紙，盡宰府兩禁及三路巨鎮除拜遷移，皆近擬議。凡過關，首謁局吏，坐定遽曰：「還聞近日差除否？」仕人無不願聞者。曰：「某前數日聞鎮院，臨出京在某官宅恰見内探，録至遂行。其間寧不少關親舊者？」聞之無不願見。讀訖即曰：「下第窮生，弊舟無一物，致煩公吏略賜一檢。」其官皆曰：「豈煩如是。」言訖拜辭，飄然遂行。凡藉此術下汴、淮，歷江海，其關賦僅免二三千緡。《湘山野録》卷下。

周 韶

1 濠守侯德裕侍郎藏東坡一帖云：杭州營籍周韶，多蓄奇茗，嘗與君謨鬭，勝之。韶又知作詩。子容過杭，述古飲之，韶泣求落籍。子容曰：「可作一絶。」韶援筆立成，曰：「隴上巢空歲月驚，忍看回首自梳翎。開籠若放雪衣女，長念觀音般若經。」韶時有服，衣白。一座嗟歎，遂落籍。同輩皆有詩送之，二人者最善。胡楚云：「淡妝輕素鶴翎紅，移入朱欄便不同。應笑西園桃與李，强匀顔色待秋風。」龍靚云：「桃花流水本無塵，一落人間幾度春。解佩暫酬交甫意，濯纓還作武陵人。」固知杭人多慧也。《侯鯖録》卷七。《雲煙過眼録》卷上。《堯山堂外紀》卷五十三。《宋詩紀事》卷九十七。

胡楚 龍靚

1 見周韶 1。

2 見張先 17、18。

娼姥李氏

1 元豐中，夏戎之母粱氏遣將引兵卒至保安軍順寧寨，圍之數重。時寨兵至少，人心危懼。有娼姥李氏，得粱氏陰事甚詳，乃掀衣登陴，抗聲罵之，盡發其私，虜人皆掩耳，併力射之莫能中。李氏言愈醜，虜人度李終不可得，恐且得罪，遂託以他事，中夜解去。《夢溪筆談》卷二十五。

宋人軼事彙編卷二十

司馬光

1 諫議大夫司馬君池以某年作尉郫邑，越明年某月，生〔温〕公於官廨，字之曰峎，以山稱也。是歲，諫議君手植松、柟各一本於庭。《成都文類》卷三十五引《司馬温公祠堂記》。

2 予見司馬文正公親書一帖：「光年五六歲，弄青胡桃，女兄欲爲脱其皮，不得。女兄去，一婢子以湯脱之。女兄復來，問脱胡桃皮者。光曰：『自脱也。』先公適見，訶之曰：『小子何得謾語。』光自是不敢謾語。」後，公以誠學授劉器之曰：「自不謾語入。」東坡書公神道之石亦曰：「論公之德，至於感人心，動天地，巍魏如此。而蔽以二言：曰誠，曰一云。」《邵氏聞見後録》卷二十一。《宋名臣言行録》後集卷七。

3 司馬温公童稚時，與群兒戲于庭。庭有大甕，一兒登之，偶墮甕水中，群兒皆棄去，公則以石擊甕，水因穴而迸，兒得不死。蓋其活人手段已見于齠齔中，至今京洛間多爲《小兒擊甕圖》。《冷齋夜話》卷三。《北窗炙輠録》卷下。《宋名臣言行録》後集卷七。《厚德録》卷二。《自警編》卷八。《言行龜鑑》卷二。

4 司馬温公光，自成童凛然如成人，七歲聞講《左氏春秋》，大愛之。退爲家人講，即了其大義，自是手不釋卷，至不知饑渴、寒暑。年十五，書無所不通。《仕學規範》卷一引《皇朝名臣四科事實》。《宋名臣言行録》後集卷七。《名賢氏族言行類稿》卷五十四。《言行龜鑑》卷一。

5〔川北〕路運使司馬池，丞相光父也。天聖九年游台星巖，君實侍題於崖上，末云：「司馬光捧硯。」《輿地碑記目》卷四。

6　山谷言：頃與范内翰純甫同局，純甫多能言温公事。方公初官時，年尚少，家人每每見其卧齋中，忽蹶起，着公服，執手版，危坐久，率以爲常，竟莫識其意。純甫嘗從容問之，答曰：「吾時忽念天下安危事。」《宋名臣言行録》後集卷七引《冷齋夜話》。《北窗炙輠録》卷上。《東山談苑》卷五。

7　司馬温公爲定武從事，同幕私幸營妓，而公諱之。嘗會僧廬，公往迫之，使妓踰牆而去，度不可隱，乃具道。公戲之曰：「年去年來來去忙，暫偷閒卧老僧牀。驚回一覺游仙夢，又逐流鶯過短牆。」《後山詩話》。《堯山堂外紀》卷四十七。《堅瓠丙集》卷一。

8　見夏竦37。

9　司馬温公與龐元魯俱爲張存龍圖婿。張夫人賢惠。龐穎公帥太原，温公從辟，是年三十餘，未有子，龐公與劉夫人欲有所置。劉發之，張欣然莫逆，未幾得之。凡歲幾朝，温公未嘗盼睞。龐、劉知之，必以主母在嫌。一日，召張夫人賞花，温公不出。食已具，是婢靚妝，就書院供茶，温公怫然曰：「這下人，今日院君不在宅，爾出來此作甚麽？」明日，潁公幕府白司馬院丞却有祖風，謂相如卓氏也。縣君孫兆曰：「司馬院丞可惜不會彈琴，却會鼈廝趯。」聞者大笑。《畫墁録》。《邵氏聞見録》卷十一。《青瑣高議》後集卷二。《宋名臣言行録》後集卷六。《自警編》卷二。《群書類編故事》卷九。《言行龜鑑》卷二。《何氏語林》卷三。

10 劉蒙賢良書于司馬温公，乞以鬻下一婢之貲五十萬，以濟其貧。……公復書，其略曰：「某家居，食不敢常有肉，衣不敢純衣帛，何敢以五十萬市一婢乎？」……舊傳公未有子，清河郡君爲置一妾，一日乘間，俾盛飾入書室，覬一顧，而公略不領。妾思所以嘗之，取一帙問曰：「中丞此是何書？」公拱手莊色而對曰：「此是《尚書》。」妾乃逡巡而退。《清波别志》卷下。《昨非庵日纂》二集卷十三。

11 文潞公守太原，辟司馬温公爲通判，夫人生日，温公獻小詞，爲都漕唐子方峻責。《容齋隨筆》卷十五引孔毅夫《野史》。《十駕齋養新録》卷十九。案：《容齋隨筆》曰：「温公自用龐潁公辟，不與潞公、子方同時。」

12 見龐籍17。

13 見王安石37。

14 仁宗朝，司天奏：「月朔，日當食而陰雲不見，事同不食，故事當賀。」司馬光曰：「日食，四方皆見而京師獨不見，天意若曰人君爲陰邪所蔽，天下皆知而朝廷獨不知，其爲災尤甚，不當賀。」詔嘉其言，後以爲例。《澠水燕談録》卷一。《宋朝事實類苑》卷十六。

15 嘉祐中，内臣麥允言死，以其嘗有軍功，特給鹵簿。司馬光言：「古不以名器假人。允言近習之人，非有大功大勳而贈以一品，給以鹵簿，不可以爲法。」仁宗嘉納之。《澠水燕談録》卷一。《宋朝事實類苑》卷十六。

16 司馬温公與吕申公素相友善，在朝有所爲，率多以取則。温公自修起居注，召試知制誥，申公亦自外同召。温公既就試，而申公力辭不至，改除天章閣待制。温公大悔，自以爲不及。命下凡九章，辭不拜，引申公自比，云：「臣與公著同被召，公著固辭得請，而臣獨就職，是公著廉遜，而臣無愧恥也。」朝廷察其誠，因亦除天章閣待制。《石林燕語》卷九。

17 治平中，韓魏公建議於陝西刺義勇。……司馬君實時爲諫官，極言不便，持劄子至中書堂。魏公曰：「兵貴先聲後實，今諒祚勢方桀驁，使聞陝西驟益二十萬兵，豈不震慴？」君實曰：「兵之用先聲，爲無其實也，獨可以欺之於一日之間耳，少緩，則敵知其情，不可復用矣。今吾雖益二十萬兵，然實不可用，不過十日，西人知其詳，不復懼矣。」魏公不能答，復曰：「君但見慶曆間，陝西鄉兵初刺手背，後皆刺面充正兵，憂今復爾耳。今已降勑牓與民約，永不充軍戍邊矣。」君實曰：「朝廷屢失信，民間皆憂此事，未敢以勑牓爲信，雖光亦未免疑也。」魏公曰：「吾在此，君無憂此言之不信。」君實曰：「光終不敢奉信，但恐相公亦不能自信耳。」魏公怒曰：「君何相輕甚耶！」君實曰：「相公長在此坐可也，萬一均逸偃藩，它人在此，因相公見成之兵，遣之運糧戍邊，反掌閒事耳。」魏公默然，竟不爲止。其後不十年，義勇運糧戍邊，率以爲常，一如君實之言。《龍川別志》卷下。《宋名臣言行録》後集卷七。

18 司馬温公爲諫官，與韓魏公不合。其後作《祠堂記》，極稱其爲人。《朱子語類》卷一百三十。

19 見范祖禹2。

20 司馬温公修《通鑑》，伊川一日問修至何代，温公曰：「唐初也。」伊川曰：「太宗、肅宗，端的如何？」温公曰：「皆篡也。」伊川曰：「此復何疑？」伊川曰：「魏徵如何？」温公曰：「管仲，孔子與之，某於魏徵亦然。」伊川曰：「管仲知非而反正，忍死以成功業，此聖人所取其反正也。魏徵只是事讐，何所取耶？」温公竟如舊説。《二程外書》卷十二。《古事比》卷十六。

21 司馬温公生平不作草書，《資治通鑑》草本雖數百卷，顛倒塗抹，訖無一字潦草。其行己之真如此。《東山談苑》卷二。

22 司馬温公編《通鑑》時，手稿績嘗見數幅。如人名字，各分代類寫。書久未成，或言温公利餐錢，故遲遲耳。温公聞之，遂急結末了，故五代多繁冗。小人害事，往往如此。《霏雪録》卷上。

23 元豐末，司馬文正《資治通鑑》成，進御。丞相王珪、蔡確見上，問何如？上曰：「當略降出，不可久留。」又咨歎曰：「賢於荀悦《漢紀》遠矣。」罷朝，中使以其書至政事，每葉縫合以睿思殿寶章。睿思殿，上禁中觀書之地也。舍人王震等在省中，從丞相來觀，丞相笑曰：「君無近禁臠。」以言上所愛重者。《邵氏聞見後録》卷二十一。

24 司馬温公閒居西洛，著書之餘，記本朝事爲多，曰《齋記》、曰《日記》、曰《記聞》者不一也，今亡矣。時與王介甫已絶，其記介甫則直書善惡不隱。……伯温惜其不傳於代，故表出之。《邵氏聞見録》卷十一。

25 見蘇頌38。

26 見王安石53。

27 見吕誨3。

28 見吕誨4。

29 司馬君實與吕吉甫在講筵，因論變法事，至於上前紛拏。上曰：「相與講是非，何至乃爾！」既罷講，君實氣貌愈温粹，而吉甫怒氣拂膺，移時尚不能言。人言：「一箇陝西人，一箇福建子，怎生厮合得著？」《道山清話》。

30　熙寧間，荆公創行新法，任用吕惠卿等，温公争之不得，賦《春游》詩云：「人物競芬華，驪駒逐鈿車。此時松與柏，不及道傍花。」《堯山堂外紀》卷四十七。

31　安石爲相，行新法，置條例司，拜司馬公樞密院副使，公力辭至六七，卒不受命，則以書喻安石：「忠信之士於公當路時雖齟齬可憎，後必徐得其力；諂諛之人於今誠有順適之快，一旦失勢，必有賣公以自售者。」意謂吕惠卿。對賓客輒指言之曰：「覆王氏者，惠卿也。小人本以勢利合，勢傾利移，何所不至？」其後六年而惠卿叛安石，上書告其罪，苟可以覆王氏者，靡不爲也。由是天下服公先知。《言行龜鑑》卷六。《自警編》卷一。

32　傅獻簡公云：司馬文正公力辭樞近，嘗勉以主上眷意異等，得位庶可行道。道不行，去之可也。公正色曰：「古今爲此名位所誘，虧喪名節者不少矣。」卒辭不就。《邵氏聞見後録》卷二十。

33　神宗皇帝初召王荆公於金陵，一見奇之，自知制誥進翰林學士。荆公欲變更祖宗法度，行新法，退故老大臣，用新進少年，温公以爲不然，力争之。神宗用荆公爲參知政事，用温公爲樞密副使，温公以言不從，辭不拜。樞密吕公弼因奏事殿上，謂帝曰：「陛下用司馬光爲樞密，光以與王安石議論不同力辭，今日必來決去就。」時温公待對，立庭下，帝指之曰：「已來矣。」帝又歎曰：「汲黯在庭，淮南寢謀。」温公堅求去，帝不得已，乃除端明殿學士，知永興軍。到官踰月，上章曰……帝必欲用公，召知許州，令過闕上殿。方下詔，帝謂監察御史裏行程顥曰：「朕召司馬光，卿度光來否？」顥對曰：「陛下能用其言，光必來；不能用其言，光必不來。」帝曰：「未論用其言，如光者嘗在左右，人主自可無過。」公果辭召命，乞西京留司御史臺，以修《資治通鑑》。後乞提舉嵩山崇福宫。凡四任，歷十五年。帝取所修《資治通鑑》命經筵讀之，所讀將盡，而進未至，則詔促之。帝因與左丞蒲宗孟論人才，及温公，帝曰：「如司馬光未論別事，只辭樞密一節，朕自即位以來，惟見此一人。」帝之眷禮於公不衰如此。特公以新法不罷，義不可起。元豐官制成，帝曰：「御史大夫非用司馬光不可。」蔡確進曰：「國是方定，願少俟之。」至元豐七年秋，《資治通鑑》書成進御，特拜公資政殿學士，賜帶如二府品數者，修書官皆遷秩，召范祖禹及公子康爲館職。時帝初感微疾，既安，語宰輔曰：「來春建儲，以司馬光、吕公著爲師保。」帝意以謂非二公不可託聖子也。至來春三月，未及建儲而帝升遐。神宗知公之深如此。當熙寧初荆公建新法之議，帝惑之。至元豐初，聖心感悟，退荆公不用者七年，欲用公爲御史大夫、爲東宫師保，蓋將倚以爲相也。《邵氏聞見録》卷十一。

34 見王安禮1。

35 神宗嘗謂吕正獻公晦叔曰：「司馬光方直，其如迂闊何？」吕曰：「孔子上聖，子路猶謂之迂。孟軻大賢，時人亦謂之迂。况光豈免此名？大抵慮事深遠，則近于迂矣。願陛下更察之。」《能改齋漫録》卷十三。

36 温公在永興，一日行國忌香，幕次中客將有事欲白公，悮觸燭臺，倒在公身上。公不動，亦不問。

《道山清話》。

37 熙寧初，朝廷遣大理寺丞蔡天申爲京西察訪，樞密挺之子也。至西京，以南資福院爲行臺，挾其父勢，妄作威福，震動一路。河南尹李中師待制、轉運使李南公等日夤晚衙待之甚恭。時司馬温公判留司御史臺，因朝謁應天院神御殿，天申者獨立一班，蓋尹以下不敢相壓也。既報班齊，温公呼知班曰：「引蔡寺丞歸本班。」知班引天申立監竹木務官富贊善之下。蓋朝儀位著以官爲高下，朝謁應天院，留臺職也。天申即日行。《邵氏聞見録》卷十一。《何氏語林》卷十三。

38 司馬温公爲西京留臺，每出，前驅不過三節。後官宫祠，乘馬或不張蓋，自持扇障日。程伊川謂曰：「公出無從騎，市人或不識，有未便者。」公曰：「某惟求人不識爾。」《邵氏聞見録》卷十一。《讀書鏡》卷八。《昨非庵日纂》一集卷十四。《樵書》初編卷一。

39 司馬公在洛陽自號迂叟，謂其園曰獨樂園。《邵氏聞見後録》卷二十五。

40 司馬温公自少稱「迂叟」，著《迂書》四十一篇。《石林燕語》卷十。

41 司馬君實洛中新第，初遷入，一日步行，見墻外暗埋竹簽數十，問之，則曰：「此非人行之地，將以防盜也。」公曰：「吾篋中所有幾何，且盜亦人也，豈可以此爲防？」命亟去之。《道山清話》。《昨非庵日纂》一集卷三。

42 北京留守王宣徽，洛中園宅尤勝。中堂七間，上起高樓，更爲華侈。司馬公在陋巷，所居才能芘風雨，又作地室，常讀書於其中。洛人戲云：「王家鑽天，司馬家入地。」《文昌雜録》卷四。參見王拱辰7。

43 司門范郎中云，叔父蜀郡公鎮，近居許昌，作高庵以待司馬公，累招未至。庵極高，在一臺基上。司馬公居洛，作地室，隧而入，以避暑熱。故蜀郡作高庵以爲戲也。《文昌雜録》卷四。

44 司馬温公獨樂園之讀書堂，文史萬餘卷，而公晨夕所常閲者，雖累數十年，皆新若手未觸者。嘗謂其子公休曰：「賈豎藏貨貝，儒家惟此耳。然當知寶惜。吾每歲以上伏及重陽間，視天氣晴明日，即設几案於當日所，側群書其上，以曝其腦，所以年月雖深，終不損動。至於啓卷，必先視几案潔淨，藉以茵褥，然後端坐看之。或欲行看，即承以方版，未嘗敢空手捧之，非惟手汗漬及，亦慮觸動其腦。每至看竟一版，即側右手大指面襯其沿，而覆以次指面撚而挾過，故得不至揉熟其紙。每見汝輩多以指爪撮起，甚非吾意。今浮屠老氏猶知尊敬其書，豈以吾儒反不如乎？當宜志之。」《梁溪漫志》卷三。《昨非庵日纂》二集卷五。

45 司馬温公作獨樂園，朝夕燕息其間。已而游嵩山疊石溪而樂之，復買地于旁，以爲別館。然每至不過數日，復歸，不能常有，故其詩有「暫來還似客，歸去不成家」之句。《石林避暑録話》卷二。

46 參寥如洛，游獨樂園，有地高亢，不因枯枿生芝二十餘本。寥謂老圃：「盍潤澤之使長茂？」圃曰：「天生靈物，不假人力。」寥歎曰：「真温公之役也。」《後山談叢》卷六。

47 温公無子，又無姬侍。裴夫人既亡，公常忽忽不樂，時至獨樂園，於讀書堂危坐終日。常作小詩，隸書梁間云：「暫來還似客，歸去不成家。」其回人簡有云：「草妨步則薙之，木礙冠則芟之，其他任其自然，相與同生天地間，亦各欲遂其生耳。」可見公存心也。《道山清話》。

48 司馬温公昔在西都，每複被獨樂園，動輒經月。諸老時過之，間亦投壺，負者必爲冷淘，然亦未嘗置庖，特呼於市耳。會文潞公守洛，攜妓行春，日邀致公。一日自至獨樂園，吏視公歎息，公怪而詰之，答曰：「方花木盛時，公一出數十日，不惟老却春色，亦不曾看一行書，可惜瀾浪却相公也。」公深愧之，於是遺馬還第，誓不復出。諸老争來邀公，必以園吏語謝之。《五總志》。《茶香室四鈔》卷六。

49 司馬温公既居洛，每對客賦詩談文，或投壺以娱賓。公以舊格不合禮意，更定新格。以爲傾邪險詖，不足爲善，而舊圖反爲奇箭，多與之算，如倚竿帶劍之類，今皆廢其算以罰之。顛倒反覆，惡之大者，奈何以爲上，如倒中之類。今當盡廢壺中算，以明逆順。大底以精密者爲上，偶中者爲下，使夫用機徼幸者無所措手。此足以見公之志，雖嬉戲之間，亦不忘於正也。《澠水燕談録》卷八。

50〔司馬温公〕乞判西京留司御史臺，遂居洛，買園於尊賢坊，以獨樂名之，始與伯温先君子康節游。嘗曰：「某陝人，先生衛人，今同居洛，即鄉人也。有如先生道學之尊，當以年德爲貴，官職不足道也。」公一日著深衣，自崇德寺書局散步洛水堤上，因過康節天津之居，謁曰程秀才云。既見，温公也，問其故，公笑曰：「司馬出程伯休父，故曰程。」留詩云：「拜罷歸來抵寺居，解鞍縱馬罷傳呼。紫衣金帶盡脱去，便是林間一野夫。」「草軟波清沙路微，手攜笻杖著深衣。白鷗不信忘機久，見我猶穿岸柳飛。」康節和曰：「冠蓋紛華塞九衢，聲名相軋在前呼。獨君都不將爲事，始信人間有丈夫。」「風背河聲近亦微，斜陽淡泊隔雲衣。一雙白鷺來煙外，將下沙頭卻背飛。」《邵氏聞見録》卷十八。《佩韋齋輯聞》卷一。《言行龜鑑》卷三。《堯山堂外紀》卷四十七。《宋詩紀事》卷十四。

51〔司馬温公〕嘗問康節曰：「某何如人？」曰：「君實脚踏實地人也。」公深以爲知言。……康節又曰：「君實九分人也。」其重之如此。《邵氏聞見録》卷十八。《宋名臣言行録》後集卷七。《言行龜鑑》卷三。

52 見邵雍14。

53 司馬温公初居洛，問士於康節，對曰：「有尹材字處初、張雲卿字伯純、田述古字明之，三人皆賢俊。」處初、明之得進於温公門下，獨伯純未見。康節以問公，公曰：「處初、明之之賢如先生言。張君者或聞旅殯其父於和州，久不省，未敢與見。」康節曰：「張雲卿可謂孝矣。雲卿之父謫官死和州，貧不能歸，因寓其喪。雲卿奉其母歸洛，貧甚。府尹哀之，俾爲國子監説書，得月俸七千以養。若爲和州一行，則罷俸數月，將饑其母矣。其故如此。」温公悵然曰：「某之聽誤矣。」伯純自此亦從温公游。未幾，伯純之母死，徒步至和州迎父柩合葬。三君子既受知温公，公入相元祐，處初、明之以遺逸命，伯純以累舉特恩，同除學官。温公好賢下士，尊用康節之言如此。《邵氏聞見録》卷十九。

54 温公之任崇福，春夏多在洛，秋冬在夏縣。每日與本縣從學者十許人講書，用一大竹筒，筒中貯竹籤，上書學生姓名。講後一日，即抽籤令講，講不通則公微數責之。公每五日作一暖講，一盃、一飯、一麵、一肉、一菜而已。温公先隴在鳴條山，墳所有餘慶寺。公一日省墳，止寺中。有父老五六輩上謁云：「欲獻薄禮。」乃用瓦盆盛粟米飯，瓦罐盛菜羹，真飯土簋啜土鉶也。公享之如太牢。既畢，復前啓曰：「某等聞端明在縣，日爲諸生講書，村人不及往聽，今幸略説。」公即取紙筆，書《庶人》章講之。既已，復前白曰：「自《天子》章以下各有《毛詩》兩句，此獨無有，何也？」公默然少許，謝曰：「某平生慮不及此，當思其所以奉答。」村父笑而去，每見人曰：「我講書，曾難倒司馬端明。」公聞之不介意。《嬾真子録》卷一。

《卻掃編》卷下。《吹劍録》。《東南紀聞》卷一。《何氏語林》卷三。

55 温公夏縣私第在縣宇之西北數十里，質朴而嚴潔。去市不遠，如在山林中。廳事前有棣華齋，乃諸子弟肄業之所也。轉齋而東有柳塢，水四環之，待月亭及竹閣西東水亭也。巠咸榭乃附縣城爲之，正對巫咸山。後有賜書閣，貯三朝所賜之書籍。諸處牓額，皆公染指書，其法以第二指尖抵第一指頭，指頭上節微屈，染墨書之，字亦尺許大。……園圃在宅之東，温公嘗宿於閣下東畔小閣。侍吏惟一老僕，一更二點即令老僕先睡，看書至夜分，乃自掩火滅燭而睡。至五更初，公即自起，發燭點燈著述，夜夜如此。天明即入宅起居其兄，且或坐於床前，問勞説畢，即回閣下。《嬾真子録》卷五。

56 温公熙寧、元豐間嘗往來于陝洛之間，從者財三兩人，跨驢道上，人不知其温公也。每過州縣，不使人知。一日，自洛趨陝，時陝守劉仲通，諱航，元城先生之父也，知公之來，使人迓之，公已從城外過天陽津矣。劉遽使以酒四樽遺之，公不受。來使告云：「若不受，必重得罪。」公不得已，受兩壺。行三十里，至張店鎮，乃古傅巖故地，於鎮官處借人復還之。後因於陝之使宅建四公堂，謂召公、傅公、姚公、温公。《嬾真子録》卷二。

57 司馬温公居洛時，往夏縣展墓，省其兄朗中公，爲其群從鄉人説書講學。或乘興游荆、華諸山以歸。多游壽安山，買屋蕘窑畔，爲休息之地。嘗同范景仁過韓城，抵登封，憩峻極下院，登嵩頂，入崇福宫會善寺，由轘轅道至龍門，游廣愛、奉先諸寺，上華嚴閣，千佛嵓，尋高公堂，渡潛溪，入廣化寺，觀唐郭汾陽鐵像，涉伊水至香山皇龕，憩石樓，臨八節灘，過白公影堂。凡所經從多有詩什，自作序曰《游山録》，士大夫争傳之。公不喜肩輿，山中亦乘馬，路險策杖以行，故嵩山題字曰：「登山有道：徐行則不困，措足於平穩之地則不跌，慎之哉！」其旨遠矣。《邵氏聞見録》卷十一。《宋名臣言行録》後集卷七。《澄懷録》卷上。

58 司馬温公優游洛中，不屑世務，棄物我，一窮通，自稱曰齊物子。元豐中，秋與樂全子訪親洛汭，並轡過韓城，抵登封，憩峻極下院，趨嵩陽，造崇福宫、紫極觀，至紫虚谷，尋會善寺，過轘轅，遽達西洛。少留廣度寺，歷龍門，至伊陽，以訪奉先寺，登華嚴閣，觀千佛巖，躡山徑，瞻高公真堂，步潛溪，還寶應，觀文、富二公庵，之廣化寺，拜汾陽祠。下涉伊水，登香山到白公影堂，詣黄龕院，倚石樓，臨八節灘，還伊口。凡所經游，發爲詠歌，歸敍之以爲《洛游録》，士大夫争傳之。《澠水燕談録》卷四。《宋朝事實類苑》卷四十一。《何氏語林》卷二十。《宋稗類鈔》卷四。

59 宣和癸卯年，僕游嵩山峻極中院，法堂後檐壁間有詩四句云：「一團茅草亂蓬蓬，驀地燒天驀地空。争似滿爐煨榾柮，慢騰騰地熱烘烘。」字畫極草草，其旁隸書四字云：「勿毁此詩。」寺僧指示僕曰：「此四字司馬相公親書也。」又於柱間大字隸書曰：「旦、光、頤來。」其上一字，公兄也；第三字，程正叔也。《彦周詩話》。《堯山堂外紀》卷四十七。

60 温公《嵩山題字》云：「登山有道，徐行則不困，措足於平穩之地則不跌，慎之哉。」又書曰：「光視地然後敢行，頓足然後敢立。」即題嵩山語而愈誠慤。蓋公一舉動，無時不存此意。《愛日齋叢鈔》卷二。

61 司馬温公閒居西京，一日令老兵賣所乘馬，囑云：「此馬夏月有肺病，若售者，先語之。」老兵竊笑其拙，不知其用心也。《萍洲可談》卷三。

62 蜀公與温公同游嵩山，各攜茶以行。温公以紙爲貼，蜀公用小黑木合子盛之。温公見之，驚曰：「景仁乃有茶器也。」蜀公聞其言，留合與寺僧而去。後來士大夫茶器精麗，極世間之工巧，而心猶未厭。《曲洧舊聞》卷三。《清波雜志》卷四。《賢弈編》卷一。《癸辛雜識》前集。《何氏語林》卷十九。《昨非庵日纂》二集卷九。《宋稗類鈔》卷七。

63 范丞相、司馬太師俱以閒官居洛中。余時待次洛下，一日，春寒中謁之。先見温公，時寒甚，天欲雪，温公命至一小書室中坐，對談久之，爐不設火。語移時，主人設粟湯一杯而退。後至留司御史臺見范公，纔見主人，便言天寒遠來不易，趣命温酒，大杯滿釂三杯而去。《明道雜志》。《何氏語林》卷十一。《宋稗類鈔》卷四。

64 見富弼67。

65 司馬温公在洛陽閒居時，上元節，夫人欲出看燈，公曰：「家中點燈，何必出看？」夫人曰：「兼欲看游人。」公曰：「某是鬼耶！」《軒渠録》。《柳亭詩話》卷二十。

66 元豐初，官制將行。裕陵以圖子示宰執，於御史中丞、執政位牌上貼司馬温公姓名，又於中書舍人、翰林學士位牌上貼東坡姓名，其餘與新政不合者亦各有攸處。仍宣諭曰：「此諸人雖前此立朝議論不同，然各行其所學，皆是忠於朝廷也。安可盡廢！」王禹玉曰：「領德音。」蔡持正既下殿，謂同列曰：「此事烏可？須作死馬醫始得。」其後上每問及，但云：「臣等方商量進擬。」未幾宫車晏駕，而裕陵之美意卒不能行。《曲洧舊聞》卷二。

67 元豐間，神廟嘗稱温公於輔臣云：「司馬光只是待做嚴子陵，他那裏肯做事。」《東萊呂紫微師友雜志》。

68 司馬文正公在洛下，與諸故老時游集，相約酒行、果實、食品皆不得過五，謂之真率會。《石林避暑録話》卷二。《剡溪野語》。

69 洛中尚齒會，起於唐白樂天，至本朝君實亦居洛中，遂繼爲之，謂之真率會。好事者寫成圖，傳於世，所謂「九老圖」者也。……《温公集》云：「三月二十六日作真率會，伯康與君從七十八歲，安之七十七歲，正叔七十四歲，不疑七十三歲，叔達七十歲，光六十五歲，合五百一十五歲，用安之韻，招諸子西園爲會，云：『榆錢零亂柳花飛，枝上紅英漸漸稀。莫厭唧杯不虛日，須知共力惜春暉。真率春來頻宴集，不過東里只西家。小園容易邀佳客，饌具雖無已有花。』」《會約》云：「一，序齒不序官；一，爲具務簡素；一，朝夕食不過五味；一，菜果脯醢之類各不過三十器；一，酒巡無算，深淺自斟，主人不勸，客亦不辭，逐巡無下酒時，作菜羹不禁；一，召客共作一簡，客注可否于字下，不別作簡，或因事分簡者聽；一，會中早赴不待促；一，違約者每事罰一巨觥。」而七人合五百一十五歲，再成詩，用前韻云：「七人五百有餘歲，同醉花前今古稀。走馬鬭雞非我事，紵衣絲髮且相暉。」「經春無事連翩醉，彼此往來能幾家。切莫辭斟十分酒，儘教人笑滿頭花。」真率會中止有七人，而《九老圖像》有九人，不知彼二人者果何人。《苕溪漁隱叢話》後集卷二十二。

70 〔温公〕請西京留臺閒局，許之。優游多暇，訪求河南境内佳山水處，凡目之所觀，足之所歷，窮盡幽勝之趣。十數年間，倦于登覽，于是乃與楚政叔通議、王安之朝議耆老六七人，時相與會于城中之名園古寺，且爲之約，果實不過三品，肴膳不過五品，酒則無算，以爲儉則易供，簡則易繼也。命之曰真率會。文潞公時以太尉守洛，求欲附名于其間，温公不許，爲其貴顯勿納也。一日，潞公伺其爲會，戒中厨具盛饌，直往造焉。温公笑而延之，戲曰：「俗却此會矣。」相與歡飲，夜分而散，亦一時之盛事也。後温公語人曰：「吾知不合放此人入來。」《侍講日記》。《吕氏雜記》卷下。

71 見文彦博46。

72 文潞公守洛，富鄭公致仕，司馬温公宫祠，范蜀公自許下來，同過郡會。出四玉杯勸酒，官妓不謹，碎其一。潞公將治之，温公請書牘尾云：「玉爵弗揮，典禮雖聞於往記；彩雲易散，過差可恕於斯人。」潞公乃笑而釋之。《詩話總龜》後集卷四十八引《東皋雜録》。《堯山堂外記》卷四十七。《何氏語林》卷十九。

73 人傳温公家舊有琉璃盞，爲官奴所碎，洛尹怒，令糾録聽温公區處。公判云：「玉爵弗揮，典禮雖聞于往記；彩雲易散，過差宜恕于斯人。」《彦周詩話》。

74 熙寧、元豐間，士大夫論天下賢者，必曰君實、景仁。其道德風流，足以師表當世；其議論可否，足以榮辱天下。二公蓋相得歡甚，皆自以爲莫及，曰「吾與子生同志，死當同傳」。而天下之人亦無敢優劣之者。二公既約更相爲傳，而後死者則志其墓。……君實嘗謂人曰：「吾與景仁，兄弟也，但姓不同耳。」《自警編》卷四。《言行龜鑑》卷三。

75 司馬文正公以高才全德，大得中外之望，士大夫識與不識，稱之曰君實，下至閭閻匹夫匹婦，莫不能道司馬。故公之退十有餘年，而天下之人日冀其復用於朝。熙寧末，余夜宿青州北淄河馬鋪，晨起行，見村民百餘人，歡呼踴躍，自北而南。余驚問之，皆曰：「傳司馬爲宰相矣。」余以爲雖出于野人妄傳，亦其情之所素欲也。故子瞻爲公《獨樂園》詩曰：「先生獨何事，四海望陶冶。兒童誦君實，走卒知司馬。」

《澠水燕談録》卷二。《宋朝事實類苑》卷八。《宋詩紀事》卷十四。

76 司馬温公忠厚正直，出於天性，終始一節，故得天下之望。居洛十五年，天下之人，日望以爲相。神宗上仙，公赴闕哭臨，衛士見公，皆以手加額曰「司馬相公」也。民遮道曰：「無歸洛，留相天子，活百姓。」所在數千人觀之。公懼，徑歸。詔除知陳州，過闕，留拜門下侍郎，遂爲左僕射。及薨，京師民刻畫其像，家置一本，四方争購之，畫工有致富者。《澠水燕談録》卷二。《名賢氏族言行類稿》卷五十四。《自警編》卷六。

77 司馬温公元豐末來京師，都人疊足聚觀，即以相公目之，馬至於不能行。謁時相於私第，市人登樹騎屋窺瞰。人或止之，曰：「吾非望而君，所願識者司馬相公之風采耳！」呵叱不退，屋瓦爲之碎，樹枝爲之折。一時得人之心如此。《揮麈後録》卷六。《雲谷雜紀》卷三。《疑耀》卷二。

78 元豐之末，盗賊蜂起，聞司馬温公入相，衆皆盡散。《風月堂詩話》卷下。

79 遼人、夏人遣使入朝與吾使至敵中者，敵必問司馬公起居。及爲相，遼人敕其邊吏曰：「中國相司馬矣。」《自警編》卷六。

80 司馬温公自與王荆公論不合，不拜樞密副使，退居西洛，負天下重望十五年矣。故哲宗即位，宣仁太后同聽政，首起公爲宰相，其於政事不容有回忌也，故公取其害民之尤甚者罷之。王荆公嘗有恙，歎曰：「終始謂新法爲不便者，獨司馬君實耳。」蓋知其賢而不敢怨也。或謂公曰：「元豐舊臣如章惇、吕惠卿輩皆小人，它日有以父子之義間上，則朋黨之禍作矣，不可不懼。」公正色曰：「天若祚宋，當無此事。」遂改之不疑。《邵氏聞見録》卷十一。

81 温公大更法令，欽之、子瞻密言宜慮後患，温公起立拱手，厲聲曰：「天若祚宋，必無此事。」二人語塞而去。方其病也，猶肩輿見吕申公，議改都省。臨終，牀簀蕭然，惟枕間有役書一卷。故公爲挽詞云：「漏殘餘一榻，曾不爲黄金。」《孫公談圃》卷上。

82 司馬温公作相，以李公擇爲户部。公擇文士，少吏才，人多訝之。公曰：「方天下意朝廷急於利。舉此人爲户部，使天下知朝廷之意，且息貪吏望風掊刻之心也。」《晁氏客語》。《能改齋漫録》卷十三。

83 元祐初，司馬温公輔政，是歲天下斷死罪凡十人。其後二吕繼之，歲常數倍。此豈人力所能勝邪！《後山談叢》卷四。

84 一老堂吏言，司馬文正在朝堂處置常程事宜，有尋常處忽發一事，便令人心服。《步里客談》卷上。

85 司馬光爲相，每詢士大夫私計足否。人怪而問之，光曰：「儻衣食不足，安肯爲朝廷而輕去就耶！」《自警編》卷五。《吹劍三録》。《讀書鏡》卷四。

86 司馬温公在政府，每過潞公第，時潞公有門僧乞换道流，因緩頰言之。温公愕然，曰：「吾輩國之大臣，一言一行，四方風俗所繫。此僧既不能終於釋，豈能終於道，來即誅之。」僧聞即遁。《可書》。《愛日齋叢鈔》卷一。

87 温公在相位，韓持國爲門下侍郎。二公舊交相厚，温公避父之諱，每呼持國爲秉國。有武人陳狀省中，詞色頗厲。持國叱之曰：「大臣在此，不得無禮。」温公作皇恐狀曰：「吾曹叨居重位，覆餗是虞，詎可以大臣自居邪！秉國此言失矣，非所望也。」持國愧歎久之。《揮麈後録》卷六。

88 東都曹生言：「范右相既貴，接親舊情禮如故，他亦不改，世未有也。然體面肥白潔澤，豈其胸中亦以爲樂邪？惟司馬温公枯瘦自如，豈非不以富貴動其心邪！」《後山談叢》卷一。

89 見蘇軾161。

90 見蘇軾162。

91 見王安石168。

92 司馬温公疾作二十八日，執政往問，囑之曰：「某有數劄子，切爲留意，若不蒙施行，光死不瞑目。」至死，神爽不亂，氣羸不食累日。因如厠努氣，少頃而逝。《月河所聞集》。

93 〔司馬温公〕薨，京師之民罷市而往弔，鬻衣以致奠。巷哭以過車者，蓋以千萬數。上命户部侍郎趙瞻、内侍省押班馮宗道護其喪歸葬。瞻等還言：「民哭公哀甚，如哭其私親。」四方來會葬者蓋數萬人，而嶺南封州父老相率致祭，且作佛事以薦公者，其詞尤哀。炷香于首頂以送公葬者，九百餘人。京師民畫其像，刻印鬻之，家置一本，飲食必祀焉。四方皆遣人購之京師，時畫工有致富者。《雲谷雜紀》卷三。《名賢氏族言行類稿》卷五十四。《疑耀》卷二。

94 紹聖間，朝廷貶責元祐大臣及禁毁元祐學術文字。有言司馬温公《神道碑》乃蘇軾撰述，合行除毁。於是州牒巡尉，毁拆碑樓及碎碑。張山人聞之曰：「不須如此行遣，只消令山人帶一箇玉册官，去碑額上添鐫兩箇不合字，便了也。」碑額本云「忠清粹德之碑」云。《春渚紀聞》卷五。

95 司馬温公隧牌，賜名清忠粹德。紹聖初，毁磨之際，大風走石。群吏莫敢近，獨一匠氏揮斤而擊，未盡碎，忽仆于碑下而死。《孫公談圃》卷上。《行營雜録》。《堯山堂外紀》卷四十七。《宋稗類鈔》卷六。

96 司馬温公之葬也，敕蘇子瞻爲文，御筆題曰「清忠粹德之碑」。至黨禍作，仆其碑。有杏生於斷碑之罅，盤屈偃蓋，擁其龜趺。金皇統間，夏邑令建祠。入元凡二百餘年，白雲先生家與之隣，益加封殖，繪圖傳之。《湧幢小品》卷十五。

97 司馬温公曾字公實，見瞿耆年《籀史》注。《茶香室叢鈔》卷二引《攤飯續談》。

98 〔夏縣〕有涑水，故温公號涑水先生。《嬾真子録》卷四。

99 涑水先生一私印，曰「程伯休甫之後」，蓋出於《司馬遷傳》。《嬾真子録》卷四。

100 温公每至夜，輒焚香告天地曰：「司馬光今日不作欺心事。」《北窗炙輠録》卷下。

101 君實嘗患思慮紛亂，有時中夜而作，達旦不寐，可謂良自苦。《二程遺書》卷二上。

102 司馬温公平生用心甚苦，每患無著心處，明道、伊川歎其未止。一日，温公謂明道：「某近日有箇著心處，甚安。」明道曰：「何謂也？」温公曰：「只有一箇中字，著心於中，甚覺安樂。」明道舉似伊川，伊川曰：「司馬端明却只是揀得一箇好字，却不如只教他常把一串念珠，却似省力。」《二程外書》卷十二。

103 見歐陽修155。

104 南屏山興教寺磨崖《家人卦》、《中庸》、《大學》篇，司馬公書，《新圖經》不載。錢唐自五季以來，無干戈之禍，其民富麗，多淫靡之尚，其于齊家之道或缺焉，故司馬書此以助風教，非偶然爲之也。《四朝聞見録》甲集。

105 司馬温公，當世大儒，博學無所不通。雖已貴顯，而刻苦記覽，甚於韋布。嘗爲某言：「學者讀書，少能自第一卷讀至卷末，往往或從中，或從末，隨意讀起，又多不能終篇。光性最專，猶嘗患如此。」《明道雜志》。

106 公與其兄伯康友愛尤篤。伯康年將八十，公奉之如嚴父，保之如嬰兒。每食少頃，則問曰：「得無饑乎？」天少冷，則拊其背曰：「衣得無薄乎？」《宋名臣言行録》後集卷七。《自警編》卷三。

107 司馬温公有一僕，每呼君實「秀才」，蘇子瞻教之稱君實「相公」。公聞，訊之，曰：「蘇學士教我。」公歎曰：「我有一僕，被蘇子瞻教壞了。」《東山談苑》卷二。《南村輟耕録》卷七。

108 司馬公自在臺閣時，不送門狀，曰：「不誠之事，不可爲之。」《癸辛雜識》前集。《何氏語林》卷十三。

109 司馬温公嘗手書其所薦朝士爲一册，隸其卷端曰「舉賢才」。此紙百年前尚在人間，吏考其人，失之者十不一二。《水東日記》卷七。

110 司馬文正對賓客，無問賢愚長幼，悉以疑事問之。有草簿數枚，常致坐間，苟有可取，隨手記録，或對客即書，率以爲常。其書事皆真謹，公見時，已有三十餘簿。《仕學規範》卷二引《元城譚録》。《言行龜鑑》卷一。

111 國朝帽而不巾，燕居雖披襖，亦帽，否則小冠。宣政間，人君始巾。在元祐間，獨司馬温公、伊川先生以孱弱惡風，始裁皂紬包首，當時祇謂之「温公帽」、「伊川帽」，亦未有巾之名。《雲麓漫鈔》卷四。

112 温公退休之暇，擕笻爲招提之游。其寺之下有峻嶺焉，公登是嶺，見二人坐於石上，揚然自得，公亦憩於其旁。忽聞二人聯句，公不覺微笑，二人尤輕視之。乃言曰：「公亦能詩乎？可聯兩句。」温公曰：「一上一上又一上，看看行到嶺頭上。」二人大笑。少頃，公曰：「詩猶未就。」再吟兩句曰：「乾坤只在掌拏中，四海五湖歸一望。」二人相視大驚，知其爲大賢，乃長揖而退。《新編醉翁談録》卷一。

113 洪覺範云：司馬温公無所嗜好，獨蓄墨數百斤。或以爲言，公曰：「吾欲子孫知吾所用此物何爲也。」《研北雜志》卷下。《昨非庵日纂》二集卷五。

114 司馬温公與蘇子瞻論茶、墨俱香云：「茶與墨者正相反。茶欲白，墨欲黑；茶欲重，墨欲輕；茶欲新，墨欲陳。」蘇曰：「奇茶妙墨俱香，是其德同也；皆堅，是其操同也。譬如賢人君子，黔皙美惡之不同，其德操一也。」公笑以爲然。《高齋漫録》。

115 劉元城《語録》凡引司馬温公，則不著姓名，必曰老先生。劉過《上周益公》詩云：「昌黎前進士，司馬老先生。」《陔餘叢考》卷三十七。

116 紹聖、元符之間，有馬從一者，監南京排岸司。適漕使至，隨衆迎謁。漕一見怒甚，即叱之曰：「聞汝不職，未欲按汝，何以不亟去？尚敢來見我耶！」從一皇恐，自陳湖湘人，迎親竊禄，求哀不已。漕察其語南音也，乃稍霽威云：「湖南亦有司馬氏乎？」從一答曰：「某姓馬，監排岸司耳。」漕乃微笑曰：「然則勉力職事可也。」初蓋誤認爲温公族人，故欲害之。自是從一刺謁，但稱監南京排岸而已。傳者皆以爲笑。《老學庵筆記》卷十。《何氏語林》卷三十。

117 坡公《獨樂園》詩云：「兒童誦君實，走卒知司馬。」京師之貪汙不才者，人皆指笑之曰：「你好箇司馬家。」文潞公留守北京日，嘗遣人入遼偵事。回見遼主大宴群臣，伶人劇戲作衣冠者，見物必攫取懷之。有從其後以物仆之，云：「汝司馬端明邪？」是雖夷狄亦知之，豈止兒童走卒哉！宣和間，徽宗與蔡攸輩在禁中自爲優戲，上作參軍趨出。攸戲上曰：「陛下好箇神宗皇帝。」上以杖鞭之云：「你也好箇司馬丞相。」是知公論在人心，有不容泯者如此。《齊東野語》卷二十。

118 金人入洛，禁勿犯司馬光宅。張商英輩乃欲發其棺。《蓉塘詩話》卷十二。《古事比》卷五十二。

119 金人入汴，駐青城，索監書藏經，如《資治通鑑》，蘇、黄文集之屬，皆指名取索。當時朝廷行下諸路，盡毁坡、谷著作，姦黨傅會，至欲焚《資治通鑑》。賴有神宗御製序文，不敢毁，而敵國之敬重顧如此。《宋詩紀事》卷十四引《孤臣泣血録》。

司馬池

1 温公之父天章公，生于秋浦，故名池。從子校理公，生于鄉中，名里。天章長子以三月一日生，名旦。後守宛陵，生仲子，名宣。晚守浮光，得温公，名光。《揮麈録》卷四。《茶香室三鈔》卷八。

2 〔司馬池〕將入試殿廷，一日心動不能寐，曰：「吾母素多疾，能無恙否？」及至内門，徘徊不能入，蓋母亡，爲友人所匿也。因語其友，而友止告以聞有疾。池遂號慟而歸。《東都事略》卷六十。《名賢氏族言行類稿》卷五十四。

3 司馬待制池，歷睦州建德、益州郫縣尉。蜀人妄言戍兵叛，又傳蠻人將入寇，富室急瘞金玉逃山谷間。縣令閻丘夢松假他事上府，主簿稱疾不出。池攝縣事，會上元，乃張燈作樂，縱民游觀，凡三夕，民心遂安。《仕學規範》卷十五引《仁宗朝名臣傳》。

4 古之石刻存於今者，惟《石鼓》也。本露出於野，司馬池待制知鳳翔府日，輦置於府學之門廡下，外以木櫺護之。《墨客揮犀》卷八。

5 司馬待制池，温公父也，知杭州。轉運使江鈞、張從革惡池，摭其所決事十餘條奏，降知虢州。初轉運使既以奏池，而會吏有盜官銀器，繫州獄，且自陳爲鈞嘗私厨，出所費過半。又越州通判，私載物犯税，而實從革使之。因遣人私請曰：「幸憐赦之。」或謂池獨能忍也。池卒不較，人以長厚稱之。《厚德録》卷三。《清波别志》卷中。

司馬康

1 〔温〕公無子，以族人之子康爲嗣。康字公休，其賢似公，識者謂天故生之也。公休與伯温交游益厚。公薨，公休免喪。元祐間方欲大用，亦不幸，特贈諫議大夫。公休有子植，方數歲，公休素以屬伯温。至范純夫内翰輩皆曰：「將以成温公之後者，非伯温不可。」朝廷知之，伯温自長子縣尉移西京國子監教授，俾植得以卒業，因經紀司馬氏之家。植字子立，既長，其賢如公休，天下謂真温公門户中人也。亦蚤死，無子，温公之世遂絶。《邵氏聞見録》卷十八。

2 見蔡確21。

司馬朴　司馬通國

1 崇寧中，方嚴黨禁，凡係籍人子孫，不聽仕宦及身至京畿。時司馬朴文季，温公之姪孫，外祖乃范忠宣，又娶張芸叟之女。元祐年中受外家恩澤，世謂對佛殺了無罪也。《雞肋編》卷中。

2 見張舜民18。

3 金人……及立異姓，金人遂欲立司馬朴。初，朴至金，賊問其姓名，朴云：「司馬氏。」賊云：「得非司馬相公之後乎？」朴曰：「乃朴之祖。」賊曰：「使司馬相公在朝，我亦不敢至城下。」及欲立朴，曰：「吾祖有大功德於前朝，朴不才，誤蒙朝廷任使，安可作此以累吾祖之德？朴有死而已。」遂立張邦昌。《三朝北盟會編》卷九十六。

4 司馬侍郎朴陷虜後，妾生一子於燕，名之曰通國，實取蘇武胡婦所生子之名名之，而國史不書，其家亦諱之。《老學庵筆記》卷十。

5 司馬池之後朴，字文秀，借兵部侍郎使金。金丞相、燕國王完顏宗幹見而異之，因授以尚書右丞。朴不屈，然猶縱其出入敵中，生子名通國，字武子，蓋本蘇武之義。通國有大志，嘗結北方之豪韓玉舉事，皆未得要領。紹興初，玉挈家以南，授京秩江淮都督府計議軍事，其兄璘猶在敵中，以弟故與通國善。癸未九月，都督魏公遣張虬、侯澤往大梁伺璘。璘因以扇贈玉詩云：「雝雝鳴雁落江濱，夢裏年來相見頻。吟盡楚詞招不得，夕陽愁殺倚樓人。」魏公見此詩，於甲申歲春，復遣侯澤往大梁諷通國、璘等。行至亳州，爲邏者所獲。通國、璘與嘗所與交聶山三百餘口，同日遇害，是歲三月十六日也。《四朝聞見録》丙集。

司馬先

1 蜀人司馬先，元祐中爲滎州曹官。自云以温公之故，每監司到，彼獨後去而不得湯飲。蓋衆客旅進退，必特留問其家世。知非丞相昆弟，則不復延坐，遂趨而出也。《雞肋編》卷下。

吕公弼

1 吕樞密公弼，丞相申公之次子。始秦國妊娠而疾，將去之，命醫工陳遜煮藥。時方初夜，逮藥將熟已二鼓，坐而假寐。忽然鼎覆，取諸藥品差銼末再煮之。俄以嚴鼓，不覺再覆。既而又煮，而加火焉。困甚，就榻，夢一神人，披黄金甲，持劍叱陳曰：「在胞者，本朝宰相也。汝何等人，敢以毒藥加害？」陳恐栗而寤，遂以所夢洎覆鼎事白於秦國，曰：「在孕者貴人也，雖疾，當無所損。」其後生寶臣。《括異志》卷一。《孔氏談苑》卷四。參見吕公著1。

2 國朝舊制，父子兄弟及親近之在兩府者，與侍從執政之官，必相迴避。熙寧初，吕公弼爲樞密，其弟公著除御史中丞，制曰：「久欲登於近用，尚有避於當途。」公弼聞之，義不能安，遂乞罷樞府，久之，以觀文殿學士知并州。《東軒筆録》卷五。《宋朝事實類苑》卷二十八。

吕公著

1　吕夷簡娶馬尚書女，居父喪起復，又有國喪。夫人妊身，吕公患之，令飲藥去之，躬煮藥，三次觸翻。見夢云：「所孕貴人也，不可去。」遂止，即今左丞晦叔也。《月河所聞集》。參見吕公弼1。

2　正獻公幼時，未嘗博戲。人或問其故，公曰：「取之傷廉，與之傷義。」《童蒙訓》卷上。

3　見吕夷簡51。

4　吕申公公著當文靖秉政時，自書鋪中投應舉家狀，敝衣蹇驢，謙退如寒素，見者雖愛其容止，亦不異也。既去，問書鋪家，知是吕廷評，乃始驚歎。《曲洧舊聞》卷四。《何氏語林》卷三。《昨非庵日纂》二集卷九。

5　吕正獻公公著，年二十餘，通判潁州，已有重名。范文正知青州，過潁，來汶謁公，呼公謂曰：「太博，近朱者赤，近墨者黑。歐陽永叔在此，太博宜近筆硯。」申國夫人在廳後，聞其語，以教滎陽公。《言行龜鑑》卷四。

6　吕申公爲潁州通判。歐公爲守，素不以文靖爲然，及與其子爲僚，見其學識，已改觀矣。時劉原甫、王深甫皆寓居都下，四人日相從，講學爲事，情好款密。一日，分題賦詩，申公得癭木壺，其辭曰：「天地産衆材，匠者謂之智。梁桷與欂栌，小大無有棄……」云云。歐公稱賞，以爲有宰相器。《南窗紀談》。《竹莊詩話》卷十七。

7　見王安石37。

8 呂晦叔、王介甫同爲館職，當時閣下皆知名士，每評論古今人物治亂，衆人之論必止於介甫，介甫之論又爲晦叔止也。一日論劉向當漢末言天下事反復不休，或以爲知忠義，或以爲不達時變，議未決。介甫來，衆問之，介甫卒對曰：「劉向强聒人耳。」衆意未滿。晦叔來，又問之，則曰：「同姓之卿歟！」衆乃服。《邵氏聞見録》卷十二。

9 見司馬光16。

10 呂正獻公以翰林學士館伴北使，虜頗桀黠，語屢及朝廷政事。公摘契丹隱密詢之曰：「北朝嘗試進士，出《聖心獨悟賦》，賦無出處，何也？」虜使愕然語塞。《清波雜志》卷四。

11 王荆公與呂申公素相厚，荆公嘗曰：「呂十六不作相，天下不太平。」又曰：「晦叔作相，吾輩可以言仕矣。」其重之如此。議按舉時，其論尚同。荆公薦申公爲中丞，欲其爲助，故申公初多舉條例司人作臺官。既而天下苦條例司之爲民害，申公乃言新法不便。荆公怒其叛己，始有逐申公意矣。方其薦申公爲中丞，其辭以謂有八元、八凱之賢，未半年，所論不同，復謂有驩兜、共工之姦，荆公之喜怒如此。初亦未有以罪申公也，會神宗語執政，呂公著嘗言：「韓琦乞罷青苗錢，數爲執事者所沮，將興晉陽之甲以除君側之惡。」荆公因用此爲申公罪，除侍讀學士，知潁州。宋次道當制辭，荆公使之明著其語，陳相暘叔以爲不可，次道但云：「敷奏失實，援據非宜。」荆公怒，自改之曰：「比大臣之抗章，因便殿之與對。輒誣方鎮，有除惡之謀；深駭予聞，無事理之實。」申公素謹密，實無此言。或云孫覺莘老嘗爲上言：「今藩鎮大臣如此論列而遭挫折，若當唐末、五代之際，必有興晉陽之甲以除君側之惡者矣。」上已忘其人，但記美鬚，誤以爲申公也。熙寧四年，申公以提舉嵩山崇福宫居洛，寓興教僧舍。欲買宅，謀於康節先生。康節曰：「擇地乎？」曰：「不。」「擇材乎？」曰：「不。」康節曰：「公有宅矣。」未幾，得地于白師子巷張文節相宅西，隨高下爲園宅，不甚宏壯。康節、温公、申公時相往來，申公寡言，見康節必從容終日，亦不過數言而已。一日，對康節長歎曰：「民不堪命矣。」時荆公用事，推行新法者皆新進險薄之士，天下騷然，申公所歎也。康節曰：「王介甫者遠人，公與君實引薦至此，尚何言？」公作曰：「公著之罪也。」十年春，公起知河陽，河南尹賈公昌衡率温公、程伯淳餞于福先寺上東院，康節以疾不赴。明日，伯淳語康節曰：「君實與晦叔席上各辯論出處不已，某以詩解之曰：『二龍閒卧洛波清，幾歲優游在洛城。願得二公齊出處，一時同起爲蒼生。』」申公鎮河陽歲除，召拜樞密副使。後以資政殿學士知定州，又以大學士知揚州。哲宗即位，拜左丞，遷門下侍郎，與温公並相元祐，如伯淳之詩云。《邵氏聞見録》卷十二。《宋名臣言行録》後集卷八。

12 吕正獻初喜邢恕，聞恕到京，訪之旅邸中。《步里客談》卷上。

13 見韓琦98。

14 見司馬光35。

15 見富弼67。

16 初，公自河陽入覲，都人環觀，相謂曰：「此公還朝，百姓之幸也。」至是士民相慶。既受命，出殿門，武夫衛卒皆歡抃咨歎。慈聖光獻太后聞公進，尤喜曰：「積德之門也」。温公在洛，聞公登樞，以書遺都下友人曰：「晦叔進用，天下皆喜，以爲治。」《宋名臣言行録》後集卷八引《家傳》。

17 馮當世、孫和甫、吕晦叔、薛師正同在樞府，三人屢於上前争論，晦叔獨默不言。既而上顧問之，晦叔方爲之開析可否，語簡而當，上常納之，三人亦不能違也。出則未嘗語人。外皆譏晦叔循默，不副衆望，晦叔亦不辨也，而同僚或爲辨之。《涑水記聞》卷十四。《宋朝事實類苑》卷十七。《何氏語林》卷三。《昨非庵日纂》二集卷十二。

18 正獻吕公著，哲宗以邇英講《論語》，終秩，賜燕。上手書唐人詩賜輔臣、講讀官人一篇。翌日，公入謝，因摘取《尚書》、《論語》、《孝經》要語以進曰：「此皆明白，切於治道，可以備翰墨揮染，亦日就月將之一助。」太皇太后謂執政曰：「吕相進《三經要語》，皇帝每書以省覽，甚有益學問，與書唐人詩不類也。」《可書》。

19 公在相位數年，常恐一善不進而未及用，即歉然見於色。神宗嘗曰：「吕公著，人物權衡也。」《可書》。

20 正獻公廣用當世賢士，人之有一善，無不用也。嘗以數幅紙，書當世名士姓名，既而失之。後復見此紙，則所書人悉用之矣。《宋名臣言行録》後集卷八引《家傳》，又《外集》卷六。

21 吕正獻作相及平章軍國事時，於便坐接客，初惟一揖，即端坐自若，雖從官亦以次起白，及退，復起一揖，未嘗離席。《老學庵筆記》卷七。

22 曾肇子開修史，書吕文靖事，不少假借。元祐間，申公當國，或以爲言，公不答，待子開如初。客以密問公者，公曰：「肇所職，萬世之公也；人所言，吾家之私也。使肇所書非耶，天下自有公議。所書是耶，吾行其私，豈能使後世必信哉！」《曲洧舊聞》卷三。

23 吕司空公著生重牙，亦異常人也。當元祐平章軍國重事時，魯公以待制從外鎮罷，召過闕。吕司空邀魯公詣東府，列諸子侍其右，而謂魯公曰：「蔡君，公著閲人多矣，無如蔡君者，吾且謂人之不知也。」則以手自撫其座曰：「君他日必據此座，願以子孫託也。」魯公後每謂吾言，惜以黨錮事愧不能力副其意者。及在博白，一日，吕公之孫切問來，因爲道是，而切問曰：「頃魯公居從班時，《祭司空公文》蓋備之矣。」於是相與得申其契好。《鐵圍山叢談》卷三。

24 吕正獻平章軍國時，門下客因語次，或曰：「嘉問敗壞家法可惜。」公不答，客愧而退。一客少留，曰：「司空尚能容吕惠卿，何況族黨？此人妄意迎合，可惡也。」公又不答。既歸，子弟請問二客之言如何，公亦不答。《老學庵筆記》卷二。《何氏語林》卷十四。《宋稗類鈔》卷三。

25 慶曆二年十二月，詔拜吕文靖公司空、平章軍國重事。元祐三年四月，正獻公又以司空平章軍國事，父子繼以三公平章軍國，古所未有也。《澠水燕談録》卷二。《宋朝事實類苑》卷二十四。

26 見蘇軾148。

27 今年上元，吕丞相夫人禁中侍宴，獨以上相之夫人，得奉觴進於二聖。餘執政命婦，則並立副階上，北嚮羅拜。宴罷辭謝，皆登露臺望拜，奉觴以進，頗戰慄。寶慈曰：「夫人與吾年相若。」特命二女史扶擁，以示恩意。《師友談記》。

28 吕正獻公平生未嘗較曲直，聞謗未嘗辨也。自少書座右曰：「不善加己，直爲受之。」《自警編》卷一。《蓬窗日録》卷六。

29 吕正獻公至和中手書東漢延篤《與李文德書》於座右，又書古人詩「好衣不近節士體，粱穀似怕腹中書」兩句於子舍屏風。《自警編》卷三。

30 正獻公每時節必問諸生有何進益。《童蒙訓》卷上。

31 張芸叟云：呂申公名知人，故多得於下僚。家有茶羅子，一金飾，一銀，一棕櫚。方接客，索銀羅子，常客也；金羅子，禁近也；棕櫚，則公輔必矣。家人常挨排於屏間以候之。申公，温公同時人，而待客茗飲之器顧飾以金銀分等差，益知温公儉德，世無其比。《清波雜志》卷四。《何氏語林》卷十五。《宋稗類鈔》卷三。

32 公退寓陳、洛，僦舍不庇風雨。公默然一室，凝塵滿席。及爲三公居大府，亦然。《可書》。

33 呂晦叔爲中丞，一日，報在假，館中諸公因問何事在假，時劉貢父在坐，忽大言：「今日必是一箇十齋日。」蓋指晦叔好佛也。《道山清話》。

34 呂申公素喜釋氏之學，及爲相，務簡静，罕與士大夫接，惟能談禪者，多得從客。於是好進之徒往往幅巾道袍，日游禪寺，隨僧齋粥，談説理情，覬以自售，時人謂之「禪鑽」云。《郤掃編》卷上。《何氏語林》卷三十。《書影》卷六。《香祖筆記》卷六。《宋稗類鈔》卷六。

35 公晚多讀釋氏書，益究禪理。温公博學有志行，而獨不喜佛，公每勸其留意，且曰：「所謂佛，學者直貴其心術簡要爾，非必事事服習，爲方外人也。」《宋名臣言行録》後集卷八引《家傳》。

36 公居家，夏不排窗，不揮扇，冬不附火。一日盛夏，楊大夫瓌寶，字器之，將赴鎮戎軍倅，來辭。器之乃呂氏甥，公於西窗下烈日中，公裳對飲二杯，器之汗流浹背，公凝然不動。《宋名臣言行録》後集卷八引《雜志》。

37 正獻公簡重清静，出於天性，冬月不附火，夏月不用扇，聲色華耀，視之漠然也。范公内翰淳夫祖禹，實公之婿，性酷似公。《童蒙訓》卷上。

吕希哲

1〔正獻公〕教公事事循規矩。甫十歲，祁寒暑雨，侍立終日，不命之坐，不敢坐也。日必冠帶以見長者。平居，雖天甚熱，在父母長者之側，不得去巾襪、縛袴、衣服。唯謹行步出入，無得入茶肆、酒肆。市井里巷之語，鄭、衛之音，未嘗一經於耳。不正之書，非禮之色，未嘗一接於目。……公嘗言：「人生内無賢父兄，外無嚴師友，而能有成者，少矣。」《宋名臣言行録》後集卷八引《家傳》。《宋稗類鈔》卷四。

2 吕滎陽公希哲，字原明，從胡先生于太學，與伊川俱事先生，居并舍。公少伊川一二歲，察其學問淵源，非他人比，首以師禮事之。又與同舍黄公履、邢公恕相友善，一時之士，不遠萬里，皆來師之。學者相與，必稱先生，不問可知爲胡公弟子也。《言行龜鑑》卷一。

3 熙寧初，滎陽公監陳留税務。時汪輔之居陳留，恃才傲物，獨敬重公。横渠先生聞之，語人云：「於蠻貊之邦，行矣。」《童蒙訓》卷上。

4 滎陽公之監陳留税也，章樞密質夫粢知縣事，雅敬愛公。一日，因語次暴陵折公，公不爲動，質夫笑曰：「公誠厚德可服，某適來相試耳。」《童蒙訓》卷上。

5 吕原明元祐間侍講，大雪不罷講。講《孟子》，有感哲廟一笑，喜爲二絶。云：「水晶宫殿玉花零，點綴宫槐卧素屏。特勑下簾延墨客，不因風雪廢談經。」其二曰：「强記師承道古先，無窮新意出陳編。

一言有補天顔動，全勝三軍賀凱還。」《晁氏客語》。《堅瓠丁集》卷二。《宋詩紀事》卷三十五。

6 公既除諫官，累辭未獲。蘇子瞻在邇英，戲謂公曰：「法筵龍象，當觀第一義。」公笑而不答，退謂范淳甫曰：「若辭不獲命，必以楊畏爲首。」時畏方在言路，以險詐自任，頗爲子瞻所厚，公故及之。《宋名臣言行録》後集卷八。

7 滎陽公紹聖中謫居歷陽，閉户卻掃，不交人物。嘗有詩云：「老讀文書興易闌，須知養病不如閒。竹牀瓦枕虚堂上，卧看江南雨外山。」《紫微詩話》。《宋詩紀事》卷三十五。

8 滎陽公晚年習静，雖驚恐顛沛，未嘗少動。自歷陽赴單守，過山陽渡橋，橋壞，轎人俱墜于水。而滎陽公安坐轎上，神色不動，從者有溺水者。時徐仲車先生年幾七十矣，作《我敬》詩贈公曰：「我敬吕公，以其德齒。敬之愛之，何時已已。美哉吕公，文在其中。見乎外者，古人之風。惟賢有德，神相其祉。何以祝公，勿藥有喜。」《伊洛淵源録》卷七。《童蒙訓》卷上。《宋名臣言行録》後集卷八。《自警編》卷二。

9 崇寧初，滎陽公守曹州，陳無已以詩寄公云：「往時三吕共修途，擬上青雲近玉除。中道勒同奔電足，今年還值邇英廬。縱談尚記華嚴夜，枉道難隨刺史車。遣興寬爲七字句，逢人聊代一行書。」紹聖初，滎陽公罷經筵，出舍城東華嚴寺，無己與晁伯禹載之、唐季實之問皆來訪公。每晨興，公未起，三人者皆揖於門外。及寢，公就枕，三人者皆揖于門外，如親弟子云。《紫微詩話》。

10 崇寧初，滎陽公自曹州與相州太守劉壽臣唐老學士兩易，會於滑州。滑守陳伯修師錫，殿院也，坐中有詩云：「金馬舊游三學士，玉麟交政兩諸侯。」蓋記當時事也。《紫微詩話》。

11 吕侍講希哲雖性至樂易，然未嘗假人辭色，悦人以私。在邢州日，劉公安世適守潞州，邢、潞鄰州也。公之子疑問，嘗勸公與劉公書通勤懇，公曰："吾素與劉往還不熟，今豈可先意相結，私相附託耶！"卒不與書。《伊洛淵源録》卷七。《言行龜鑑》卷三。

12 滎陽公爲郡處，令公帑多畜鰒魚諸乾物，及筍乾、蕈乾以待賓客，以減雞、鴨等生命也。《宋名臣言行録》後集卷八引《雜録》。《宋名臣言行録》外集卷六。《童蒙訓》卷中。

13 公晚居宿州、真、揚間十餘年，衣食不給，有至絶糧數日者。公處之宴然，静坐一室，家事一切不問，不以毫髮事託州縣。其在和州，嘗作詩云："除卻借書沽酒外，更無一事擾公私。"閒居日讀《易》一爻，徧考古今諸儒之説，默坐沈思，隨事解釋。夜則與子孫評論古今，商榷得失，久之方罷。《伊洛淵源録》卷七。《宋名臣言行録》後集卷八引《家傳》。又《宋名臣言行録》外集卷六。《自警編》卷二。《言行龜鑑》卷二。《宋詩紀事》卷三十五。

14 滎陽公在淮陽時，東萊公爲曹官，所居廨舍無几案，以竹縛架，上置書册，器皿之屬悉不能具，處之甚安。《伊洛淵源録》卷七。

15 見汪革3。

16 滎陽吕公教學者讀書：須要字字分明；仍每句最下一字，要令聲重，聲重則記牢。《能改齋漫録》卷十二。

17 仙源嘗言，與侍講爲夫婦，相處六十年，未嘗一日有面赤。自少至老，雖衽席之上，未嘗戲笑。《宋名臣言行録》後集卷八。

呂希純

1 本朝呂希純，以父名公著，而辭著作郎。《齊東野語》卷四。

2 元祐中書舍人呂希純，字子進，作長短句，上章言人之避禍，曰：「莫交閒慮到心頭。有來憂不得，無後不須憂。」下章言人之求福，曰：「萬般希望不如休。無來求不得，有後不須求。」可謂善處禍福之間者矣。《項氏家說》卷八。

3 崇寧間，談命術者多言叔祖待制子進與曾内翰子開，皆宰相命也。或有以吉凶占於紫姑神者，代書村童即書于紙云：「待曾呂相方發。」人皆以二公可必相也，然皆不驗。豈鬼神亦但聞人所說，而遂以爲然乎？叔祖有詩云：「夢寐西山結草廬，逝將臨水詠游魚。何人見卵求時夜，更著閒言問紫姑。」《紫微詩話》。《宋詩紀事》卷二十七。

范純仁

1 范文正公在睢陽，遣堯夫于姑蘇取麥五百斛。堯夫時尚少，既還，舟次丹陽，見石曼卿，問：「寄此久近？」曼卿曰：「兩月矣。三喪在淺土，欲喪之西北歸，無可與謀者。」堯夫以所載舟付之，單騎自長蘆捷徑而去。到家拜起，侍立良久。文正曰：「東吴見故舊乎？」曰：「曼卿爲三喪未舉，留滯丹陽，時無郭元振，莫可告者。」文正曰：「何不以麥舟付之？」堯夫曰：「已付之矣。」《冷齋夜話》卷十。《宋名臣言行録》

前集卷七。《清波雜志》卷八。《中吴紀聞》卷四。《厚德録》卷二。《自警編》卷四。《群書類編故事》卷十二。《湖海新聞夷堅續志》補遺。《何氏語林》卷三。《陔餘叢考》卷十三。

2 文正公門下多延賢士，如胡瑗、孫復、石介、李覯之徒，與公從游，晝夜肄業，置燈帳中，夜分不寢。後公貴，夫人猶收其帳，頂如墨色，時以示子孫曰：「爾父少時勤學，燈煙迹也。」《宋名臣言行録》後集卷十一。《仕學規範》卷一引《皇朝名臣四科事實》。《自警編》卷一。《言行龜鑑》卷一。

3 見滕元發3。

4 再調官，皆不赴，文正公遣之，公曰：「純仁豈可重於禄食，而輕去父母邪！雖近，亦不能朝夕在側。」遂終養焉。《宋名臣言行録》後集卷十一。《仕學規範》卷六。《言行龜鑑》卷一。

5 見范仲淹102—104。

6 襄城民素不事蠶織，鮮有植桑者。公患之，因民有罪而情輕者，使植桑於家，多寡隨其罪之輕重，後按其所植榮茂與除罪，自此人得其利。公去，民懷不忘，至今號爲著作林。著作，公宰縣時官也。《宋名臣言行録》後集卷十一。

7 知襄城縣，伯兄久病心疾，公承事照管，湯藥飲食、居處衣服，必躬必親，如孝子之事嚴父。《宋名臣言行録》後集卷十一。《自警編》卷五。《言行龜鑑》卷四。

8 堯夫作襄城宰，汝州太守席上作《秋風吹汝水賦》立成。《賦話》卷十。

9 范堯夫帥陜府。有屬縣知縣因入村至一僧寺少憩，既飯，步行廊廡間，見一僧房頗雅潔，闃無人聲，案上有酒一瓢。知縣者戲書一絶於窗紙云：「爾非慧遠我非陶，何事窗間酒一瓢？僧野避人聊自醉，臥看風竹影蕭蕭。」不知其僧俗家先有事在縣理屈坐罪。明日，其僧乃截取窗字黏於狀前，訴于府，且曰：「某有施主某人，昨日攜酒至房中，值某不在房。知縣既至，施主走避，酒爲知縣所飲，不辭。但有數銀盃，知縣既醉，不知下落。銀盃各有鐫識，今施主迫某取之。乞追施主某人與廳吏某人鞫之。」堯夫曰：「爾爲僧，法當飲乎？」杖而逐之，且曰：「果有失物，令主者自來理會。」持其狀以示子姪輩曰：「爾觀此，安得守官處不自重？」即命火焚之，對僚屬中未嘗言及。後知縣者聞之，乃修書致謝。堯夫曰：「不記有此事，自無可謝。」還其書。《道山清話》。《堯山堂外紀》卷四十七。《宋詩紀事》卷九十六。

10 神宗皇帝喜談經術，臣下進見或有承聖問者，多皇遽失對。范忠宣謂立法本人情，怨讟可慮，造膝之際，累數百言，且曰：「願陛下不見是圖。」帝曰：「如何是不見是圖？」忠宣對曰：「唐杜牧所謂『天下不敢言而敢怒』者是也。」帝爲改容，味其言者久之。《曲洧舊聞》卷二。

11 見王安石55。

12 公攝帥成都，程子將告歸。既見，曰：「先生何以告我？」子曰：「公嘗言，爲將帥，當使士卒視己如父母，然後可用，然乎？」公曰：「如何？」子曰：「公言是也。然公爲政不若是，何也？」公曰：「可得聞與？」子曰：「舊帥新亡，而公張樂，大享將校於府門，是教之視帥如父母乎？」曰：「亦疑其不可，故使屬官攝主之也。」子曰：「是尤不可也，公與舊帥同僚也。失同僚之義，其過小，屬官於主帥，其義重。」曰：「廢享而頒之酒食，如何？」曰：「無頒也，武夫視酒食爲重事，弗頒則必思其所以而知事帥之義，乃因事而教也。」公曰：「若從先生言，而不來則不聞此矣。」《宋名臣言行録》後集卷十一引《遺書》。

13 范堯夫罷相，與伊川相見，責堯夫曰：「曩者某事，相公合言，何爲不言？」堯夫謝罪。又曰：「某事相公亦合言，何爲又不言？」堯夫又謝罪。如此連責數事，堯夫皆謝罪。及他日，伊川偶見堯夫劄子一篋，凡伊川責堯夫所不言者，皆已先言之矣，但不與伊川辨一詞，惟謝罪。《北窗炙輠録》卷上。

14 范忠宣公知齊，獄多屠販盜竊，遂盡呼出，立於庭下，戒飭之曰：「爾輩爲惡不悛，在位者不欲釋汝，懼爲良民害，復繫官司。汝等若能悔過自新，我欲釋汝。」皆叩頭曰：「敢不佩服教令。」遂釋之，懽呼而出，轉相告語。是歲犯者減舊歲之半。《言行龜鑑》卷七。《宋名臣言行録》後集卷十一。《自警編》卷八。

15 見司馬光63。

16 〔忠宣〕公帥慶陽時，爲總管种詁無故訟於朝。上遣御史按治，詁停任，公亦罷帥。至公再兼樞密副使，詁尚停任，復薦爲永興軍路鈐轄，又薦知隰州。公每自咎曰：「先人與种氏上世有契義，某不肖，爲其子孫所訟，寧論事之曲直哉！」《邵氏聞見録》卷十五。《仕學規範》卷十二。《言行龜鑑》卷三。

17 元祐丁卯十一月雪中，予過范堯夫于西府，先有五客在坐。予既見，因衆人論説民間利害，公甚喜。書室中無火，坐久寒甚，公命温酒來，與坐客各舉兩大白，公曰：「説得通透後，令人心神融暢。」《道山清話》。《何氏語林》卷五。

18 先人嘗言：熙寧、元豐間，司馬文正、范忠宣先後爲西都留臺，吾皆從之游。至元祐初，文正起爲宰相，忠宣起爲樞密使，吾見之，其話言服用，一如在西都時，但忠宣顔色甚澤，文正清苦無少異。吾以此窺忠宣，其中豈尚以名位爲樂邪？《邵氏聞見後録》卷二十一。

19 見司馬光88。

20 見丁仙現4。

21 前宰相蔡確坐詩語譏訕簾中，臺諫章疏交上，必欲朝廷誅殛，宰執侍從皆謂當然。公獨以爲不可，遂於簾前開陳：「方今聖朝，宜務寬厚，不可以語言文字之間，曖昧不明之過，誅竄大臣。今日舉動，宜與將來爲法式，此事甚不可開端也。」《宋名臣言行録》後集卷十一。《厚德録》卷二。參見蔡確22。

22 范忠宣公帥太原，河東地狹，民惜地不葬其親，公俾僚屬收無主燼骨，别男女，異穴以葬。又檄諸郡倣此，不可以數萬計。仍自作記，凡數百言，曲折致意，規變薄俗，時元祐六年也。《清波雜志》卷十二。

23 忠宣尹洛，謝克家叔往自河陽來，至中路曰白司馬坡，秣馬歇店中。欲行，以馬未盡蒭，少待。見老翁負暄牆下，有人告曰：「黄犢爲人所竊矣。」翁因坐負暄，略不向問。須臾，再以失犢告，翁容色自若，徐曰：「爾無求，必鄰家戲藏爾。」謝以爲有道者，異而就問曰：「翁家失犢，再告而不顧，何也？」翁笑曰：「范公居此，孰肯爲盜？必無此理。」已而犢果還。《過庭録》。《宋稗類鈔》卷一。

24 見范純粹3。

25 先子自許展省河南，及境，駐馬少憩村店。頃有翁從家出，注視先子，問曰：「明公頤容，上類丞相，非其家子乎？」曰：「然。」翁不語，入所居，具冠帶出拜，先子愕然不受。……拜訖，謂先子曰：「昔丞相尹洛，某年四十二矣，平生粗知守分畏法，偶以意外争鬭事至官，得杖罪。丞相晚坐，吏引某褰裳行刑，丞相見某容貌循謹，膚體素完，命至廡前，問曰：『吾察爾非惡人，膚體無傷，而何爲至此？』某以情告，且致欲自新之意。丞相曰：『爾果能自悔乎？』某感泣應命，即命罰放出。非特某得爲完人，此鄉化之，至今無鬭争者。」《過庭録》。

26 李清臣首建紹述之議，多害正人。一日，哲宗震怒，謂門下侍郎蘇轍曰：「卿安得以秦皇、漢武上比先帝？」蘇門下下殿待罪。吕汲公等不敢仰視，忠宣從容言曰：「史稱武帝雄材大略，爲漢七制之主，蓋近世之賢君，蘇轍果以比先帝，非謗也。陛下親政之初，進退大臣不當如訶叱奴僕。」哲宗怒少霽。罷朝，蘇門下舉笏以謝忠宣曰：「公佛地位中人也。」蘇公與忠宣同執政，忠宣寡言，蘇公平昔若有所疑，至此方知其賢。《邵氏聞見録》卷十四。

27 見蘇轍13。

28 忠宣自入仕，門下多食客，至貴益盛。守陳，以己俸作布衣衾數十幅待寒士，時人爲之語曰：「孟嘗有三千珠履客，范公有三千布被客。」譏其儉也。忠宣聞之，乃作一幅享用，作銘辨正。於是范蜀公、司馬温公皆效之。《過庭録》。《古謡諺》卷六十一。

29 忠宣在陳，先光禄侍行後圃，忠宣問曰：「八郎，爾今幾歲？」光禄應曰：「某四十六矣。」忠宣歎曰：「爾好福人，吾所不若爾。」光禄愕然，曰：「大人身爲宰相，勳業如此，而不若某，何也？」忠宣曰：「豈謂是哉！吾七歲丁楚國憂，廿六丁文正憂，爾今年四十六歲，而父兄弟無故，未嘗一日離侍側，則吾豈如爾也！」《過庭録》。

30 忠宣守陳州，黨錮禍起，盡竄善類，忠宣以救蔡新州爲論，持正獨免。時年已七十，親識皆勸止之，曰：「公年七十，中外亦不責，望得幸免，何自苦如是？」公答曰：「我受國厚恩，備位宰輔，合瀝血懇陳，萬一感回上意，所濟非細，若忤旨竄謫，蓋亦分也。」遂自草奏章，命諸子緘封，外人無知者。章上即爲行計。未久，謫隨州，分子舍寄食許、蘇二郡，骨肉離别，哭聲衆不忍聞，忠宣蓋怡然自若也。《過庭録》。

31 章惇用事，元祐黨禍起，忠宣獨不預。至吕汲公南遷，忠宣齋戒上書救汲公，惇怒，亦謫節度副使，永州安置。忠宣欣然而往，每諸子怨章惇，忠宣必怒止之。江行赴貶所，舟覆，扶忠宣出，衣盡濕，顧諸子曰：「此豈章惇爲之哉？」至永州，公之諸子聞韓維少師謫均州，其子告章惇以少師執政日與司馬公議論多不合，得免行，欲以忠宣與司馬公議役法不同爲言求歸，白公，公曰：「吾用君實薦以至宰相，同朝論事，不合即可，汝輩以爲今日之言，不可也。有愧而生者，不若無愧而死。」諸子遂止。《邵氏聞見録》卷十四。《宋名臣言行録》後集卷十一。《自警編》卷五。《言行龜鑑》卷五。《宋稗類鈔》卷三。

32 范忠宣公自隨守責永州安置誥詞，有「謗誣先烈」之語，公讀之泣下曰：「神考於某有保全家族之大恩，恨無以報，何敢更加誣詆？」蓋李逢乃公外弟，嘗假貸不滿，憾公。後逢與宗室世居狂謀，事露繫獄，吏問其發意之端，乃云因於公家見《推背圖》，故有謀。時王介甫方怒公排議新法，遽請追逮。神考不許，曰：「此書人皆有之，不足坐也。」全族之恩，乃謂此耳。《雞肋編》卷中。

33 汪彦章謫居永州，州有士人年八十餘，自言曾見范忠宣遷謫過郡時，蒙引爲門下客。公夫人在患難中，每遇不如意事，則罵章子厚曰：「枉陷正人，使我至此。」公每爲一笑，且以語寬之，未嘗有幾微見於色詞也。舟行過橘洲，大風雨中船破，僅得及岸。公乘急令正平持蓋，負夫人以登，燎衣民舍。稍蘇，公顧曰：「船破，豈章惇所爲耶？」《寓簡》卷六。《何氏語林》卷十四。《昨非庵日纂》一集卷十。《宋稗類鈔》卷三。

34 〔忠宣〕繼安置永州，魏國夫人嘗曰：「吾非有仇于章相公，何使我至此！」忠宣每答之以命。至道中，夜失舟，骨肉狼狽野宿。忠宣笑謂魏國曰：「此亦章相公耶？」《過庭録》。

35 范堯夫謫居永州，閉門，人稀識面。客若欲見者，或出，則問寒暄而已。僮掃榻奠枕，于是揖客，解帶對卧，良久，鼻息如雷霆。客自度未可起，亦熟睡，睡覺常及暮，而去。《冷齋夜話》卷八。《卻掃編》卷中。《何氏語林》卷十四。《樵書》初編卷三。《宋稗類鈔》卷三。

36 范忠宣公堯夫謫居永州，以書寄人云：「此中羊麵，無異北方，每日閉門餐餺飥，不知身之在遠也。」《墨莊漫録》卷四。《何氏語林》卷十四。《宋稗類鈔》卷七。

37 范忠宣公謫永州，年七十餘矣。每朔望日，必陳列其家所藏四朝宸翰及宣賜器皿於堂上，率其子孫羅拜其下。拜畢，緘藏如初。然後長幼相拜，啜茶而退。自始至及北歸，未嘗或輟。《獨醒雜志》卷二。

38 范忠宣公寓居永州東山寺，時諸孫尚幼。一日戲狎，言語少拂寺僧之意，僧大怒，叱罵不已。公坐于堂上，僧誦言過之，語頗侵公，公不之顧。家人聞之，或以告公，亦不應。翌日，僧悔悟，大慚，遂詣公致謝。公慰藉之，待之如初，若未嘗聞也。《獨醒雜志》卷二。

39 〔范忠宣〕公安置永州，課兒孫誦書，躬親教督，常至夜分。在永三年，怡然自得。或加以横逆，人莫能堪，而公不爲動，亦未嘗含怒於後也。每對賓客，惟論聖賢，修身行己，餘及醫藥方書，他事一語不出口，而氣貌益康寧，如在中州時。《言行龜鑑》卷五。《宋名臣言行録》後集卷十一。

40 范忠宣公紹聖謫居零陵，寓一寺中，杜門不接賓客，惟僧及道人來，則見之。所寓寺長老義霞者，頗朴茂，公亦間招與語。霞深感公，屢欲爲公築生祠，公每戒之。元符末，公既召還，霞即日築祠偶像，奉事甚謹。未幾，傳聞公以觀文殿大學士、中太一宫使還朝，中使問勞係路，且虛左揆以待。於是，零陵官吏競來焚香，增飾祠宇，張設供物。已而公殁，時事一變。又聞追奪碑額，鐫削恩數，遂無一人復至者。《家世舊聞》卷下。

41 忠宣捐館許下，服中，先光禄卒子弟閉户未嘗出。十七叔祖年幼，一日，先子同至所居宅後門，見賣豆者，買食之。劉晦升顯子民則偶見，歸告晦升，即以柬抵先祖曰：「某昨暮聞公家子弟，有在門首嬉游者，丞相墳土未乾，未應爾爾。顯門下生，有所知，不敢不告。」先祖慚，謝晦升，諸子皆被責辱。《過庭録》。

42 范堯夫上章言事，未報，有見之者曰：「聞相公上章後，已備遠行，非他人所能及。」堯夫曰：「不然。純仁所言，幸主上聽而行之，豈敢爲難行之説以要譽焉？」人臣用心，要當以堯夫爲法。《能改齋漫録》卷十。

43 見范仲淹97。

44 崔豫，忠宣長外孫也，爲長安縣尉。爲人自負，厚於責物。忠宣守洛，崔以書求教，忠宣答之，其略曰：「我平生所學，唯忠、恕二字，一生用不盡。至立朝事君，接待僚友，未嘗頃刻離此。」又云：「人雖至愚，責人則明。雖有聰明，恕己則昏。爾曹但以責人之心責己，恕己之心恕人，不患不到聖賢地位也。」《過庭録》。

45 范堯夫每仕京師，早晚二膳，自己之婢妾皆治于家，往往鐫削過爲簡儉，有不飽者，雖晚登政府亦然。補外則付之外厨，加料幾倍，無不厭飫。或問其故，曰：「人進退雖在己，然亦未有不累于妻孥者。吾欲使居中則勞且不足，在外則逸而有餘。故處吾左右者，朝夕所言必以外爲樂，而無顧戀京師之意，于吾亦一佐也。」《石林避暑録話》卷三。《自警編》卷五。《何氏語林》卷十一。《昨非庵日纂》二集卷十四。《宋稗類鈔》卷四。

46 范氏自文正公貴，以清苦儉約著於世，子孫皆守其家法也。忠宣正拜後，嘗留晁美叔同匕筯，美叔退謂人曰：「丞相變家風矣。」問之，對曰：「鹽豉棋子而上有肉兩簇，豈非變家風乎？」人莫不大笑。《曲洧舊聞》卷三。《賢弈編》卷一。《何氏語林》卷三。《東山談苑》卷一。

47 范忠宣公親族間，有子弟請教於公，公曰：「惟儉可以助廉，惟恕可以成德。」其人書於坐隅，終生佩服。公平生自奉養無重肉，不擇滋味麄糲。每退自公，易衣裋褐，率以爲常。自少至老，自小官至達官，始終如一。《自警編》卷二。《言行龜鑑》卷二。《清波雜志》卷六。《昨非庵日纂》一集卷九。

48 忠宣公范堯夫居常正坐，未嘗背靠著物。見客處有數胡牀，每暑月蒸濕時，其餘客所坐者，背所著處皆有汗漬痕迹，惟公所坐處常乾也。《道山清話》。《宋詩紀事》卷九十六。

49 崧山隱者敏交時，閉户著書，不接世事。忠宣造其居，自名其刺曰探道學古，持所業謁見。《過庭録》。

范純禮

1 祭服之冕，……俗呼爲平天冠，蓋指言至尊乃得用。范純禮知開封府，中旨鞫淳澤村民謀逆事。

審其故，乃嘗入戲場觀優，歸塗見匠者作桶，取而戴於首，曰：「與劉先主如何？」遂爲匠擒。明日入對，徽宗問：「何以處？」對曰：「愚人村野無所知，若以叛逆蔽罪，恐辜好生之德，以不應爲，杖之足矣。」《容齋三筆》卷二。

2　右丞在政府，宦者閻守忠恃寵專恣。一日，至堂宣諭，辭意甚傲，諸公拱應而已。右丞作色，叱曰：「老奴何敢爾。」守忠退步連應曰：「守忠不敢。」在堂諸公皆爲寒心，曰：「范公必不久居矣。」右丞蓋自如也。未久，虜使至，選右丞館伴虜使，忽自中批出：范某言犯御諱，落職知許。尋乞宫祠去。《過庭録》。

范純粹

1　范侍郎純粹，元豐末爲陝西轉運判官。當五路大舉後，財用匱乏，屢請於朝。吴樞密居厚時爲京東都轉運使，方以冶鐵鼓鑄有寵，即上羨餘三百萬緡，以佐關輔。神宗遂以賜范。范得報，愀然謂其屬曰：「吾部雖窘，豈忍取此膏血之餘耶！」力辭訖弗納。《石林燕語》卷七。

2　范德孺帥慶州日，忽夏人入寇，圍城甚急。郡人惶駭，未知爲計，疇諸將士，無有以應敵其鋒者。麾下有老指揮使獨來前曰：「願勒軍令狀，保無它。」范信之。已而師果退去。德孺大喜，厚賜以賞之，且詢其逆料之策。老卒曰：「寔無它術，吾但大言以安衆耳。儻城破，各自逃竄，何暇更尋一老兵行軍法邪？」《揮麈後録》卷六。

3 忠宣尹洛，其佛牙院主不自檢束，穢行甚彰。然不犯有司，忠宣初不問也。時五侍郎從居，嫉惡之，力勸忠宣抵其罪，忠宣曰：「彼有犯，固在不宥，豈可無犯而求之乎？吾則未能，俟爾守此未晚。」後數年，侍郎果守洛，久患其事。有茶肆婦人，文及甫之舊妾也，與佛牙院主通，被盜，訟至府，事連佛牙。侍郎忽省前過，知其文氏妾，恐有所請，就庭下直面鞫，勘案成，僧罪應徒，而背有大瘤，吏以聞，侍郎判曰：「非瘡非病，特決。」戒閽者扃門即行，及甫繼至，囑聞無及，復回。僧二杖而瘤落，三杖而至斃。一境莫不驚伏。《過庭録》。

4 范德孺崇寧之貶，與山谷唱和甚多。德孺有一聯云：「慣處賤貧知世態，飽闇遷謫見家風。」議者謂此語可以識范氏之名節矣，當國者能無愧乎！《風月堂詩話》卷下。《宋詩紀事》卷三十二。

5 范德孺喜琵琶，暮年苦夜不得睡，家有琵琶、箏二婢，每就枕，即使雜奏于前，至熟寐，乃得去。《石林避暑録話》卷二。《何氏語林》卷二十一。《宋稗類鈔》卷四。

范正平

1 范正平子夷，忠宣公子也。勤苦學問，操履甚於貧儒。與外氏子弟結課於覺林寺，去城二十里。忠宣當國時，以敗扇障日，徒步往來，人往往不知爲忠宣公之子。外氏乃城東王文正家，覺林寺蓋文正公松楸功德寺也。《曲洧舊聞》卷三。《何氏語林》卷三。《昨非庵日纂》二集卷九。

2 范正平子夷，丞相忠宣公長子，少有高節，專務静退。紹聖中，欽聖向后爲其家作功德寺，爲屋數百間。百姓訴其地民間地也，朝廷下其事開封府，府尹王震、户部尚書蔡京皆定以爲官地。民訴不已，再委開封尉覈實。時子夷爲開封尉，驗治實民間地。哲宗問正平何人家，執政對曰：「純仁子也。」上曰：「名家。」有手詔改寺城外。王震、蔡京各贖金，用事者怒之。開封縣有兩尉，一尉治内，一尉治外。子夷，治外尉也，治内尉失囚被譴，遂并子夷銜替，子夷不恤也。常以爲好事到手難得，豈可不做，做而被罪，其庸多矣。後益連蹇不進，恬如也。常乘一馬卑小，謝公定贈詩云：「一官如馬小，衆眼似衫青。」《紫微詩話》。

范周

1 范周，字無外，文正公之姪孫，贊善大夫純古之子。少負不羈之才，工於詩詞，不求聞達，士林甚推之。所居號范家園，安貧樂道，未嘗屈折於人。石監簿存中有園亭在盤門内，嘗往謁之，不遇，題於壁間云：「范周來謁石存中，未必存中似石崇。可惜南山焦尾虎，低頭拜狗作烏龍。」方賊起，郡中令總甲巡護，雖士流亦不免。無外率府庠諸生，冠帶夜行，首用大燈籠，書一絶於其上云：「自古輕儒孰若秦，山河社稷付他人。而今重士如周室，忍使書生作夜巡。」郡將聞之，亟爲罷去。盛季文作守時，頗嫚士，嘗於元宵作《寶鼎現》詞設之，極蒙嘉獎，因遺酒五百壺。其詞播於天下，每遇燈夕，諸郡皆歌之。《中吴紀聞》卷五。《吴中舊事》。《堯山堂外紀》卷五十六。《堅瓠甲集》卷二。《宋詩紀事》卷四十一。

呂大忠

1 呂晉伯，……丞相汲公之兄，性剛直，謹禮法。爲從官，歸鄉見縣令必致桑梓之恭，待部吏如子弟，多面折其短，而樂於成人。雖丞相亦未嘗少假顔色也。一日，至府第坐堂上，丞相夫人拜庭下，命二婢子掖之。公怒曰：「人以爲丞相夫人，吾但知呂二郎新婦耳。不疾病，輒用人扶何也？」丞相爲之愧謝乃已。《邵氏聞見録》卷十五。

2 呂汲公家法至嚴。進伯，汲公兄也。汲公夫人每見進伯，必拜於庭下。汲公既相，進伯往見之，夫人令兩獲扶，下階而拜。進伯不樂，曰：「宰相夫人尊重，不必拜。」汲公甚懼，遽令兩獲勿扶夫人。《東萊呂紫微師友雜志》。《閒燕常談》。《言行龜鑑》卷四。《何氏語林》卷三。《昨非庵日纂》二集卷五。《宋稗類鈔》卷四。

3 見馬涓。

呂大防

1 華陰呂君舉進士，聘里中女，未行。既中第，婦家言曰：「吾女故無疾，既聘而後盲，敢辭。」呂君曰：「既聘而後盲，君不爲欺，又何辭！」遂娶之。生五男子，皆中進士第，其一人丞相汲公是也。《後山談叢》卷六。《言行龜鑑》卷四。

2 歐陽永叔以讒罷政事，呂微仲時爲館職，與公書曰：「巧言萋斐，徒成貝錦之文；雅行委蛇，奚玷素絲之節。」其謹嚴精確如此，文忠深歎服之。《寓簡》卷八。

3　吕汲公當遷祕書丞，乞用其官易母封邑，朝廷從之。中外以爲美事，獨劉敞原父曰：「禮，父爲士，子爲大夫，葬以士，祭以大夫。蓋不敢以己貴而加諸親也。今君之舉孝矣，於禮若戾奈何？又法未當封，亦非所以尊之也。」公聞之歎服，自以爲不及，終身重原父之學。《邵氏聞見後録》卷四。

4　吕汲公帥長安，醴泉民析居，争唐明皇腦骨，訟於府，曰：「得者富盛。」汲公取葬泰陵下。《邵氏聞見後録》卷二十二。

5　吕丞相微仲，性沈厚剛果，遇事無所回屈；身幹長大而方，望之偉然。初相，蘇子瞻草麻云：「果毅而達，兼孔門三子之風；直大以方，得《坤》爻六二之動。」蓋以戲之。微仲終身以爲恨。言固不可不慎也。《石林燕語》卷十。

6　見蘇軾198。

7　丞相吕大防性凝重寡言，逮秉政，客多干祈，但危坐相對，終不發一談，時人謂之「鐵蛤蜊」。《麈史》卷下。

8　〔吕〕大防既拜相，常分其俸之半以録書，故所藏甚富。《郡齋讀書志》卷十九。《茶香室叢鈔》卷三。

9　吕相微仲當國，豐相之爲諸曹侍郎，凡數月不至相府。公寄聲云：「相之久不相過，頗有欲面言者。」後半月，相之纔往見，語不及他，但叙寒暄而已。至欲上馬，徐云：「寡欲可以近道。」相之唯唯而去。《高齋漫録》。

10　元祐中，吕微仲當軸，其兄大忠自陝漕入朝。微仲虚正寢以待之，大忠辭以相第非便。微仲云：

「界以中霤，即私家也。」卒從微仲之請。時安厚卿亦在政府，父日華尚康寧，且具慶焉，厚卿夫婦偃然居東序。時人以此别二公之賢否。《揮麈録》卷四。《宋稗類鈔》卷四。

11〔呂〕微仲爲人剛而有守，正而不他，輔相泰陵八年，朝野安静。宣仁聖烈上仙，因爲山陵使。既回，乃以大觀文知潁昌，時元祐甲戌三月也。公既行，而左正言上官均言其以張耒、秦觀浮薄之徒撰次國史，以李之純爲中司，來之邵、楊畏、虞策爲諫官，范祖禹、俞執中、呂希純、吴安詩或主誥命，或主封駁，皆附會風旨，以濟其欲。時監察御史周秩及右正言張商英連上疏交攻之，微仲遂落職，猶知隨州。秩等攻之不已。至循州安置，未踰嶺而卒。人頗冤之。《道山清話》。

12朝請大夫潘适爲渭州通判。時涇原帥呂大忠被召問邊事，既對，哲宗語呂曰：「久要見卿，曾得大防信否？」對曰：「近得之。」上曰：「安否？」又曰：「大臣要其過海，朕獨處之安州，知之否？」對曰：「舉族荷陛下厚恩。」上曰：「有書再三説與，且將息忍耐，大防朴，爲人所賣，候二三年，可再相見。」呂再拜謝。退而喜甚，因章睦州召飯，詰其對上語，呂盡告之。既至渭語潘，潘曰：「失言矣，必爲深悔。」後半月，言者論其同罪異罰，遂有循州之行。既死，上猶問執政曰：「大防因何至虔州？」後請歸葬，獨得旨歸，蓋哲宗簡在深矣。《甲申雜記》。

13呂微仲貶嶺外，至虔州瑞金縣，語其子曰：「吾不復南矣。吾死爾歸，呂氏尚有餘種。苟在瘴鄉，無俱全之理。」後數日卒。先是十年前，有富人治壽材，夢偉丈夫冠冕而來曰：「且輟賢宅。」富人驚悟，汗浹體。微仲過縣，富人望之，乃夢中偉丈夫也。及卒，乃輟其材而斂焉。《隨手雜録》。《夷堅志補》卷十。

14 見蘇軾 343。

劉摯

1 劉丞相莘老殿試時，蘇丞相子容爲詳定官。子容後尹南京，莘老復僉判在幕中，相與歡甚。元祐初，莘老自中司入爲左丞，子容猶爲翰林學士承旨，及莘老遷黄門，子容始爲左丞。莘老宿東省，嘗以詩寄子容云：「膺門早歲預登龍，僉幕中間託下風。敢謂彈冠煩貢禹，每思移疾避胡公。」蓋記前事。而子容答之，有「末路自驚黄髮老，平時曾識黑頭公」之句，當時以爲盛事。又三年，莘老既相而罷，子容始踐其位云。《石林詩話》卷中。《卻掃編》卷中。《宋詩紀事》卷二十二。

2 見黄庭堅 12。

3 楊元素爲中丞，與劉摯言助役有十害。王荆公使張琥作十難以詰之，琥辭不爲。曾布曰：「請爲之。」仍詰二人向背好惡之情果何所在。元素惶恐，請曰：「臣愚不知助役之利乃爾，當伏妄言之罪。」摯奮曰：「爲人臣豈可壓於權勢，使人主不知利害之實？」即復條對布所難者，以伸明前議，且曰：「臣所向者陛下，所背者權臣，所好者忠直，所惡者邪姦。臣今獲罪譴逐，固自其分，但助役終爲天下之患害，願陛下勿忘臣言。」於是元素出知鄭州，摯責江陵。琥亦由此忤荆公意，坐事落修注。《邵氏聞見録》卷十三。

4 元豐中，尚書省百官謚曾魯公，始曰忠獻，禮官劉摯駁曰：「丞相位居三事，不聞薦一士，安得謂之『忠』？家累千金，未嘗濟一物，安得謂之『獻』？」衆不能奪其議，改謚曰宣靖。《澠水燕談録》卷二。

5 劉忠肅公既被遇，知無不言。姦佞刻薄之吏，事狀顯著，公皆正色彈劾，多所貶黜，中外肅然，時人以比包希仁、呂獻可。《自警編》卷六。

6 紹聖中，余見劉莘老蘄州。因詰莘老：「公自中丞執政，平生交游皆拒絕，獨聽一王巖叟語，今悔乎？」莘老默然久之，曰：「惟蔡持正事實過當，離青州時，固悔矣。」《甲申雜記》。

7 新州城中甚隘，居人多茅竹之屋。有士子於附郭治花圃，創爲一堂，前後兩廡，頗極爽麗。每延過客游宴，屢乞堂名而未得。一日夢一貴人坐其堂上，士子從之游，亦若平日懇以堂名，顧視久之，曰：「可以二相名之。」即寤而覺，殊不曉命名之旨。未幾，蔡持正坐譏訕貶新州，既至，無宅可居，遂求堂以處，士子欣然納之，意其再入，而竟死於彼。蔡之貶，人謂劉莘老爲有力。至紹聖初，劉既坐責，當路者故以新處之。其至方暑，尤急於問舍，又欲假堂爲館，士子以「二相」爲不祥，不許。而劉請甚堅，不得已，以夢告之。劉以蒸溼不堪，又以其言爲未信，竟借以居，亦終於堂中。則「二相」之名，蓋預定於數矣。《雞肋編》卷下。

8 歐陽大椿爲新州職官，一日與守過寺中，壁間見大字題曰「蔡確善終之室」。與守異之。方問其所以，字滅不見。後蔡果謫新，終於屋下。方蔡去也，主僧掃治其室。寺僧夜夢人告之曰：「善治之，更當有宰相至矣。」數年，劉莘老至，亦終於此室。方劉拜右僕射之日，家人具飯，一小僕忽仆於堂下，少選大呼曰：「相公指揮頭踏往新州去！」已而家人詰之，僕寤曰：「不知其言之出也。」《甲申雜記》。

9 劉摯貶新州，死于蔡確死之室。《邵氏聞見後録》卷八。

10 劉丞相摯，家法儉素，閨門雍睦。凡冠巾衣服制度，自其先世以來，常守一法，不隨時增損。故承平時，其子弟雜處士大夫間，望而知其爲劉氏也。數十年來，衣冠詭異，雖故老達官，亦不免從俗，與市井諠浮略同，而不以爲非。《石林燕語》卷十。

11 劉莘老丞相工詩，送安厚卿二人使高麗云：「杳杳三韓國，煌煌二使星。海神無暴横，天子有威靈。」時以爲絶唱，後四句不傳。《清波雜志》卷七。

蘇頌

1 宋晉江魏國夫人陳氏，龍圖從易女，内翰蘇紳妻，丞相頌之母。三公皆嘗爲杭守。陳題杭郡舍柱云：「吾少從父至此邦，次與夫偕來，今同吾兒，凡三到，盡閲江山之勝。」《樵書》二編卷十。

2 祖父宰江寧，有一僧，善三命。嘗閲祖父命，曰：「一府不如推官，當至宰輔，但不及近日過客王簽判。」乃荆公也。或曰：「王簽判如何？」曰：「有土諸侯。」《魏公譚訓》卷九。

3 見杜衍28。

4 蘇子容丞相始爲南都從事，時杜正獻公方致仕居南都，見蘇公，大器之，爲道其平生出處本末甚詳，曰：「子異時所至，亦如老夫，願勉旃自愛。」蘇公唯唯，謝之。先是，正獻公既罷政，出知兖州，未幾請老，遂以太子少師致仕，復三遷爲太師而薨，享年八十。其後蘇公更踐中外，其先後早晚，多與杜公相似。至免相也，亦出知揚州，未幾請老，復召爲中太一宫使。請不已，乃以太子少師致仕，遷太保而薨，享年八十有二。年壽、官品又略同焉。《卻掃編》卷上。《容齋四筆》卷四。

5 蘇相子容爲南京察推，時杜祁公尚無恙，極器愛之，每曰：「子他日名位，當與老夫略同。」不知以何知之也。杜公以六十八歲入相，八十歲薨，蘇公以七十二歲入相，八十二歲薨。不惟爵齒略相似，杜公在位百餘日後，以太子少師致仕，末乃爲太子太師；而蘇公在位甫一年後，亦以太子少師致仕，太上皇即位，方進太子太保。初，杜公告老，執政有不悦者，故特以東宮三少抑之，當時以爲非故事；而蘇公告老在紹聖初，亦坐章申公不悦，令具杜公例進呈，蘇公聞之，喜曰：「乃吾志也。」《石林燕語》卷七。

6 〔蘇〕子容在南京幕時，婺州一衙前葛好問者，精于星度，嘗謂子容之命，全似杜祁公。今以行事觀之，則好問之言信不誣也。《甕牖閒評》卷七。

7 祖父在館閣九年，家貧俸薄，不暇募傭書傳寫秘閣書籍。每日記二千言，歸即書於方册。家中藏書數萬卷，秘閣所傳者居多。公自維揚拜中太一宫使歸鄉里，是時葉公夢得爲丹徒縣尉，頗許其假借傳寫。葉公每對士大夫言親炙之幸，其所傳寫，遂爲葉氏藏書之祖云。《魏公譚訓》卷三。

8 〔蘇丞相頌〕在潁州日，通判趙至忠本歸明人，所至輒與守競。公待之以禮，具盡誠意。他日至忠泣曰：「至忠北人也，然見義則服。平生誠服者，唯今韓魏公與公耳。」《言行龜鑑》卷二。

9 見章辟光1。

10 見宋敏求2。

11 熙寧中，蘇子容丞相爲知制誥，坐繳李定中丞御史詞頭罷職，以本官歸班。凡歲餘，雖大寒暑風雨，未嘗一日移告。執政有憐之者，諭使請外官閑局。蘇公曰：「方以罪謫，敢求自便乎！」一時士大夫以此益推重之。《曲洧舊聞》卷九。

12 蘇少保頌，爲人深沉有度量。不悦於荆公，罷知制誥，歸班二年，赴常朝未嘗一日在告，與人終日無一言及之。《孫公談圃》卷中。

13 蘇頌知婺州日，其母魏國夫人方乘舟而來任所，公往迎迓。偶泝湘江，水暴迅，舟横欲覆，公哀號，不懼水漲，赴水救之。未及，舟忽自正，及夫人甫出抵岸，舟乃覆。信知孝誠所感，神物護持，方能至此。《湖海新聞夷堅續志》前集卷一。《自警編》卷三。《言行龜鑑》卷四。

14 吕吉甫參政事，使其親友謂蘇公丞相曰：「子容吾鄉里丈人行，若從吾言，執政可得也。」公笑而不答。《自警編》卷二。

15 蘇頌在杭州日，有要人以私事囑公，公不聽。其人後當言路，乃懷忿極口詆公，或勸公上其囊日請托書札。公笑曰：「訐人之私，吾豈爲之？」《樵書》初編卷二。《古事比》卷三十八。

16 熙寧間，蘇公〔頌〕以集賢院學士守杭州，時梁況之左丞方以朝官通判明州，之官，道出錢唐。蘇公一見異之，留連數日，待遇甚厚。既别，復遣介至津亭，手簡問勞，且以一硯遺之，曰：「石硯一枚，留爲異日玉堂之用。」梁公莫喻其意，亦姑謝而留之。自爾南北不復相見，亦忘前事矣。元祐六年，梁公在翰苑，一夕宣召甚急，將行，而常所用硯誤墜地碎，倉卒取他硯以行。既至，則面授旨，尚書左丞蘇某拜右仆射。梁公受命，退歸玉堂，方抒思命詞，涉筆之際，視所攜硯，則頃年錢塘蘇公所贈也，因恍然大驚。是夕梁公亦有左丞之命。他日會政事堂，語及之，蘇公一笑而已。《卻掃編》卷上。

17 熙寧間，蘇丞相奉使契丹，道過北京。時文潞公爲留守，燕會歘洽，公因問魏收有「逋峭難爲」之語，人多不知「逋峭」何謂。蘇公曰：「聞之宋元憲公云，事見《木經》，蓋梁上小柱名，取有折勢之義耳。」蘇公以文人多用近語而未及此，乃用是語爲一詩，紀席上之事獻文公，曰：「高燕初陪聽拊鼙，清譚仍許奉揮犀。自知伯起難逋峭，不及淳于善滑稽。舞奏未終花十八，酒行先困玉東西。荷公德度容狂簡，故敢忘懷去町畦。」《卻掃編》卷中。《宋詩紀事》卷十五。

18 文潞公爲相日，赴秘書省曝書宴，令堂吏視閣下芸草，乃公往守蜀日，以此草寄植館中也。因問：「芸辟蠹，出何書？」一坐默然。蘇子容對以魚豢《典略》，公喜甚，即借以歸。《墨莊漫録》卷六。《宋稗類鈔》卷五。

19 契丹曆法與本朝素差一日。熙寧中，蘇子容奉使賀生辰，適遇冬至，本朝先契丹一日。使副欲爲慶，而契丹館伴官不受。子容徐曰：「曆家遲速不同，不能無小異，既不能一，各以其日爲節，致慶可也。」契丹不能奪，遂從之。歸奏，神宗喜曰：「此事難處，無踰於此。」其後奉使者或不知此，遇朔日有不同，至更相推謁而不受，非國禮也。《石林燕語》卷三。

20 蘇頌子容丞相，博學無所不通。熙寧十年，爲大遼生辰國信使。在虜中，適遇冬至，時本朝曆先北朝一日，北朝曆後一日。北人問公孰是，公曰：「曆家算術小異，遲速不同，謂如亥時節氣相交，則猶是今夕，若逾數刻，即屬子時，爲明日矣。曆家布算容有遲速，或先或後，故有一日之異。皆各從本朝之曆可也。」虜人深以爲然，遂各以其日爲節。慶賀使還奏之，上喜曰：「朕思之，此最難處，卿之所對，極中事理。」《墨莊漫録》卷二。

21 蘇子容過省，賦「曆者天地之大紀」，爲本場魁。既登第，遂留意曆學。元豐中，使虜適會冬至，虜曆先一日，趨使者入賀。虜人不禁天文術數之學，往往皆精。其實虜曆爲正也，然勢不可從。子容乃爲泛論曆學，援據詳博，虜人莫能測，無不聳聽。即徐曰：「此亦無足深較，但積刻差一刻爾。以半夜子論之，多一刻即爲今日，少一刻即爲明日，此蓋失之多爾。」虜不能遽折。及後歸奏，神宗大喜，即問：「二曆竟孰是？」因以實言，太史皆坐罰。至元祐初，遂命子容重修渾儀，製作之精，皆出前古。其學略授冬官正袁惟幾，而創爲規模者，吏部史張士廉。士廉有巧思，子容時爲侍郎，以意語之，士廉輒能爲，故特爲精密。虜陷京師，毀合臺，取渾儀去。今其法，蘇氏子孫亦不傳云。《石林燕語》卷九。

22 祖父知杭州，高麗貢使崔思訓過郡相見，謂接伴曰：「蘇公誰之後？」高以實對。崔歎曰：「府公厚德重望，大儒之後。昨奉使北朝，常見其風采，令人仰歎不已也。」《魏公譚訓》卷二。

23 蘇子容丞相元豐戊午歲尹開封，治陳世儒獄，言者誣以寬縱請求。是秋亦自濠州攝赴臺獄，嘗賦詩十四篇，今在集中，序云：「子瞻先已被繫，予晝居三院東閣，而子瞻在知雜南廡，才隔一垣。」其詩云：「遥憐北户吴興守，詬辱通宵不忍聞。」《二老堂詩話》。

24 元豐改官制，新作尚書省。車駕臨幸，自令僕、尚書、侍郎以降，各分省户，皆命翰林待詔書《周官》一篇於廳壁。蘇子容爲謝表云：「三朝漢省，已叨過輦之恩；六典周官，願謹書屏之戒。」當時稱之。《寓簡》卷五。

25 元豐五年，黄冕仲榜唱名，有暨陶者，主司初以「洎」音呼之，三呼不應。蘇子容時爲試官，神宗顧蘇，蘇曰：「當以入聲呼之。」果出應。上曰：「卿何以知爲入音？」蘇言：「《三國志》吴有暨豔，陶恐其後。」遂問陶鄉貫，曰：「崇安人。」上喜曰：「果吴人也。」時暨自闕下一畫，蘇復言字下當從旦。《石林燕語》卷八。

26 元祐四年三月己卯，銅渾儀新成，蓋蘇子容所造也。古謂之渾天儀，歷代相傳以爲羲和之舊器。……子容因其家所藏小樣而悟於心。常恨未究算法，欲造其器而不果。晚年爲大宗伯，於令史中得一人，深通算法，乃授其數令布算，參考古人，尤得其妙，凡數年而器成焉。大如人體，人居其中，有如篝象。因星鑿竅，依竅加星，以備激輪旋轉之勢。中星昏曉應時，皆見於竅。中星官曆翁聚觀駭歎，蓋古未嘗有也。子容又圖其形制，著爲成書上之，詔藏於秘閣。至紹聖初，蔡卞以其出於元祐，議欲毁之。時晁美叔爲秘書少監，惜其精密，力争之，不聽，乃求林子中爲助，子中爲言於章惇，得不廢。及蔡京兄弟用事，無一人敢與此器爲地矣。《曲洧舊聞》卷八。

27 元祐七年四月二日，詔左丞蘇頌撰《渾天儀象銘》、《頌》，又圖其形製，著爲成書上之，詔藏祕閣。《玉海》卷四。

28 見劉摯1。

29 蘇魏公爲宰相，因争賈易復官事，持之未決。御史楊畏論蘇故稽詔令，蘇即上馬乞退，請致仕。吕微仲語蘇：「可見上辯之，何遽去？」蘇曰：「宰相一有人言，便爲不當物望，豈可更辯曲直？」宣仁力留之，不從，乃罷以爲集禧觀使。自熙寧以來，宰相未有去位而留京師者，蓋異恩也。紹聖初，治元祐黨人，凡嘗爲宰執者無不坐貶，惟子容一人獨免。《石林燕語》卷十。

30〔蘇頌〕天性仁厚，宇量恢廓，喜怒不形於色。雖燕居，必正衣冠，危坐無惰容。《東都事略》卷八十九。

31蘇丞相平生未嘗問家人有無，晚年際會所得俸賜，隨即散用。其自奉養至儉薄，每食不過一肉。始薨之日，弔哭者至其寢堂，見其居處服用，無不歎愕咨嗟，以爲寒素不若也。《自警編》卷二。《言行龜鑑》卷二。

32祖父平生節儉，尤愛惜楮墨，未嘗妄費寸紙。每剪碎紙爲籤頭，稍大者鈔故事，令子孫輩寫録。常云：「此陶侃竹頭木屑之意也。」《魏公譚訓》卷三。

33祖父喜食禄粟，以爲有五穀真味。卜葬曾祖母，日走山間，或時羹臛未具，先啖乾飯，曰「所謂稼穡作甘」也。《魏公譚訓》卷八。

34祖父生平喜飲茶而不喜飲酒，家庭燕集不過三杯至五杯，燕客不過七杯至十杯。豐儉得中，士人以爲法。《魏公譚訓》卷八。

35蘇魏公嘗云：「平生薦舉不知幾何人，唯孟安序朝奉，分寧人，歲以雙井一斤爲餉。」蓋公不納苞苴，顧獨受此，其亦珍之耶？《清波雜志》卷四。

36祖父平生無玩好，惟蓄陳侍御雷琴、顔魯公《韻海》、商鼎、周尊、李成山水、徐浩左丞告，時一展玩耳。《魏公譚訓》卷八。

37王禹玉、元厚之諸公嘗問祖父曰：「公記問之博，以至國朝典故，本末無遺，日月不差，用何術也？某輩亦嘗留心於此，記得年，忘却月；記得月，忘却年。前後差互，本末舛午，終不如公。願聞其説。」祖父曰：「某有一説。某每以一歲中大事爲目，欲究當年事，則不忘矣。如某年改元，其年有某事；某年上即位，其年有某事；某年立后若太子，其年有某事；某年命相，其年有某事。則記事之一法也。」《魏公譚訓》卷三。

38 陸務觀云：蘇子容聞人引故事，必就令檢出處；司馬温公聞新事即録于册，且記所言之人。故當時諺曰：「古事莫語子容，今事勿告君實。」《二老堂雜志》卷四。《古謡諺》卷五十三。

39 蘇子容愛元、白、劉賓客輩詩，如汝洛唱和，皆往往成誦。苦不愛太白輩詩。曾誦汝洛集《九日送人》，云「清秋方落帽，子夏正離群」，以爲假對工夫無及此聯。又舉劉夢得《送李文饒再鎮浙西》詩，以爲最着題。《詩話總龜》前集卷六引《詩史》。

40 〔祖父〕喜晏元獻、歐文忠小詞，以爲有騷雅之風而不古不俗，尤愛聲韻諧偶，然未嘗自作一篇。《魏公譚訓》卷四。

蘇京

1 有兩蘇世美：一東坡作哀詞者，一蘇丞相子名京，二人皆知名士也。《玉照新志》卷一。

王存

1 沈括存中、吕惠卿吉甫、王存正仲、李常公擇，治平中，同在館下談詩，存中曰：「韓退之詩，乃押韻之文耳，雖健美富贍，而終不近古。」吉甫曰：「詩正當如是，我謂詩人以來，未有如退之也。」正仲是存中，公擇是吉甫，四人者交相詰難，久而不决。公擇忽正色而謂正仲曰：「君子群而不黨，君何黨存中也？」正仲勃然曰：「我所見如是耳，顧豈黨耶？以我偶同存中，遂謂之黨，然則君非吉甫之黨乎？」一坐皆大笑。《東軒筆録》卷十二。

2 見蔡確22。

3 王右丞正仲口吃，遇奏對則如流。《石林燕語》卷十。

4 王公存自奉甚約，而喜厚賓客。揚、潤相去一水，公守揚時，援故相例，得歲時過家上冢，乃出賜錢五十萬賙給閭里。又具牛酒會父老數百人，親與酬酢，皆歡醉而去，鄉黨以爲美談。《言行龜鑑》卷四。

傅堯俞

1 公在英宗時最被眷遇。一日奏事殿中，上曰：「多士盈廷，孰忠孰邪？」公曰：「大忠大佞，固不可移，中人之性，繫上所化。」上敬納其言。《宋名臣言行録》後集卷十。

2 傅堯俞，字欽之，素善安石。時方變新法，公以母服除，至京師。安石謂公曰：「朝議紛紛，今幸公來，議以待制諫院奉還矣。」公謝曰：「恩甚厚。但恐與公新法相妨耳。」因爲言新法之不善，安石怒，乃以爲權同判内銓。温公嘗歎曰：「清直勇，吾于欽之畏焉。」洛之君子邵雍曰：「欽之至清而不耀，至直而不激，至勇而能温，此爲難耳。」《能改齋漫録》卷十二。

3 見杜衍34。

王巖叟

1 鄉試、省試、殿試皆中第一，稱之曰三元。宋自仁宗慶曆復明經科，稱三元者，王巖叟一人而已。《山居新語》。

2 見宋哲宗9。

王齊叟

1 王齊叟彦齡，元祐副樞巖叟之弟，任俊得聲。初官太原，作《望江南》數十曲，嘲府縣同僚，遂併及帥。帥怒甚，因衆入謁，面責彦齡：「何敢爾？豈恃兄貴，謂吾不能劾治耶！」彦齡執手板頓首帥前，曰：「居下位，只恐被人讒。昨日只吟《青玉案》，幾時曾做《望江南》。試問馬都監。」帥不覺失笑，衆亦匿笑去。今《别素質》曲「此事憑誰知證，有樓前明月，窗外花影」者，彦齡作也。娶舒氏，亦有詞翰。婦翁武選，彦齡事之素不謹，因醉酒嫚駡。翁不能堪，取女歸，竟至離絶。舒在父家，一日行池上，懷其夫，作《點絳唇》曲云：「獨自臨流，興來時把欄干凭。舊愁新恨，耗卻來時興。鷺散魚潛，煙斂風初定。波心静，照人如鏡，少個年時影。」《碧雞漫志》卷二。《夷堅三志》壬卷七。《堅瓠補集》卷二。

2 〔王彦齡〕高才不羈，爲太原掾官，嘗作《青玉案》、《望江南》小詞以嘲帥與監司。監司聞之，大怒，責之。彦齡斂板向前應聲答曰：「某居下位，常恐被人讒。只是曾填《青玉案》，何曾敢做《望江南》。請問馬都監。」時馬都監者適與彦齡并坐，馬惶恐亟自辨訴。既退，詰彦齡曰：「某舊不知子，乃以某爲證，何也？」彦齡笑曰：「且借公趁韻，幸勿多怪。」《軒渠録》。《詞林紀事》卷九。

3　王齊叟彦齡，霖弟也。有絶才，九流無所不能。宣和間，上愛琵琶，博選工妙處樂府。彦齡往視工者彈撥，因默問一二，工失措，再拜就學焉。能袒裼舞長曲，左右周旋如神，睹者失色。又以蹴踘馳天下名。嘗畫《梅影圖》，形影毫釐不差。《萬荷圖》，狀極纖細，生意各殊，識者奇寶之。以五行自推，年止三十九，果如其言。臨終，有禪頌曰：「醉魂今夜不須尋，請看武陵溪上月。」《過庭録》。

梁　燾

1　見蘇頌16。

2　元祐六年，立皇后孟氏，而梁況之爲翰林學士，其制略曰：「太母以萬世爲心，命虔宗事之重；大臣以兩極陳義，請建坤儀之尊。謂王道之大所由興，故人倫之始不可緩。」末云：「垂光紫庭，襲譽彤管。」一時諸公皆歎其不可及，前後立后制靡能過焉。《王公四六話》卷下。

3　〔梁燾〕貶化州，分其子孫一半在鄆，梁有幼子八歲，孫三歲。至潭州，爲知州喻陟所逼，家人數日環聚泣别。至是，梁奮然擲其子于地，其孫方挽衣不肯去，梁掣其手而行，雨中徒步而出，道路爲之泣下。《孫公談圃》卷中。

宋人軼事彙編卷二十一

章惇

1 南北章，本建安人，郇公得象之裔，後徙居吴，兩族。申公子厚家州南，莊敏公質夫家州北。兩第屹然相望，甲於郡城，人號爲南北章。今其兩族子孫仕者不絶。《吴郡志》卷五十。

2 見章俞1。

3 章子厚，人言初生時，父母欲不舉，已納水盆中，爲人救止。其後朝士頗聞其事，蘇子瞻嘗與子厚詩有「方丈仙人出渺茫，高情猶愛水雲鄉」之語。子厚謂其譏己也，頗不樂。《道山清話》。《堯山堂外紀》卷五十一。

4 章丞相初來京師，年少美丰姿。當日晚獨步禁街，覩車子數乘，輿衛甚都，最後者，轅後一婦人，美而豔，揭簾目逆。丞相因信步隨之，不覺至夕。婦人以手招丞相，丞相遂登車與之共載，至一甲第，甚雄壯。婦人遮蔽丞相，雜衆人以入一院，深邃若久無人居者。少頃，前婦人始至，備酒饌之屬亦甚珍。丞相因問其所，婦人笑而不答。自是婦人引儕類輩迭相往來，俱媚甚，詢之皆不顧而言它，每去則必以巨鎖扃之。如是累日夕，丞相體爲之弊，意甚彷徨。一姬年差長，忽發問曰：「此豈郎君所游之地，何爲而至此耶？我之主翁行迹多不循道理，寵婢多而無嗣，每鈞致少年之徒與群妾合，久則斃之，此地凡數人矣。」丞相惶駭曰：「果爾，爲之奈何？」姬曰：「觀子之容，非碌碌者，似必能免。主翁翌日入朝甚早，今夕解我之衣以衣子，且不復鎖子門，俟至五鼓，則吾當來呼子，子亟隨我登廳事，我當以廝役之服披子，隨前騶以出，可以無患矣。爾後慎勿以語人，亦不可復由此街。不然，吾與若彼此皆禍不旋踵矣。」詰旦，某姬果來扣户，而丞相乃用其術，得免于其難。後丞相既貴，猶以此事語族中所厚善者，云後得其主翁之姓名，但不欲曉之于人耳。《投轄録》。《虚谷閒鈔》。《宋稗類鈔》卷四。

5 章惇者，郇公之疎族。舉進士，在京師館於郇公之第。私族父之妾，爲人所掩，踰垣而出，誤踐街中一嫗，爲嫗所訟。時包公知開封府，不復深究，贖銅而已。惇後及第在五六人間，大不如意，誚讓考試官人。或求觀其敕，擲地以示之，士論忿其不恭。熙寧初，試館職，御史言其無行，罷之。及介甫用事，張郇、李承之薦惇可用，介甫曰：「聞惇大無行。」承之曰：「某所薦者才也，顧惇才可用於今日耳，素行何累焉！公試召與語，自當愛之。」介甫召見之，惇素辯，又善迎合，介甫大喜，恨得之晚。擢用數年，至兩制、三司使。《邵氏聞見録》卷十三。《温公瑣語》。

6 見邵雍11。

7 章子厚在丞相府，顧坐客曰：「延安帥章質夫，因板築發地，得大竹根，半已變石。西邊自昔無竹，亦一異也。」客皆無語，先人獨曰：「天地回南作北有幾矣，公以今日之延安，爲自天地以來西邊乎？」子厚太息曰：「先生觀物之學也。」蓋子厚蚤出康節門下云。《邵氏聞見後録》卷四。

8 蘇子瞻任鳳翔府節度判官，章子厚爲商州令，同試永興軍進士。……二人相得歡甚，同游南山諸寺，寺有山魈爲祟，客不敢宿。子厚宿，山魈不敢出。抵仙游潭，下臨絶壁萬仞，岸甚狹，横木架橋，子厚推子瞻過潭書壁，子瞻不敢過。子厚平步以過，用索繫樹，躡之上下，神色不動，以漆墨濡筆大書石壁上曰：「章惇、蘇軾來游。」子瞻拊其背曰：「子厚必能殺人。」子厚曰：「何也？」子瞻曰：「能自拚命者，能殺人也。」子厚大笑。《高齋漫録》。《東都事略》卷九十五。《名賢氏族言行類稿》卷二十六。《何氏語林》卷十四。《堯山堂外紀》卷五十一。

9 子厚爲商州推官，時子瞻爲鳳翔幕僉，因差試官開院，同途小飲山寺。聞報有虎者，二人酒狂，因勒馬同往觀之。去虎數十步外，馬驚不敢前。子瞻云：「馬猶如此，著甚來由？」乃轉去。子厚獨鞭馬向前去，曰：「我自有道理。」既近，取銅沙鑼於石上攧響，虎即驚竄。歸謂子瞻曰：「子定不如我。」異時姦計，已見於此矣。《西塘集耆舊續聞》卷四。《池北偶談》卷八。

10 章子厚與蘇子瞻少爲莫逆交。一日，子厚坦腹而卧，適子瞻自外來，摩其腹以問子瞻曰：「公道此中何所有？」子瞻曰：「都是謀反底家事。」子厚大笑。《道山清話》。《拊掌録》。《何氏語林》卷二十八。《宋稗類鈔》卷六。

11 章子厚少年未改官，蒙歐陽公薦館職。熙寧初，歐公作《史照峴山亭記》以示子厚。子厚讀至「元凱銘功于二石，一置兹山，一投漢水」。子厚曰：「今飲酒者，令編劄斟酒亦可，穿衫着帶斟酒亦可飲酒，令婦環侍斟酒亦可飲酒，終不若美人斟酒之中節也。『一置兹山，一投漢水』亦可，然終是突兀，此壯士編劄斟酒之禮也。惇欲改曰『一置茲山之上，一投漢水之淵』，此美人斟酒之體，合宜中節故也。」文忠公喜而用之。《默記》卷下。

12 汴渠第五鋪有異僧，衆名之聖和尚，時語人禍福，扣之則不復道也。熙寧初，余伯父朝奉君與先博士君同章申公詣闕，時申公改官未久，先博士未第也。申公所在喜訪異人，至鋪具飯，遇僧過門，即延之。入座，熟視先君曰：「福人福人，宰相是你手裏出。」已而回視申公曰：「承天一柱，判斷山河。」視伯父獨無言。既去，先君戲申公曰：「承天一柱，判斷山河，則當是正拜之徵，然一柱爲何？」申公曰：「我作宰相，更容兩人也。」後果如其言。《春渚紀聞》卷三。

13 翰林故事，學士每白事於中書，皆公服靸鞋坐玉堂，使院吏入白，學士至，丞相出迎，然此禮不行久矣。章惇爲知制誥直學士院，力欲行之。會一日，兩制俱白事於中書，其中學士皆鞾足秉笏，而惇獨散手靸鞋。翰林故事，十廢七八，忽行此禮，大諠物議，而中丞鄧綰尤肆詆毁。既而罷惇直院，而靸鞋之禮，後亦無肯行之者。《東軒筆録》卷五。

14 熙寧七年，元絳爲三司使，宋迪爲判官。迪一日遣使煑藥，而遺火延燒計府，自午至申，焚傷殆盡。方火熾，神宗御西角樓以觀，是時章惇以知制誥判軍器監，遽部本監役兵往救火，經由閣樓以過。上顧問左右，以惇爲對。翌日，迪奪官勒停，絳罷使，以章惇代之。《東軒筆録》卷五。《宋朝事實類苑》卷二十二。

15 見張方平20。

16 章子厚爲侍從時，遇其生朝會客。其門人林特者亦鄉人也，以詩爲壽。子厚晚於座上取詩以示客，且指其頌德處云：「只是海行言語，道人須道著乃爲工。」門人者頗不平之，忽曰：「昔人有令畫工傳神，以其不似，命別爲之。既而又以不似，凡三四易。畫工怒曰：『若畫得似後，是甚模樣？』」滿坐哄然。《道山清話》。《何氏語林》卷二十八。《宋稗類鈔》卷六。

17 見蘇軾85。

18 見蘇軾103。

19 見王觀3。

20 神宗時以陝西用兵失利，内地出令斬一漕臣。明日，宰相蔡確奏知，上曰：「昨日批出斬某人，已行否？」確曰：「方欲奏知。」上曰：「此事何疑？」確曰：「祖宗以未嘗殺士人，臣事不意自陛下始。」上沉吟久之，曰：「可與刺面，配遠惡處。」門下侍郎章惇曰：「如此，即不若殺之。」上曰：「何故？」曰：「士可殺，不可辱。」上聲色俱厲曰：「快意事，便做不得一件！」惇曰：「如此快意事，不做得也好。」《退齋筆録》。《蓼花洲閒録》。《宋稗類鈔》卷三。

21 見錢勰3。

22 見錢勰4。

23 章公惇罷相，俄落職。林公希爲舍人當制，制詞云：「悖悖無大臣之節，怏怏非少主之臣。」章相寄聲曰：「此一聯無乃大甚。」林答曰：「長官發惡，雜職棒毒，無足怪也。」《高齋漫録》。《宋稗類鈔》卷六。

24 見陳瓘7。

25 見陳瓘8。

26 見劉安世10。

27 見晁端彦1。

28 章子厚嘗與劉子先有塲屋之舊，又頗相厚善。子厚居京口，子先守姑蘇，以新醖洞庭春寄之。子厚答詩云：「洞霄宫裏一閒人，東府西樞老舊臣。多謝姑蘇賢太守，殷勤分送洞庭春。」其後隔闊十年，子厚拜相，亦不通問，寄書誚其相忘遠引之意。子先以詩謝曰：「故人天上有書來，責我疎愚喚不回。兩處共瞻千里月，十年不寄一枝梅。塵泥自與雲霄隔，駑馬難追德驥才。莫謂無心向門下，也曾終夕望三台。」公得詩大喜，即召爲宰屬，遂遷户部侍郎。《高齋詩話》。《苕溪漁隱叢話》前集卷五十五。《詩人玉屑》卷十。《群書類編故事》卷四。《宋詩紀事》卷三十五。

29 章子厚在政府，有「惇賊邦曲」之號。一日，邦直欲復唐巾裹，子厚曰：「未消争競，只煩公令嗣戴來略看。」子由語張文潛曰：「廟堂之上，謔語肆行，在下者安得不風靡？」《貴耳集》卷下。《何氏語林》卷十三。

30 章子厚爲相，斬侮朝士。常差一從官使高麗，其人陳情，力辭再三，不允，遂往都堂懇之。章云：「以公所陳不誠，故未相允。」其人云：「某之所陳，莫非情實。」章笑云：「公何不道自揣臣心，誠難過海？」《雞肋編》卷下。

31 章子厚作宰相日，齊州奏孫耿鎮監鎮武臣私官奴，乃本鎮富民所畜也。一夕，詣官奴，爲富民結客毆之，傷重垂盡而逸，且陰遣人訴于州。州奏監罪，請置于法。子厚爲請，富民誅于鎮市中，監官放罪還任。《默記》卷中。

32 章子厚在政府之日久，而親族無一人歷清要者。一宗室曰：「何足道者，前輩往往如是。」《晁氏客語》。

33 章子厚在相位，一日，國子長、貳堂白：「《三經義》已鏤板放行，王荆公《字説》亦合放行，合取相公鈞旨。」子厚曰：「某所不曉，此事請白右丞。」右丞，蔡元度也。《清波雜志》卷十。

34 王荆公《日録》……盡出其婿蔡卞誣罔。……章子厚爲息女擇配，久而未諧。蔡因曰：「相公擇婿如此其艱，豈不男女失時乎？」子厚曰：「待尋一箇似蔡郎者。」蔡甚慙。《清波雜志》卷二。

35 林自爲太學博士，上章相子厚啓云：「伏惟門下相公，有猷有爲，無相無作。」子厚在漏舍，因與執政語及，大罵云：「遮漢敢亂道如此！」蔡元度曰：「無相無作，雖出佛書，然荆公《字説》嘗引之，恐亦可用。」子厚復大罵曰：「荆公亦不曾奉敕許亂道，況林自乎！」坐皆默然。《老學庵筆記》卷一。

36 曾子宣、林子中在密院，爲哲廟言：「章子厚以隱士帽、紫直掇，繫條見從官，從官皆朝服。其强肆如此。」上曰：「彼見蔡京，亦敢爾乎？」京時爲翰林學士，不知何以得人主待之如此，真奸人之雄也。《老學庵筆記》卷五。

37 章丞相惇性豪邁，頗傲物，在相位數以道服接賓客，自八座而下，多不平之。然獨見魯公則否。而魯公時在翰院爲承旨，亦自負章之不能以氣凌公也。一日，詣丞相府。故事，宰執出政事堂歸第，有賓吏白侍從官在客次，而大臣者既捨轡即不還家，徑從斷事所而下以延客。及是章丞相返，不揖客，行入舍，褫其公裳，特易以道服而後出。魯公方趨上，適見之，則亟索去。於是章丞相作慚灼然而語公曰：「是必以衣服故得罪矣，然願少留。」公曰：「某待罪禁林，實天子私人，非公僚佐，藉人微，顧不辱公乎？」遂起，欲行去。章以手掠公，目使留，致懇到。會薦湯而從者以騎至，故公得而拂衷，因卧家，具章白其事，且以辱朝廷而待罪焉。哲廟覽公奏，深多公之得體，亟詔釋之。因有旨：「宰臣章惇贖銅七斤。」仍命立法，以戒後來。自是，魯公終章丞相之在相位而不以私見也。《鐵圍山叢談》卷二。《萍洲可談》卷一。

38 〔章〕惇性忮毒，忍於爲惡，於是百姓歌之曰：「大惇小惇，入地無門。」小惇，則安惇也。《東都事略》卷九十五。

39 童謡云：「大惇、小惇，入地無門。大蔡、小蔡，還他命債。」《宣和遺事》元集。

40 元符間，宗室有以妾爲妻者，因罷開府儀同三司及大宗正職事。蔡元長行詞曰：「既上大宗之印，復捐開府之儀。」章申公謂曾子宣曰：「此語與『手持金骨之朵，身坐銀交之椅』何異？」曾復顧申公曰：「頃時記得有行侍御史詞頭，云『爰遷侍御之史』，不記得是誰？」申公顧許冲元曰：「此是侍郎向日亂道。」曾時爲樞密，許爲黄門也。《春渚紀聞》卷一。

41 鄱陽胡詠之朝散，生平好道。元符初，嘗於信州弋陽縣見一道人，青巾葛衣，神氣特異，因揖而延之對飲。道人……索紙書詩曰：「濟世應須不世才，調羹重見用鹽梅。種成白璧人何處，熟了黄粱夢未回。相府舊開延士閣，武夷新築望仙臺。青雞唱徹函關曉，好卷游幃歸去來。」授詠曰：「爲我以此寄章相公。」且曰：「章相公好箇人，又錯了路徑也。」……詠至京師，見王副車詵，具告以此，欲持詩謁子厚。

詵曰：「不可。上方以邊事倚辦相公。丞相得此，必堅請去，上必疑怪，詰其所以然，君且得罪。」詠以爲然。……他日子厚北歸，聞有此詩，就詠求之。其真本已爲駙車奄有之，乃録寄。子厚見詩，歎曰：「使吾早得此詩，去位久矣，豈復有今日之事乎？」《墨莊漫録》卷一。

42 元符末，章子厚爲永泰山陵使。子厚專權之久，人情鬱陶，有曾誕敷文者作詞，略云：「草草山陵職事，厭厭罷相情懷。」謂故事也。《揮麈後録》卷二。《齊東野語》卷六。

43 元符末，章相罷政，出東水門，至淮門道旁堠上，盡署大字云：「我是里堠，奉白子厚。山陵歸後，專此奉候。」沿路無一遺者。《家世舊聞》卷下。

44 見釋奉忠1。

45 蘇子由謫雷州，不許占官舍，遂僦民屋。章子厚又以爲强奪民居，下本州追民究治，以僦券甚明乃已。不一二年，子厚謫雷州，亦問舍於民。民曰：「前蘇公來，爲章丞相幾破我家，今不可也。」《邵氏聞見後録》卷二十二。《自警編》卷九。

46 章子厚自嶺表還，爲余言神仙升舉事云：「形滯難脱，臨行亦須假名香百餘斤焚之，佐以此行，幸能辨。」意自言必升舉也。坐客或疑而未和，公舉近歲廬山有崔道人者，積香數斛，一日盡發，命弟子至五老峯下徐焚之，默坐其旁，煙盛不相辨，忽躍起已在峯頂。《石林避暑録話》卷二。

47 章申公在睦州，暮年有妾曰蒨英，有殊色，公寵嬖之。一日，其子援至所居烏龍寺僧房，有玉界尺在案上，乃公所愛。因究其所從，群婢共言與僧通已久。公怒，令爲爨婢，布衣執爨而已，未嘗箠也。而罪群婢不能防閑，縛而盡箠之。倩英既執爨，請令十二縣君供過，乃援妻也。縛其僧，箠而送郡，其供出事目如牛腰，即枷送獄。郡守方通親鞫而亟斷之，杖其背，廳事震動，而僧不動如山。倩英執爨四十日，衣敝，申公思之，令援曰：「十二縣君不須出，令倩英依舊伏侍。」倩英即着舊衣。倩英堅不肯着，呼至前，曰：「相公送至州縣則送之，倩英不着好衣，不伏侍相公。倩英寧死爾！」言訖，吞氣立死。《默記》卷下。

48 世言章申公在睦州遇猴事，時方通爲守，實然也。云有大猿數十，遂使人擒而縛之。忽於烏龍山後突出數千大青猿，解縛奪而去之，人皆莫敢近。《默記》卷下。

49 章丞相申公子厚，以能書自負。性喜揮翰，雖在政府，暇時日書數幅。予嘗見雜書一卷，凡九事，乃抄之，因載於此。「……元祐六年十一月五日，京西齋東廳，大滌翁書。」《墨莊漫録》卷十。

50 客有謂東坡曰：「章子厚日臨《蘭亭》一本。」坡笑云：「工摹臨者，非自得，章七終不高爾。」予嘗見子厚在三司北軒所寫《蘭亭》兩本，誠如坡公之言。《獨醒雜志》卷五。《侯鯖録》卷八。

51 見蘇軾349。

52 章樞密惇少喜養生，性尤真率，嘗云：「若遇饑則雖不相識處，亦須索飯；若食飽時，見父亦不拜。」在門下省及樞密，益喜丹竈、餌茯苓以卻粒，骨氣清粹，真神仙中人。蘇子瞻贈之詩云：「鼎中龍虎黄金賤，松下鼀蛇緑骨輕。」《東軒筆録》卷十三。

53 秀州外科張生。……吴人章縣丞祖母，章子厚侍妾也，年七十，疽發於背，邀治之。張先潰其瘡，而以盞貯所泄膿穢澄滓而視之，其凝處紅如丹砂，出謂丞曰：「此服丹藥毒發所致，勢難療也。」丞怒曰：「老人平生尚不喫一服暖藥，況於丹乎！何妄言如是。」母在房聞之，亟呼曰：「其説是已。我少在汝家時，每相公餌伏大丹，必使我輩伴服一粒，積久數多，故儲蓄毒根，今不可悔矣。」張謝去。章母旋以此終。《夷堅支志》乙卷五。

54 見滕元發17。

55 有婦人虞，號「仙姑」，年八十餘，有少女色，能行大洞法。徽宗一日詔虞詣蔡京，京飯之。虞見一大猫，拊其背，語京曰：「識此否？乃章惇也。」京即詆其怪而無理。翌日，京對，上曰：「已見虞姑邪？猫兒事極可駭。」《清波雜志》卷十二。

56 宋欽宗北狩，至檀州北斯縣鄉中，時盛暑，帝與隨從之人已皆疲困，稍息於木下。須臾大風忽起，濃雲自東南而升，大雨如注，雷電交作，帝與從人急移民舍避之。少頃，雷電大震，俄有數丈大火流於帝前，帝大驚。而所居民家一男一婦及小兒震死，其男、婦背上皆有朱篆而不可識，獨小兒有朱篆四字可認，云「章惇後身」。帝曰：「章惇爲相誤國，京城之陷皆因此賊爲之，今果報如是。」《湖海新聞夷堅續志》前集卷二。

章俞

1 章俞者，郇公之族子，早歲不自拘檢。妻之母楊氏，年少而寡，俞與之通。已而有娠，生子。初産之時，楊氏欲不舉，楊氏母勉令留之，以一合貯水，緘置其内，遣人持以還俞。俞得之云：「此兒五行甚佳，將大吾門。」雇乳者謹視之。既長登第，始與東坡先生締交，後送其出守湖州詩，首云：「方丈仙人出渺茫，高情猶愛水雲鄉。」以爲譏己，由是怨之。其子入政府，俞尚無恙。嘗犯法，以年八十勿論。事見《神宗實録》。紹聖相天下，坡渡海，蓋修報也。所謂燕國夫人墓，獨處而無祔者，即楊氏也。《揮麈餘話》卷一。

《宋詩紀事》卷二十二。

2　章申公父銀青公俞，年七十集賓親爲慶會。有餉柑者，味甘而實極瑰大，既食之，即令收核種之後圃，坐人竊笑蓋七八也。後公食柑十年而終。《春渚紀聞》卷一。

章持

1　紹聖丁丑，章持魁南省，時有詩：「何處難忘酒？南宮放牓時。有才如杜牧，無勢似章持。不取通經士，先收執政兒。此時無一盞，何以展愁眉？」《清波雜志》卷四。

章援

1　東坡先生既得自便，以建中靖國元年六月還次京口，時章子厚丞相有海康之行，其子援尚留京口，以書抵先生……先生得書大喜，顧謂其子叔黨曰：「斯文，司馬子長之流也。」……元祐三年，先生知舉時，致平爲舉子。初，致平之文法荆公，既見先生知舉，爲文皆法坡，遂爲第一，逮揭榜，方知子厚子。《雲麓漫鈔》卷九。

許將

1　嘉祐間，京師殿試，有一南商控細鞍驄馬於右掖門，俟狀元獻之。日未曛，唱名第一人，乃許將也。姿狀奇秀，觀者若堵。自綴《臨江仙》曰：「聖主臨軒親策試，集英佳氣葱葱。鳴鞘聲震未央宮。卷簾龍影動，揮翰御煙濃。　上第歸來何事好，迎人花面争紅。藍袍香散六街風。一鞭春色裹，驕損玉花驄。」後帥成都，值中秋府會，官妓獻詞送酒，仍别歌《臨江仙》曰：「不比尋常三五夜，萬家齊望清輝。爛銀盤透碧琉璃。莫辭終夕看，動是隔年期。　試問嫦娥還記否，玉人曾折高枝。明年此夜再圓時。閤開東府宴，身在鳳凰池。」許問誰作詞，妓白以西州士人鄭無黨詞。後召相見，欲薦其才於廊廟。無黨辭以無意進取，惟投牒理逋欠數千緡。無黨爲人不羈，長於詞，蓋知許公《臨江仙》，最喜歌者投其所好也。《古今詞話》。《歲時廣記》卷三十一。

2　熙寧中，許沖元將以磨勘當遷。王荆公爲相，卻抑甲科三名前恩例，擬令轉太常博士。太常博士與右正言同爲一等，然祖宗分别流品，以太常博士爲有出身人遷轉，非以待第一人也。荆公方下筆作「太」字時，堂吏以手約筆，具陳祖宗之制，荆公乃改「太」字右筆作「口」字，沖元遂遷右正言。《獨醒雜志》卷一。

3　見蘇軾205。

4　見晏殊27。

5　許將坐太學獄，下御史臺禁勘，僅一月日暨伏罪，臺吏告曰：「内翰今晚當出矣。」許曰：「審如是，當爲白中丞，俾告我家取馬也。」至晚欲放，中丞蔡確曰：「案中尚有一節未完，須再供答。」及對畢，開門，已及二更以後，而從人謂許未出，人馬卻還矣。許坐於臺門，不能進退，適有邏卒過前，遂呼告之曰：「我臺中放出官員也，病不能行，可煩爲於市橋賃一馬。」邏卒憐之，與呼一馬至，遂跨而行。是時許初罷判開封府，税居于甜水巷，馭者懼逼夜禁，急鞭馬，馬躍，許失綏墜地，腰膝盡傷，馭者扶之于鞍，又疾驅而去，比至巷，則宅門已閉。許下馬坐于砌上，俾馭者扣門，久之無應者，馭者曰：「願得主名以呼之。」許曰：「但云内翰已歸可矣。」馭者方知其爲判府許内翰，且懼獲墜馬之罪，遽策馬而走。許以墜傷，氣息不屬，不能起以扣門，又無力呼叫，是時十月，京師已寒，地坐至曉，迨宅門開，始得入。《東軒筆録》卷九。

6　蔡卞、章惇同肆羅織，遷謫元祐諸公。卞率惇以奏，乞發司馬光墓。門下侍郎許將獨無言，卞等退，哲宗留將問曰：「卿不言何也？」將曰：「發人之墓，非盛德事。」哲宗曰：「朕與卿同。」乃不從。《厚德録》卷四。《自警編》卷四。《昨非庵日纂》二集卷三。

7　〔許〕沖元察御僚屬甚嚴。一日，賓佐過廳，一都監曳皮鞋而前，許問曰：「公何得此鞋？」都監以爲美意，云：「某衙一卒能造，樞密或須之否？」許作色曰：「某非無此，但不敢對同官着耳。」都監皇恐失措。坐間數十客，莫不各視其足。《過庭録》。

8　許沖元將知西京，有一屬稟事云：「某預錢若干，已有指揮許將來春充預買錢。」沖元厲聲叱之曰：「許將如何作得預買錢？」其人始悟觸諱，踧踖謝過而退。《閒燕常談》。《陔餘叢考》卷三十一。

9 許將冲元，以前執政知大名府，以剛略稱。時同官曹蒙銜命察訪，蔑視郡縣，威令甚嚴，至大名見冲元，當廳下轎。冲元出，見其倨甚，復入呼法司曰：「不知前執政作守，監司得當廳下轎否？」法司具條白之：「不許。」竚立曹甚久。復令白曹曰：「請就賓次，以全國體。」曹失措而退。許接武迎之，謂曰：「在將無稱，此乃朝廷禮耳。公不可以人而輕國也。」曹氣懾無語，更不問一毫事，屏縮數日而去。《過庭録》。

林希

1 林仲平概，仁宗朝耆儒也。二子希旦、邵顔，早擅克家之業。仲平没，有二幼子尚在襁褓，未名。既長，兩兄迺析其名，示不忘父訓，曰希、曰旦、曰邵、曰顔，後皆爲聞人，衣冠指爲名族。《揮麈後録》卷六。

2 林高，閩人，擢第，終屯田郎中。子概，亦擢第，爲集賢校理，入《儒學傳》，終於京師。妻黄氏，攜其孤扶護將歸葬閩，道出姑蘇。時蔣公侍郎堂知姑蘇。二子，長子希，次子旦，方年十二三，贄文上謁，蔣大奇之，留姑蘇，給以戴城橋官屋，後號孺學坊，爲葬二櫬於寶華山。蔣公遣其子與二林讀書。希字子中，後爲樞密，旦亦爲從官。蔣之子，即之奇，字穎叔，亦爲樞密。《雲麓漫鈔》卷十。

3 見章惇23。

4 林文節子中，以啓賀東坡入翰苑曰：「父子以文章名世，蓋淵、雲、司馬之才；兄弟以方正決科，邁晁、董、公孫之學。」其褒美如此。後草坡責惠州告詞云：「勅具位軾：元豐間，有司奏軾罪惡甚衆，論法當死。先皇帝赦而不誅，於軾恩德厚矣。朕初即位，政出權臣，引軾兄弟以爲己助。自謂得計，罔有悛心。忘國大恩，敢肆怨誹。若譏朕過失，何所不容？乃代予言，誣詆聖考。乖父子之恩，害君臣之義。在於行路，猶不戴天。顧視士民，復何面目？以至交通閹寺，矜詫幸恩，市井不爲，縉紳共恥。尚屈彝典，止從降黜。今言者謂某指斥宗廟，罪大罰輕。國有常刑，朕非可赦。宥爾萬死，竄之遠方。雖軾辯足以飾非，言足以惑衆，自絶君親，又將奚懟？保爾餘息，毋重後愆。可責授寧遠軍節度副使，惠州安置。」極於醜詆如此。《清波雜志》卷六。《讀書鏡》卷三。

5　林文節作啓謝諸公，於蘇子由有一聯云：「父子以文章冠世，邁淵、雲、司馬之才；兄弟以方正決科，冠晁、董、公孫之對。」言淵、雲、司馬皆蜀人。及紹聖中，行子由謫詞云：「父子兄弟，挾機權變詐，驚愚惑衆。」子由捧之，泣曰：「某兄弟固無足言，先人何罪邪？」紹聖初，在外制行元祐諸公謫詞，是非去取，固時相風旨。然而命詞似西漢詔令，有王言體。於蘇子瞻一詞，尤不草草，蘇見之曰：「林大亦能作文章邪！」其詞有云：「若譏朕過失，亦何所不容。乃代予言，詆誣聖考。乖父子之恩，害君臣之義。在於行路，猶不戴天，顧視士民，復何面目。」又曰：「雖汝軾文足以惑衆，辯足以飾非，然而自絶君親，又將誰懟。」《野老記聞》。

6　紹聖初，陸農師、曾子開俱以曾預修《神宗實録》被謫。中書舍人林希子中草辭云：「謂爾同爲謗訕，則于今具稾不存；謂爾有所建明，則未嘗争論而去。」人以爲得實。《能改齋漫録》卷十四。

7　紹聖初，黜逐元祐之臣，時舍人林公希作敕榜云：「人材淆混，莫難於品流；黨與縱横，無分於勝負。」章申公悖視之不悦。《苕溪漁隱叢話》後集卷二十二。

8　宣和間，尚書新省成，車駕臨幸。時宰命一時朝士能文者各擬謝表，獨林子中者擅場，其一聯云：「北辰居極，外環象斗之宫；黄道初經，旁及積星之位。」《浩然齋雅談》卷上。

9　林子忠有《野史》一編，世多傳之。其間議論與平日所爲，極以背馳，殊不可曉。豈非知公論不可揜，欲蓋其迹於天下後世耶！《揮麈餘話》卷一。

蔣之奇

1　蔣穎叔父爲江寧簿，祖父〔魏公〕爲宰。蔣方幼……其父每呼令誦書史，不差一字。故穎叔爲曾祖母〔魏公母〕祭文云：「在昔先人佐夫人之子，之奇於夫人，義猶祖母。」《魏公譚訓》卷四。

2　見歐陽修123。

3　臺官蔣之奇以浮語彈奏歐陽公，英宗不聽，之奇因拜伏地不起。上顧左右，問何故久不起。之奇仰曰：「此所謂伏蒲矣。」上明日以語大臣，京師傳以爲笑。《龍川别志》卷下。《宋名臣言行録》後集卷二。

4　蘇仲豫言，蔣穎叔之爲江淮發運也，其才智有餘，人莫能欺。漕運絡繹，蔣，吴人，暗知風水。嘗於所居公署前立一旗，曰占風旗，使人日候之，置籍焉。令諸漕綱日程，亦各記風之便逆，蓋雷、雨、雪、雹、霧、露等有或不均，風則天下皆一，每有運至，取其日程曆以合之，責其稽緩者，綱吏畏服。蔣之去，占風旗廢矣。《師友談記》。

5　王荆公步月中山，蔣穎叔爲發運使，過之，傳呼甚寵，荆公意不悦。穎叔喜談禪，荆公有詩云：「怪見傳呼殺風景，不知禪客夜相投。」《邵氏聞見後録》卷十七。

6　樞密蔣公穎叔，與圓通秀禪師爲方外友。公平日雖究心宗，亦泥于教乘，因撰《華嚴經解》三十篇，頗負其知見。元豐間，漕淮上，至長蘆訪秀，而題方丈壁曰：「余凡三日遂成《華嚴解》，我于佛法有大因緣，異日常觀此地，比覺城東際，惟具佛眼者當知之。」於時秀辨之曰：「公何言之易耶？夫《華嚴》者，圓頓上乘，乃現量所證。今言『比覺城東際』，則是比量，非圓頓宗。文云『異日』，且一真法界無有古今，故云十世古今，始終不離於常念，若言『異日』、『今日』，豈可非是乎？又云『具佛眼者方知』，然《經》云：『平等真法界，無佛無衆生。』凡聖情盡，彼我皆忘，豈有愚智之異？若待佛眼，則天眼、人眼豈可不知哉？」公於是悔謝。《羅湖野録》卷四。

7　蔣穎叔爲發運使，至泰州謁徐神公，坐定了無言説。將起，忽自言曰：「天上也不静，人世更不定疊。」蔣因扣之，曰：「天上已遣五百魔王來世間作官，不定疊，不定疊。」蔣復扣其身之休咎，徐謂之曰：「只發運亦是一赤天魔王也。」《春渚紀聞》卷二。《宋稗類鈔》卷六。

8　元豐中，徐州獲妖人，辭連淮上，發運使蔣穎叔疑於〔徐神翁〕公，就見曰：「爾徐二翁邪？」曰：「然！知道乎？」「不知解何事？」「解喫飯。」「日可幾米？」「飽便住。」「茹葷乎？」「茹葷。」由此不疑。……穎叔問：「我何如人也？」對曰：「宜省刑。」〔穎叔〕艴然而怒，公自捫其背曰：「瘤痛不能語。」穎叔再拜曰：「經云神公受命，普掃不祥，其公之謂矣。」因呼神公。……穎叔背有瘤，盛怒則裂而内楚至不能言，他人莫知也。《海陵三仙傳》。

9 蔣之奇既貴，項上大贅，每忌人視之。爲六路大漕，至金山寺。僧了元，滑稽人也，與蔣相善。一日見蔣，手捫其贅，蔣心惡之，了元徐曰：「沖卿在前，穎叔在後。」蔣即大喜。《萍洲可談》卷一。《何氏語林》卷五。《宋稗類鈔》卷五。

10 劉逵公達奉使三韓，道過餘杭。時蔣穎叔爲太守，以其新進，頗厚其禮，供張百色，比故例特異。又取金色鰍一條，與龜獻於逵，以致今秋歸之意。或曰：「穎叔老老大大，不能以前輩自居，尚何求哉！」《曲洧舊聞》卷八。

范文度

1 范景仁父名文度，爲蜀孔目官，事張乖崖。時見發郡人陰事而誅之，而不知其何以知之。但默觀一小册，每鈎距得人陰事，必記之册上，書訖入箱，封題甚密。文度日侍其旁而莫測也。然每觀小册，則行事多殺人或行法。一日，乖崖方觀小册，忽内迫，遽起，不及封箱。文度遽取其小册觀之，盡記人細故，有已行者，即朱勾之，未行者尚衆也。文度閲畢，始悟平日所行乃多布耳目所得，遂毁而焚之。乖崖還，見几上箱開，已色變。及啟觀小册已失之，大怒之次，文度遽前請命曰：「乃某毁而焚之，今願以一命代衆人死，乞賜誅戮。」乖崖問其故，答曰：「公爲政過猛，而又陰採人短長，不皆究實而誅，若不毁焚，恐自是殺人無窮也。」乖崖徐曰：「貸汝一死，然汝子孫必興。」自是益用之。《默記》卷中。

范鎮

1　薛簡肅公知成都，范蜀公方爲舉子，一見愛之，館於府第，俾與子弟講學。每曰：「范君，廊廟人也。」公益自謙退。乘小駟至銅壺閣下，即步行趨府門。踰年，人不知爲帥客也。簡肅還朝，載蜀公以去。或問簡肅曰：「自成都歸，得何奇物？」曰：「蜀珍産不足道。吾歸，得一偉人耳。」時二宋公有大名，一見，與公爲布衣交。《邵氏聞見録》卷八。《何氏語林》卷十五。《東山談苑》卷五。

2　范忠文公在蜀，始爲薛簡肅公所知。及來中州，人未有知者。初與二宋相見，二宋亦莫之異也。一日，相約結課，以「長嘯卻胡騎」爲題，公賦成，二宋讀之，不敢出所作，既而謂公曰：「君賦極佳！但破題兩句無頓挫之功，每句之中各添一『者』字如何？」公欣然從之。二宋自此遂大加稱賞，乃定交焉。《曲洧舊聞》卷二。

3　范蜀公少時，與宋子京同賦《長嘯却邊騎》。蜀公先成，破題云：「制動以静，善勝不争。」景文見之，於是不復出其所作，潛于袖中毁之。因謂蜀公曰：「公賦甚善，更當添以二『者』字。」蜀公從其説，故謂之「制動者以静，善勝者不争」。然景文賦雖不逮于蜀公，他人亦不能到。破題云：「月滿邊塞，人登戍樓。」真奇語也。《能改齋漫録》卷十四。《宋稗類鈔》卷五。

4　故事，南省奏名第一，殿試唱過三名不及，則必越衆抗聲自陳，雖考校在下列，必得升等。吴春卿、歐陽文忠皆由是得升第一甲。獨范景仁避不肯言，等輩屢趣之，皆不應，至第十九人方及，徐出拜命而退，時已服其靜退。自是廷試當自陳者，多慕效之。《石林燕語》卷九。

5 召試學士院，詩用「采霓」字。學士以沈約《郊居賦》「雌霓連蜷」，讀「霓」爲入聲，謂景仁爲失韻，由是除館閣校勘。殊不知約賦但取聲律便美，非「霓」不可讀爲平聲也。當時有學者皆爲憤鬱，而公處之晏然，不辨。《宋名臣言行録》後集卷五。《名臣碑傳琬琰集》下卷九。

6 范蜀公皇祐中知諫院。陳恭公爲相，嬖妾笞殺一婢，御史奏論排斥，不知所謂，遂誣公私其女。景仁上言：「朝廷設臺諫官，使除讒慝，非使爲讒。果如其言，執中可斬。不然，則言者亦可斬。」御史怒，共劾其阿宰相。范弗顧，力論其不然。《珍席放談》卷下。

7 見狄青35、36。

8 熙寧初，王荆公始用事，范蜀公以直言正論折之不能勝，上章乞致仕，曰：「陛下有納諫之資，大臣進拒諫之計；陛下有愛民之性，大臣用殘民之術。」荆公見之怒甚，持其疏至手戰。馮當世解之曰：「參政何必爾。」遂落翰林學士，以本官户部侍郎致仕。舍人蔡延慶行詞，荆公不快之，自草制，極於醜詆。明日，蔡延慶因賀公，具以制詞出於荆公爲解，公笑誦其詞曰：「外無任職之能，某披襟當之；內有懷利之實，則夫子自道也。」公上表謝，其略曰：「雖曰乞身而去，敢忘憂國之心。」又曰：「望陛下集群議爲耳目，以除壅蔽之姦；任老成爲腹心，以養和平之福。」天下聞而壯之。公既退居，專以讀書賦詩自娱，客至輒置酒盡歡。或勸公稱疾杜門，公曰：「死生禍福，天也，吾其如天何？」久之，以二人肩輿歸蜀，極江山登臨之勝，賑其宗族之貧者，朞年而後還。元祐初，哲宗登位，宣仁后垂簾同聽政，首以詔特起公，詔曰：「西伯善養，二老來歸；漢室卑詞，四臣入侍。爲我強起，無或憚勤，天下望公與温公同升矣。」公辭曰：「六十三而求去，蓋以引年；七十九而復來，豈云中禮？」卒不起。先是神宗山陵，公會葬陵下，蔡京見公曰：「上將起公矣。」公正色曰：「某以論新法不合，得罪先帝。一旦先帝棄天下，其可因以爲利？」故公卒不爲元祐二聖一起。紹聖初，章惇、蔡卞欲并斥公爲元祐黨，將加追貶，蔡京曰：「京親聞蜀公之言如此，非黨也。」惇、卞乃已。《邵氏聞見録》卷十二。

9　熙寧末，范景仁以薦蘇子瞻、孔經甫不從，曰：「臣無顔可見班列。」乃乞致仕。章四上不報。最後第五章併論青苗法，於是始以本官致仕。神宗初未嘗怒也。景仁既得謝，猶居京師者三年。時王禹玉爲執政，與景仁久同翰林，景仁每從容過之道舊，樂飲終日，自不以爲嫌，當權者亦不之責。元祐初，熙寧、元豐所廢舊臣，自司馬温公以下皆畢集於朝，獨景仁屢召不至，世尤以爲高云。《石林燕語》卷五。

10　范蜀公乞致仕，章四上未允。第五章極言臣所懷有可去者二，謂言青苗不見聽，一可去；薦蘇軾、孔文仲不見用，二可去。章既上，遂得請。《墨莊漫録》卷一。

11　内翰范公鎮景仁三疏，力詆王安石青苗之法，不能，即請致仕。疏凡三上，聞者皆爲公懼。安石怒，公落翰林學士致仕。……公既得謝，蘇軾往賀之，曰：「公雖退，而名益重矣。」公愀然不樂，曰：「君子言聽計從，消患於未萌，使天下陰受其賜。無智名，無勇功，吾獨不得爲此命也。夫使天下受其害，而吾享其名，吾何心哉！」軾慚而退。《自警編》卷七。《宋名臣言行録》後集卷五。《言行龜鑑》卷五。

12　范景仁鎮喜爲詩，年六十三致仕。一朝思鄉里，遂徑行入蜀。故人李才元大臨知梓州，景仁枉道過之。歸至成都，日與鄉人樂飲，散財于親舊之貧者，遂游峨眉、青城山，下巫峽，出荆門，凡暮歲乃還京師。在道作詩凡二百五篇，其一聯云：「不學鄉人誇駟馬，未饒吾祖泛扁舟。」《溫公續詩話》。《苕溪漁隱叢話》前集卷二十八。《宋詩紀事》卷十四。

13　范公景仁既退居，有園第在京師，專以讀書賦詩自娱。客至無貴賤，皆野服見之。……故人或爲具召之，雖權貴不拒也。《自警編》卷五。

14　蜀公居許下，於所居造大堂，以長嘯名之。前有荼䕷架，高廣可容數十客，每春季花繁盛時，燕客於其下。約曰：「有飛花墮酒中者，爲余釂一大白。」或語笑喧譁之際，微風過之，則滿座無遺者。當時號爲「飛英會」，傳之四遠，無不以爲美談也。《曲洧舊聞》卷三。《誠齋雜志》卷下。《何氏語林》卷二十。《昨非庵日纂》卷十九。《堯山堂外紀》卷四十七。《宋稗類鈔》卷四。

15　見司馬光43。

16　見司馬光62。

17　范蜀公素不飲酒，又詆佛教。在許下與韓持國兄弟往還，而諸韓皆崇此二事，每燕集蜀公未嘗不與，極飲盡歡，少間則以談禪相勉。蜀公頗病之。蘇子瞻時在黄州，乃以書問：救之當以何術？曰：「麴糵有毒，平地生出醉鄉，土偶作祟，眼前妄見佛國。」子瞻報之，曰：「請公試觀，能惑之性何自而生，欲救之心作何形相，此猶不立，彼復何依？正恐黄面瞿曇，亦須斂衽，況學之者耶。」意亦欲將有以曉公，而公終不領。亦可見其篤信自守，不奪于外物也。《石林避暑録話》卷四。《何氏語林》卷十九。《宋稗類鈔》卷七。

18 或問范景仁何以不信佛，景仁曰：「爾必待我合掌膜拜，然後爲信耶？」《道山清話》。

19 范忠文公與司馬文正公平生智識、談論趣向，除議樂一事不同外，其餘靡所不同。元祐初，温公起爲相，忠文獨高卧許下，凡累詔，皆力辭不已。其最後表云：「六十三而求去，蓋不待年；七十五而復來，誰云中理。」朝廷從之。當是時，中外士大夫莫不高公此舉，而人至今以爲美談也。《曲洧舊聞》卷三。

20 元祐初，起范蜀公于家，固辭。其表云：「六十三而致仕，固不待年；七十九而造朝，豈云知禮！」是時文潞公八十餘，一召而來，人各有所志也。《後山詩話》。《苕溪漁隱叢話》前集卷二十八。《過庭録》。

21 見范祖禹5。

22 見司馬光74。

23 見蘇軾167。

24 李方叔言：范蜀公將薨數日，鬚髮皆變蒼，郁然如畫也。公平生虚心養氣，數盡神往而血氣不衰，故發於外耶？然范氏多四乳，固與人異，公又立德如此，其化也必不與萬物同盡，蓋有不可知者也。《東坡志林》卷三。《曲洧舊聞》卷三。

25 范内翰景仁以宏才碩學，時所推仰。始立朝，或不以鯁直許之。仁廟春秋高，少陽虚位，首拜疏乞擇宗室親賢爲皇嗣。熙寧初，將推行新法，獨不肯阿比附議，知不可争，即告老歸第。天下士大夫始知仁者必有勇也。《宋朝事實類苑》卷十六引《倦游雜録》。

26 范蜀公有子弟赴官乞書，不許，曰：「仕宦不可廣求人知，受恩多，則難爲立朝。今小官赴任，率以求書爲能事，不知上官或反惡其挾勢。」《吹劍録》。《何氏語林》卷十三。《昨非庵日纂》二集卷五。《宋稗類鈔》卷三。

27〔范蜀〕公曰：「家中子弟，連名百字，幾乎尋盡矣。至於百發百中，亦取以爲名。」……〔李〕廌曰：「百靈百利，百巧百窮，必不取以爲名也。」蜀公爲之掀髯大笑。《悦生隨抄》。

28 范蜀公鎮每對客，尊嚴静重，言有條理，客亦不敢慢易。惟蘇子瞻則掀髯鼓掌，旁若無人，然蜀公甚敬之。一日，有客問公：「何爲不重黄庭堅？」公曰：「魯直一代偉人，鎮之畏友也，安敢不加重？」又問：「庭堅學佛有得否？」公曰：「這箇則如何知得？但佛亦如何恁地學得？」《道山清話》。《何氏語林》卷二十四。《宋稗類鈔》卷一。

29〔黄〕庭堅一日過范景仁，終日相對，正身端坐，未嘗回顧，亦無倦色。景仁言：「吾二十年來胸中未嘗起一思慮，二三年來不甚觀書，若無賓客，則終日獨坐，夜分方睡。雖兒曹讙呼，只尺皆不聞。」庭堅曰：「公却是學佛作家。」公不悦。《道山清話》。《何氏語林》卷二十二。

30 見柳永11。

31 范祖封，忠文公之孫也。嘗夢忠文言：「我墓前石人、石羊、石虎，長短大小皆踰制，如我官，未應得也。汝可亟易之。」祖封既久，遂忘其夢，而墳寺僧忽報：一夕大雷，石人一折其手，一斷其身爲二。乃始驚懼，徧與親舊言其事。《曲洧舊聞》卷三。

32 范蜀公之孫祖平，敵不以爲官，傭奴之。先君使以東坡所爲蜀公銘白，曰：「我官人也。」敵曰：「東坡書之不疑矣。」即釋之。先君資以歸裝。《盤洲文集》卷七十四《先君述》。

范百嘉

1　范百嘉，字子豐，忠文蜀公之子也。識量頗類忠文。嘗宴客，客散熟寢，偷兒入其室，酒器滿前。子豐覺之，起坐，呼偷兒曰：「汝迫於貧，至此，勿怖也。」以白金盂子二與之，偷兒拜而去。其後事敗，有司盡得其情，子豐猶不肯言。聞者美之。《曲洧舊聞》卷八。

范祖禹

1　范淳父内翰之母，夢鄧禹來而生淳父，故名祖禹，字夢得。《梁溪漫志》卷三。

2　范祖禹淳父，極爲司馬文正獎識。嘗爲《進論》，求教于公。公每見，則未始有可否。淳父疑而質于公，公久而言曰：「子之《進論》，非不美也。顧念世人獲甲科者絶少，而子既已在前列，而復習《進論》，求應賢良。以光觀之，但有貪心耳。光之不喜者，非爲《進論》也，不喜子有貪心也。」淳父于是焚去《進論》，不應賢良。《能改齋漫録》卷十二。《言行龜鑑》卷五。

3　熙寧三年，司馬文正公修歷代君臣事跡，辟公同編修，供職秘省。時王荆公當國，人皆奔競，公未嘗往謁。王安國與公友善，嘗諭荆公意，以公獨不親附，故未進用，公竟不往見。《宋名臣言行録》後集卷十三。《自警編》卷五。《言行龜鑑》卷五。

4　温公在洛，應用文字皆出公手。一日，謂公休曰：「此子弟職，豈可不習。」公休辭不能。純夫曰：「請試爲之。當爲改竄。」一再撰呈，已可用。公喜曰：「未有如此子好學也。」温公事無大小，必與公議，至於家事，公休亦不自專，問於公而後行。公休之卒，公哭之慟。挽詩云：「鮑叔深知我，顔淵實喪予。」《晁氏客語》。

5 朝廷既相温公、申公，詔起蜀公。蜀公以書問於公，公謂不當起。蜀公得書大喜曰：「是吾心也。吾所欲爲者，君實已爲之矣，何用復出？」又與親舊書云：「比亦欲出，而二郎勸止遂已。」《宋名臣言行録》後集卷十三。

6 公除正言，客有言於温公，以公在言路必能協濟。温公正色曰：「子謂淳甫見光有過不言乎？殆不然也。」《宋名臣言行録》後集卷十三。

7 范忠宣之罷，公嘗論列。客有謂忠宣曰：「淳夫亦有言，何也？」忠宣曰：「使純仁在言路，見宰相政事如此，亦豈可默也？」《宋名臣言行録》後集卷十三。

8 元祐初，范公以著作佐郎兼侍講，每造邇英，過押班御藥閤子，都知已下列行致恭，即退。顧子敦嘗與都知梁惟簡一言，公大以爲失體。陳衍初管當御藥院，來謝，宅門數步外下馬，留榜子與閽者，云：「煩呈覆，欲知曾到門下。」其後公爲諫議大夫，僦居城西白家巷，東鄰陳衍園也。衍每至園中，不敢高聲。謂同列曰：「范諫議一言到上前，吾輩不知死所矣。」其畏憚如此。《晁氏客語》。《宋名臣言行録》後集卷十三。《鶴林玉露》乙編卷一。《讀書鏡》卷三。

9 元祐初，伊川除崇政殿説書，時范公爲著作佐郎、實録院檢討，伊川嘗謂温公曰：「經筵若得范淳夫來尤好。」温公曰：「他已修史，朝廷自擢用矣。」伊川曰：「不謂如此，但經筵須要他。」温公問何故，伊川曰：「頤自度乏温潤之氣，淳夫色温而氣和，尤可以開陳是非，導人主之意。」其後除侍講。《宋名臣言行録》後集卷十三。《自警編》卷六。《言行龜鑑》卷二。

10 范純夫每次日當進講，是夜講於家，群從子弟畢集聽焉。講終，點湯而退。《晁氏客語》。

11 范純夫久在經筵，進職青瑣，引疾乞歸蜀。章十上，得請，以待制知梓州。翌日，丞相奏事簾前。太母宣諭曰：「范侍講求去甚力，故勉徇其請。昨日孩兒再三留他，謂哲宗。可諭與且爲孩兒留，未可求出。前降指揮不行。」於是公不復有請。《晁氏客語》。

12 元祐末，純夫數上疏論時事，其言尤激切，無所顧避。文潛、少游懇勸，以謂不可，公意竟不回。其子沖亦因間言之，公曰：「吾出劒門關，稱范秀才。今復爲一布衣，何爲不可！」其後遠謫，多緣此數章也。《晁氏客語》。

13 純夫自賓移化，朝旨嚴峻，郡官不敢相聞。既至城外，父老居民皆出送，或持金幣來獻。純夫謝遣之，一無所受，皆感泣而去。化州城外寺僧，一夕見大星殞門外，中夜聞傳呼開門，果然是夜公薨。後三日，殯於寺中。賓州人李寶善地理，謂純夫子沖曰：「寺當風水之衝。」指寺北山一穴曰：「此可殯，不唯安穩，歲餘必得歸。」遂卜之，改殯。是年，颶風作，屋瓦皆飛，大木盡拔，獨北山殯所不動。次年歸葬，如其言。後有自嶺外來者云：「士人至今廟祀公於北山。」《晁氏客語》。

14 純夫諫疏多自毁去。平生爲文，深不欲人知。京師刊行《唐鑑》，公欲爲文移開封毁板，後其子沖陳不可，乃已。純夫薦士，後多貴顯，人無知之者。《晁氏客語》。

15 純夫寡言語，不問即不言。其後，純夫子沖自嶺表扶護歸。過荆州，見山谷，道純夫數事，皆所不知。純夫在史院，報丞相上馬後，爲諸人講《左傳》，一授乃出。魯直蓋受左氏學於純夫也。《晁氏客語》。

16 元祐中，承議郎游冠卿知咸平縣回，純夫同年。一日來謁，曰：「畿邑任滿，例除監司，欲乞一言於鳳池。」是時，純夫叔在中書也。純夫答曰：「公望實審，當爲監司，朝廷必須除授。家叔雖在政府，某未嘗與人告差遣。」冠卿慚沮而退。其子沖實聞此語，因間白公曰：「説與不説皆可也。何必面斥之。」公曰：「如此，是欺此人。吾故以誠告之。」《晁氏客語》。

17 元祐中，舉子吴中應大科，以進卷遍投從官。一日，與李方叔諸人同觀，文理乖謬，撫掌絶倒。純夫偶出，見之，問所以然，皆以實對。純夫覽其文數篇，不笑亦不言，掩卷他語，侍坐者亦不敢問。他日，吴中請見。純夫諭之曰：「觀足下之文，應進士舉且不可，況大科乎，此必有人相誤。請歸讀書學文，且習進士。」吴辭謝而去。《晁氏客語》。《厚德録》卷二。

18 范純夫燕居，正色危坐，未嘗不冠，出入步履皆有常處。几案無長物，研墨刀筆，終歲不易。其生平所觀書，如手未觸。衣稍華者不服，十餘年不易衣，亦無垢汙。履雖穿如新。皆出於自然，未嘗有意如此也。《晁氏客語》。《蓬窗日録》卷六。

19 見吕公著37。

20 東坡好戲謔，語言或稍過，純夫必戒之。東坡每與人戲，必祝曰：「勿令范十三知。」純夫舊行第十三也。《晁氏客語》。《甕牖閒評》卷三。《宋名臣言行録》後集卷十三。《宋稗類鈔》卷一。

21 元祐中，客有見伊川先生者，几案無他書，唯印行《唐鑑》一部。先生謂客曰：「近方見此書，自三代以後，無此議論。」崇寧中，冲見欒城先生於潁昌，先生曰：「老來不欲泛觀他書，近日且看《唐鑑》。」《宋名臣言行録》後集卷十三引《遺事》。《伊洛淵源録》卷七。

22 〔范〕淳甫元祐間爲東平府直講。每日供膳所食，湯餅異常。因造外厨，訊諸庖者，見几上有金錢數十，審其安用。對曰：「凡麪入湯之後，每遇一沸，必一下錢，錢盡而後已。」《能改齋漫録》卷十五。

范温

1 范内翰祖禹作《唐鑑》，名重天下。坐黨錮事。久之，其幼子温，字元實……實奇士也。一日，游大相國寺，而諸貴璫蓋不辨有祖禹，獨知有《唐鑑》而已。見温，輒指目，方自相謂曰：「此《唐鑑》兒也。」又，温嘗預貴人家會，貴人有侍兒，善歌秦少游長短句，坐間略不顧，温亦謹，不敢吐一語。及酒酣懽洽，侍兒者始問：「此郎何人耶？」温遽起，叉手而對曰：「某乃『山抹微雲』女婿也。」聞者多絶倒。《鐵圍山叢談》卷四。《堯山堂外紀》卷五十三。《宋詩紀事》卷四十一。

2 見蘇過2。

3 〔范元實〕嘗與吾論時勢，及開元、天寶之末流。元實曰：「天寶之勢，土崩瓦解，異乎今日魚爛也。」時魯公亦痛悔，一日喟然而歎，數謂吾曰：「今復得陳瓘、劉器之來，意若可救藥乎？」吾語元實。

元實大喜，語吾曰：「公之大人有此心，豈獨海内，乃公之福。第恐難得好湯，使多噏不下爾。」元實亟持其書報二公，而二公是歲皆下世。元實亦爲其寵妾紅鸞所困，俄得傷寒，不數日殂，可傷哉。《鐵圍山叢談》卷三。

4 范温譏張思叔曰：「買取錦屏三畝地，蒲輪未至且躬耕。」先生聞之曰：「於張繹有何加損也？」《二程外書》卷十一。

5 〔范〕元實説汪信民神氣不盛，非壽相。信民亦説元實太快不能永。兩人所説皆驗。《東萊吕紫微師友雜志》。

李　常

1 李尚書公擇，少讀書於廬山五老峯白石庵之僧舍，書幾萬卷。公擇既去，思以遺後之學者，不欲獨有其書，乃藏於僧舍。其後，山中之人思之，目其居云李氏藏書山房，而子瞻爲之記。《澠水燕談録》卷九。《宋朝事實類苑》卷九。《楊公筆録》。《東都事略》卷九十二。

2 李公擇於秘書省種竹，云：「使後人見之，曰此李文正手植之竹也。」蓋自許他日謚文正也。劉貢父適聞之，曰：「李文政不特能繫筆，又善種竹邪。」是時，京師有李文政善繫筆，士大夫多用之。《孔氏談苑》卷二。《王直方詩話》。《詩話總龜》前集卷二十一。《類説》卷五十七。

3 李公擇遇事强毅，不爲苟合。初善王荆公，荆公嘗遣雱諭意曰：「所争者國事，盍少存朋友之義。」公曰：「大義滅親，況朋友乎？」自守益確。《言行龜鑑》卷三。

4 見王安石65。

5 齊素多盜，〔李〕公擇痛治之，殊不止。它日得黠盜，察其可用，刺爲兵，使直事鈴下。間問以盜發輒得而不衰止之故。曰：「此繇富家爲之囊。使盜自相推爲甲乙，官吏巡捕及門，擒一人以首，則免矣。」公擇曰：「吾得之矣。」乃令凡得藏盜之家，皆發屋破柱，盜賊遂清。《容齋隨筆》卷十六。

6 見司馬光82。

7 李公擇、孫莘老平時至相親厚，皆終於御史中丞。元祐五年二月二日，公擇卒，三日，莘老卒，先後纔一日。《老學庵筆記》卷四。

8 李公公擇每令子婦諸女侍側，爲說《孟子》大義。《童蒙訓》卷中。

9 見王安石59。

10 東坡云：……李公擇見墨輒奪，相知間抄取殆遍。近有人從梁許來云：懸墨滿堂。此亦通人之一蔽也。《苕溪漁隱叢話》後集卷二十九。《何氏語林》卷三十。

11 李公擇每飲酒，至百杯即止。詰旦，見賓客或回書問，亦不病酒，亦無倦色。《道山清話》。

12 見蘇軾195。

李元亮

1 建昌縣士人李元亮，山房公擇尚書族子也，抱材尚氣，不以辭色假人。崇寧中，在太學，蔡嶷爲學録，元亮惡其人，不以所事前廊之禮事之。蔡擢第魁多士，元亮失意歸鄉。大觀二年冬，復詣學，道過和州。蔡解褐即超用，纔二年，至給事中，出補外，正臨此邦。元亮不肯入謁。蔡自到官，即戒津吏門卒，凡士大夫往來，無問官高卑，必飛報，雖布衣亦然。既知其來，便命駕先造所館。元亮驚喜出迎，謝曰：「所以來，顓爲門下之故。方脩贄見之禮，須明旦扣典客，不意給事先生卑躬下賤如此，前贄不可復用，當別撰一通，然後敬謁。」蔡退，元亮旋營一啟，旦而往焉，其警策曰：「定館而見長者，古所不然；輕身以先匹夫，今無此事。」蔡擿讀嗟激，留宴連夕，贈以五十萬錢，且致書延譽於諸公間，遂登三年貢士科。《容齋三筆》卷三。

2 李光禄元亮，兄弟數人皆儁才。元亮作《弔項羽賦》，追古作者。世稱其詩有「可憐三萬六千日，長作東西南北人」之句，特中鼎之一臠耳。《觀林詩話》。

豐稷

1 見曾布18。

2 見陸佃14。

劉安世

1 劉安世器之在都下，僧化成見之，曰：「公在胞胎中，當有不測驚危，幼年復有惡疾，幾爲廢人，然卒無恙。」蓋器之父航，赴官蜀中，時母方娠，遇棧道，天雨新霽，磴滑危甚，忽石隕馬蹶，夫人已墜崖下矣。衆皆驚泣，無復生望，試使下瞰，厓腹有巨木葛藟，縈結蟠屈如蓋，落葉委籍，夫人安坐於上。呼之即應，乃以衾幗懸縋而上，了無所傷。至官未幾而育器之。後十餘歲，居京師，苦赤目甚惡，睛溢於外，百醫莫差。一日，有客云：「某有一相識來調官，畜惡目藥甚效，昨日來别，云已陛辭，早晚即行。試遣人往求之。」時行李已出房，云藥誠有之，匆匆忘記在某篋中，初發一篋，藥已在焉，遂得之。令以藥傅睛上，軟綿纏護，戒七日方開。一傅痛即止，及開，睛以内，眸子瞭然矣。《墨莊漫録》卷四。

2〔劉器之〕任磁州司法。吴守禮爲河北轉運使，嚴明守法，官吏畏之。吴與器之尊人有舊，相待頗異衆，器之不以爲喜。一日，有人告磁州司户贜污於轉運使者，吴親至磁州，欲按其事。召器之至驛舍堂中，器之心不喜，曰：「常時相待少異，我已自不喜，況今召我至堂中，人得無疑我乎？」吴因問司户贜污如何，器之對曰：「不知。」吴因不悦，曰：「與公有契，所以相問，何不以誠告？」明日，吴閲視倉庫，召司户者謂曰：「人訴爾有贜，本欲來案爾。今劉司法言爾無之，姑去，且謹視倉庫，俟北京回，倉庫不如法，必案無疑也。」於是衆方知器之長者。然器之心常不自快，曰：「司户實有贜，而我不以誠告，吾其違司馬公教乎！」《童蒙訓》卷上。

3　劉元城於司馬温公閒居時，問訊不絶，及位政府，元城獨無書牘。公由此薦之。《東山談苑》卷三。

4　劉仲通慕司馬温公、吕獻可之賢，方温公欲志獻可墓，時仲通自請書石。温公之文出，直書王介甫之罪不隱，仲通始有懼意。其子安世字器之，出入温公門下，代其父書，自此益知名。至温公入相元祐，薦器之爲館職，謂器之曰：「足下知所以相薦否？」器之曰：「某獲從公游舊矣。」公曰：「非也。某閒居，足下時節問訊不絶，某位政府，足下獨無書，此某之所以相薦也。」至温公薨，器之官浸顯，爲温公之學益篤，故在臺諫以忠直敢言聞於時。紹聖初，黨禍起，器之尤爲章惇、蔡卞所忌，遠謫嶺外。盛夏奉老母以行，途人皆憐之，器之不屈也。抵一郡，聞有使者自京師來，人爲器之危之。郡將遣其客來勸器之治後事，客泣涕以言。器之色不動，留客飯，談笑自若。對客取筆書數紙，徐呼其紀綱之僕，從容對曰：「聞朝廷賜我死即死，依此數紙行之。」笑謂客曰：「死不難矣。」客從其僕取其所書紙閲之，則皆經紀其家與經紀其同貶當死者之家事甚悉，客驚歎以爲不可及也。器之留數日，使者入海島，杖死内臣陳衍，蓋章惇、蔡卞固令迂往諸郡，逼諸流人自盡耳。器之一日行山中，扶其母籃輿憩樹下，有大蛇冉冉而至，草木皆披靡，擔夫驚走，器之不動也。蛇若相向者，久之乃去。村民羅拜器之曰：「官異人也。蛇，吾山之神也，見官喜相迎耳。官遠行無恙乎！」《邵氏聞見録》卷十三。《仕學規範》卷十二。《元城語録》附録。《宋名臣言行録》後集卷十二。《自警編》卷六。《群書類編故事》卷五。

5　公曰：安世初除諫官，未敢拜命，入與娘子謀曰：「朝廷不以安世不肖，誤除諫官。這個官職不比間慢差遣，須與他朝廷理會，事有所觸犯，禍出不測。朝廷方以孝治天下，如以老母懇辭，必無不可。」娘子曰：「不然。諫官是天子争臣，我見你爺要做不能得，你是何人，蒙他朝廷有此除授。你果能補報朝廷，假使得罪，我不選甚處，隨你去。但做。」安世遂備禮辭免，尋便供職。三日，朝廷有大除拜，安世便入文字凡二十四章，又論章惇十九章。及得罪，惇必欲見殺。人言：「春、循、梅、新，與死爲鄰；高、竇、雷、化，説着也怕。」八州惡地，安世歷遍七州，於其中間又遭先妣喪禍，與兒子輩扶獲靈柩，盛夏跣足，日行數十里，脚底都穿破。一日下程，大底兒子悶絶於地，後來究竟不起。今只有老夫與兒子兩人在耳。《古事比》卷十九。

6　諫議劉公安世，徧立言路，正色立朝，知無不言，言無不盡。每以辨是非邪正爲先，進君子退小人爲急，其面折廷争，至雷霆之怒赫然，則執簡却立，伺天威少霽，復前極論。一時奏對，且前且却者，或四五。殿庭觀者皆汗縮竦聽，公退，則咨嗟歎服，至以俚語目之曰「殿上虎」。《仕學規範》卷二十二。《自警編》卷六。《宋名臣言行録》後集卷十二。《言行龜鑑》卷五。

7　見蘇軾305。

8　紹聖初，逐元祐黨人，禁中疏出當責人姓名及廣南州郡，以水土美惡繫罪之輕重而貶竄焉。執政聚議至劉安世器之，時蔣之奇穎叔云：「劉某平昔人推命極好。」章惇子厚以筆於昭州上點之云：「劉某命好，且去昭州試命一巡。」《墨莊漫録》卷一。《何氏語林》卷二十九。

9　劉元城南遷日，嘗求教於涑水翁曰：「聞南地多瘴，設有疾以貽親憂，奈何？」翁以絶欲少疾之語告之。元城時盛年，乃毅然持戒惟謹。《癸辛雜識》前集。案：是時司馬光已亡多年。

10　劉器之謫英州，宰相章子厚必欲置諸死地。福唐人林某，以書生晚得官，用縣尉捕盗賞格改秩，入京，往謁章曰：「嶺外小郡，於銓法注知縣資叙，今英州見闕，計資可擬，願得從堂除，冀爲相公了公事。」章悟其意，答曰：「君能舉職，當遂以轉運判官奉處。」林生甚喜，兼程南去，不兩月，及境，郡僚出迎。劉公不攜妻孥，但從一道人寓近郊五里山寺。道人與孔目吏善，是日，垂泣告劉曰：「適孔目密報，新使君舉措殊不佳，未交印，已諭都監使引軍圍寺，約三更鳴鐘，將加害。命我速引避，我不忍也。公必不免，乞自爲計，不可坐待迫辱。」執手大慟。劉咄之曰：「人之生死前定，何用懼？汝出家學道，見識乃爾！」劉好食雞粥，率以二更食，然後睡，至是謂之曰：「吾當即就寢，安神定志以俟之，汝爲吾作粥。」俄頃，鼻息栩栩然。道人泣不止，淚落粥中，忽聞鐘聲，急撼劉覺。雞猶未熟，强盡一器。明燭作家書，已而寂無所聞，遣僕視外間，不見一人。危坐待旦，始知林生纔到，徑詣郡齋，自謂得策，趨上堂，不覺蹴户限仆地，立死。鐘聲者，乃無常所擊云。《夷堅志補》卷二。

11〔劉安世〕在貶所，有土豪緣進納以入仕者，因持厚貲入京，以求見〔章〕惇，犀珠磊落，賄及僕隷，久之不得見。其人直以能殺公意達之，惇乃見之。不數日，薦上殿，自選人改秩，除本路轉運判官，其人飛馭徑驅至公貶所。郡將遣其客來勸公治後事，涕泣以言。公色不動，留客飲酒，談笑自若，對客取筆書數紙，徐呼其僕曰：「聞朝廷賜我死，即死，依此行之。」謂客曰：「死不難矣。」客從其僕取紙閲之，則皆經紀其家與同貶當死者之家事甚悉。客驚歎，以爲不可及也。俄報運使距城二十餘里而止，翌日當至。家人聞之，益號泣不食，亦不能寐，且治公身後事。而公起居飲食如平常，曾無少異，至夜半伺公，則酣寢鼻息如雷。忽聞鐘動，上下驚曰：「鐘聲何太早也？」黎明問之鳴鐘者，乃運判一夕嘔血而斃矣。《元城語録》附録。《宋名臣言行録》後集卷十二。《自警編》卷二。《言行龜鑑》卷五。《鶴林玉露》乙編卷二。《賢弈編》卷二。《宋稗類鈔》卷七。

12惇、卞用事，必欲致公於死，故方竄廣東，則移廣西，既抵廣西，則復徙廣東。凡二廣間遠惡州軍，無所不至，人皆謂公必死。然七年之間，未嘗一日病，年幾八十，堅悍不衰。此非人力所及，殆天相也。

或問：「何以至此？」曰：「誠而已。」《宋名臣言行録》後集卷十二。《元城語録》附録。

13 元城在貶所，嘗晝寢，夢一道士來謁。頃之，得家書，報其内子生男，而誕辰即夢道士日也。先生異之，俄還自貶所，視所生男，狀貌宛然夢中所見也。故名之曰景道，鍾愛之異於他子。暨元城再貶嶺外，景道生九年矣，忽得疾，卒於家。元城聞之，悲悼不能自勝。南海道士有異術，元城命醮以致其魂，景道果見形於位，謂元城曰：「我昔爲道士，公爲淄青節度，因射誤中吾臂，出血四合而死。今以撫育之恩，猶當償其半。」元城於是爲刺臂血，書《般若心經》以薦之。《睽車志》卷三。

14 見蘇軾306。

15 劉器之謫潞州時，小人有爲部使者，郡中事無巨細皆詳考，竟不得其纖毫。至過往驛券，亦無法外者。部使者亦歎服之。《讀書鏡》卷五。

16 劉待制安世晚居南京，客或問曰：「待制閑居，何以遣日？」正色對曰：「君子進德修業，唯日不足，而可遣乎！」《卻掃編》卷中。

17 劉器之安世，元祐臣也。晚在睢陽，以鏹二十萬鬻一舊宅。或謂此地素凶，不可止，器之不信。始入即有蛇虺三四出屋室間，呼僕厮屏去，則率拱立，謂有鬼神，不敢措其手。器之怒，改命家人輩，自納諸筐篚，而棄諸汴流。翌日則蛇出益多，再棄輒復又倍。曾不浹旬日，乃至日得五七篚不已也。器之不樂，因自焚香於土神祠前，曰：「此舍某用己錢易之者，即是某所居矣。蛇安得據以爲怪乎？始猶覬鬼神之有職，而後悛革。今不數日則怪益出，是土神之不職爾。且當受罰，雖願仍其舊貫不可得矣。」回顧從者，盡掊土偶五六擲之河中，召匠手爲之改塑其神，繇是怪不復作。《鐵圍山叢談》卷四。

18 見馬涓4。

19 政和中，劉器之既復舊官領祠，然纔得承議郎。所至與人敘位，必謹班著，不肯妄居人上。一日，謁鄉人趙畯朝奉，坐未久，有張基大夫者繼來。劉與之敘官，張雖辭讓，既不獲，又不知避去，因據上坐。劉歸之明日，偶微病，人有候之者，曰：「比謁趙德進，坐於堂中，適張基大夫繼至，吾官小，宜居下，遂坐德進傍，正當房門之衝，風吹吾項，遂得疾。」客至必以此告，是亦不能不介意之辭也。《曲洧舊聞》卷九。

20 〔趙畯〕不喜仕，築室南都城北，杜門不交人事。有園數畝，雜植花木，日居其間，鄉人目之爲獨樂園。然晚復再娶，年頗相懸，劉待制器之戲曰：「豈謂獨樂園中乃有少室山人乎？」《卻掃編》卷中。

21 元祐姦黨置籍，用蔡京之請也。始刻石禁中，而尚書省、國子監亦皆有之。禁中石刻，崇寧四年冬，因星變，上命碎之。時國子監無名子以朱大題其碑上，曰千佛名經。其後歲月滋久，逮宣和中，所籍人往往多在鬼録，獨劉器之、范德孺二公在耳。未幾，器之之訃至，東里晁以道對賓客誦「南嶽新摧天柱峯」之句，至哽咽不得語，而客皆抆睫。《曲洧舊聞》卷二。《何氏語林》卷二十四。《宋稗類鈔》卷六。

22 蒼梧先生胡德輝珵，嘗對劉元城歎息張天覺之亡，元城無語，蒼梧疑而問之，元城云：「元祐黨人只是七十八人，後來附益者不是。」又云：「今七十七人都不存，惟某在耳。」元城爲此言時，實宣和六年十月六日也。《梁溪漫志》卷三。

23 公自宣和元日以後謝絶賓客，四方書問皆不啓封，家事無巨細悉不問。夏六月丙午，忽大風飛瓦，驟雨如注，雷電晝晦於公正寢，人皆駭懼而走。及雨止辨色，公已終矣，聞者咸異焉。及葬，楊中立以文弔之曰：「劫火洞然，不爐惟玉。」搢紳往往傳誦，以爲切當。公在宋，杜門屏跡，不妄交游，人罕見其面。然田夫野叟、市井細民，以謂若過南京不見劉待制，如過泗州不見大聖。及公歿，耆老士庶、婦人女子，持薰劑誦佛經而哭公者，日數千人。後二年，虜人驅墳户發棺，見公顔貌如生，咸驚曰：「必異人也。」一無所動，蓋棺而去。《宋名臣言行録》後集卷十二。《元城語録》附録。《言行龜鑑》卷二。

24 劉器之待制對客多默坐，往往不交一談，至於終日。客意甚倦，或請去，輒不聽，至留之再三。有問之者，曰：「人能終日矜莊危坐而不欠伸欹側者，蓋百無一二焉。其能之者，必貴人也。」蓋嘗以其言驗之，誠然。《卻掃編》卷上。《何氏語林》卷二十二。《書影》卷三。

25 劉元城對賓客或晏居，雖暗室，常端坐，略無欹仄，至于終日。《寓簡》卷六。《何氏語林》卷二十二。《宋稗類鈔》卷五。《古事比》卷十六。

26 劉元城見賓客，談論逾時，體無欹側，肩背竦直，身不妄動。《言行龜鑑》卷二。

27 劉器之自言常作書簡，多起藁草及不作草字，以戒苟且。《東萊吕紫微師友雜志》。

鄒　浩

1 道鄉鄒公志完《論立劉后疏》有曰：「若曰有子可以立爲后，則永平中，貴人馬氏未嘗有子，所以立爲后者，以冠德後宫故也。祥符中，德后劉氏亦未嘗有子，所以立爲后者，以鍾英甲族故也。今若賢妃德冠後宫，亦如貴人，鍾英甲族，亦如德后，則何不於孟氏罪廢之初，用立慈聖光獻故事便立之，必遷延四年以待今日，果何意耶？必欲以示信天下，天下之人果信之耶？」上怒甚，内批：「貶志完新州。」疏留中不降出，時人亦不知有何説也。元符末，崇慶眷方盛，時相欲媒孽志完以固位，乃僞爲志完之疏，傳之中外。其間有云：「殺卓氏而奪之子，欺人可也，詎可欺天耶！卓氏何辜哉！廢孟后而立劉后，快陛下之意，可也，奈天下耳目何！劉氏何德哉！」因指摘此語，謂不可不明白，下新州取索元本。志完不知索之之由，復申元藁不存。諸人遂誣志完，以爲實有此説。詔令應天尹孫鼛以檻車往新州收赴京師。至泗上，哲宗升遐，其事遂寢。崇寧初，將再貶志完，乃先下詔曰：「朕仰惟哲宗皇帝嚴恭寅畏，克勤祗德。元符之末，是生越王，姦人造言，謂非后出。比閲臣僚舊疏，適見椒房訴章，載加考詳，咸有顯證。其時兩宫親臨撫視，嬪御執事在旁，何緣外人得入宫禁，殺母取子？實爲不根。爲人之弟，繼體承祧，豈使沽名之賊臣，重害友恭之大義？詆誣欺罔，罪莫大焉！其鄒浩可重行黜責，以戒爲臣之不忠者，庶稱朕昭顯前人之意。如更有言及者，亦依此施行。」志完遂以衡州别駕，永州安置。《獨醒雜志》卷五。

2　見田書1。

3　〔張〕繹曰：「鄒浩以極諫得罪，世疑其賣直也。」先生曰：「君子之於人也，當於有過中求無過，不當於無過中求有過。」《二程遺書》卷二十一上。《宋名臣言行録》後集卷十三。

4　鄒道鄉浩初謫新州，有楚州布衣樂韶，素爲浩交游，不憚萬里煙瘴，誓與同行。至荆南，浩或聞官司捕韶，恐于韶不便，急遣韶還，韶確然不回。浩以病留荆南數日，堅意遣韶。韶不得已，改易姓名，隱居桐柏山。久之，浩復官。江淮發運使胡宗師感詔之義，奏詔節義。至崇寧初，宗師方以寶文閣待制知瀛州。言者指前事，遂落職，提舉宫觀。《能改齋漫録》卷十二。

5 見陳瓘18。

6 鄒志完南遷，自號道鄉居士。在昭州江上爲居室，近崇寧寺。因閲《華嚴經》于觀音像前，有修竹三根生像之後，志完揭茅出之，不可，乃垂枝覆像，有如今世畫寶陀山巖竹，今猶在。昭人扃鎖之，以俟過客游觀。比還，過永州澹山岩，岩有馴狐，凡貴客至則鳴。志完將至，而狐輒鳴。寺僧出迎，志完怪之，僧以狐鳴爲對。志完作詩曰：「我入幽岩亦偶然，初無消息與人傳。馴狐戲學仙伽客，一夜飛鳴報老禪。」《冷齋夜話》卷二。《宋詩紀事》卷二十八。

7 鄒浩謫居昭州，以江水不可飲，汲於數里外。後所居嶺下忽有泉，浚之，極清洌，名曰「感應泉」。亂石之下，得蟹一枚，自放於江曰：「余至五嶺，不睹此物數年矣，亂石之下，又非所宜穴處也，何從而出耶？《易》不云乎，『物不可以終難，故受之以解』。蟹者，解也，天實告之矣。蒙恩歸侍，立可待矣。」未幾，泉忽涸，疑之。有人至門，厲聲呼曰：「侍郎歸矣。」求之，不可見。次日，果拜赦命。楊龜山挽詩有「泉甘不出户，客至豈無神」之句。《湧幢小品》卷二十三。

8 鄒志完，元符三年自右正言上疏論中宫事，除名竄新州。鍾正甫將漕廣東，次年上元，廣帥朱行中約正甫觀燈，已就坐矣，忽得密旨，令往新州制勘公事。正甫不待栢行，連夜星馳以往。抵新興，追逮志完，赴司理院，荷校囚之。正甫即院中治事，極其暴虐，志完甘爲机上肉矣。詰旦，忽令推吏去其杻械，請至簾下，勞問甚勤，云：「初無其它，正言可安心置慮，歸休愒處，某亦便還司矣。」志完出，正甫果去，且遣騎致饋極腆。志完惘然不知所以。又明日，郡中宣徽宗登極赦書，蓋正甫先已知矣。未幾，志完被召，遂登禁路。《揮麈後録》卷七。

9 鄒忠公浩……零陵有市户吕絢者，嘗以錢二百萬造大舟以俟先生。後北歸，吕以舟送至江南，先生謝以五絶句云：「平生親友漫紛紛，有幾書來寂寞濱。二十萬錢捐不惜，可憐湖外有斯人。」「瀟湘起柁出江湖，日日乾坤展畫圖。白酒紅魚對妻子，鴟夷還似此行無。」《居易録》卷十二。

10 鄒忠公夢徽廟賜以筆，作詩記之。未幾，疾不起。説者謂「筆」與「畢」同音，蓋杜牧夢改名畢之類。《老學庵筆記》卷十。

田晝

1 田晝者，字承君，陽翟人，故樞密宣簡公姪也。其人物雄偉，議論慷慨，俱有前輩之風。鄒浩志完者，教授潁昌，與承君游相樂也。浩性懦，因得承君，故遇事輒自激勵。元符間，承君監京城門。一日，報上召志完，承君爲之喜。又一日，報志完賜對，承君益喜。監門法不許出，志完亦不來。久之，志完除言官，承君始望志完矣。志完遣客見承君，以測其意。客問承君：「近讀何書？」承君曰：「吾觀《墨子》，作詩有『知君既得雲梯後，應悔當年泣染絲』之句，爲鄒志完發也。」客言於志完，志完折簡謝承君，辭甚苦，因約相見。承君曰：「斯人尚有所畏，未可絶也。」趣往見之，問志完曰：「平生與君相許者何如？

今君爲何官？」志完愧謝曰：「上遇群臣，未嘗假以聲色，獨於某若相喜者。今天下事，固不勝言。意欲使上益相信而後言，貴其有益也。」承君許之。既而朋黨之禍大起，時事日變更，承君謝病歸陽翟田舍。一日，報廢皇后孟氏，立劉氏爲皇后。承君告諸子曰：「志完不言，可以絶交矣。」又一日，志完以書約承君會潁昌中塗，自云得罪。承君喜甚，亟往，志完具言：「諫廢立皇后時，某之言戆矣。上初不怒也，某因奏曰：『臣即死，不復望清光矣。』下殿拜辭以去，至殿門，望上猶未興，凝然若有所思也。明日某得罪。」志完、承君相留三日。臨别，志完出涕，承君正色責曰：「使志完隱默，官京師，遇寒疾不汗，五日死矣，豈獨嶺海之外能死人哉！願君無以此舉自滿，士所當爲者，未止此也。」志完茫然自失，歎息曰：「君之贈我厚矣！」乃别去。《邵氏聞見録》卷十五。

2 見崔鶠1。

欒 韶

1 見鄒浩4。

陳 瓘

1 陳了翁之父尚書，與潘良貴義榮之父，情好甚密。潘一日謂陳曰：「吾二人官職、年齒，種種相似，獨有一事不如公，甚以爲恨。」陳問之，潘曰：「公有三子，我乃無之。」陳曰：「吾有一婢，已生子矣，當以奉借。它日生子即見還。」即而遣至，即了翁之母也。未幾，生良貴。後其母遂往來兩家焉。一母生二名儒，亦前所未有。《齊東野語》卷十六。《宋稗類鈔》卷一。

2 聞樂先生陳公伯修師錫在太學，與了翁友善。一日，同集宗室淄王圃中，有鴈陣過，相與戲曰：「明年魁天下者，當中首鴈。」伯修引弓射之，一矢中其三，了翁不中。須臾，又有鴈陣過焉，了翁射之，亦中其三，伯修笑曰：「公其後牓耶！」了翁曰：「果然，當爲公代。」其明年，徐鐸牓伯修果以第三人登第。後三年，了翁登第，亦第三人，皆爲昭慶軍節度掌書記，果相與爲代。因名便廳爲「射鴈堂」。先是，了翁將唱第，問投子山道者云：「我作狀元否？」應曰：「無時一，有時三。」了翁惘然莫測。是歲，時彥魁天下，了翁居其三，始悟前語。《梁溪漫志》卷三。《堯山堂外紀》卷五十八。

3 金陵有僧，嗜酒佯狂，時言人禍福，人謂之風和尚。陳瑩中未第時，問之云：「我作狀元否？」即應之曰：「無時可得。」瑩中復謂之曰：「我決不可得耶！」又應如初。明年時彥御試第一人，而瑩中第二，方悟其言「無時可得」之説。《春渚紀聞》卷二。《宋稗類鈔》卷二。

4 陳瑩中初任穎昌教官，時韓持國爲守，開宴用樂語，左右以舊例必教授爲之。公因命陳，陳曰：「朝廷師儒之官，不當撰俳優之文。」公聞之，遂薦諸朝，不以爲忤。《能改齋漫録》卷十三。《雲莊四六餘話》。《宋稗類鈔》卷三。案：據《宋史·鄒浩傳》，不撰樂語乃鄒浩事。

5 陳瑩中云：元豐乙丑爲禮闈檢點官時，范淳夫同在院。與淳夫同舍，因語及顏子不遷怒，不貳過。范公言惟伯淳先生能之。余問曰：「伯淳謂誰？」范公默然。久之曰：「君乃不知有程伯淳乎？」

余謝曰：「生長東南，實未知之。」余時年二十九，自是常以寡陋自愧。《野老記聞》。《言行龜鑑》卷一。

6 陳忠肅公爲越州僉判，蔡卞爲帥，待公甚厚，每以公學識卓異，待遇加禮。而公已得其心術，常欲疎遠之，屢引疾尋醫，章不得上。會明倅闕，蔡俾公權攝，以時當得職田，意公方貧，必喜於少紓。公到明，遂伸尋醫之請，將所得圭租遜前官。明州以法，當公得。公以義不當受，卒不取而歸之官廩。《自警編》卷二。《言行龜鑑》卷二。

7 紹聖初，章申公以宰相召，道過山陽，公隨衆謁之。章素聞公名，獨請登舟，共載而行，訪以當世之務。公曰：「請以所乘舟爲喻，乘舟偏重，其可行乎？移左置右，其偏一也，明此則可行矣。」章默然未答。公復曰：「上方虛心以待公，公必有以副上意者，敢問將欲施行之叙，以何事爲先，何事爲後？何事當緩，何事當急？誰爲君子，誰爲小人？諒有素定之論。」章竚思良久，曰：「司馬光姦邪，所當先辨，無急於此。」公曰：「相公誤矣，此猶欲平舟勢，而移左以置右也。果然，將失天下之望矣。」章厲色視公曰：「光輔母后，獨宰政柄，不纂紹先烈，肆意大改成緒，悮國如此，非姦邪而何！」公曰：「不察其心而疑其迹，則不爲無罪，若遂以爲姦邪，而欲大改其已行，則悮國益甚矣。」乃爲之極論熙、豐、元祐之事，以爲「元豐之政多異熙寧，則先志固已變而行之。温公不明先志，而用母改子之説，行之太遽，所以紛紛至於今日。爲今之計，唯當絶臣下之私情，融祖宗之善意，消朋黨，持中道，庶乎可以救弊。若又以熙、豐、元祐爲説，無以厭服公論，恐紛紛未艾也。」辭辯淵源，議論勁正，章雖忤意，亦頗驚異，遂有兼取元祐之語。留公共飯而别。章到闕，召公爲太學博士。公聞其與蔡卞方合，知必害於正論，遂以婚嫁爲辭，久乃赴官，於是三年不遷。《宋名臣言行録》後集卷十三。

8　陳瓘字瑩中，閩人。有學問，年十八登進士甲科。紹聖初用章惇薦，爲太學博士。先是惇之妻嘗勸惇無修怨，惇作相，專務報復，首起朋黨之禍。惇妻死，惇悼念不堪。瑩中見惇容甚哀，謂惇曰：「公與其無益悲傷，曷若念夫人平生之言？」蓋譏惇之報怨也。惇以爲忤，不復用。《邵氏聞見録》卷十五。《宋稗類鈔》卷六。

9　了齋陳瑩中爲太學博士。薛昂、林自之徒爲正、録，皆蔡卞之黨也，競尊王荆公而擠排元祐，禁戒士人不得習元祐學術。卞方議毁《資治通鑑》板，陳聞之，因策士題特引序文，以明神宗有訓。於是林自駭異，而謂陳曰：「此豈神宗親製耶？」陳曰：「誰言其非也？」自又曰：「亦神宗少年之文耳。」陳曰：「聖人之學，得於天性，有始有卒。豈有少長之異乎？」自辭屈愧歎，遽以告卞。卞乃密令學中敞高閣，不復敢議毁矣。《清波雜志》卷九。《宋名臣言行録》後集卷十三。

10　章惇于崑山縣强市民田、人口，經州縣監司次第陳訴，皆不敢受理，又經户部論訟，復不敢治，御史臺亦不彈劾。〔忠肅〕公累上疏，不報，乃極論之曰：「按惇抱死黨之志而濟以陰謀，藴大姦之才而輔之殘忍，因緣王安石、吕惠卿之黨，遂得進用，而造起邊隙，徼倖富貴。在先帝時已坐買田不法嘗罷，執政蔡確引用，再叨大任。陛下嗣位，擢置上樞，而内懷姦謀，沮毁聖政，以至悖慢帷幄之前，殊無臣子之禮。及以家難退歸里閭，而敢憑恃凶豪，劫持州縣，使無辜之民流離失業。乞特賜竄殛，仍委臺臣置院推劾，其崑山、蘇州及本路監司亦乞並行黜責。」章四上，朝廷令發運司體究，詔贖銅十斤。公復争之，以謂「所責太輕，未厭公議。况惇與確、黄履、邢恕素相交結，自謂社稷之臣，貪天之功，徼倖異日，天下之人指爲四凶。若不因其自致人言，遂正典刑，異日却欲竄逐，深恐無名。且干繫官吏，因惇致罪，皆處從坐，惇係首惡之人，乃止贖銅，事理顛錯，亦已太甚。况下狀之日，惇父尚在，而别籍異財，事狀顯著，考按律文，罪入十惡。愚民冒犯，猶有常刑，惇爲大臣，天下所望，而虧損名教，絶滅義理，止從薄罰，何以示懲？聖人制法，惟務至公，若行于匹夫而廢于公卿，伸于愚民而屈于貴近，此乃姑息之弊，非清朝之所宜行也。」《自警編》卷六。《言行龜鑑》卷五。

11 徽宗即位，〔陳瓘〕除右正言，論〔蔡〕卞修《實録》，增加王安石《日録》，紊亂神宗大典，請改修。遷右司諫。又極論蔡卞「假託經義，倡爲紹述，重誣我神考，輕欺先帝，倡爲國是，以行其私。卞之所是，謂之國是；卞之所非，論之流俗。尊安石而薄我神考，不可爲國是」。罷監揚州糧料院，改知無爲軍事。徽宗密遣人賜瓘黄金百兩。《名賢氏族言行類稿》卷十一。

12 陳了翁在徽祖朝，名重一時，爲右司員外郎。曾文肅敬之，欲引以附己，屢薦於上，使人諭意，以將大用之。了翁謂其子正彙曰：「吾與丞相議多不合，今乃欲以官相餌。吾有一書將遺之，汝爲我書。」且曰：「郊恩不遠，恐失汝官，奈何？」正彙再拜，願得書。了翁喜，明日持以見文肅於都堂，適與左司朱彦周會，待於賓次，朱借讀其書，動色。既見，文肅果大怒，嘻笑謂曰：「此書它人得之必怒，布則不然，雖十書不較也。」了翁退，即録所上文肅書及《日録辨》、《國用須知》，以狀申三省，曰：「昨詣尚書省投書，蒙中書相公面諭其詳，謂瓘所論爲元祐淺見單聞之説，兼言天下未嘗乏才，雖有十書，布亦不動。瓘不達大體，觸忤大臣，除具申御史臺乞賜彈劾外，伏乞敷奏，早行竄黜。」遂出知泰州。鄒道鄉在西掖，救之不從。上臨朝謂文肅曰：「瓘如此報恩地耶！」又曰：「卿一向引瓘，又欲除左右史，朕道不中，議論偏，今日如何？」文肅愧謝。初議竄徙，韓文定爲首臺，陸農師在政地，救之曰：「瓘言誠過當，若責之，則更以此得名，曾布必能容之也。」謫乃薄。《程史》卷十四。

13 了翁以書達曾子宣，子宣怒，蹺足而讀。陳曰：「此國家大事，相公且平心，無失待士之禮。」曾下足，陳因此出。《朱子語類》卷一百三十。

14 陳瑩中爲横海軍通守，先君與之爲代，嘗與言蔡元長兄弟。了翁言蔡京若秉鈞軸，必亂天下。後爲都司，力排蔡氏之黨。一日朝會與蔡觀同語云：「公大阮真福人。」觀問何以知之，了翁曰：「適見於殿庭，目視太陽，久之而不瞬。」觀以語京，京謂觀曰：「汝爲我語瑩中，既能知我，何不容之甚也？」觀致京語於陳，了翁徐應之曰：「射人當射馬，擒賊當擒王。」觀默然。後竟有郴州之命。《春渚紀聞》卷一。

15 蔡京與了翁有筆硯之舊，了翁深疾之。嘗入朝，已立班，上御殿差晚，杲日照耀，衆莫敢仰視，京注目久而不瞬。謂同省曰：「此公真大貴人也。」或曰：「公明知其貴，胡不少貶，而議論之間有不恕，何邪？」了翁誦老杜詩曰：「射人先射馬，擒賊先擒王。」《野老記聞》。《堯山堂外紀》卷五十五。

16 公因朝會，見蔡京視日久而不瞬，嘗以語人曰：「京之精神如此，他日必貴，然矜其禀賦，敢敵太陽，吾恐此人得志，必擅私逞欲，無君自肆矣。」尋居諫省，遂攻其惡。京聞公言，因所親以自解，且致情懇而以甘言啖公。公曰：「杜詩所謂『射人先射馬，擒賊須擒王』，不得已也。」於是攻之愈力。《宋名臣言行録》

後集卷十三。《言行龜鑑》卷二。《萬曆野獲編》卷六。

17 蔡京爲翰林承旨，陳瑩中已言「治亂之分，在京用否。」蔡元康濟問之，曰：「京小人也，尤好交諸宦者。京得志，則宦者用；京與宦者得志，天下何以不亂！」靖康初貶京分司，與瑩中贈諫議大夫命齊下。《野老記聞》。

18 鄒志完徙昭，陳瑩中貶廉，間以長短句相諧樂。「有個胡兒模樣別。滿頷髭鬚，生得渾如漆。見說近來頭也白。髭鬚那得長長黑。逸忘一句籥子鑷來，須有千堆雪。莫向細君容易說。恐他嫌你將伊摘。」此瑩中語，謂志完之長髭也。「有個頭陀修苦行，頭上頭髮毿毿。身披一副醿裙衫。緊纏雙脚，苦若要游南。　聞説度牒朝夕到，并除頷下髭髯。鉢中無粥住無庵，摩登伽處，只恐却重參。」此志完語，謂瑩中之多慾也。廣陵馬推官往來二公間，亦嘗以詩詞贈之。「有才何事老青衫，十載低徊北斗南。肯伴雪髯千日醉，此心真與古人參。」「不見故人今幾年，年來風物尚依然。遥知閑望登臨處，極目江山萬里天。」志完語也。「一樽薄酒，滿酌勸君君舉手。不是親朋，誰肯相從寂寞濱。　人生如夢，夢裏惺惺何處用。盞到休辭，醉後全勝未醉時。」瑩中語也。《苕溪漁隱叢話》後集卷三十九。案：志完，原作「志全」，今徑改。

19 了齋陳忠肅公瓘，謫合浦，貧困乏絶。一日晝寢，夢神人來問：「何以度日？」了齋曰：「正有朝夕之憂。」神人曰：「天帝以汝忠直，故遣來授汝針法，以救合浦之人，且可自給。」陳了齋甫拜受教，神就其身指示曰：「某病針此，某病針此。」既覺，紅斑滿體，急起録之。在合浦累年，賴此以給衣食。《湖海新聞夷堅續志》後集卷二。

20 陳瑩中遷謫後，爲人作石刻，自稱「除名勒停送廉州編管陳某撰」。《老學庵筆記》卷一。

21 陳瑩中云：「嶺南之人見逐客，不問官高卑，皆呼爲相公，想是見相公常來也。」《道山清話》。

22 見釋惠洪1。

23〔陳〕瑩中爲諫官時，爲上皇極言蔡京、蔡卞不可用，用之決亂天下。蔡京深恨之，屢竄謫。例用赦放歸，猶隸通州。一日，瑩中之子走京師，言蔡京事。詔獄下，明州捕瑩中甚急，士民哭送之，瑩中不爲動。既入獄，見其子被繫，笑曰：「不肖子煩吾一行。」蔡京用酷吏李孝壽治其事，孝壽坐廳事簾中，列五木於庭，引瑩中問之。瑩中從容曰：「蔡京之罪，某實知之，不肖子不知也。」多求紙自書。孝壽懼，以瑩中爲不知情，即日放歸，再隸通州。其子配海上。《邵氏聞見録》卷十五。

24 陳正彙，忠肅之子也。忠肅在四明，遣之往浙西，過杭州，遽告變。蔡京既得其情，必欲置之死地，又欲併以此殺忠肅。既就逮，忠肅以勁言得免，猶謫通州，故其放還謝表云：「狐突教子，素存不二之風；曾參殺人，寧免致三之惑？」云云。徽宗察之，僅得貸先生之死。《宋元學案》卷三十五。

25 陳瑩中著《尊堯集》，累遭貶逐。蔡京再相，瑩中之子正彙告京言語不順，父子追逮對獄。正彙以心疾竄海島，公移置通州，遇赦自便。謝表略曰：「狐突教子，素有不貳之風；曾參殺人，寧免三至之惑？事既匿而難曉，時浸久而益疑。制所深嚴，就逮於重江之外；獄辭平允，閱實於片言之中。尋沐寬恩，移置近地。海島萬里，不如無子之無憂；淮渚一身，彌覺有生之有患。擢髮不足以數臣之罪，瀝血不足以寫臣之心。」《雲莊四六餘話》。

26《日録》一書，本熙寧間荆公奏對之辭，私所録記。紹聖以後，稍尊其説，以竄定元祐史諜。蔡元度卞又其婿，方烜赫用事，書始益章。建中靖國初，曾文肅布主紹述，垂意《實録》，大以據依。陳了翁瓘爲右司員外郎，以書抵文肅，謂薄神考而厚安石，尊私史而厭宗廟，不可。文肅大怒，罷爲外郡，尋責合浦，了翁始著《合浦尊堯集》，爲十論，亶辨其所紀載，猶未敢以荆公爲非。及北歸，又著《四明尊堯集》。……政和元年，徽祖聞有此章，下政典局宣取，時了翁坐其子正彙獄，徙通州，移文索之，了翁遂以表進，乞於御前開折。……書奏，有旨：「陳瓘自撰《尊堯集》，語言無緒，并係詆誣，不行毁棄，送與張商英，意要行用。特勒停，送台州羈管。令本州當職官，常切覺察，不得放出州城，月具存在，申尚書省。」於是廟堂意叵測，識者爲了翁危之。《桯史》卷十一。

27 陳忠肅謫台州，所過州郡，皆令甲兵防送，不得稽留。至台久之，人莫敢以居室借賃者，暫館僧舍，十日必遷一寺，公處之澹然。《言行龜鑑》卷二。

28 公謫台州，朝廷起遷人石悈知州事。……視事次日，即遣兵官突來所居，搜檢行李，攝公至郡庭，大陳獄具，蓋朝旨取索《尊堯》副本，而悈爲此以相迫脅耳。公知其意，遂問曰：「今日之事，豈被旨耶？」悈失措而應曰：「有尚書省劄子。」出示公，劄子所行，蓋取《尊堯集》副本，以爲係詆誣之書，合繳申毁棄也。公曰：「然則朝廷指揮取《尊堯集》耳。追瓘至此，復欲何爲？」因問之曰：「君知《尊堯》所以立名乎？蓋以神考爲堯，而以主上爲舜也。助舜尊堯，何謂詆誣？時相學術淺短，名分之義，未甚講求，故爲人所法使，請治《尊堯》之罪，將以結黨固寵也。君所得於彼者幾何？乃亦不畏公議，干犯名分乎！請具申瓘此語，瓘將顯就誅戮，不必以刑獄相恐。」慽不待公言畢，屢揖公退。尋語人曰：「不敢引其説，尚自如此，良可畏也。」繼又幽公於僧舍，窘辱百端，公安之不以爲撓，慽亦終不能爲害。《宋名臣言行録》後集卷十三。《言行龜鑑》卷二。

29 見釋惠洪6。

30 陳忠肅公居南康日，一夕忽夢中得六言絶句云：「静坐一川煙雨，未辨雷音起處。夜深風作輕寒，清曉月明歸去。」既覺，語其子弟，且令記之。次年徙居山陽，見曆日於壁間，忽點頭曰：「此其時矣。」以筆點清明日曰：「是日佳也。」人莫知何謂，乃以其年清明日卒。《獨醒雜志》卷九。

31 宣和壬寅，陳瑩中自南康謫所徙楚州，李景淵爲天台守，遣信致書，慰問安否。未至前一夕，夢作六言頌云：「静坐一川微雨，未辨雷音起處。夜深風作輕寒，清曉月明歸去。」及答李書，因以寄之。是年寒食，陳下世。秋八月，李亦捐館。《夷堅三志》己卷九。

32 宣和庚子，蔡元長當軸，外祖曾空青守山陽。時方臘據二浙，甚熾。初，元長怨陳瑩中，以陳嘗上書詆文肅，編置郡中，欲外祖甘心焉。既至，外祖極力照矚之。適瑩中告病，外祖即令醫者朝夕診視，具疾之進退與夫所俱藥餌申官，已而不起，亦令作佛事僧衆，下至凶肆之徒，悉入狀用印係案。僚吏以爲何至是，外祖曰：「數日之後，當知之。」已而朝廷遣淮南轉運使陸長民體究，云：「盜賊方作，未審陳瓘之死虚實。」外祖即以案牘繳奏以聞，人始服先見之明。《揮麈後録》卷八。

33〔陳忠肅公〕于兄弟友愛。伯氏早世，公撫恤其孤，教養嫁娶，使皆成立。初奏補恩澤，舍己子而先伯父之子。及後貶責，以致終身，諸子皆白衣，未嘗有不滿之意。《言行龜鑑》卷四。

34 陳了翁日與家人會食，男女各爲一席，食已，必舉一話頭，令家人答。一日問曰：「並坐不橫肱，何也？」其孫女方七歲，答曰：「恐妨同坐者。」《鶴林玉露》甲編卷二。《獨醒雜志》。《賢弈編》卷二。《昨非庵日纂》一集卷五。

35 陳忠肅公尊敬前輩，皆可爲後生法。晚年過揚州，見滎陽公，請公坐，受六拜，又拜祖母河南夫人，請必無答拜，然後拜。其與他人語，必曰吕公，或曰吕侍講。其對前輩説後進，必斥姓名，未嘗少改。《言行龜鑑》卷三。

36 陳忠肅公瑩中，好讀書，至老不倦。每觀百家之文，及醫卜等書，開卷有得，則片紙記録，粘于壁間，環座既遍，即合爲一編，前後凡數十册。《吹劍三録》。

37〔陳忠肅〕公有斗餘酒量，每飲不過五爵，雖會親戚，間有歡適，不過大白滿引，恐以長飲廢事。每日有定課，自雞鳴而起，終日寫閲，不離小齋，倦則就枕，既寤即興，不肯偃仰枕上。每夜必置行燈於牀側，自提就案。人或問：「公何不呼唤使令者？」公曰：「起止不時，若涉寒暑，則必動其念，此非可常之道。偶吾性安之，故不欲以勞人也。」《宋名臣言行録》後集卷十三。《自警編》卷二。《言行龜鑑》卷二。

李偕

1 李偕晉祖，陳瑩中之甥也。嘗言其初被薦赴試南宫。試罷，夢訪其同舍陳元仲，既相揖，而陳手執一黄背書，若書肆所市時文者，顧視不輟，略不與客言。晉祖心怒其不見待，即前奪其書曰：「我意相念，故來訪子，子豈不能輟書相語也？」元仲置書似略轉首，已而復視書如初。晉祖復前奪書而語曰：「子竟不我談，我去矣。」元仲徐授其書於晉祖曰：「子無怒我乎，視此，乃今歲南省魁選之文也。」晉祖視之，即其程文，三場皆在，而前書云：「別試所第一人李偕。」方欲更視其後，夢覺。聞扣户之聲，報者至焉。後刊新進士程文，其帙與夢中所見，無纖毫異者。《春渚紀聞》卷一。

陳師錫

1 見陳瓘2。

2 神宗理會得文字，極喜陳殿院師錫建人文。嘗於太學中取其程文閱之，每得則貯之錦囊中。及殿試，編排卷子奏御，神宗疑非師錫之文，從頭閱之。至中間見一卷子，曰：「此必陳某之文也。」置之第三。已而果然。《朱子語録》卷一百二十七。《宋稗類鈔》卷五。

3 陳伯修爲宣城守，臨政之暇，多在頤白堂講《易》，賓客來聽者常十數。一日，講罷客退，獨坐禪榻，忽見朱衣人前揖曰：「請殿院看雪。」時方七月末，暑風猶盛，伯修異焉。疑此際不應有雪，又吾爲庶僚，安得朱衣吏報事。勉起之，方離席數步，大聲如雷，堂樑已折，禪榻壓碎無餘。《異聞總録》卷二。

關沼

1 關沼止叔，知見高遠，議論諦當。崇寧間，諸賢比之陳瓘瑩中，而學問加精深焉。《東萊呂紫微師友雜志》。

2 〔陳〕瑩中嘗言，關止叔崇寧中召至京師，一日與數人見蔡京，留坐甚久。及出，同見者猶相候，止叔見之，面微發赤。瑩中以爲止叔見蔡元長，必無傾附之意。《東萊吕紫微師友雜志》。

喻陟

1 見張舜民16。

張舜民

1 張芸叟父名蓋，故表中云：「此乃伏遇皇帝陛下。」《老學庵筆記》卷六。

2 張芸叟治平初以英宗諒闇榜赴春試，時馮當世主文柄，以「公生明」爲賦題。芸叟誤疊壓「明」字，試罷，自分黜矣。及榜出，乃居第四。芸叟每竊自念省場中鹵莽迺爾，然未嘗輒以語人也。當世後不相聞。至元祐中，芸叟以秘書監使契丹，當世留守北門，經由，始修門生之敬，置酒甚驩。酒半，當世謂芸叟曰：「京頃作知舉時，秘監賦中重疊用韻，以論策甚佳，因自爲改去，擢置優等。尚記憶否？」芸叟方飲，不覺杯覆懷中，於是再三愧謝而去。《揮麈後録》卷六。《齊東野語》卷五。《宋稗類鈔》卷二一。

3 張舜民通練西事，稍能詩，從高遵裕西征回，途中作詩曰：「靈州城下千株柳，總被官軍砍作薪。他日玉關歸去後，將何攀折贈行人。」「青岡峽裏韋州路，十去從軍九不回。白骨似山山似雪，將軍莫上望鄉臺。」爲李察所奏，貶郴州鹽税。舜民云：「官軍圍靈州不下，糧盡而返。西人城上問官軍：『漢人兀捺否？』答曰：『兀捺。』城上皆笑。」「兀捺」者，慚愧也。《仇池筆記》卷下。《東坡志林》十二卷本之卷四。《東原録》。

4 張芸叟元豐間從高遵裕辟，環慶出師失律，且爲轉運使李察訐其詩語，謫監郴州酒。舟行，以二小詞題岳陽樓：「木葉下君山，空水漫漫。十分斟酒斂芳顔。不是渭城西去客，休唱《陽關》。醉袖撫危欄，天淡雲閑。何人此路得生還？回首夕陽紅盡處，應是長安。」「樓上久踟躕，地遠身孤。擬將憔悴弔三閭。自是長安日下影，流落江湖。爛醉且消除，不醉何如？又看暝色滿平蕪。試問寒沙新到雁，應有來書。」《清波雜志》卷四。

5 張舜民芸叟從軍高遵裕，有詩曰：「白骨似沙沙似雪，勸君莫上望鄉臺。」神廟見詩，責郴州税。郴多碧蓮，根大如盌。張嘗以墨印於詩藁上，以詫北人也。《孫公談圃》卷下。《宋詩紀事》卷二十四。

6 〔張芸叟〕初謫時，言五路事者，其賓客各自爲主不同，芸叟每折中之，以故人皆不樂。會道中聞蛙聲，乃有詩曰：「一夜蛙聲不暫停，近如相和遠如争。信知不爲官私事，應恨流螢徹夜明。」荆公見而笑曰：「舜民此語不爲過。」《巖下放言》卷下。

7 芸叟遷流遠謫歷時三，涉水六，過州十有五。自汴抵郴，所至留連。……未離江寧日，因送人入京，及同士子數輩飲餞，游清涼寺。抵暮回，屬營妓數人同舟，宛轉趣賞心亭。未至，聞亭上有散樂聲。逼而詢之，乃府公訝妓籍疎索，俾申劾之。既見共載，野服披猖，但一笑而止。《清波雜志》卷四。

8 見汪革（信民）2。

9 張芸叟作《漁父》詩曰：「家住耒江邊，門前碧水連。小舟勝養馬，大罟當耕田。保甲元無籍，青苗不著錢。桃源在何處，此地有神仙。」蓋元豐中謫官湖湘時所作，東坡取其意爲《魚蠻子》云。《老學庵筆記》卷一。

10 楚公爲吏部尚書，使契丹。張芸叟爲吏部侍郎，每出省，輒至吾家，坐廳事西階，呼入宅老卒，歷問家人安否，又呼卒長，令約束守宿人，乃去。非齋祠、疾病，不廢也。《家世舊聞》卷上。

11 〔張舜民〕崇寧初坐謝表言紹聖逐臣，有曰「脱禁錮者何止一千人，計水陸者不啻一萬里」，又曰「古先未之或聞，畢竟不知其罪」，以爲譏謗坐貶。《直齋書録解題》卷十七。

12 建中靖國初，有前與紹聖共政者，欲反其類，首建議盡召元祐諸流人還朝，以爲身謀。未幾，元祐諸人並集，不肯爲之用，則復逐之。而更召所反者，既至，亦思其翻覆，排之尤力，其人卒不得安位而去。張芸叟時以元祐人先罷居長安里中，聞之，壁間適有扇架，戲題其下曰：「扇子解招風，本要熱時用。秋來掛壁間，卻被風吹動。」時余季父仕關中，偶至長安見芸叟，道其事，指壁間詩以爲笑樂。《石林避暑録話》卷三。《宋稗類鈔》卷六。

13 崇寧間，張公芸叟既貶復歸，閉門自守，不交人物，時時獨游山寺，芒鞵道服，跨一羸馬，所至從容，飲食一甌淡麪，更無他物。人皆服其清德。《童蒙訓》卷下。

14 唐張薦自號浮休子，張芸叟蓋襲其名。《賓退録》卷五。

15 張公芸叟作《鳳翔吴生畫記》，秦少游作《五百羅漢圖記》，皆法韓退之《畫記》，俱無愧也。《墨莊漫録》

卷四。

16 喻陟明仲，睦州人，持節數郡，政績藹著。雅善散隸，尤妙長笛。每按行至山水佳處，馬上臨風，快作數弄，殊風流蕭散也。嘗有《馬上吹笛》詩云云寄張芸叟。和寄云：「越客思歸黯不平，閑持長笛寫秦聲。羡君氣海如斯壯，博我詞鋒孰敢争。江上梅花開又落，隴頭流水咽還驚。豈知不寐鰥魚眼，獨坐山堂對月明。」又手帖云：「舜民已三請外，若得西道一局，再託舊德，便冀掃榻，更需洗水晶杯也。」水晶杯，明仲珍惜物，非佳客不出，故芸叟戲云。《墨莊漫録》卷二。《宋詩紀事》卷二十四。

17 張芸叟臨江而居，其妻遺一素綾鯉魚，首尾宛然，腹藏短牘，但未畫鱗甲耳。芸叟試爲點染，便躍入江中，不知所之。後魚人網得白魚破腹無腸者賣之，買者命内人烹之，及熟啓視，不復存矣。自後網得者即放去，謂神魚云。《瑯嬛記》卷下。

18 浮休居士張芸叟久經遷責，既還，快快不平。嘗内集分題賦詩，其女得蠟燭，有云：「莫訝淚頻滴，都緣心未灰。」浮休有慚色，自是無復躁進意。司馬朴之室，浮休之女也。有詩在鄜延路上一寺中，一聯云：「滿目煙含芳草緑，倚欄露泣海棠紅。」或云便是詠燭者。《墨莊漫録》卷一。《堯山堂外紀》卷五十四。

滕友

1 滕友作監司廣東，患傷寒不省。久之，夢泗州大聖灑楊枝水，且語之曰：「宋祚無窮，爲臣者，惟忠與正，無動汝志，無易汝守。汝亦有無窮之用。」聽畢遂愈。《甲申雜記》。

彭汝礪

1 〔楚公〕嘗記熙寧中，與舒信道、彭器資同在景德考試。信道一夕中夜叩器資門，欲有所問。器資已寢，亟起束帶。信道隔門呼曰：「不必起，止有一語，欲求教耳。」器資不答，束帶竟，開門延坐，然後共語。信道頗不樂。《家世舊聞》卷上。

2 彭器資尚書汝礪、熊伯通舍人本，皆鄱陽人也，其父竝爲郡吏，而二公少相從爲學。彭公既魁天下，聞報之日，太守即諭其父罷役，且以所乘馬及導從，并命郡吏送之還家，鄉閭以爲榮。其徒相與言曰：「彭孔目之子既已爲狀元，熊孔目之子當何如？」次舉伯通亦擢上第。時前守已替去，後守悉用前例，送熊之父還家。自是一郡欣豔，爲學者益深，每科舉嘗至數十人。《曲洧舊聞》卷十。《南窗紀談》。

3 彭公汝礪少師事桐廬倪天隱，天隱没，無子，爲葬其母及妻，又割俸錢嫁其女。《言行龜鑑》卷三。

4 見范仲淹42。

5 彭汝礪，饒州人，治平狀元。熙寧中，爲江西運判，妻寧氏卒。適有曾氏子，監洪州鹽米倉，卒于官，其妻養明宋氏，有色。彭意欲納之，而方服未暇也。後十二年，竟如初志。宋氏有姿色，彭委順不暇。或曰宋氏中間曾歸一朝官，而彭不知。紹聖中，彭典九江，病革將逝，命索筆，人以爲必有偈頌，乃曰：「宿世寃家，五年夫婦。從今而往，不打這鼓。」投筆而逝。《畫墁録》。《道山清話》。《泊宅編》十卷本卷四，又三卷本卷中。《楊公筆談》。《何氏語林》卷二十四。《堅瓠丁集》卷二。

6 彭器資，元祐之末爲吏部尚書。章子厚拜相，召至國門，從官並出郊迎。器資爲人剛直，不少貶，議者以謂總領從官，出迓宰相，既非私謁，亦未爲過也。在九江數月，楊樂道待制經過，云：「某與公皆非久於人世者，他日當同職事。然某先往，公亦繼來。」器資愕然。一日在廳事，忽睹黄衣人若今之健步者，持公牒立庭下。公命左右皂隸承接，皆曰不見。公叱之，乃謬爲承接之狀，鞠躬以進。公披牒，卷而懷之，云：「來日食後便行。」即入内區處家事，作書别新舊，又作頌與宋夫人訣别。次日午後，無疾而逝。《高齋漫録》。

熊本

1 見彭汝礪2。

許安世

1 楊康國爲先子言，治平中，彭汝礪諒陰榜赴省試。時以汴河上舊省爲試院，既聞榜出，與同試數人自往探榜。既出門，則報榜者紛然天漢橋。忽有一肥舉人跨蹇自河路東來者，問報榜者曰：「狀元何人？」對曰：「彭汝礪也。」跨蹇者聞之即時回，更不至省前。康國追問隨行小童，曰：「此雍丘許秀才名安世也。」康國駭之。次舉聞安世第一人及第也。《默記》卷中。

2 見李士寧4。

陳次升

1 見蔡卞12。

孫升

1 見蘇軾160。

2 范峒善風鑒，公爲中書舍人時，峒曰：「凡坐狨毛，要如羊睡者。公在馬上，精神太銜，恐不久居此。」未幾，果出知南京。《孫公談圃》卷下。

朱承逸

1 朱承逸居霅之城東門，爲本州孔目官，樂善好施。嘗五鼓趨郡，過駱駝橋，聞橋下哭聲甚哀，使僕視之，有男子攜妻及小兒在焉。扣所以，云：「負勢家錢三百千，計息以數倍。督索無以償，將併命於此。」朱惻然，遣僕護其歸，且自往其家，正見債家悍僕，群坐於門。朱因好言諭之曰：「汝至以三百千故，將使四人死於水，於汝安乎？幸吾見之耳。汝亟歸告若主，彼今既無所償，逼之何益！當爲代還本錢，可亟以元券來。」債家聞之，慚懼聽命，即如數取付之。其人感泣，願終身爲奴婢，不聽，復以二百千資給之而去。是歲，生孫名服。熙寧中，金榜第二人，仕至中書舍人。次孫肱，亦登第，著名節，即著《南陽活人書》者。服子彧，即著《萍洲可談》者，遂爲吾鄉名族焉。《齊東野語》卷七。

朱臨　姚闢

1　朱曉容者，嘗爲浮屠，以善相游公卿間。後因事返初，惟工相貴人。初，朱臨、姚闢久同學校，每試，姚多在朱上。馮京榜中，二人俱赴廷對，未唱名前數日，京師忽傳一小賦，乃朱殿試之作也。姚謂人曰：「果爾，縱不作魁，亦須在甲科。」自歎平時濫居其先，及至魚龍變化之地，便爾懸絶，因遍詣術士質之，亦訪容師未見。殿唱日，禁門未開，或云曉容在茶肆中。姚走見之，容方與一白袍偶坐，指示姚曰：「狀元已在此。」偶坐者，馮當世也。姚力挽就鄰邸燈下視之，曰：「公第幾甲，朱第幾甲。」相次辨色入聽臚傳，皆如師言。《泊宅編》十卷本卷四，又三卷本卷下。

朱服

1　先公以慶曆戊子八月十日生，十八歲，請解於廣文館。嘗至汴河上，聞瞽者張聽聲知禍福，公叩焉。纔謦欬，張即曰：「吾故人也！二十年不相遇。」公竊笑其誕。再詢，知鄉里，便曰：「豈朱秘丞郎君乎？」公愕然，張曰：「慶曆八年重陽日，蒙秘丞置酒，次日詣謝，聞公誕彌月，又得預慶宴。秘丞令視公，彼時愛此聲，每不忘，屈指已十七年矣。」因道：「公此舉未及第，後六年當魁天下。」皆如其言。至今汴河岸常有「張聽聲」，蓋襲其名也。《萍洲可談》卷三。

2 朱臨年四十以大理寺丞致仕，居吴興城西，取《訓詞》中「仰而高風」之語，作仰高亭於城上，杜門謝客。一日，〔朱〕曉容來謁，公欣然接之。是時，二子行中、久中秋賦不利，皆在侍下，公强使冠帶而出。容一見行中，驚起賀曰：「後舉狀元也。……」公初未之信。後三年……二朱至京，舍開寶寺，容寓智海。相次行中預薦，明年省闈優等，唯殿試病作，不能執筆。是時，王氏之學士人未多得，行中獨記其《詩義》最詳，因信筆寫以答所問，極不如意。卷上，日方午，遂經御覽，神宗愛之。行中日與同舍圍棋，每拈子欲下，必罵曰：「賊秃！」蓋恨容許之誤也。未唱名前數日，有士人通謁，行中方棋，遽使人卻之。須臾，謁者又至，且曰：「願見朱先輩。」行中叱其僕曰：「此必省下欲出關者耳！」同舍曰：「事不可知，何惜一見？」行中乃出，延之坐，不暇寒温，揖行中起，附耳而語曰：「某乃梁御藥門客，御藥令奉報足下，卷子上已寘在魁等，他日幸相記。」行中唯唯而入，再執棋子，手顫不能自持。同舍覺而叩之，具述士人之言。行中念容，獨往智海。容聞其來，迎門握手曰：「非晚唱名，何爲來見老僧？必是得甚消息來。」行中曰：「久不相見，略來問訊爾。」師曰：「胡不實告我？馮當世未唱第時，氣象亦如此。」行中因道梁氏之事。師喜甚，爲命酒留款，且曰：「吾奉許固有素，只一人未見爾，當邀來同飲。」仍戒曰：「此人藍縷，不可倨見，亦不得發問，問即彼行矣。」燭至，師引寺廊一丐者入，見行中不甚爲禮，便據上坐，相與飲酒斗餘，不交一談。師徐曰：「此子當唱第，先生能一留目否？」丐者曰：「爾云何？」師曰：「可冠多士否？」丐者擺頭曰：「第二人。」師躡行中足，使先起，密徵其説，但曰：「偶數多。」更無他語而散。明日，飯罷，率行中寺庭閒步，出門遙見余行老亦入寺，師不覺拊髀驚歎，謂行中曰：「始吾見子，以謂天下之美盡此矣，不知乃有此人。」行中曰：「此常州小余也，某識之。」師曰：「子正怕此人。昨夕聞偶多之説，今又睹此人，茲事可知也。」行中發解過省，皆占二數。及聽臚傳，行老果第一，行中次之。行中釋褐了，往謝師，師勞之曰：「子誠福人，今日日辰，以法推之，魁天下者官不至侍從。」其後，行老止帶貼職領郡而已。行中名服，行老名中。《泊宅編》十卷本卷四，又三卷本卷下。

3 見莫儔1。

4 余大父至貧，掛冠月俸折支，得壓酒囊，諸子幼時，用爲脛衣。先公痛念茲事，既顯，盡以月俸頒昆弟宗族，終身不自吝一錢。《萍洲可談》卷三。

5 先公素貧，元豐間，久於右史，奉親甘旨不足，求外補。神考知之，將册貴妃，故事，兩制奉册，執政讀册，乃躐用先公爲奉册官，門下侍郎章惇爲讀册官。中貴馮宗道密謂公言：「上知公貧，此盛禮也，必有厚賜。」既事，檢會無册妃支賜例，止賜酒食則已。《萍洲可談》卷一。

6 朱行中自右史帶假龍出典數郡，是時年尚少，風采才藻皆秀整。守東陽日，嘗作春詞云：「小雨纖纖風細細，萬家楊柳青煙裏。戀樹溼花飛不起。愁無比，和春付與東流水。九十光陰能有幾，金龜解盡留無計。寄語東城沽酒市，拚一醉，而今樂事他年淚。」予以門下士每或從容，公往往乘醉大言：「你曾見我『而今樂事他年淚』否？」蓋公自爲得意，故誇之也。予嘗心惡之而不敢言。行中後歷中書舍人，帥番禺，遂得罪，安置興國軍以死，流落之兆，已見於此詞。《泊宅編》三卷本卷上。

7　見孟后5。

8　先公守東萊，派買上供綿十萬兩，諸邑請重禁私市，公曰：「如是將擾而不能辦。」問：「市價幾錢？」曰：「每兩百錢。」公命增二十，委掾令田望莅之如私市，貯錢邑門，不問多少，隨手交易。十餘日，四鄉趨利而來，遂足所售數。或謂價外增直，恐虧有司，公曰：「朝廷平價和市之意正如此。」《萍洲可談》卷二。

9　先公帥廣，崇寧元年正月游蒲澗，因越俗也。見游人簪鳳尾花，作口號，中一聯云：「孤臣正泣龍鬚草，游子空簪鳳尾花。」蓋以被遇先朝，自傷流落。後監司互論，乃指此句以爲罪，其誣注云：「契勘正月十二日，哲宗皇帝已大祥，豈是孤臣正泣之時！」鞫獄竟無他意，讒口可畏如此。《萍洲可談》卷一。《宋詩紀事》卷二十五。

10　先公在元祐背馳，與蘇轍尤不相好。公知廬州，轍門人吴儔爲州學教授，論公延鄉人方素於學舍，講《三經義》，轍爲内應，公坐降知壽州。後在廣州，與東坡邂逅，各出詩文相示。既得罪，范致虚行責詞云：「諂交軾、轍，密與唱和；媚附安、李，陰求進遷。」或以轍事語范，范曰：「吾固知之，但不欲偏枯却屬對。」范學於先公，或疑其背師，蓋國事也，范操行非希指下石者。《萍洲可談》卷一。

11　先公與蔡元度嘗以寒月至待漏院，卒前白有羊肉酒，探腰間布囊，取一紙角，視之，虀也。問其故，云「恐寒凍難解，故懷之」。自是止令供清酒。《萍洲可談》卷一。

王子韶

1 王聖美爲縣令時，尚未知名，謁一達官，值其方與客談《孟子》，殊不顧聖美，聖美竊哂其所論。久之，忽顧聖美曰：「嘗讀《孟子》否？」聖美對曰：「生平愛之，但都不曉其義。」主人問：「不曉何義？」聖美曰：「從頭不曉。」主人曰：「如何從頭不曉？試言之。」聖美曰：「『孟子見梁惠王』，已不曉此語。」達官深訝之，曰：「此有何奥義？」聖美曰：「既云孟子不見諸侯，因何見梁惠王？」其人愕然無對。《夢溪筆談》卷十四。《宣和書譜》卷六。

2 王聖美子韶，元祐末以大蓬送北客至瀛。賜宴罷，有振武都頭卒，不堪一行人須索，忽操白刃入斫聖美。其子冒死直前護救，中三刀，左臂幾斷。虞候卒繼至，傷者六人，死者一人，聖美腦及耳皆傷甚。明日，不能與虜使相見，告以冒風得疾。虜使戲之曰：「曾服花蘂石散否？」《老學庵筆記》卷二。

邢恕

1 邢恕有文學辯論，然多不請而教人，士大夫謂之「邢訓」，竟坐教朝士上書，奪中書舍人，出知隨州。後自襄州移領河陽，彭器資作告詞云：「勉蹈所聞，無煩多訓。」蓋譏之也。《孔氏談苑》卷二。

2 邢和叔遇人即訓誨，時人目曰「邢訓」。《步里客談》卷上。

3 邢和叔起居舍人，召試中書舍人，誥命一更降出，三更卻取入抹毁之，謫受漢東。謫辭云：「早登儒館，聚陟臺郎，而游歷貴權，全非檢慎。」《月河所聞集》。

4 紹聖初，孟后廢，處道宫。偶遼國遣使來，詔命邢和叔館之。邢白時宰章子厚曰：「北使萬一問及瑶華事，何以爲詞？」子厚曰：「當云罪如詔書。」已而北人不及之，忽問曰：「南朝近日行遣元祐人，何邪？」邢即以子厚語答之。歸奏，泰陵大喜，以謂善於專對。《揮麈後録》卷二。

5 邢恕既爲〔章〕惇、〔蔡〕卞起獄不成，每上殿，移時不下，惇果疑之，出其元祐初謫隨州時上宣仁后自辨書，稱宣仁功德，有「宗廟大計，旬日之前固已先定」之語，遂入元祐黨，責知安南軍。《舊聞證誤》卷三。

6 邢恕初從温公、伊川游，號爲善士，後入紹聖黨，爲凶人。《經鉏堂雜志》卷一。《古事比》卷二十。

7 〔邢〕恕與蔡確、章惇、黄履交結，人以四凶目之。《東都事略》卷九十九。

邢居實

1 邢恕，字和叔，吕申公、司馬温公皆薦其才可用。子居實，字惇夫，年未二十，文學早就，議論如老成人，黄魯直諸公皆與之爲忘年友，所謂元城小邢是也。《曲洧舊聞》卷六。

劉　定

1 見章惇28。

董敦逸

1 董敦逸，吉之永豐縣村落人。哲廟時，爲吏部侍郎。招鄉人之寓太學者，以訓童稚。童稚業不精進，董責之，自言：「幼入上庠，甘虀鹽者凡幾年，今汝若此，何以有成邪？」其鄉人答曰：「公言過矣。侍郎乃董十郎兒，賢郎乃董侍郎兒。以此校之，固相什伯矣。」……董起白屋，父行第十。《能改齋漫録》卷十。

2 董公敦逸，永豐人。元祐中立朝爲侍御史，彈擊不避貴近，人畏憚之，京師呼爲「白鬚御史」。元符厭詛事起，皇城司具獄，哲宗御批令公録問，中書不預知也。公入獄引問，見宮官奴婢十數人，肢體皆毀折，至有無眼、耳、鼻者，氣息僅屬，言語亦不可曉。問之，只點頭，不復能對。公大驚，閣筆不敢下。内侍郝隨傳旨促之，且以言語脅公。公不得已，以其案上。翌日，上疏言：「中宮之廢，事有所因，情有可察。詔下之日，天爲之陰翳，是天不欲廢之也。人亦爲之流涕，是人不欲廢之也。臣嘗録問，知其非辜，倘或不言，誠恐得罪于天下後世。」上大怒，將議貶斥，廷臣皆不敢言。曾子宣徐奏曰：「陛下以皇城之獄出于近侍，故特命敦逸録問。今又貶敦逸，臣恐天下疑惑矣。」上意始解，未幾，竟出之。《獨醒雜志》卷五。

來之邵

1 元祐末，已有紹述之論，時來之邵爲御史，議事率多首鼠，世目之爲「兩來子」。《雞肋編》卷中。

葉濤

1 見吴居厚2。

楊畏

1 見薛昂6。

2 楊畏在熙寧則從熙寧，在元祐則從元祐，在紹聖、元符則從紹聖、元符，時人目之曰「楊三變」。《經鉏堂雜志》卷一。《陔餘叢考》卷三十八。

3 見程頤33。

4 楊子安侍郎坐黨籍謫官洛陽，其《謝再任宫祠表》云：「地載海涵，莫測包荒之度；春生秋殺，皆成造化之功。」邸報至丹陽，蔡元度在郡，見報驚嘆，諷味之。《王公四六話》卷上。

章楶

1 樞密章公楶謂余曰：「某初官入川，妻子乘驢，某自控，兒女尚幼，共以一驢馱之。近時初爲官者，非車馬僕從數十不能行，可歎也。」《邵氏聞見録》卷十七。

章綖

1　崇寧中，蔡太師行當十錢，章綖坐私鑄，文面編置，人多言其枉。政和間，上皇命改右列爲閤門官。或勸綖用藥除字，綖曰：「面已文矣，終不齒於縉紳，止欲注其下曰『太師錯』。」或調之曰：「若注，且須聞官，慎勿私注也。」《高齋漫録》。

2　蔡京用事後，傾陷章氏申公次子綖，被誣盜鑄御史案。獄時里巷震驚，至有遷避鄉僻者。獄成，文面編管，罪及同懷。政和間昭雪，赦爲閤門官，或勸用藥除之。綖戲曰：「行且疏注云：太師誤筆焉。」《爐餘録》乙編。

沈畸

1　崇寧更錢法，以一當十。小民嗜利，亡命犯法者紛紛。或捕得數大缶，誣以樞密章楶之子綖之所鑄也。初遣監察御史沈畸，既至，繫者已數百人，盡釋之。閱實以聞，時宰大怒，別選煆鍊。綖竟坐刺配，籍没其家。沈既得罪，歸鄉以死。《厚德録》卷一。

趙卨

1　趙密學諱卨，字公才。元祐初，出帥延安。後歲餘，公忽染疾，數月方愈，復起視事。一日至辰巳間，乃謂一廳吏曰：「汝俟午時，速當來報。」頃之，吏報曰：「時已午矣。」遂命左右取公裳服之，乃秉笏正身，端坐於府，若有所待。復謂其吏曰：「汝出望北方，有紫雲至，亦當來報。」吏出望數四，未有所覩。公令再望之，果有紫雲自北而來，將臨公署，吏乃急報曰：「雲已至矣。」公乃離坐，即薨於室。《雲齋廣録》卷一。

游師雄

1 見程頤8。

种和

1 种和師服，名將也，出陜右。元祐時，朝廷付之以邊事。吕丞相大防始召之飯，舉筯，沙魚線甚俊，吕丞相喜問：「君解識此物耶？」种操其西音曰：「不托便不識。」至今傳以爲笑。《鐵圍山叢談》卷六。

盛次仲

1 見孔平仲2。

袁應中

1 余表伯父袁應中，博學有時名，以貌寢，諸公莫敢薦。紹聖間，蔡元度引之，乃得對。袁鳶肩，上短下陋，又廣額尖頷，面多黑子，望之如灑墨，聲嗄而吳音。哲宗一見，連稱大陋，袁錯愕不得陳述而退，搢紳目爲「奉敕陋」。《萍洲可談》卷一。

張頡

1 元祐初，張頡仲舉知廣州，有大舶船爲風吹泊近岸，人有告其有寶犀者，其主遂賫至府庭求進，云：「此船有此犀四，爲海風吹至，是必爲中國所有。」張頡令斷之，其中透盤龍立鳳，上下相承，紋理如畫。乃遣賫至京進奏，院官以法不許聞，輒卻之。其人不得已，擊登聞鼓，遂得獻。《楊公筆録》。

黃穎

1 黃穎，字仲實。元祐舉經明行修，天下勿就者二人，穎其一也。……詔畀以官，就其家賜袍笏，主劍浦簿。嗣太守方全道以京削薦，穎請以畀同列。後令長泰，卒於官。將死，囑子公坦曰：「吾寧殣道側，不願受人賻，汝其遵吾命乎。」及士民爭賻金帛，公坦一無所受。有哭以詩曰：「誰能抱清節，死亦照人寒。白髮古君子，青衿舊長官。俸錢還藥盡，旅櫬到家難。若葬路旁上，自然神物安。」坦後擢第，官至承議郎。《莆陽比事》卷三。

陳縝

1 陳公密縝未達時，嘗知端州，聞部内有富民蓄一研，奇甚，至破其家得之。研面世所謂熨斗焦者，成一黑龍，奮迅之狀可畏，二鸜鵒眼以爲目。每遇陰晦則雲霧輒興。《揮麈余話》卷二。《硯箋》卷一。《志雅堂雜鈔》卷一。

吳儔

1 未改科已前，有吳儔賢良爲廬州教授，嘗誨諸生，作文須用倒語，如「名重燕然之勒」之類，則文勢自然有力。廬州士子遂作賦嘲之云：「教授于廬，名儔姓吳。大段意頭之没，全然巴鼻之無。」《紫微詩話》。

呂直

1 〔温公〕既居洛，……於國子監之側得營地，創獨樂園。……獨樂園子呂直者，性愚鯁，故公以直名之。有草屋兩間，在園門側。然獨樂園在洛中諸園最爲簡素，人以公之故，春時必游。洛中例，看園子所得茶湯錢，閉園日與主人平分之。一日，園子呂直得錢十千，省來納公，問其故，以衆例對，曰：「此自汝錢，可持去。」再三欲留，公怒，遂持去，回顧曰：「只端明不愛錢者。」後十許日，公見園中新創一井亭，問之，乃前日不受十千所創也。公頗多之。《元城語録》卷中。《北軒筆記》。《堅瓠己集》卷一。

2 獨樂園，司馬公居洛時建。東坡詩曰：「青山在屋上，流水在屋下。中有五畝園，花竹秀而野。」有園丁吕直，性愚而鯁，公以直名之。夏月游人入園，微有所得，持十千白公，公麾之使去。後幾日，自建一井亭。公問之，直以十千爲對，復曰：「端明要作好人，在直如何不作好人！」《貴耳集》卷上。《茶香室叢鈔》卷六。

3 温公一日過獨樂園，見創一厠屋，問守園者：「何從得錢？」對曰：「積游賞者所得。」公曰：「何不留以自用？」對曰：「只相公不要錢。」《清夜録》。《昨非庵日纂》二集卷二。

方 通

1 朝散郎方通罷官還鄉，夢至政事堂，尚書左丞黄履素知通，獨起迎語曰：「蕭灑，蕭灑。」遂去。通前，諸公語如黄。既寤，莫測也。既而得官校理，滿任得知睦州，是歲建中元年，黄以疾去久矣。往謝執政，范右丞純禮曰：「先公嘗守睦，有《蕭灑桐廬郡》十詩，桐廬真蕭灑也。」《後山談叢》卷三。

姚 許

1 湖州城南居人姚許，元祐初，爲軍資庫吏，盗宫錢儲其家。一日，錢飛空中，散而之他，事浸聞，府廷追究，決配廣西。《泊宅編》十卷本卷六。

王元甫

1 廬山王元甫有詩名，隱居山中，不與士大夫相接。東坡自嶺南歸，過九江，因道士胡洞微欲求見之。元甫辭曰：「吾不見士大夫五十年矣，不用復從賓贊，幸爲我謝之。」東坡歎賞而退。《獨醒雜志》卷八。《宋詩紀事》卷三十五。

江緯

1 江緯彦文，少年美風儀，嘗得瘵疾，醫莫能療。有道人教之休糧、不語、不衣，令入中岳觀，但以木葉蔽體。如是者三載。觀中道士以爲奇貨，每有游客，必引令觀之，號爲仙人焉。疾既痛，還家温舊業。元符初，上書陳大中至正之道于朝廷，上召見，賜進士出身，爲太學録，陸農師以女妻之。自此晉用。既有妻妾，因與同舍郎通家，一日，坐間各言微異事，郎之妻曰：「頃在室日，父母攜游嵩山，嘗得睹神仙於觀中，今畫像似之。」彦文令取視，即己像也，因言其事，坐間之人莫不大笑。《投轄録》。

蘇杲

1 眉州蘇先生杲，老泉之祖，輕財好施，急人之急，孜孜若不及。歲兇，賣田賑濟其鄉里。逮秋熟，人將償之，終憐其窶，辭不受。久致破業，厄於饑寒，然未嘗以爲悔，而好施益甚。《湛淵静語》。

蘇序

1 蘇東坡祖名序，故爲人作序皆用「叙」字。又以爲未安，遂改作「引」，而謂「字序」曰「字説」。《老學庵筆記》卷六。《揮麈録》卷三。《齊東野語》卷四。《湧幢小品》卷十八。

2 東坡新遷東闕之第，鳫同李端叔、秦少游往見之。東坡曰：「今日乃先祖太傅之忌。祖父名序，甚英偉，才氣過人，雖不讀書，而氣量甚偉。頃年在鄉里郊居，陸田不多，惟種粟，及以稻易粟，大倉儲之，人莫曉其故。儲之累年，凡至三四千石，會眉州大饑，太傅公即出所儲，自族人，次外姻，次佃户鄉曲之貧者，次第與之，皆無凶歲之患。或曰：『公何必粟也？』『惟粟性堅，能久，故可廣儲以待匱爾。』又繞宅皆種芋魁，所收極多，即及時多蓄薪芻。野民乏食時，即用大甑蒸之，羅置門外，恣人取食之，賴以無饑焉。」又曰：「祖父嗜酒，甘與村父箕踞高歌大飲。忽伯父封告至。……一日，方大醉中，封官至，並外纓、公服、笏、交椅、水罐子、衣版等物。太傅時露頂，戴一小冠子如指許大，醉中取告，箕踞讀之畢，並諸物置一布囊中。取告時，有餘牛肉，多亦置一布囊中，令村童荷而歸。跨驢入城，城中人聞受告，或就郊外觀之，遇諸途，見荷擔二囊，莫不大笑。……眉州或有神降，曰茅將軍。巫覡皆狂，禍福紛錯，州皆畏而禱之，共作大廟，像宇皆雄，祈驗如響。太傅忽乘醉呼村僕二十許人入廟，以斧钁碎其像，投溪中，而毁拆其廟屋，竟無所靈。後三年，伯父初登第，太傅甚喜，親至劍門迎之。至七家嶺，忽見一廟甚大，視其榜曰茅將軍。

太傅曰：『是妖神却在此爲幻邪！』方欲率衆復毀，忽一廟吏前迎拜，曰：『君非蘇七君乎？某昨夜夢神泣告曰：明日蘇七君至，吾甚畏之。哀告蘇七君，且爲容恕，幸存此廟，俾竊食此土也。』衆人怪之，共勸焉，乃捨。」《師友談記》。

3　蘇軾祖端正道人，樂善好施。有一異人頻受施捨，因謂曰：「吾有二穴，一富一貴，惟君所擇。」道人曰：「吾欲子孫讀書不願富。」於是偕往眉山，指示其處，命取一燈燃之於地，有風不滅。道人遂以葬母。道人生老泉，泉生軾、轍，文章震天下。《昨非庵日纂》一集卷十八。

蘇洵

1　蘇洵年二十七歲始大發憤，謝其素所往來少年，閉户讀書爲文辭。歲餘舉進士再不中，又舉茂材異等不中，退而歎曰：「此不足爲吾學也。」悉取所爲文數百篇焚之，益閉户讀書，絶筆不爲文辭者五六年，乃大究六經、百家之説，以考質古今治亂成敗，聖賢窮達出處之際，得其精粹，涵畜充溢，抑而不發。久之，慨然曰：「可矣。」由是下筆頃刻數千言，其縱横上下馳驟，必造於深微而後止。《仕學規範》卷一引《皇朝名臣四科事實》。《澠水燕談録》卷四。

2　眉山老蘇先生里居未爲世所知時，雷簡夫太簡爲雅州，獨知之，以書薦之韓忠獻、張文定、歐陽文忠三公，皆有味其言也。三公自太簡始知先生。後東坡、潁濱但言忠獻、文定、文忠，而不言太簡何也？予官雅州，得太簡薦先生書，嘗以問先生曾孫子符、仲虎，亦不能言也。《邵氏聞見後録》卷十五。

3 蘇明允至和間來京師，既爲歐陽文忠公所知，其名翕然。韓忠獻諸公皆待以上客。嘗遇重陽，忠獻置酒私第，惟文忠與一二執政，而明允乃以布衣參其間，都人以爲異禮。席間賦詩，明允有「佳節屢從愁裏過，壯心時傍醉中來」之句，其意氣尤不少衰。《石林詩話》卷下。《堯山堂外紀》卷五十二。

4 蘇洵明允作《權書》，永叔大奇之，爲改書中所用「崩」、「亂」十餘字，奏於朝。明允因得官。《孫公談圃》卷上。《清波雜志》卷二。

5 老蘇三十始讀書，爲歐公所許。功深力到，無早晚也。《鶴林玉露》甲編卷二。

6 歐陽文忠公初薦蘇明允，便欲朝廷不次用之。時富公、韓公當國，雖韓公亦以爲當然，獨富公持之不可，曰：「姑少待之。」故止得試銜初等官。明允不甚滿意，再除，方得編修《因革禮》。前輩慎重名器如此。元祐間，富紹庭欲從子瞻求爲《富公神道碑》，久之不敢發。其後不得已而言，一請而諾，人亦以此多子瞻也。《石林燕語》卷五。

7 老蘇初出蜀，以兵書偏見諸公貴人，皆不甚領略。後有人言其姓名於富韓公，公曰：「此君專勸人行殺戮以立威，豈得直如此要官職做！」《道山清話》。

8 眉山蘇洵……嘉祐初，與二子軾、轍至京師，歐陽文忠公獻其書於朝，士大夫争持其文，二子舉進士亦皆在高等，於是，父子名動京師，而蘇氏文章擅天下，目其文曰「三蘇」，蓋洵爲老蘇，軾爲大蘇，轍爲小蘇也。《澠水燕談録》卷四。

9 蘇洵，子軾，次轍。唐時，蘇味道爲眉州刺史，留一子居眉，故眉有蘇氏。時人語曰：「眉山生三蘇，草木盡皆枯。」《堯山堂外紀》卷五十二。《古謡諺》卷五十五。

10 蘇明允本好言兵，見元昊叛西方，用事久無功，天下事有當改作，因挾其所著書，嘉祐初來京師，一時推其文章。王荆公爲知制誥，方談經術，獨不嘉之，屢詆於衆，以故明允惡荆公甚於仇讎。會張安道亦爲荆公所排，二人素相善，明允作《辨姦》一篇，密獻安道，以荆公比王衍、盧杞，而不以示歐文忠。荆公後微聞之，因不樂子瞻兄弟，兩家之隙遂不可解。《辨姦》久不出，元豐間，子由從安道辟南京，請爲明允墓表，特全載之，蘇氏亦不入石。比年稍傳於世，荆公性固簡率不緣飾，然而謂之食狗彘之食，因首喪面者，亦不至是也。韓魏公至和中還朝爲樞密使，時軍政久弛，士卒驕惰，欲稍裁制，恐其忤怨而生變。方陰圖以計爲之，會明允自蜀來，乃探公意，遽爲書顯載其説，且聲言教公先誅斬。公覽之大駭，謝不敢再見，微以咎歐文忠。而富鄭公當國，亦不樂之。故明允久之無成而歸。累年始得召，辭不至，而爲書上之，乃除試祕書省校書郎。時魏公已爲相，復移書魏公，訴貧且老，不能從州縣待改官，譬豫章橘柚非老人所種，且言天下官豈以某故冗耶？歐文忠亦爲言，遂以霸州文安縣主簿同姚闢編修《太常因革禮》云。《石林避暑録話》卷一。

11 荆公在歐公坐，分韻送裴如晦知吴江，以「黯然消魂唯别而已」分韻，時客與公八人，荆公、子美、聖俞、平甫、老蘇、姚子張、焦伯强也。時老蘇得「而」字，押「談詩究乎而」。荆公乃又作「而」字二詩，「采鯨抗波濤，風作鱗之而」。……又云：「春風垂虹亭，一杯湖上持。傲兀何賓客，兩忘我與而。」最爲工。君子不欲多上人，王、蘇之憾，未必不稔於此也。《芥隱筆記》。

12 温公在翰苑時，嘗飯客，客去，獨老蘇少留，謂公曰：「適坐有囚首喪面者何人？」公曰：「王介甫也，文行之士。子不聞之乎？」介甫不修飾，故目之「囚首喪面」。洵曰：「以某觀之，此人異時必亂天下，使其得志立朝，雖聰明之主，亦將爲其誑惑。内翰何爲與之游乎？」洵退，於是作《辯姦論》行於世。是時介甫方作館職，而明允猶布衣也。《泊宅編》三卷本卷上。

13 眉山蘇明允先生，嘉祐初游京師，時王荆公名始盛，黨與傾一時，歐陽文忠公亦善之。先生，文忠客也，文忠勸先生見荆公，荆公亦願交於先生，先生曰：「吾知其人矣，是不近人情者，鮮不爲天下患。」作《辯姦論》一篇，爲荆公發也。其文曰……斯文出，一時論者多以爲不然。雖其二子，亦有嘻其甚矣之歎。後十餘年，荆公始得位爲姦，無一不如先生言者。《邵氏聞見録》卷十二。《宋名臣言行録》前集卷十。

14 仁宗山陵，韓魏公爲使。時國用窘匱，而一用乾興故事，或以爲過。蘇明允爲編禮官，以書責公，至引宋華元厚葬事，以爲不臣。魏公得之矍然，已乃斂容起謝曰：「某無狀，敢不奉教。然華元事，莫未至是否？」聞者無不服公大度，能受意外之言也。《石林燕語》卷十。

15 歐陽公《乞致仕表》云：「俾其解組官庭，還車故里。披裘散髮，逍遥垂盡之年；鑿井耕田，歌詠太平之樂。」客有面歎其工致平淡者。公曰：「也不如老蘇秀才『有田一廛，足以爲養；行年五十，復將何求？』」蓋蘇明允《謝官牋》中語，公愛之尚不忘耳。《邵氏聞見後録》卷十六。

16 昔吾先君夫人僦宅於眉，爲紗縠行。一日，二婢子熨帛，足陷於地。視之，深數尺，有大甕覆以烏木板，先夫人急命以土塞之。甕有物如人咳聲，凡一年乃已，人以爲此有宿藏物欲出也。夫人之姪之問者，聞之欲發焉。會吾遷居，之問遂僦此宅，掘丈餘，不見甕所在。其後某官於岐下，所居大柳下，雪方尺不積。雪晴，地墳起數寸。軾疑是古人藏丹藥處，欲發之。亡妻崇德君曰：「使吾先姑在，必不發也。」軾愧而止。《東坡志林》卷三。